L·罗森菲耳德　主编

尼耳斯·玻尔集

第一卷

早期著作

1905-1911

J·汝德·尼耳森 编　戈 革 译

华东师范大学出版社

上海市版权局著作权合同登记　图字：09 - 2010 - 703 号

大学时期的哈若德·玻尔和尼耳斯·玻尔

译 者 说 明

1. 本书作者可以说是科学史上一位"大名垂宇宙"的人物,他的生平,见本书所载其得意门生雷昂·罗森菲耳德撰写的《传略》.他的科学-哲学思想应该由科学史界进行广泛深入的讨论和研究,所以在此不以个人的一偏之见加以评论(那种作法有一定的流弊).

2. 本书所收的文章和书信,除英文的外,还附有丹麦的或其他语种的原文,中译本主要据英文部分译出(有些书信只有德文或法文,也分别译出),其他语种的原文,一律略去不排,以省篇幅.德、法文部分的翻译,得到许多同志的大力协助,已分别表出,以示感谢.

3. 人名译法:有通用译法者尽量用通用译法,但也有少数例外;《索引》中已有者,正文中不再注原文;《索引》中没有而出现次数很少者,在初次出现时附注原文.

4. 中译本排列次序一依外文版原书.

5. 外文版原书中的少数印刷错误或明显的笔误,都在中译本中作了改正,一般不再附注说明.

6. 中译本中的边码均为外文版原书的页码.

7. 中译本中的脚注格式参照外文版原书,少量中译者注另行标出.

8. 表示量和单位的符号一般照录原书,不强求与现行标准相合.

总　序

L・罗森菲耳德　撰

　　为更深入地研究尼耳斯·玻尔在我们有关物质原子构造的知识方面以及关于科学和其他人类事务的观点方面所作的贡献,我们有丰富的资料可供利用. 主要的源泉当然就是他陆续发表了的那些论文;玻尔在撰写这些论文时是非常下功夫的,从而每一篇论文都(往往以很精炼的形式)包括了他当时思想的经过极仔细斟酌的表达方式. 但是,进行新的研究的持续需要不止一次地阻止了他,使他不能对那些甚至已经达到很高完善程度的文章进行最后的润色,而他又很不愿意发表任何不符合自己的严格标准的东西,于是在这种情况下他就干脆没有发表. 显然,对于学习他的著作的人们来说,大量的这种未经发表的论文稿件是和已发表的论文具有同等重要性的,尤其是因为这些文稿在其准备阶段通常都在他的亲密同事中间流传过,从而都对他们所关心的那些课题的发展发生过(即使是间接的)影响.

　　在这些已发表和未发表的论文中,凝聚了玻尔在其工作过程中所得到的有关结论. 除了这些论文以外,还有两类文件可能有助于阐发他的思想的进展与迟疑,那就是一些文章的预备稿和有关附件,以及有关的通信. 关于前一种,除了少数例外,已经证实大量的这种资料并不像人们所期望的那样内容丰富. 首先,这种预备性的资料并未系统地保留下来,我们现有的只是一批漫无标准的不完全的零散札记,而玻尔本人是认为这些东西毫不重要的. 再者,尽管玻尔对他所要传授的那些想法是费了很大力气来得出最确切的表达的,但他对于最后所采用的特定说法却并不那样字斟句酌. 例如,在不同语种的论文译本中,玻尔允许了乃至亲自引入了一些笔调上的微小变动;也正因此,就应该注意不要猜测某些句子的现存稿本和最终版本之间的字句出入会有什么潜在的含意. 对于信件来说,情况却是颇为不同的:玻尔写信也像写文章那样十分慎重,而且从他的事业刚刚开始时他就保存了他所收到的来信和所发出的信件的副本. 这些为数甚多的通信,不但在有关玻尔本人对于各种各样问题的想法方面,而且在他占据了如此中心地位的那一时代的整个科学活动方面,都是一种主要的信息来源.

所有这些收藏在哥本哈根尼耳斯·玻尔文献馆中的未发表的资料,都是另一批更加广泛的书信、文件藏品的重要部分;那些藏品是由美国物理学会和美国哲学学会主办,在托马斯·S·库恩(Thomas S. Kuhn)教授的得力指导下,由"量子物理学史料计划"在1962—1964年间通过广泛的征询而收集起来的①.这种收藏正在因增入新的藏品而不断扩大.所有这些文件都可以在原件的形式或缩微胶片的形式下在美国的两个大图书馆中以及在尼耳斯·玻尔文献馆中提供给名符其实的学者们参阅.但是,毫无疑问,出版一部玻尔著作集也是很有必要的.这部书中不但要完全重印他那些已经发表的文章,而且也要包含一种综合性的、经过鉴定的附加文件的选编.无论如何,这样一部书将使主要的资料得到更加广泛的流传,而且也将通过对使用者提供一般的指导和基本的辅助资料而使全部的文件藏品更便于应用.这就是编印本书的背景和指导宗旨.

首先考虑的就是那些已发表的论文和接近完成而未发表的论文底稿;如上所述,这种底稿是应该和已发表的论文同样看待的.这一切都将按课题分组而编成若干卷.已经证实,除了少数例外,这种分类方法都和编年次序相重合,而且比编年次序有一些明显的优点.每一篇论文(或一组密切关联的论文)都附以若干文件——副本、札记、信件及其他,它们将阐明进行所报道的工作时所处的环境、出版后的反应或任何有关的其他情况.编者序的作用将是说明全部材料的编排情况,并提供被认为可能有助于了解作品的作用和意义的任何附加资料.当在浩瀚的资料中进行选择时,我们并不是轻率地作出决定的.关于信件,我们觉得更加适当的办法是把有关的信件安插在它们的逻辑位置上,而不是将它们按年月编排而请读者去翻阅单独的卷册(但这并不排除以后单独出版这种编年尺牍的可能);至于其他那些文件,看来按照前面描述的各文件所处的状态来进行选择是合理的.任何选择都蕴涵着的那种不可避免的任意性,由于一种情况而稍有减轻,那就是,为了进行完备无遗的查索,全部的资料无论如何都是可以拿到手的.关于各部分的引言,一般的方针是把它们的任务限制在资料性的和说明性的方面,而并不涉及更带诠释性的任何评注(可能排除含糊不清的论述者除外).但是,不能指望任何编者过于死板地遵守这种方针的约束,而且,只要他明确划出事实和推测之间的界线,读者也是不会因为他发表个人见解而责难他的.

在完成刚刚概述过的这一计划时,主编得到一些杰出合作者的协助,并信托

---

①　在 Thomas S. Kuhn, John L. Heilbron, Paul L. Forman and Lini Allen, *Sources for History of Quantum Physics*, An Inventory and Report (Memoirs of the American Philosophical Society, vol. 68, Philadelphia, 1967)这份报告中,描述了这一计划并列举了收集的结果,特别说来也包含了尼耳斯·玻尔文献馆的目录.

他们分头准备不同的卷次.每一卷的编者主要负责内容的编排和选定,并负责引言的撰写.但是,关于所有这些问题,从来不是没有和主编进行仔细商讨就作出决定的.因此,主编也和分卷编者一起承担责任,为了在一种高的而又不是不合理的学术标准下保持全书的一致性,编者们曾经商定了下述的规则.本书以英文为主,其意义是,一切重要文件和编者附言都用英文,唯一的例外是用德文或法文写的次要文件(大多是信件),因为我们很可以设想对这种文件感兴趣的读者是足够熟悉那些语文的.特别说来,这种规定要求为一切丹麦文或瑞典文的正文都准备英文译本;在大多数情况(但不是一切情况)下,斯堪的纳维亚原文也予以重印.玻尔的许多论文都是以不止一种的文字发表的;只要英文本存在,我们就选印英文本.当然我们也给出其他文本的出处,但是,除非其他文本和英文本有什么重大区别(如上所述,情况通常并非如此),我们将不再报道字句上的出入.如果一篇论文并无英文本,我们就选印其原始文本,并附以英文译本.在选用未发表的正文时,曾对它们的准确复制给以慎重的注意,但是,在许多情况下,编者也本着自己的判断(和常识)而不加注明地改正了一些别字和明显的语法错误.当做起来方便时,简单增补的阙文用尖括号⟨……⟩括出.需要考订的异文将加以必要的说明;正文中和底注中所有的编者评注都用方括号[……]括出.在引言中,只有当无法在标准资料中查到时,才给出有关论文和函件中所提到的那些人物的传记资料;特别说来,对于各个斯堪的纳维亚人物都系统地作了评介,因为他们的传记大都是以一种斯堪的纳维亚文字写成的.为了帮助读者更容易地理解每一篇文章在玻尔的研究工作进展中占有什么地位,以及该文和玻尔的生活环境之间有些什么关系,在本卷(第一卷)的开头处加了一篇《尼耳斯・玻尔传略》.这篇传略所依据的是为《科学传记辞典》(*Dictionary of Scientific Biography*)所写的一篇文章(比此处的传略更精简一些);该书是在美国学术协会(American Council of Learned Societies)的主办下,由 Charles G. Gillispie 教授编纂并由纽约的 Charles Scribner's Sons 出版的.这一学术书籍的编者和出版者都欣然同意本传略大量引用《尼耳斯・玻尔》一文的内容,谨在此对他们致以谢意.

VIII

尼耳斯・玻尔文献馆的建立,它的参与量子物理学史料计划,以及《尼耳斯・玻尔集》的出版事务,没有哥本哈根卡尔斯伯基金会(Carlsberg Foundation in Copenhagen)的始终不渝的慷慨支持都将是不可能的.一切有关的机关和个人都曾慨然应允我们重印论文和文件.主编及其同人愿对尼耳斯・玻尔文献馆和尼耳斯・玻尔研究所中负责各种文件的保管和分类的人员深表铭感,他们给予了不懈的协助.自从哥本哈根理论物理学研究所刚刚创立时就当了玻尔的秘书的 Betty Schultz 夫人,作为文献馆的秘书是很积极的,直到她在服务了四十多年以后而于最近退休时为止. 她的继任者是多年担任过尼耳斯·玻尔的私人秘书的索菲·海尔曼(Sophie Hellmann)夫人,她也负责保管研究所中收藏的玻尔已发表的论文. 斯文·霍耳姆(Sven Holm)先生在尼耳斯·玻尔研究所的繁重行政工作之外负责了文献馆的技术方面和人事方面的一切问题. 文献馆的前任科学同事 Erik Rüdinger 倡导了馆藏的信件和其他文件的整理工作,并且在这一工作中以其高效率和准确性为后继者树立了最高的榜样;另外,他还对馆中的藏品开始进行了详细的编年分析,而在他已经分析了的时期内(直到 1929 年年底为止),这种分析对一切使用者都将是一种无可估价的帮助,对于本书前几卷的编者尤其如此. 北荷兰出版公司,特别是对本书很有个人兴趣的负责人 M·D·弗兰克(M. D. Frank),曾经不遗余力地设法满意地解决出版本书所引起的一切技术问题,并力图使本书的印刷质量无愧于书的内容.

　　我们希望这个版本能够包括尼耳斯·玻尔的全部作品:首先就是他在原子物理学和核物理学中的伟大的创造性工作,以及他对认识论作出的同样基本的贡献;关于后者,他非常热切地希望人们能够按照他作出贡献时的同样科学精神来加以考虑;此外还有他时常撰写的有关公众事务的作品,这种作品显示了他的兴趣的广泛以及他处理一切人类问题时的那种豪爽和乐观. 将尼耳斯·玻尔的著作编印成书不应该只是向科学史工作者们提供一种有用的工具,最主要的还在于此书应该能使一切珍视科学精神的人们更容易理解一个人的毕生工作,这个人曾以非凡的能力和热诚,将自己的一生贡献给了自然规律的合理分析以及各该规律对我们来说的意义的独特性的合理分析.

第 一 卷 前 言

本卷包括尼耳斯·玻尔的早期科学业绩,基本上到他进入曼彻斯特的卢瑟福实验室时为止.本卷共分三编.第一编包括玻尔最早期的作品——水的表面张力的实验测定,伴之以有关方法的彻底理论讨论.第二编包括他在金属电子论方面的重要工作;本编第一次提供了他的博士论文的英译本.第三编给出尼耳斯·玻尔和他弟弟哈若德在这些早期年月的来往信件的主要部分,并包括尼耳斯写给他母亲的一些信件:他在这些信件中纯朴而又不无幽默地描述了他的心情和感想;这些信件除了在他的学业进展方面提供宝贵的信息以外,也为这一青年人的敏感个性提供了生动的图像.为了尽可能充分地阐明玻尔的心智发展的早期阶段,我们决定在可以到手的资料中作出很广泛的选择;本卷末尾所附的总目将使读者明白还有哪些资料没有选入,并对于我们的选择规模得到一个概念.J·布鲁克斯·斯潘塞(J. Brookes Spencer)教授、琼·布隆伯格(Joan Bromberg)博士和莉泽·麦德森(Lise Madsen)夫人都对本卷的编印给予了各种协助,俄克拉荷马大学负责了打印任务,在此一并致谢.出版者竭尽全力解决了印刷问题;A·C·鲍威尔斯(A. C. Pouwels)先生曾以非凡的审慎和才智主管了排印工作.

L·R.(雷昂·罗森菲耳德)

目　　录

第一编　水的表面张力

第二编　金属电子论

第三编　家书选（1909—1916）

期刊名缩写表

Ann. Chim. et Phys.	Annales de chimie et de physique（Paris）
Ann. d. Phys.	Annalen der Physik（Leipzig）
Ann. d. Phys. u. Chem.	Annalen der Physik und Chemie（Leipzig）
Anz. d. Akad. d. Wiss. ,	Anzeiger der Akademie der Wissenschaften in Krakau.
Krakau, math. -nat. Kl.	Mathematisch-naturwissenschaftliche Klasse
Arch. d. sciences phys.	Archives des Sciences physiques et naturelles（Genève）
et nat.	
Archives d. Sc. Phys.	
et Nat.	
Arch. Néerl.	Archives néerlandaises des Sciences exactes et naturelles
	（Haarlem）
Ber. d. D. phys. Ges.	Berichte der deutschen physikalischen Gesellschaft
	（Braunschweig）
Berl. Ber.	Sitzungsberichte der Königlichen Akademie der
	Wissenschaften zu Berlin
Camb. Trans.	Transactions of the Cambridge Philosophical Society
	（Cambridge）
Dan. Vid. Selsk. , mat.	Matematisk-fysiske Meddelelser udgivet af Det Kongelige
-fys. Medd.	Danske Videnskabernes Selskab（København）
Dan. Vid. Selsk. Oversigt	Det Kongelige Danske Videnskabernes Selskab. Oversigt
	over Selskabets Virksomhed（København）
Dan. Via. Selsk. Skrifter,	Det Kongelige Danske Videnskabernes Selskab. Skrifter.
naturvid. -mat. Afd.	Naturvidenskabelig og mathematisk Afdeling（København）
Jahrb. d. Rad. u. El.	Jahrbuch der Radioaktivitätund Elektronik（Leipzig）
Jahrb. d. Rad. u. Elek.	
J. d. Physique	Journal de physique（Paris）

Mat. es Természettud.	Matematikai és természettudományi értesitö（Budapest）
Nach. d. Kgl. Ges. d. *Wiss. Göttingen, math.* *-phys. Kl.*	Nachrichten der Königlichen Gesellschaft der Wissenschaften zu Göttingen. Mathematischphysikalische Klasse
Phil. Mayg.	Philosophical Magazine（London）
Phil. Trans. *Phil. Trans. Roy. Soc.*	Philosophical Transactions of the Royal Society（London）
Phys. Rev.	The Physical Review（New York）
Phys. Zeitschr.	Physikalische Zeitschrift（Leipzig）
Pogg. Ann.	Annalen der Physik（Leipzig）
Prace mat. *-fiz. Warszawa*	Prace matematyczno-fizyczne（Warszawa）
Proc. Acad. Amsterdam	Proceedings，Koninklijke Nederlandse Akademie van Wetenschappen（Amsterdam）
Proc. Cambridge *Phil. Soc.*	Proceedings of the Cambridge Philosophical Society （Cambridge）
Proc. Phys. Soc. (London)	Proceedings of the Physical Society（London）
Proc. Roy. Soc.	Proceedings of the Royal Society（London）
Proc. Tokyo Math. *-Phys. Soc.*	Proceedings of the Physico-Mathematical Society of Japan （Tokyo）
Roy. Soc. Proc.	Proceedings of the Royal Society（London）
Sitzungsber. d. Berliner *Akad. d. Wiss.*	Sitzungsberichte der Königlichen Akademie der Wissenschaften zu Berlin
Sitzungsber. d. Heidelber- *ger Akad. d. Wiss.,* *Math. -nat. Kl.*	Sitzungsberichte der Heidelberger Akademie der Wissenschaften（Heidelberg）. Mathematisch-na- turwissenschaftliche Klasse
Sitzungsber. d. Wiener *Akad. d. Wiss., math.* *-nat. Kl.*	Sitzungsberichte der Akademie der Wissenschaften in Wien. Mathematisch-naturwissenschaftliche Klasse
Trans. Cambridge *Phil. Soc.*	Transactions of the Cambridge Philosophical Society （Cambridge）
Trans. Roy. *Soc., Edinburgh*	Transactions of the Royal Society of Edinburgh （Edinburgh）
Verh. d. Deutsch. *Phys. Ges.* *Verh. d. D. Phys. Ges.*	Verhandlungen der Deutschen Physikalischen Gesellschaft （Braunschweig）

XVI

Wied. Ann.	Annalen der Physik（Leipzig）
Wiss. Abh. d. phys. -tech.	Wissenschaftliche Abhandlungen der Physikalisch-
Reichsanstalt, Berlin	technischen Reichsanstalt（Berlin）
Zeitschr. f. Elektrochem.	Zeitschrift für Elektrochemie（Halle）
Zeitschr. f. physik.	Zeitschrift für physikalische Chemie（Leipzig）
Chem.	
Z. Phys.	Zeitschrift für Physik（Braunschweig）
Z. Physik	

尼耳斯·玻尔传略[*]

L·罗森菲耳德 撰

在物理科学的历史中,20 世纪是作为从宇宙的最寥阔广延到物质构造的最内部分的自然探索的一个惊人进步时期而不同凡响的;而在这一历史的宽阔的视野上,爱因斯坦和玻尔作为两个巨人突现了出来,他们的思维曾经为整个的发展制定了方针和宗旨. 他们的作用可以同从最初开始时就给科学指定了目标和方法的伽利略和牛顿的作用相比拟,也可以同 19 世纪前半期的拉普拉斯和法拉第以及 19 世纪后半期的麦克斯韦和玻耳兹曼的作用相比拟;这些 19 世纪的后继者们通过开辟新的知识领域和提出新的思维方式而继承了伽利略和牛顿的传统. 所有这些开创者的共同特点就是两种成就的结合,即自然定律的具体发现方面的成就和科学思维的本性以及科学真理的基础的哲学反省方面的成就;这种结合在一种意义上是必不可少的,就是说,认识论的考虑在他们的研究成就中起了决定性的作用,而科学探索的结果也反过来引导他们对知识论取得更深入的理解. 特别说来,尼耳斯·玻尔是很清楚地意识到了他的科学活动的这种双面性的,这种意识深深植根于他成长起来和接受教育时所处的那一环境之中.

1. 家庭和教育(1885—1910)

尼耳斯·亨利·大卫·玻尔于 1885 年 10 月 7 日生于哥本哈根. 他整个的一生是以他的原籍城市为中心的:他在那里度过了幼年时期和青年时期,建立了

---

[*] 本文主要依据个人经历、同尼耳斯·玻尔及其最亲密同事们的交谈,同时也依据了尼耳斯·玻尔文献馆中所藏的书信和文件. 详细的传记材料发表在 S. Rozental 所编的文集 *Niels Bohr, his life and work as seen by his friends and colleagues* (North-Holland Publishing Co., Amsterdam 1967)中. 也可参阅发表在 Physics Today **16**, no. 10(1963)pp. 21—62 上的在华盛顿举行的尼耳斯·玻尔纪念会上的报告,以及 L. 罗森菲耳德所写的一篇更有个人特点的早期论文: *Niels Bohr: an Essay* (North-Holland Publishing Co., Amsterdam 1945,修订版 1961). 在尼耳斯·玻尔的卢瑟福纪念演讲《关于原子核科学的奠基人以及以他的工作为基础的若干发展的一些回忆》(Proc. Phys. Soc. (London) **78** (1961) 1083)中,也有很多自传性的资料.

家庭并进行了他整个的科学事业;虽然他行踪甚广,但哥本哈根永远是他的工作和家庭的基地,他于 1962 年 11 月 18 日逝世于该地. 他在三个孩子中排行第二;他的家庭属于哥本哈根城的小康知识阶层. 他的父亲克瑞斯先·玻尔是一个有才能的生理学家,是哥本哈根大学的教授*. 他的母亲艾伦·阿德勒出身于富有的犹太家族,那个家族在银行业、政治、古典语文和明显进步的教育学等等的各种方面都很杰出. 很明显,在这样一种优异的环境中,孩子们的天赋才能被允许得到了充分发展,而且他们在学校中的正式教育也在每一阶段都可以在家中得到范例和鼓励的补充. 做学生时,尼耳斯并不像他弟弟哈若德那样才华艳发**,但是,他们二人都显示了很全面的兴趣,包括体育运动在内,而尼耳斯对他弟弟也是终生抱有无限的友爱和信任的.

XIX   尼耳斯的个性在大学中得到了充分的发展,他在那里作为一个能力非凡的研究者而与众不同***. 他的第一项研究工作完成于 1906 年,当时他还是一个学生;这项工作使他获得了丹麦皇家科学文学院这一全国最高科学机关的金奖章****. 这是水的表面张力的一种精确测定,所用的方法是观测水注的规则振动. 这是一项完全成熟的工作,以其处理问题的实验部分及理论部分时所用的细致方式而引人注意.

---

* 克瑞斯先·玻尔是卡尔·鲁德维希的学生,他于 1880 年在哥本哈根取得博士学位以后,曾先后于 1881 年和 1883 年在莱比锡的鲁德维希的实验室中工作过. 他的主要工作致力于阐明肺呼吸的物理过程和化学过程. 他建立了一个光辉的学派,他对生理机能的生物化学方面的精密研究方法在该学派中被引申向各种方向,而且该学派至今仍在发扬光大中. 克瑞斯先·玻尔生于 1855 年 2 月 14 日,他在 1886 年被聘为哥本哈根大学的生理学教授,而在他的研究活动和教学活动大有作为之际于 1911 年 2 月 3 日逝世. 参阅 V. Henriques, *Chr. Bohrs videnskabelige Gerning*(Dan. Vid. Selsk. Oversigt(1911)395).

** 哈若德·玻尔生于 1887 年 4 月 22 日,殁于 1951 年 1 月 22 日. 他于 1910 年以一篇有关狄里希累级数的博士论文结束了在哥本哈根大学的数学学业. 这篇论文立即使他名闻于世,特别是在哥廷根数学家和剑桥数学家中间;他们对他评价甚高. 他和艾德蒙、朗道、寇朗、哈第以及里突吴德的早期结识发展成了一种永恒的友谊,而他的哥哥也很快地分享了这种友谊. 哈若德·玻尔在数学方面的杰出贡献就是他关于殆周期函数的观念,他在三篇伟大的论文中定义并研究了这种函数. 这三篇论文于 1924—1926 年发表在 *Acta Mathematica* 上,并形成了他长期研究狄里希累级数以及可以用这种级数来表示的函数的光辉终结. 他具有非凡的教学才能,他在工艺学校和哥本哈根大学的教学很可贵地发扬了丹麦数学学派的传统,并且通过他对学生们的影响而成为将纯数学和应用数学在全国范围内保持在很高水平上的人物. 他有广泛的兴趣,性情活泼乐观,并能机敏而坦率地评论当前事态,包括涉及他哥哥的事件以及他哥哥向他征求意见的事件. 参阅 N·E·诺伦德所写的行述(Obituary), Dan. Vid. Selsk. Oversigt(1950—1951)62.

*** 尼耳斯是在他父亲的密友 C·克瑞斯先森教授的引导下学了实验物理学和理论物理学的. 在当时,克瑞斯先森正在积极地研究电毛细现象,并且很有兴趣地追随着电子论的新发展. 他是一位渊博的老派物理学家. 他生于 1843 年 10 月 9 日,在边远的乡村中作为牧童度过了愉快的童年;但是他父亲注意到他好学的个性,就很明智地使他受了较高的教育. 于是在哥本哈根大学过了另一段随性情之所至的愉快生活之后,他于 1866 年完成了物理学的学习. 在随后的二十年中,他在繁重的教学负担之下献身于科学研究,虽然不得不在很简陋的条件下进行工作也无所畏惧. 反常色散的发现(1870)也正是从这时开始的;他的为人所知主要就在这一发现,虽然他在辐射的发射、气体扩散和电的研究方面也作出了若干很有独创性的贡献. 他于 1886 年被聘为哥本哈根大学物理学教授,并保持这一位置直到他于 1912 年退休时为止. 他殁于 1917 年 12 月 14 日. K·普瑞兹所撰(包括 M·努德森的贡献)的行述见 Dan. Vid. Selsk. Oversigt(1917—1918)31.

**** 见本卷第一编.

在 1911 年随之而来的他的博士论文*是一篇纯理论的作品,该文在他所选定的金属电子论这一巨大课题方面又一次显示了无上的精通. 这种理论将金属状态描绘为一种在势场中或多或少自由地运动着的电子气体,而其势场则是由位于规则点阵上的带正电的原子所引起的. 这种理论能够定性地说明金属的极其多样化的性质,但是,一旦企图在当时承认的经典电动力学原理的基础上进行定量的处理,理论就遇到了许多困难. 为了阐明这些困难的本性,玻尔发展了一些普遍的方法,这种方法使他能够以一种很直接的方式根据基本假设推出现象的主要特点. 就这样,他就能够明白地显示出理论失败的深入性,事实上他认为这种失败是由于经典原理本身的不完善所致. 例如,他证明了金属的磁学性质根本无法根据这些原理的首尾一贯的应用来导出. 他的分析的严密性本身在这一早期阶段就已使他确信,为了描述原子现象,是有必要激烈地背离经典电动力学的了.

即使进行到这样不寻常的深度,物理学的研究也并没有吸引了这位少年人的全部活动. 他的心智上的好奇心是无止境的. 他以自己所特有的热心和彻底性接受了环境所提供的启示,以作为高度创造性的哲学思索的出发点. 他父亲的科学工作就在于处理作为生理机能之基础的物理过程的定量分析;这种工作一方面要求密切注意物理测量的精致技巧的制订,而另一方面也引起了有关物理现象和生理现象之间的关系的深入的哲学问题. 在尼耳斯的少年时期,科学界的哲学倾向是对前一世代的机械唯物主义的一种反冲,但是,在克瑞斯先·玻尔的朋友群中那种宽宏的气氛下,这种反冲却采取了一种温和的和有头脑的形式:那位研究生理过程之物理基础的大师坚决主张,为了得到一种完备的描述,实际上有必要也从关于这些过程在机体中的机能的一种目的论的观点来考虑这些过程**. 特别说来,物理学家 C·克瑞斯先森和哲学家哈若德·赫弗丁就属于这一朋友群***.

XX

―――――――――――――

* *Studier over Metallernes Elektrontheori* (Thaning & Appel, København 1911). 见本卷第二编.

** [中译者按:这些观点的简明叙述,发表在 Ch. 玻尔的一篇论文中: *Om den pathologisko Lungeudvikling* (Universitetets Festscrift (1910)). 尼耳斯·玻尔在谈论中常常提到这种叙述,而且在他发表在《原子物理学和人类知识》(商务印书馆 1964 年版)中的《物理科学和生命问题》一文中,包括了这种叙述的译文.]

*** 哈若德·赫弗丁以其对于从伦理学和心理学到知识论的哲学的一切方面都非常精通而赢得了普遍的声誉. 他的态度是宽容而豁达的,他厌恶一切形式的教条主义,而且承认科学发展对于哲学识见的无比重要性. 他生于 1843 年 3 月 11 日;有一个时期他研究神学,当时在狭窄的丹麦背景上正猛烈进行着"诚信和科学"的斗争. 赫弗丁通过同时抛弃官方宗教和基尔凯郭尔所传布的个人教义而自己解决了危机,他并且以一种颇为系统的方式开始了对人类知识和伦理行为的来源的终生探索:他从 1875 年到 1887 年主要研究心理学和伦理学,从 1887 年到 1895 年主要研究哲学史,而从 1895 年到他于 1931 年 7 月 2 日逝世为止则主要研究宗教哲学(他以一种广阔的意义来理解这种哲学)和认识论. 于 1870 年取得博士学位并作了几年教员之后,他于 1880 年成为哥本哈根大学的讲师(Lecturer),并于 1883 年成为该校的教授. 在他的大量作品中(他最后的论文写于 1930 年),有一系列译成各种文字而受到广泛重视的教本. V·格伦贝什和尼耳斯·玻尔分别撰写的行述见 Dan. Vid. Selsk. Oversigt (1931—1932) 57, 131. S. V. Rasmussen 写的文章见 *Dansk Biografisk Leksikon* (Schultz, Copenhagen 1937).

尼耳斯和哈若德兄弟二人被允许作为他父亲和朋友们的哲学谈论的旁听者,而和生物学认识论问题的这第一次相遇就在尼耳斯的意识中造成了永久的印象;人们在生物学的认识论问题中发现,表观上互相冲突的观点对于充分地理解现象来说是同样地不可缺少的.

他很快也采取了他的家庭所属的进步小资产阶级对于教会以及一般宗教信仰的那种否定态度;但是,那是只有当他自己确信了教会所主张的教义在逻辑上站不住脚并回避了当时占据着一切自由主义头脑的那种使仍然广泛存在的贫穷状态缓和下来的迫切任务之后,他才达到了这一结论,而这正是他的坦率和独立判断的特征. 在后来的生活中,他从来没有发现离开自由思想者的立场的任何理由,他用容忍和人性保持了这一立场. 甚至在如此早期的阶段,他对待这些问题的态度也像他的科学思维一样是以同样的逻辑严密性和目光广阔性为其标志的.

正是在仔细思考人类状态的过程中,考虑到语言作为交流思想的手段的那种作用,他第一次碰到了一种具有很大普遍性的形势. 对于这种形势的认识就是他以后对物理学的认识论所作出的决定性贡献的根源. 他对一件事实甚感惊奇,那就是,同一个单词通常是被用来表示我们的意识状态和相与俱来的身体行为的. 在试图描述每一单词对于我们的心智活动而言的这种根本的歧义性时,他曾经利用了从多值函数的数学理论中取来的类比:他说,每一个这样的单词都属于不同的"客观性平面",而且我们必须当心不要允许它从一个滑到另一个客观性平面上去. 但是,对应于某一精神活动的不同方面只存在一个单词,这却是语言的固有属性;根本谈不到消除这些歧义的问题,我们倒是必须承认它们的存在并和它们一同生活下去[*].

2. 在英国的学习生活(1911—1912)

在哥本哈根结束了学业以后,玻尔去了剑桥,希望在 J·J·汤姆孙的指导下继续进行他在电子论方面的工作. 但是,当他于 1911 年 10 月初旬到了那里时,他很快地就发现汤姆孙已对这一课题失去了兴趣,而且也不肯担任审阅学位论文的工作;那篇论文已由玻尔很费劲地译成了英文. 他的发表那篇译文的努力同样没有成功. 这种可悲的失望并没有阻止这位好学的青年在剑桥尽量学习,但是,一旦他能恰如其分地做到,他就转到了曼彻斯特,在那里,卢瑟福已经建立了

---

[*] 见 L. Rosenfeld, *Niels Bohr's contribution to epistemology*(尼耳斯·玻尔对认识论的贡献), Physics Today **16**,no. 10 (1963) 47.

一个很有前途的实验室.

在那里的短短四个月时间之内(从 1912 年 4 月到 7 月),他以难以置信的强度和专心进行了工作,奠定了他在物理学方面最伟大成就(即原子构造理论)的基础. 很难设想两个人的性格会比玻尔和卢瑟福的性格更加不同,但是,这种初期接触却不但在科学中开辟了一个新的时代,而且在二人之间开始了一种罕见的终生友谊;在玻尔方面,这种友谊是由一种儿女般的爱慕构成的,而在那位愉快的新西兰人方面则是由带几分尊重色彩的坦率和满怀热情的诚挚构成的. 卢瑟福以其机敏的知人之明确实很快就发现了这位羞怯的、谦逊的"男孩子"的天才(他把玻尔叫做"男孩子"),并且不知不觉地,仅仅出之于他的巨大精力、想象洞察力和待人接物的直接性,就把这位青年人纳入了正确的心绪之中.

在玻尔到来之前不久,在 1910 年的年底,卢瑟福为了说明在他的实验室中观察到的 α 射线的大角度散射,已经提出了原子的一种"有核模型". 自从发现了作为基元单位负电荷的负载者的电子以后,原子已被设想成这样一种体系:若干个这样的电子被等价的正电荷保持在一起,那种正电荷是以某种方式附著在原子的较重物质上的(电子本身比最轻的原子还将近要轻两千倍). 假如这种带正电的物质是散布在整个原子之内的,则射在原子上的 α 射线(或者说是带正电的氦原子)将大多数只稍稍偏离自己的路线. 大角度偏离的频繁出现暗示了对于一种高度集中的带正电物质的直接命中. 这一概念的定量验证肯定了这种猜想,而且事实上证实了较重的、带正电的原子核具有比整个原子结构线度小十万倍的线度.

玻尔热心地接受了新的模型,而且很快就认识了它的深远含意. 特别说来,他指出了原子的有核模型蕴涵着化学性质和放射性质之间的明确区分;前者被认为是属于外层电子的,而后者则影响核本身. 这就直接暗示了原子序数(表明元素在门捷列夫周期表中的位置)和原子的电子数或其核电荷之间的密切关系,于是电子数也就应该比原子量更加基本了. 事实上,周期表在原子量顺序方面显示了一两处不正规性,而且将新发现的放射产物纳入周期表中也变得越来越困难了. 玻尔证明了,如果人们承认电荷相同而质量不同的原子核的存在,从而允许不止一个原子品种占据周期表中的同一地位,则所有这些反常性都可以被消除,而稍晚一些才制订的用来表示这种具有不同重量的化学上不可区分的原子品种的"同位素"一词正是由此而来的.

按照有核模型,放射性变化必须被设想为原子核的实际嬗变. 于是,玻尔就论证说,通过 α 射线的发射,原子核就失去两个单位电荷而变成周期表上退后两位处的那一元素的同位素. 另一方面,在 β 衰变中,一个负电子的发射导致一个单位电荷的获得,从而产品核就占据了周期表上更高一位的位置. 尽管看起来很简单,导致这些放射性元素"位移定律"的那种猜想在当时却远不是显而易见的.
实验室中以深入的兴趣和真实的理解追随了玻尔的思想,并且在经验资料的讨
论方面能够帮助他的唯一人物是一个匈牙利青年化学家 G·希维思——他本人
也正处在利用放射性同位素作为示踪元素的这一发现的边沿,这种发现确立了
他的声誉.事实上,卢瑟福当时并未意识到玻尔论点的逻辑说服力,也曾劝阻玻
尔发表从他自己的原子模型得出的如此担风险的推论,对于那种原子模型他也
没有赋予像玻尔所赋予它的那种根本意义的思想准备;而且,在几个月以后,当
只要检查一下积累起来的实验资料就能辨认出位移定律时,法扬斯(当时提出位
移定律的人物之一)还如此不理解这些定律的意义,以致竟然提出这些定律来作
为反驳卢瑟福原子模型的论据!

　　玻尔对于卢瑟福原子模型的含意的敏锐考察并没有停止在认识原子序数
(它概括了元素的物理学的和化学的全部行为)和原子中电子数目之间的关系的
存在上.他断然地进攻了一个更加困难得多的问题,就是确定这一关系的确切本
性的问题,而这就等于要对有核模型所代表的原子结构进行动力学的分析.循着
J·J·汤姆孙的范例,玻尔假设各个电子是在核周围对称地分布成一些同心圆
环的.于是他就不得不面对一个在汤姆孙模型中并不存在的问题,就是怎样才能
说明这种圆环组态的稳定性;这种稳定性是不可能仅仅由静电力来加以保持的.

　　玻尔根据他对金属中电子行为的研究已经确信经典电动力学的适用性在原
子范围内将受到一种根本性的限制,而且他也毫不怀疑这种限制将在某种方式
下受到普朗克作用量子的支配.人们已经知道怎样将谐振子的运动加以"量子
化",也就是怎样在无限多种可能的运动中选出一系列分立的运动,它们由按照
$h\nu$ 的有限倍数而递增的能量值来表征,此处 h 是普朗克的普适恒量,而 ν 是振子
的频率.人们不妨尝试将类似的量子化手续应用在原子中电子的运动上,它们的
"频率"可以认为和在原子对光的散射中所观测到的那些共振频率相等同.于是,
由频率 ω_n 来表征的一个容许运动态,就将具有形如 $W_n = Knh\omega_n$ 的结合能,此
处 n 是态的整数编号,而 K 是可能依赖于运动类型的某一数值因子.这样一
个公式可以同经典理论所给出的结合能和运动振幅之间的关系式结合起来,以
得出运动振幅(其数量级已经根据各种有关原子尺寸的证据成为已知)和由光学
测量求得的对应共振频率之间的关系.不难肯定,进入这样一个关系式中的普朗
克恒量的数量级,确实导致人们所预期的[其他各量的]数量级,但是,不管多么
鼓舞人心,这样一种粗略的验算显然是不足以建立量子条件的确切形式的.

　　在这种紧要关头,玻尔通过一件辉煌的工作而对问题得到了深入得多的洞
察;如他自己所说,他"夜以继日地"以惊人的速度完成了这一工作.这一问题对
于卢瑟福的实验室来说是有直接兴趣的;在 α 粒子穿透物质性媒质的过程中,它

们将通过使它们所击中的原子发生电离而不断地损失能量,其损失能量的快慢依赖于粒子的速度;这种能量损失限制了粒子所能进入媒质的深度,而这一深度或"射程"和速度之间的关系就提供了一种确定粒子速度的方法. 玻尔所作的就是在卢瑟福原子模型的基础上分析这种电离过程,并由此而通过一个比以往所得到的更加精确得多的公式将能量的损失率用粒子速度表示出来——这事实上是近代量子力学只对它作出了非本质改进的一个公式*. 玻尔对原子碰撞问题的兴趣从未稍减. 在 30 年代初期,当这些过程的近代理论正在被制订时(特别说来是正在由 H·贝忒、F·布劳赫和 E·J·威廉斯来制订时),他也在工作中起了很活跃的作用;那工作的很大部分是在哥本哈根完成的. 而且,到了 1948 年,他还写了一本综合说明整个问题的杰作,人们在那本书中仍能看到近代化形式下的他的早期分析**.

但是,这种分析的成功使他所看到的却是,虽然完全不能说明原子中电子的周期运动的稳定性,经典理论却能够以毫不减色的本领来处理穿过一个存在电场的区域的那种带电粒子的非周期运动. 这就意味着,不论作用量子的存在蕴涵了多么根本性的同经典概念的决裂,人们都必须预期,对于频率越来越低的运动,量子理论即将逐渐地并入经典理论之中. 而且人们可以期望,作用在原子体系的上面或内部的那些力的很缓慢的逐渐改变所带来的后果,将可以利用经典理论来正确地进行估计. 这是一些巧妙的说法;玻尔曾经很巧妙地使用过这些说法,并终于把它们发展成了一些强有力的启发式的原理.

第二种说法的直接应用帮助他讨论了原子结构和分子结构的简单模型,这种模型至少在数量级上再现了从各种实验得出的若干特性,并从而进一步显示了卢瑟福原子模型的富有成果. 事实上,这一模型是使人们能够明确区分原子和分子的第一种模型(分子被定义为包括着不止一个核的体系),从而它也开辟了理解化学化合的本性的途径. 玻尔所考虑过的模型都以电子的一个或多个环形组态的安排为其特征,这些圆环或是在原子中以原子核为公共中心而排列着,或是在分子中以对各个原子核为对称的方式而排列着. 尽管这些组态的绝对尺寸依赖于他只能大致猜测的量子条件,而按照上面提到的那种论证,它们的稳定性却能够用经典方法来进行检查:于是,他就能够说明为什么氢能形成双原子分子而氦却不能. 虽然这些考虑是粗略的——而且已经被近代的观念所完全摒弃,但它们却是惊人地成功的;事实上,它们确实包含了化学键的一种重要特点,这种

XXV

---

　　 * 玻尔的论文发表于 Philosophical Magazine(哲学杂志) **25**(1913) 10.

　　 ** N. Bohr, *The penetration of atomic particles through matter*(原子级粒子对物质的穿越),Dan. Vid. Selsk. , mat. -fys. Medd. **18**, no. 8(1948).

特点是近代理论的一个部分,那就是这样一件事实:化学键的起因是为参加化合的原子所共有的一种电子组态的形成,例如氢分子可以相当好地用垂直于二原子核连线的包含两个电子的圆环来代表.

关于上述量子条件所允许的那些运动态的确定,玻尔发现卢瑟福的模型可以导致惊人简单的结果,无论如何对于他所考虑的那种类型的组态是如此. 一般说来,运动的经典理论将提供一个结合能和频率之间的附加关系式,这一关系式允许人们从量子条件中消去频率,于是就得到一个只依赖于整数 n 的结合能表示式,式中的系数除了包含普朗克恒量以外还包含一些表征着体系及其运动类型的参量. 这样,以氢原子作为最简单的例子,它包含单独一个带电的核和一个质量为 m、电荷为 e 的电子,经典理论证明 W_n^3 和 ω_n^2 之间存在一种比例关系;于是,对于可能的束缚态来说,由此就得到很简单的定律 $W_n = A/n^2$,而且系数 A 的精确值就是 $\pi^2 e^4 m / 2K^2 h^2$;这时仍然阙疑的就只有数值因子 K 了.

3. 量子公设(1913)

当玻尔于 1912 年 7 月间离开曼彻斯特时,他的心中充满了进一步探索展示着如此广阔前景的原子世界的念头和计划,但是他还有另外一种值得兴高采烈的理由. 1911 年以后,在他动身去英国以前不久,他就和一位非常妩媚而又聪慧多情的姑娘马格丽特·诺伦德订了婚. 在 1912 年 8 月 1 日举行的婚礼,确定了最幸福和最美满的结合. 马格丽特所行将负起的并不是一种简单的责任,而她却完全纯朴地做到了尽善尽美的地步. 玻尔有一种敏感的天性,他需要人性的同情和体谅来鼓励他,不但在这些最富创造性的年月,当他单枪匹马地和他那些艰难的问题在战斗时是如此,就是在后来他已经誉满天下时也是如此. 马格丽特永远站在他的一边,以无限的虔诚和耐心在和他的工作有关的实际问题方面帮助他,并且和他分享一切希望与失意. 当生了孩子时(他们有六个儿子,其中两个夭折了),玻尔从来没有回避过 pater familias[罗马法中的"家长"]的责任;他很认真地负起了一家之长的责任,那个家庭的优良传统是他切望保持的. 在这方面,他也得到了妻子的充分支持;她表面上毫不费力地适应了主妇的繁重任务. 玻尔家的夜晚是以其待客的热诚和交谈中的快活语气为其特色的,这种谈话将心智上的高超同科学家们所欣赏的善意机锋及天真玩笑结合了起来.

在 1912 年的秋天,玻尔担任了哥本哈根大学的助教职务;他极其自觉地完成了任务,甚至利用他博士头衔的特权开了一门选修课程. 在这些吸引人的教课任务以外,他开始撰写了阐述他在曼彻斯特时的想法的论文. 然后,在 1913 年初,他的思想方向突然转向了原子辐射问题,这就引导他在把作用量子引入原子构造理论中时迈出了决定性的一步.那一学年的其余部分,是在狂热的工作中度过的,他要在新的基础上重新构造他的理论,并把它详细阐述成为一本论著;这本论著很快就分成三部分在《哲学杂志》(*Philosophical Magazine*)上发表了[*].

自从基尔霍夫的开创性工作以来人们就已经知道,原子所发的光的光谱组成是原子的化学种类的特征;一门完整的"光谱学"的科学已经在这一原理的基础上发展了起来,而且已经积累了浩如烟海的极其精确的资料.显然,各特征谱线的波长表必然包含着有关发光原子的结构的很准确的信息;但是,既然原子光谱是由包括上千条谱线的一些表面上毫无规律可循的线系构成的,看来要测试和破译这样的复杂密码也就是希望甚微了.因此,使玻尔大出意外的是在和他的同事 H·M·汉森[**]的一次闲谈中得悉,光谱学家们已经设法在这一团乱丝后面找出了一些规律;特别说来,相距不远的伦德大学中的黎德伯[***]已经发现了表示着光谱线若干"系列"的频率的一个结构上很简单、很引人注意的公式,那些系列以不同的参数值重复出现在不同原子的光谱中.黎德伯公式的惊人特点是各个频率都用两个"谱项"之差来表示,其中每一谱项都以一种简单的方式依赖于一个数,它可以取一系列整数值;每一个线系都对应于保持一项不变而令另一项改变所得到的序列.

例如,氢光谱的各条谱线的频率 ν_{nm},可以按照尽可能简单的方式用两个整数 n、m 表示成

---

[*] *On the Constitution of Atoms and Molecules*(论原子构造和分子构造).据 Philosophical Magazine 重印的论文集,有 L·罗森菲耳德的序(Munksgaard, Copenhagen 1963).

[**] 汉斯·马瑞乌斯·汉森从 1908 年起在工艺学校的物理实验室中任助教;他比玻尔小一岁(生于 1886 年 9 月 7 日).他曾于 1911 年在哥廷根的 W·佛格特指导下作过逆塞曼效应方面的工作,这也是他 1913 年的博士论文的题目;因此,当他在尼耳斯·玻尔从曼彻斯特回来以后见到玻尔时,他对光谱学是相当熟悉的.汉森在 1918 年成为哥本哈根大学的讲师,在 1923 年成为该校的教授.他在组织问题和行政问题方面显示了很大的兴趣和才能,从而在其工作性质与物理过程的应用有关的那些丹麦机关的发展中起了重要的作用.他于 1948 年当选为大学的校长,并负责这一职务直到他在 1956 年 6 月 13 日逝世时为止.由 J·K·伯吉耳德和 J·A·克瑞斯先森分别撰写的行述见 Universitetets Festskrift(1956)187,191.

[***] 发表于 1890 年的黎德伯的光谱学伟大著作是他在惊人单一的目的下进行了整整一生的研究规划的一个部分,其目的就是从实验数据中导出元素的各种性质同指示其在周期系中所占位置的原子序数之间的关系.很清楚,这样一种规划只能导致很有限的成功,而且不太可能推进他的学术勋业.约翰·罗伯特·里德堡生于 1854 年 11 月 8 日,于 1880 年被任命为伦德大学的数学讲师,在此一年以前他得到了博士学位,当在 1882 年建立了物理实验室时,他就在那里工作,但直到 1901 年才升为教授.他逝世于 1919 年 12 月 28 日,但在 1914 年以后他就由于健康情况欠佳而没能追随原子理论的新发展,这种发展使他的开创性研究大为出名.他是一个文雅而谦逊的人,用一种动人的退让忍受了他的失意.参阅下列文章:G·玻瑞利乌斯,Fysisk Tidsskrift **21**(1923)65;B·艾德伦,Kosmos **32**(1954)9;N·玻尔和 W·泡利,Proceedings of the Rydberg Centennial Conference on Atomic Spectroscopy (Lunds Universitets Årsskrift **50** no. 21 (1955) 15,22);Sister St. John Nepomucene, Chymia **6** (1960)127.

$$\nu_{nm} = R\left(\frac{1}{n^2} - \frac{1}{m^2}\right),$$

式中只有一个其数值精确已知的参量 R. 玻尔一看到这个公式[*]，立刻就觉察到它给出了必须将作用量子以正确的途径引入原子体系的描述时所缺少的线索了. 黎德伯公式的"谱项"R/n^2 和原子的可能定态能量表示式 $W_n = A/n^2$ 的形式上的相似使他想到，按照普朗克的关于辐射量子的观念，原子在发射频率为 ν_{nm} 的光时是以能量为 $h\nu_{nm}$ 的单个量子的形式进行的；于是黎德伯公式就表明，在这一过程中，原子从一个初始的定态 W_n 过渡到了另一个定态 W_m. 这种诠释有一个直捷了当的验证：按照这种诠释，黎德伯恒量应当由 $Rh = A$ 亦即由

$$R = \pi^2 e^4 m/2K^2 h^3$$

给出. 在这一表示式中将 e、m 和 h 的已知值代入并取 K 为 $\frac{1}{2}$（这个 K 值可以给出频率为 ω_n 的谐振子的正确势能 W_n），玻尔得到了一个 R 值，这个值在其他各恒量的测量误差所允许的范围内和实验值足够接近.

不论这种严格的定量检验如何有说服力，在这种关于辐射过程的新观念中却存在着一个特点，它即使算不得胡作非为，也会使人觉得很特别：所发出的光的频率 ν_{nm} 和任何允许的电子转动的频率 ω_n 或其谐频都不重合，而这种重合是经典辐射理论的如此直接、如此基本的一个特征，以致抛弃它似乎是不可想象的. 玻尔之所以没有被这种考虑所挡住，主要是由于他在青年时期的哲学思索中所得到的那种辩证的思想倾向. 原子现象的经典图景及其量子特点之间的冲突是如此地尖锐，从而对于将后者归结为前者的可能性是不能抱任何希望的（而普朗克仍然有着那样的希望）；人们倒不如承认我们的经验的这两个方面的共同存在，而现实的问题则是将这两个方面结合成一种合理的综合. 卢瑟福氢原子模型的例子在这一方面是特别突出的（对于这种模型根本谈不到动力学稳定性的问题）：由电子绕核进行的加速运动引起的连续辐射的经典机制将很快地导致原子的坍缩，从而在这一情况下就有一种迫切的需要，即不依赖于任何的随意假设，要有一种超出经典电磁学之外的要素来确保体系的稳定性. 按照玻尔后来的说法，黎德伯公式所提供的线索是如此地明彻，以致它唯一地引导到了他所提议的辐射过程的量子描述；这就使他确信这种描述是正确的，尽管它蕴涵了和经典概念的根本决裂.

---

[*]　有一些证据发表在前注所引的最后一篇文章中，表明克瑞斯先森教授在 1899 年前后已经知道并且很重视了里德堡的著作；从而可以推测玻尔想必在他早期的学习阶段也已知道这一著作. 但是，它的重要性只有根据卢瑟福原子模型的性质才能变得明显起来.

但是,为了抓紧这种论证,玻尔又迈出了很重要的一步.他知道,不论是什么体系,它的量子行为必须满足一个要求,即在涉及很多个作用量子的运动这一极限情况下,量子行为应该过渡到对应的经典行为.将这一验证应用于他的关于黎德伯公式的诠释,他发现只有指定数值系数 K 的值为 $\frac{1}{2}$ 才能满足这个条件,而 XXIX 这个值也恰好能够给出正确的黎德伯恒量的值.确实,对于 n 的很大数值,可以看出各个频率 $\nu_{n,\,n+p}$ 将趋于转动频率 $\omega_n = 2R/n^3$ 及其各级谐频 $p\omega_n$.就这样,正如玻尔所说的,经典电动力学和辐射的量子理论之间的"最美的类比"(在上述的意义上)就建立起来了.

在他 1913 年发表的伟大论文中,玻尔以两条"公设"作为基础提出了他的理论;在后来的论文中,他改进了这两条公设的表述.第一条公设宣布原子体系的定态的存在,体系的行为可以用经典力学来描述.第二条公设指出,体系从一个定态到另一个定态的跃迁是一种非经典的过程,并和一个单频辐射量子的发射或吸收相伴随,该量子的频率和能量由普朗克方程来联系.至于选择可能定态所依据的原理,玻尔当时还远远没有得到普遍的表述;事实上他非常清楚,必须把研究工作从他曾经局限于其中的简单组态扩大到其他的组态.对于定义原子体系定态的足够普遍的量子条件的寻求,在随后的理论发展阶段中即将成为一个主要的问题.

玻尔第一篇论文中的一个说法引起了争论;这种争论很快地就以新理论的胜利而告结束,而且对新理论的迅速成功作出了不小的贡献.玻尔倚仗着他对黎德伯公式的诠释曾经指出,被认为属于氢的某一光谱线系实际上应该是属于氦的:这一线系曾用 n、m 二数的半整数值被拟合在氢的公式中;按照玻尔的看法,这些数必须有整数值,而这种情况只可能意味着这一线系的黎德伯恒量对应于带两倍电荷的核并且是氢的黎德伯恒量的四倍.像否勒这样一个经验丰富的光谱学家以一种人之常情的怀疑对待了这种建议,但是,在卢瑟福的实验室中立即以很高的效率进行了的检验性实验证实了玻尔的预言.否勒最后的防线就在于尖锐地指出有争论的线系的黎德伯恒量并不是确切的 $4R$(R 代表氢的恒量值);这种抵抗被玻尔很辉煌地反击了回去:他证明了那微小的差别正应该预期为核的运动的一种效应,这种核运动是他在一级近似下曾经忽略了的.毫无疑问,这一戏剧性的事件发生了决定性的影响,特别是对像卢瑟福和否勒他们的那种盎格鲁-撒克逊人的头脑,这使他们相信这位青年外国人的迷离扑朔的理论探讨毕竟是有些道理的.

这也正是金斯的态度;他在 1913 年 9 月在伯明翰召开的大英科学促进协会 XXX 的会议上作了有关玻尔工作的全面报告,他指出,玻尔的公设的唯一证据,就是

"成功这一有分量的证据本身". 在哥廷根那个以数学和物理学闻名的地方,关于规矩的概念是很强烈的;面对着如此轻视形式逻辑的法典而取得的不应有的成就,那里的主流印象就是一种羞辱的、至少是目瞪口呆的印象,但是,玻尔概念的重要意思却并未逃过爱因斯坦和索末菲那些人的注意,他们自己就曾寻根究底地思索过量子论的问题.

4. 原子和辐射(1914—1925)

谁也没有像玻尔自己那样敏锐地意识到他的初步结论的权宜性,而最重要的是意识到更深入地分析包含在两条公设中的原子现象的经典方面和量子方面之间的逻辑关系的必要性. 与此同时,他已经面临了推广理论并展示其一切推论的一种不可抗拒的日程. 他对他在哥本哈根大学的职务越来越不满意了. 在1913 年,他已被提升为助理教授(docent),但是这就使他几乎没有时间进行研究工作了,而且(既然他主要是教医学方面的学生)他也几乎没有希望教出能够在他的工作中协助他的学生. 学术当局迟迟不能意识到已经发生了特殊情况,于是,当卢瑟福答应在曼彻斯特给他一个讲师职位时,玻尔是很乐于利用这个机会去在更有利的条件下继续进行他的工作的. 他在曼彻斯特停留了两年,从 1914年到 1916 年. 在这一期间,丹麦当局已经前进到愿意任命玻尔为教授的地步;玻尔接受了这个职位. 三年以后,感谢一群朋友的积极努力(他们捐助了地皮),当局终于同意给玻尔建造一个实验室;这就是那著名的理论物理学研究所,他当了该所的主任,而该研究所也一直成了他在进行研究和启发研究方面的毕生活动中心. 研究所建立得正是时候,它把玻尔留在了他的祖国;因为刚刚被请去当了卡文迪什实验室主任的卢瑟福已经邀请过玻尔到剑桥去和他一起工作.

新研究所打算主要成为一个物理实验室,它的名称中的"理论物理学"五字所表示的是我们现在将称之为"基础物理学"的那一概念. 玻尔并没有在理论研究和实验研究之间划什么明确界线;恰恰相反,他认为这两方面的研究应该按照互相支持和互相启发的方式来进行,从而他要求实验室的装备应该使它能够用适当的实验来检验新的理论发展或理论推测. 他充分致力于实现这一理念;在研究所中完成了的实验研究并不很多,但它们永远是高质量的,其中一些确实有着开创性的重要性,而且全都带有和正在争论的理论问题直接有关的特点. 为了跟得上理论形势的变化,这种观念认为特别急迫的是要扩大乃至更新实验装备,以使它适应完全新的研究路线;玻尔以惊人的先见之明和获取必要款项的不懈努力做到了这一点. 这是他的活动的一个部分,他为此付出了很多心血并对之非常重视,而他这样确立下来的传统直到今天仍在开花结果.

　　玻尔的原子理论揭开了科学史上最神奇的二十年的序幕；在这段时间中，年轻一代物理学家中的优秀人物的努力，集中到了理论所引起的为数甚多的问题上，集中到了进一步刺激理论的发展或对理论预见提供所需检验的实验考察上．推动理论进步的三种实验进展早在 1913 年和 1914 年就已经作出了．X 射线波谱学这一领域由摩斯莱在曼彻斯特的光辉工作打开了，而且它对原子理论来说的重要意义也由 W·考塞耳根据玻尔的概念指出来了．关于用电子的碰撞来激发原子辐射的弗兰克和赫兹的实验，以及用强电场来改变原子光谱的斯塔克的实验，对于研究原子体系的动力学行为提供了新的门径；这些实验的诠释很快就由玻尔本人进行了概述．重要性突然高涨的光谱学得到了积极的发展，尤其是在蒂宾根由帕邢所领导的学派那里；帕邢和他的同事贝克、朗德等人非常详尽地分析了线状光谱的精细结构以及谱线在强度递增的磁场作用下的进一步分裂，并且用若干个"量子数"组来表述了谱线频率和谱线强度所服从的规律，那些量子数是附属于各个光谱项的，它们各取整数值或半整数值．

　　在理论方面，景象也在迅速变化中．玻尔在此以前的孤独处境被和越来越多的同行们的活跃往还所代替了；他们全都为共同的目标而奋斗，自由地交换着看法，讨论着结果和猜想，分享着成功的喜悦和更远推进的期望．根据默契，玻尔就是大家都到他这里来寻求指导和启发的那位领袖，而他也以自己的谦虚和坦率博得了每一个人的亲近．也有另外一些伟大的理论物理学派，其中最重要的就是新近由索末菲在慕尼黑建立的和由玻恩在哥廷根建立的学派；它们各自沿着自己的研究路线前进，但和哥本哈根团队处于完全的谐调中．第一个到哥本哈根来参加玻尔的工作的是一个荷兰青年 H·A·克喇摩斯，他根据自己的提议于 1916 年来到研究所，而且在以后的十年中一直是玻尔的不动摇的帮手和有才能的合作者．在这一期间，许多别的人也到玻尔的研究所中来做或长或短的停留，其中有玻尔的挚友希维思，也有更年轻的 O·克莱恩、W·泡利和 W·海森伯，他们都很快地在友谊和情感的同一纽带下和玻尔结下了不解之缘．

　　有待考虑的第一个主要问题就是定义定态的量子条件的推广．玻尔起初并没有企图动用经典力学的普遍方法；那不是他解决问题所惯用的手法．他宁愿处理具体的事例，并开展一些巧妙的论证；那种论证虽然缺乏普遍性，却有着能够清楚地揭示带有实质重要性的物理特性的优点．在此处的事例中，他又是从一种说法出发的，那就是体系的缓慢变形将不会改变它的量子态；他把这种说法发展成了一条"力学可变换性原理"，这原理在有限的范围内被证实为十分有用．这种想法就是通过慢慢地改变某一参量而把一种类型的运动连续地变换成另一种类型的运动；如果定态的确定已经针对两种运动中的一种完成了，人们就可以利用这种办法导出另一种运动的定态．为此目的，人们可以得益于某些动力学量即所

XXXII

谓"浸渐不变量"的存在;这些不变量(正如它们的名称所表明的)具有在缓慢力学变换下保持不变的性质.早在1911年,艾伦菲斯特就强调了浸渐不变量在热平衡辐射的量子理论中所起的重要作用,但是,无论是他还是玻尔,起初都没能做到将这种观念扩大到比单周期运动更复杂的运动方式上去.这一问题中的决定性的进步是由索末菲取得的,他在1915年年底成功地表述了整整一组适用于一般开普勒运动的量子条件,其中甚至包括了椭圆轨线的相对论旋进.索末菲的工作不但提供了关于氢光谱线的双线精细结构的解释(后来证实是一种部分的解释),而且指出了将量子化规则推广到其运动并非单周期性的那些更复杂原子体系的所需途径.

玻尔满怀热情地追随了这种新的处理方式;他现在充分地应用起汉密尔顿动力学的强有力方法来了,特别是在适用于所谓"多周期运动"的那一类很广泛运动的那种力学的形式下,而原子中的电子运动就是属于这一类的.很幸运的是他身旁就有克喇摩斯可以协助他;克喇摩斯是在艾伦菲斯特学派中培养起来的这方面的专家.即使如此,也还经过了若干年的巨大努力才把这件工作做成.在其普遍形式下,量子条件要求某一组浸渐不变量应该是普朗克恒量的整倍数.但是,在确立这一结果的过程中,一个吓人的障碍就是运动"简并"为单周期运动的那种情况的出现,这种情况在相应量子条件的表述中导致了歧义性.这个困难终于又通过力学可变换性原理的再次巧妙应用而被克服了.

多周期体系的理论提供了更合理地处理这一问题的可能性,这个问题玻尔在关于有核原子模型的最早思考中已经抓住了,那就是复杂性递增的原子的逐步建成和门捷列夫所揭示的原子结构周期性的起源.出发点就是关于每一单个电子的个体定态轨道的考虑,该电子是在受到其他电子的平均场的"屏蔽"的核静电场中运动着的;于是,各电子的残余相互作用就可以利用本来是供天文学家应用而发展起来的微扰方法来加以处理.利用量子条件,在光谱起源于单独一个电子(通常是结合得最弱的一个电子)的量子跃迁的情况下,这些个体的定态就可以有一种量子数标志法,这种标志法可以直接和光谱项的标志法相比较.从这种观点看来,理论和有关的光谱学资料的对比只导致部分的成功:经验谱项序列的主要特点可以相当好地由理论重新得出,从而这些特点所依赖的那些光谱学量子数也得到了一种简单的力学诠释(除了半整数值的出现以外,这种半整数值显得是量子条件的一种随意的修订);但是,谱项序列的精细结构却显示一种复杂性,而原子模型却是无法提供与此相应的力学复杂性的.

尽管有这种不完善,仍然可以指望原子模型能够给出可靠的指导,至少在考察原子结构的更广阔轮廓方面是如此.玻尔早先尝试的那种原始的环形组态,现在换成了按照某些法则来用确定的量子数组将个体电子轨道分组而得到的"壳层",那些法则是根据光谱学数据而绝顶聪明地推测出来的.这种原子体系的壳层结构概念不但说明了定态的主要分类,而且它的范围还可以扩大,来把光谱学家们建立的这些定态之间量子跃迁强度的经验法则的诠释包括在内.这是比表述适用于定态的量子条件更加困难得多的一个问题;初看起来,反映在玻尔量子公设中的经典电动力学的完全垮台,似乎根本排除了以此建立一种可理解的原子辐射理论的基础.正是在应对这一挑战中玻尔才被引导到了他的最深刻和最有力的观念之一,那就是关于原子现象的经典描述和量子描述之间的普遍"对应性"的思想.

XXXIV

　　玻尔抓住了量子跃迁中的光的发射和辐射的经典过程之间残存的唯一联系,那就是要求经典描述应该能够适用于量子数很大的态之间的跃迁这一极限情况.假如原子被当作一个多周期体系来看待,它的运动状态就可以表示成一些谐振动的叠加,各该谐振动分别具有特定的频率和整倍数的频率,并各自具有确定的振幅;事实上可以证实,量子数很大的态之间的跃迁频率趋于变成和经典频率的由这些量子数的差所给定的倍数相等;于是,在这一极限下,就可以直接利用经典振幅来计算量子跃迁的强度.现在玻尔大胆地提出假设,即使对于小量子数的态之间的跃迁,这样的对应也应该成立,至少是近似地成立;换句话说,经典运动的各谐波的振幅在一切情况下都应该给出相应量子振幅的估计值.这种"对应论点"的威力很快就从克喇摩斯一篇光辉的论文那里得到了例证,他把它应用到了氢谱线在电场中的分裂问题上*.对应论点还不仅仅在光谱学数据的诠释中因为缺少一种更加确切的公式而起了不可缺少的作用,它事实上为统一的量子力学的数学结构提供了决定性的线索.

　　·在 1918 年前后,玻尔已经至少在轮廓上看到了原子现象的整个理论,该理论的要点已在以上各节复述过了.他当然明白,他离开一种逻辑上一致的构架还很远,那种构架应该相当宽阔,足以既容得下量子公设,又容得下经典力学和经典电动力学的那些似乎还有某种适用性的方面.尽管如此,他还是立即着手写出关于他的论点以及和该论点可能有关的一切证据的综合说明;这就是他的通常工作方式:通过考验自己能够多么好地"总结我们所知道的",他就能找到机会来检验自己想法的可靠性并改进那些想法的表述.但是,在目前情况下,他却几乎跟不上课题的发展;他开始时想写的那篇论文发展成了共有四编的一部大著作;这部论著的发表拖了四年多也没有完成;前三编在 1918 到 1922 年间问世了,而

XXXV

---

　　* H. A. Kramers, *Intensities of Spectral Lines* (光谱线的强度), Dan. Vid. Selsk. Skrifter, naturvid.-mat. Afd. **3**, no. 3 (1919).

第四编却很可惜地从来没有发表*. 于是就出现了这样的情况:玻尔观点的整个影响一直停留在他的为数很小但很有才华的一群弟子中间,这些弟子们在通过更及时地发表自己的结果而使自己更广泛地为人所知方面确实比他们的老师干得更好.

玻尔的主要以光谱资料的分析为依据的元素周期系理论,通过把比传统方法精密得多的合理的光谱学方法交给化学家们使用而革新了化学这门科学. 这一点,通过在玻尔的研究所中对原子序数为 72 的元素的鉴定而在 1922 年得到了戏剧性的阐明. 这一发现是在玻尔关于这一元素性质的理论预言的直接指导下,由考斯特尔和希维思作出的;他们根据哥本哈根的拉丁名称将这种元素命名为"铪". 结论性的结果来得很及时,正好使玻尔能够因接受该年度诺贝尔奖而在斯德哥尔摩发表演说时公开宣布**.

对于玻尔来说,根本不存在停止在这些当之无愧的荣誉上的问题. 他并不是看到原子体系的量子理论的表面胜利就误认为用来描述这种体系的模型(按照经典力学定律而以静电力相互作用着的一些简单的点电荷)和实在之间有任何密切的相似性. 事实上,光谱分级的精细结构显示了这种模型的实质上的缺点,这种缺点的本性当时尚未弄清楚;但是,最主要的是,量子辐射过程和它们的对应经典过程之间的对应关系的奇怪特点就强烈地暗示着,在量子条件和对应论点的应用中,经典模型不过是一种辅助性的构架而已. 克喇摩斯在将对应论点的范围扩大到光学色散理论方面取得了成功,这样就完成了原子体系和辐射之间的相互作用的处理,说明了发射过程、吸收过程和散射过程;在此以后,玻尔就鼓起勇气,提出了整个理论的一种系统化的表述,在这种表述中他所谓的经典模型的"虚拟性"受到了强调. 在得出这种表述时,他得到了克喇摩斯的协助,并且受到一个美国青年来访者斯累特尔所提出的很有独创性的见解的鼓励,从而这种新理论就在 1924 年由三人署名发表了***. 这篇不寻常的论文的最惊人的特点,就在于否认因果性的经典形式而只承认纯统计性的描述. 甚至辐射场和构成原子体系的那些"虚拟振子"之间的能量分配和动量分配也被假设为统计性的,守恒定律只是平均地得到满足而已. 这就太过份了:论文几乎还没来得及付印,直接的实验就确立了原子和辐射之间单个的相互作用过程中的能量和动量严格守恒. 尽管如此,这一短暂的尝试却对事态的发展发生了深远的影响;在尝试失败

XXXVI

---

   * N. Bohr, *On the Quantum Theory of Spectra* (论光谱的量子理论),Dan. Vid. Selsk. Skrifter, naturvid. -mat. Afd. **4**, no. 1 (1918—22).

   ** N. Bohr, *The Structure of the Atoms*(原子的结构),1922 年度诺贝尔演讲.

   *** N. Bohr, H. A. Kramers and J. C. Slater, *The Quantum Theory of Radiation*(辐射的量子理论),Phil. Mag. **47**(1924)785.

后仍然保留下来的是一种信念,即原子过程的经典描述方式不得不完全废除.

这种信念被另一种研究方向的结果所加强了;那种研究当时在哥本哈根正极其活跃地进行着,那就是要寻求原子模型中所缺少的动力学要素.泡利通过试图阐明一些光谱学法则来处理了这一困难问题,那些法则是支配着谱项的精细结构和光谱线在外加磁场中的分裂(即"反常塞曼效应")的.他最后认识到,全部的资料可以通过给每一电子的个体定态指定一个附加的量子数而弄得非常简单,这个量子数只能取两个值,并按照确定的法则而和其他量子数相组合.这种结论立即给元素的壳层结构分类法带来了光明,这种分类法是玻尔没有做完而后来又由斯通诺尔大大改进了的.事实上,泡利在 1925 年已经能够表述这种分类法所遵循的基本原理了:每一单个定态(新量子数的指定也包括在内)不能被多于一个的电子所占据*.这一"不相容原理"后来得到了颇大的推广,而且事实上已成为最基本的自然定律之一.

在同一年,艾伦菲斯特的两个青年门生高德斯密和乌冷白克在新量子数的诠释方面取得了决定性的进展:他们指出,这个量子数可以描述为电子的一种固有转动或"自旋",从而和自旋相关联的一个内禀磁矩就可以说明反常塞曼效应.但是,自旋的量子化却和量子条件所表示的有所不同;这一情况,以及显然完全无法用经典概念来说明的不相容原理,都以一种最突出的方式指示出来,不但是辐射场,而且连原子的组成部分也是超出了经典物理学概念的权限之外的.

5. 量子力学和互补性(1925—1935)

尝试将原子当作一种经典类型的动力学体系来处理所引起的危机并没有持续多久.到了 1925 年夏天,海森伯已经找到了制订一种能将量子公设包括在内的首尾一贯的数学方案的线索.这一重大进步是克喇摩斯所首倡的关于光色散理论的研究方向的直接产物.海森伯积极地参与了这一工作,而且对玻尔、克喇摩斯和斯累特尔所采取的立场得到很深的印象.他的结论是,如果经典观念不再可以指望至少给量子理论提供一种构架,我们所必须寻求的就是一种仅仅表示着可直接观测的一些量之间的关系的抽象的、形式化的方案了;例如定态的能量以及其绝对值的平方代表着定态间量子跃迁几率的振幅,就是这种可观测的量.当从这种观点来看它时,在色散理论中建立起来的经典振幅和量子振幅之间的

---

* W. Pauli, *Über den Zusammenhang des Abschlusses der Elektronengruppen im Atom mit der Komplexstruktur der Spektren*(论原子中电子组的闭合性和光谱的复杂结构之间的关系),Z. Physik **31** (1925)765.

对应关系,就变成了这些量子振幅所必须满足的一组代数法则.这就定义了一种数学算法,它既适用于运动定律和量子条件的合理表述,又适用于辐射振幅的精确计算.

海森伯的纲领在哥廷根得到了积极的执行;在那里,玻恩立即觉察到,海森伯关系式中所涉及的不可对易代数学就是矩阵计算法;与此同时,一位年轻的剑桥物理学家狄喇克也正在发展甚至更加抽象和更加优美的方法*.当新"量子力学"的形式化方案在各个数学圣地这样迅速地被建立起来时,在哥本哈根占优势的却是一种更加批评性的态度.泡利指出,海森伯通过将可观察量限制为定态[能量]和辐射振幅而很不妥当地限制了理论的范围,因为对应论点的一个实质性的部分就是,对于大的量子数,新理论应该将按照经典概念对运动所作的更详尽的描述作为一种极限情况包括在内.

要满足这种不可缺少的要求,就必须把理论的数学构架加以相当的扩大,使它既能和原子现象的不连续方面相适应,又能和它们的连续方面相适应.决定性的贡献出人意外地是由德布罗意和薛定谔这两位"局外人"作出的,他们当时正在探索一种猜想,即物质组分可能也像辐射一样是由连续波场的传播规律支配着的.虽然这种片面形式的想法马上就被看出是站不住脚的,但它毕竟提供了所缺少的要素;正如玻恩所特别强调的,和粒子相联系着的波场,就给出确定粒子的运动态的那些变量的几率分布.于是,在1927年年初,所需要的量子力学的完整形式就已经可以作成了;当时狄喇克提出了属于各物理量的那些算符的最普遍的表象,以及按照能够保证一切对应性要求得到满足的确定规则而随心所欲地从任一表象过渡到另一表象的方法,这样就在量子力学大厦上盖好了屋顶.但是,例如形成唯一确定轨迹的一个位置序列,这种粒子运动的经典特点却是仅仅作为实质上具有统计性的更普遍描述方式的极限情况而出现的.

人们发现,量子条件对各物理量的值的统计分布加上了奇特的限制.如果表示两个这样的量的算符由于这些条件的关系而不能对易,则在给定的情况下指定它们所可能取的值的平均扩展范围是互成反比的;两个扩展范围的乘积大于一个下限,该下限依赖于不可对易性的程度并和普朗克恒量成正比.例如,如果在确定的实验情况下一个电子相对于某一固定参照系的位置是限制在狭窄的范围内的,则它的动量将有一个相当宽的可能值变化范围,其中每一个可能值都依赖于实验条件而具有确定的出现几率.

在1927年发现了这些惊人的"测不准关系式"的海森伯,意识到了它们的认

---

* 量子力学的这一初期发展史,见 B. L. van der Waerden, *Sources of Quantum Mechanics*(量子力学史料)(North-Holland Publishing Co., Amsterdam 1967).

XXXVIII

识论的重要性. 事实上, 量子力学在这方面的妙处就在于, 它承认人们使用一切经典概念的可能性, 尽管这些概念的精密确定可能是互相排斥的——例如在空间和时间中定位于一点的粒子的概念和在空间-时间中扩展到无限远的具有精确给定的动量和能量的波场的概念, 就是互相排斥的. 于是, 这样一些概念之间的测不准关系式就指示出来, 这些概念在多大程度上仍然可以和统计叙述一起应用. 海森伯看到, 这些互成反比的变化范围的根源一定存在于所考虑的各量在其中为可观察量的那些过程的量子特点中, 从而他就作了按照这种观点来分析这样的理想观察过程的尝试[*].

该是玻尔重新出场的时机了. 在此以前, 他的角色一直在于启发和指导青年人的 (特别是海森伯和泡利的) 创造性的工作, 而且他可以合理合法地认为新理论就是他为之奋斗已久的那一目标的达成. 一方面, 他从一开始就觉得无法避免的那种对于经典物理理论的激烈决裂, 现在已经通过用算符之间的抽象关系式来代替经典物理学的简单数字关系式而形式地完成了. 另一方面, 恰恰是新的表述形式的这种抽象特性才终于使满足他所一直强调了的要求成为可能: 不要牺牲现象的任何方面, 而要将经典描述的每一要素都保持在经验所提示的范围之内. 但是, 由测不准关系式表示出来的经典概念适用局限性的那种奇特形式, 却要求一种比海森伯已经开了头的分析更加彻底的分析. 对于这一挑战性的任务, 玻尔当然并不是没有准备的. 现象的那些冲突的而又同样不可缺少的表象的出现, 引人注目地对我们关于内心过程的说明加上了歧义性, 而关于这种歧义性是他在大学时期就已经思考过的. 但是, 现在, 相似的两难事例却以一种无与伦比的简单形式在他的面前出现了, 因为原子现象的描述只利用了少数几种物理学的理想化. 玻尔希望这样一种明彻事例的研究将引导他得到认识论情势的一种足够普遍的、对于生命和精神的更深入问题可以有所应用的表述, 从而他竭尽全力来进行了这种研究. 虽然他很快就弄清楚了主要特点, 但他却耐心地花费了以后十年的大部分时间来改进基本思想的表述和探索它们的一切含义.

在对于物理概念的范围的任何考察中, 所用的方法都是由问题的本性来确定的: 人们不得不用 (实在的或理想化的) 仪器来追溯那些概念的定义, 这种仪器是适于用来测量各该概念所代表的物理量的; 然后, 这样一些测量操作的分析, 就应该揭示由物理定律得来的应用这些概念的界限. 这就是爱因斯坦在确立同时性的相对性时所曾用过的方法; 海森伯和玻尔在阐发测不准关系式的意义时也用了同样的方法. 由玻尔的分析得出, 作用量子所带来的决定性的要素就是玻

XXXIX

---

[*] W. Heisenberg, *Über den anschaulichen Inhalt der Quantentheoretischen Kinematik und Mechanik* (论量子理论的运动学和力学的直观内容), Z. Physik **43**(1927)172.

尔所说的量子过程的"个体"特性:任何这样的过程,例如一个原子发出辐射,都是作为一个整体而出现的;只有当过程已经完成时,它才是明确定义了的,从而它不能像经典物理学中所处理的那些涉及很多量子的过程一样,再细分成体系的一系列的逐步变化.

特别说来,属于原子体系的物理量的测量,只有当测量结果已经作为保留在记录装置上的某种永久性记号而被记录下来时,才能认为是已经完成的.现在,这样一种记录过程,是不可能在控制原子体系和仪器之间的量子相互作用方面毫无不可逆的损失而被完成的.例如,如果我们用牢牢地固定的照相底片上的一个斑点来记录一个电子的位置,我们就失去了确定电子和底片之间的动量交换的可能性.反过来,一件适于用来测定电子动量的仪器,必须包含一个和刚性的空间参照系完全不相连接的活动部分,从而当它和电子交换动量时,它的位置就必然是我们所无法控制的了.在理想精确测定的极端情况下应用位置和动量之类的概念的互斥性,其根源也正在此.更加普遍地说,通过放宽精确度的要求,就可以检验这种反比互斥性是限制在测不准关系式所指示的范围之内的,这样就允许在一种描述中同时应用两个概念,而这种描述就必然是有着统计特性的了.

于是就出现这样一种情况:在这样的新颖形势下,为了得到充分的明确性,物理现象这一概念本身首先就需要一种更加小心的、能够将量子过程所特有的个体性或整体性包括在内的定义.这一点,是通过将一切有关的实验装置(记录装置也包括在内)的明确描述都插入定义中而做到的.于是,在这样严格指定的观测条件下,所发生的现象之间就可能出现那种类型的互斥性,而一个测不准关系式就是这种互斥性的形式表示式.玻尔所说的"互补性",正是指的两种现象之间的这种互斥的关系;他企图用这样一个名词来强调一件事实:两种互补的现象属于我们的经验的两个方面,它们虽然是互斥的,但对于充分地描述经验却又是全都不可缺少的.

互补性这一观念的引入,终于解决了将作用量子合乎逻辑地纳入物理学观念构架中的问题——这是玻尔和它斗争了如此长久的一个问题.互补性并不是玻尔的随心所欲的思维创造,而是经过需要极端专心致志的坚持努力之后得到的关于一种事态的精确表达,这种事态是完全扎根在自然定律中的,而且按照玻尔的熟悉说法,是我们不得不从大自然那里学来的.互补性具体地体现了关于作为表现量子个体性的那些现象之间的唯一可能纽带的、统计形式的因果性的认识,但它也明显指出,量子力学的统计描述方式和这些现象完全相适应并对各现象的一切可观测的方面给出了囊括无遗的说明.

从认识论的观点看来,互补性所代表的这种新型逻辑关系的发现是一个重大的进展,它从根本上改变了我们关于科学的作用和意义的整个看法.19世纪的关于现象的描述的理想是描述中应该排除有关现象的观测的一切说法；与此相反，关于现象的说明，我们现在有了一种宽广得多而又真实得多的看法，这种看法对于可以实际地对现象进行观测时所处的那些条件给以了应有的注意——而这样也就保证了描述的充分客观性，因为这种客观性是以一切观察者都能理解和都能验证的纯物理学的操作为基础的. 经典概念在这种描述中所起的作用显然是不可缺少的，因为只有这些概念才适用于我们的观测可能性和无歧义思想交流. 为了在这些概念和原子体系的行为之间建立一种联系，我们必须使用像我们自己一样由大量原子构成的测量仪器，而这就不可避免地会导致互补关系和统计型的因果性.

这些就是当玻尔以其毫不妥协的逻辑一贯性将自己的认识论分析进行到底时逐渐展现出来的科学思想新结构的主要线条. 他正在如此坚决地和物理学思维的典型相决裂，而这种典型的少数几个最伟大的代表人物拒绝追随他却也是人们可以理解的；至于爱因斯坦竟然也参加在这种人物中间，那对于玻尔来说却永远是一件意外的和遗憾的事情. 另一方面，他的工作的进展却大大得益于爱因斯坦的反对；事实上，这种工作进展的各个阶段是以对爱因斯坦的微妙诘难的反驳为其标志的. 玻尔本人已经在 1949 年所写的一篇文章中追述了这一长期争论的戏剧性过程；这篇文章是他所曾写过的有关他的论点的最完全和最系统的论述，而且它将永远成为科学史中伟大的经典著作之一＊.

互补性在量子力学大厦中所占的地位，首先就在于提供一种足够广阔的逻辑构架，以保证经典概念的逻辑一贯的应用，而这种经典概念的不受限制的应用是会导致矛盾的. 显然，这样一种功能是具有普适的范围的，而且事实上很快就出现了考验这种功能的有用性的一种时机. 在 30 年代的头几年，量子力学数学方法向电动力学中的推广遇到了一些相当大的形式上的困难；这种困难引起了关于在量子理论中保留电磁场这一概念的可能性的怀疑. 这显然是一个有着决定性意义的重要问题，因为它关系到迄今未受到挑战的对应论点的可能适用界限这样的根本问题. 按照玻尔的观点，人们必须探索电磁场的每一个分量是否都在原理上能够无限精确地被测量，以及多于一个的分量的测量是否只受由它们的互补关系得来的那种反比式的限制. 玻尔承担了这种探索，这就在罗森菲耳德的协作下占用了他从 1931 到 1933 年的大部分时间. 他在设计理想化的测量步骤方面得到了成功；这种步骤满足相对论的一切要求，而且电磁场量子化的一切

＊ N. Bohr, *Discussion with Einstein on epistemological problems in atomic physics*（就原子物理学中的认识论问题和爱因斯坦进行的商榷），见 *Albert Einstein: philosopher-scientist*（阿伯特·爱因斯坦：哲学家-科学家）一书（The Library of Living Philosophers Inc., Evanston 1949）.

推论都可以借助于这种步骤来加以证实[*]. 由于所论问题的重要性,这一工作在其确立量子电动力学的逻辑一贯性的直接效果之外还得到更加广泛的反响:它表明了玻尔的认识论立场在我们关于量子现象的观念中起了何等不可缺少的作用.

6. 核物理学(1936—1943)

在 30 年代中期,在哥本哈根也像在别的地方一样,主要的兴趣已经转向了迅速扩大着的核物理学领域. 在理论方面,费米及其学派在罗马进行的关于由慢中子碰撞原子核而诱发的反应实验的结果,造成了一种颇为关键的形势. 在讨论涉及 α 粒子或质子之类带电粒子对核的碰撞的那些过程时,人们发现只要大致地用一种展布在核体积中的引力势阱来表示作用于核和入射粒子之间的真实核力的效应就足够了;在这个势阱上面,还要加上在核周围形成"库仑势垒"的斥力静电势. 因此,不用库仑势垒而借助于同一势函数来分析中子反应就是很自然的,而出人意料的却是,这种模型甚至不能定性地说明所观察到的效应. 特别说来,在这种基础上要理解在一系列"共振"能量下出现的核对中子的很大俘获几率是不可能的.

面对这种令人迷惑的问题,玻尔按照他所特有的方式开始寻求一些俘获过程的事例,它们是在比低能范围中更加简单的形式下出现的,而在低能范围内过程则显得和共振条件有关联. 事实证明,他只要回到用高能中子作的查德威克的早期实验就行了;他注意到,由这些中子诱发的不同反应,在任一能量下全都以大致相同的几率出现,其几率的数量级表明几乎每一个打中核的中子都会被核所俘获. 这确实是一种惊人简单的结果,这种结果使他想到了一种和势阱引起的中子波畸变相差很大的反应机制;事实上,和那种模型的量子特性相反,玻尔所提出的类比是完全经典式的. 他把核设想成由短程力保持在一起的一组核子,从而它实际上将像形成一个液滴的一组分子那样地行动. 这样一组相似的粒子运动着并且不断地相互碰撞着,射中这一体系的一个粒子的能量将很快地分配给全部的粒子,结果任何一个粒子就都没有足够的能量来离开核:射来的粒子被俘获,于是一个高激发态下的"复合核"就形成了. 这种激发态将持续一段时间,从原子标准来看这段时间是很长的,就是说,它对应于任一核子在核体积中的多次穿行时间. 能量分布中的某种无规起伏一旦把足够的能量集中在某一个或某一

XLIII

---

[*]　N. Bohr and L. Rosenfeld, *Zur Frage der Messbarkeit der elektromagnetischen Feldgrössen*(论电磁场量的可测性问题),Dan. Vid. Selsk. , mat. -fys. Medd. **12**, no. 8 (1933).

组核子上,使它能够逸出,激发态就会衰变——这是可以和受热液滴的蒸发相比拟的一种过程. 另外,很容易理解,复合核的可能态密度将随着激发能而迅速增大:这就解释了共振效应在高能范围内的不出现和它们在低能范围内的出现.

在找出这种核反应"液滴模型"的细节的过程中*,玻尔是以研究所中一位较年轻的研究生 F·卡耳卡尔作为助手的;卡耳卡尔的不幸早逝突然打断了他自己的很有希望的职业生涯**. 这种理论自从 1936 年被提出以来已经在各种方面得到改进;作为一种最重要类型的核过程的适当描述方式,这种理论至今仍被认为是很好的. 这当然是一种理想化的模型,而且它的基本假设并不能永远得到充分的满足以保证它的成立. 例如,已经发现还会发生另一种类型的反应,在这种反应中,入射粒子和靶核的单独一种运动模之间的相互作用将直接导致足以完成过程而不形成复合核的能量传递;而且这些"直接相互作用过程"可以借助于旧有的势阱方法来成功地加以处理,在这种方法中,通过在势函数中加上一个很小的虚数部分来照顾到了俘获的可能性——这种形式化的办法和经典光学中用来照顾到光的吸收的办法相似. 复合核和"光学势"现在已经战胜了一切表观上的诘难,并且已经交混成为一种综合性的理论.

玻尔理论的最重要的应用就是核裂变现象的诠释. 这是可以由一个中子碰撞一个很重的核而引起的一种类型的反应:通过俘获中子而形成的复合核具有如此小的稳定性,以致它可以分裂成质量和电荷都大致相同的两个碎片. 哈恩和斯特拉斯曼在化学上鉴定了作为铀在中子轰击下的衰变产物的这种碎片,正是这种鉴定使弗瑞什和丽丝·迈特纳想到裂变机制是唯一可以想象的诠释. 真正证实碎片发射的第一批实验是于 1939 年 1 月间由弗瑞什在哥本哈根完成的. 当时玻尔正要去普林斯顿,他应邀到那里去过几个月. 正当他即将动身时,他听到了弗瑞什的想法和实验计划;在航程中以及到了美国后不久,也就是在 1939 年 1 月那同一个月内,他就大体上得出了过程的整个理论. 在随后的几个月内,多亏惠勒的合作,这种理论得到了很详细的修订和加工***.

初看起来很可惊异的一点是,核分裂为两部分的这种裂变,显然是由这些部分的振幅递增的相对振动所引起的,而这种分裂竟然会以可以和更习见过程的

———————————

   * N. Bohr and F. Kalckar, *On the transmutation of atomic nuclei by impact of material particles*(论由物质粒子的碰撞所引起的原子核嬗变),Dan. Vid. Selsk. , mat. -fys. Medd. **14**,no. 10(1937).

   ** 弗瑞兹·卡耳卡尔生于 1910 年 2 月 13 日;他在大学中完成了学习以后,于 1933 年开始了理论物理学的研究. 当和玻尔合作时,他发表了两篇论文,其中一篇是和 E·泰勒合写的. 他于 1937 年伴同玻尔到了美国,而且在玻尔离美后继续留在了那里. 他在伯克利和帕萨迪纳过了几个月,和奥本海默及塞尔伯共同研究了核光效应理论以及在质子同轻核的反应中观察到的某些奇特性质的诠释. 他回国后不久,突然于 1938 年 1 月 6 日逝世. C. Møller 写的行述见 Fysisk Tidsskrift **36**(1938)1.

   *** N. Bohr and J. A. Wheeler, *The mechanism of nuclear fission*(核裂变的机制),Phys. Rev. **56**(1939)426.

几率相比的几率出现,例如由只影响到很少几个核子的定态运动引起的 γ 射线的发射过程. 但是,正如玻尔所指出的,这正是复合核的不同运动模之间的能量分布统计规律的直接后果. 慢中子和快中子在不同的核中引起裂变的效率不同,这似乎是较难解释的,但是玻尔也在一看到实验数据时就很快地把这个问题解决了. 通过他根据实验进行严密归纳的最辉煌的业绩之一,他解释了铀的复杂事例,得到的结论是只有质量数为 235 的丰度较小的同位素才能由慢中子引起裂变,而质量数为 238 的丰度较大的同位素则不能;而且他通过一种很简单的论证证明了,这种行为上的差别只起因于一件事实,即两种同位素中的中子数分别是奇数和偶数.

高度不稳定的裂变碎片会发射中子;这一发现立即引起了一个问题,即导致巨量核能的释放的链式反应的可能性问题. 这一问题的答案并没有迟延多久,它是在世界的社会演进和政治演进中的一个关键时刻到来的,它的后果的展示是以空前的暴烈形式降临于人世的. 如果这是人类历史中一种性命攸关的发展,它也深深地影响了玻尔的个人命运. 他回到哥本哈根以后在战争的头三年中继续进行了关于裂变的工作,这是玻尔在安稳和宁静的气氛中做完了的最后一件研究工作;对于那种气氛的创立,他本人是作了那么多的贡献的. 只有过了很久以后,在他有生之年的最后两个夏季中,他才设法做到暂时又把精力集中到一种和他开始创立他的科学事业时所考虑的现象很相近的深刻现象上,那就是金属的超导性;在这种现象中,可以说作用量子通过一些宏观效应而显现了出来. 他试图将这些效应的或多或少抽象的理论建筑在更加物理化的基础上而没有成功. 但是,在 1943 年,他被拖进了战争的动乱之中,而且,当他后来回到哥本哈根时,他又不得不适应已经起了巨大变化的科学工作的条件,这种条件把往日的亲切从他的研究所中赶走了.

7. 公众事务和认识论(1943—1962)

玻尔和志大才疏的政治家们以及政治上不成熟的物理学家们相处得并不很好. 在前一种人看来,他的坦白和直率显得是奇特的和可疑的,而他的目光敏锐又是他们所无法掌握的. 后一种人虽然对他的想法表现出较多的理解,但却绝不能和政客及军人相提并论. 正是那些在巨大的道德压力和心智压力下向着核武器的黑暗目标拼命努力的物理学家们,感到有必要呼吁玻尔对他们的支持. 当不无生命危险地于 1943 年从哥本哈根经由瑞典被送到了英国时,玻尔很惊讶、很失望地突然看到了一种计划的高度发展阶段,那计划他本来以为是在技术上无法实现的. 虽然他在英国和在美国确实参加了和发展核武器有关的物理问题的讨论,但他主要关心的却是使政治家们和物理学家们都能明白这种新能源的政治含意和人类含意.

那是他的乐观主义的一种惊人范例,他除了明显的危险以外还强调了当时形势的潜在优越性:他论证说,同样地威胁着一切国家的一种武器的存在,提供了达成永不使用此种武器的全面协议的一种独一无二的机会,这种协议可以成为一个持久和平时期的基础.他按照自己所习惯的逻辑接着说,达成这样一个协议的条件是有关问题的普遍了解,从而也就是这一问题以及影响各国之间的关系的其他问题的充分公开.更加具体地说,他敦促西方领袖们开始和俄国人接触,目的在于创造在西方和东方之间建立持久和平所必需的相互信任的气候.虽然这些深谋远虑的想法得到了某些关键人物的重视,他把这些想法提到罗斯福和邱吉尔面前的尝试却是以失败告终的.他的最悲观的预言在以后几年中的实现,并没有阻止他的坚持努力,而且在1950年他断然发表了一封《致联合国的公开信》,他在信中重复了关于作为和平先决条件的"开放的世界"的呼吁.要求一个狂暴的世界应该行动得有理性,提出这种呼吁的时机可惜是坏得不能再坏了;这种呼吁直到今天仍然关系颇大,而且也许有一天会得到一种响应呢. XLVI

除了这次不愉快的国际政治领域中的短暂介入以外,玻尔还对需要他承担的一些更加直接的任务贡献了许多时间和精力.在丹麦,他为了扩大他的研究所一直忙到最后,而且他还在1955年为了建立和组织一个和平利用核能的丹麦机构而担任了领导职务.当欧洲核研究机构于1952年成立时,它的理论部就设立在玻尔的研究所中,直到1957年才能有用地迁到和日内瓦的实验部更接近的地方;然后,它就换成了一个范围较小的类似机构,即北欧理论原子物理学研究所;这个机构是在玻尔的积极参与下由五个北欧政府创立的,目的是容纳他们各国的青年理论物理学家.在科学研究在全世界空前扩展的这些年月中,人们在许多情况下都向玻尔请求指教和支持,而且他们的请求从来不曾落空过.他当时成了更加知名的人物,有幸有不幸地出现在国内外的各种盛典上,而且来自四面八方的荣誉全都倾注到了他的身上.

玻尔完全不为这种捧场所动,他总是尽力而为地利用它们.对他来说,到某某官方仪式上去发表演说的邀请就是一个机会,可以把他的思想指向听众可能熟悉的特殊科学方面,可以思考他在量子理论中已经发展起来的认识论观念和该特殊方面之间的可能联系.例如,在30年代,他曾经在一次光疗学家的会议上讨论了《光和生命》,也曾经在一次人类学家的会议上谈到了人类文化的互补特点.在战后时期,他继续沿着这种方向前进,并且对有关人类状况的一些深刻思想作出了表达;对他来说,人类状况是和对科学的目的及意义的正确理解分不开的.

他的有关这些课题的作品收集在三本小册子中*,它们先后于 1934 年、1958 年和玻尔身后的 1963 年出版.这几本书已经译成多种文字,而且我们必须希望,尽管有一种使读者颇感艰深的文体上的困难,它们对下一代人的哲学态度和对有幸听到玻尔在交谈中讨论自己的想法的那些人的思想都将发生相同的影响.事实上,玻尔文章的发表形式并不是措辞佳妙的:它们不可避免地包含一些重复,特别是在物理背景的初等说明方面,然后,主要的观点常常是隐喻式地暗示给读者而不是一览无余地叙述出来;又长又复杂的句子试图包括异常微妙的辩证思维方式的一切层次.这样的障碍不应该挡住对问题真正关心的人们,而只能挡住没有准备的听众(这些演讲就是向他们发表的),他们常常不能领会其真实的品格.玻尔在文章的剪裁方面下了大量的功夫,从而这些文章肯定包含了他的哲学的经过最细心权衡的表达.

玻尔的文章显示得最突出的是他的思想的连续性.他当然一直努力寻求更加确切的表述并努力揭示他所探索的互补关系的新方面,但是,从青年到晚年,他的基本观念却在一切本质方面都没有改变.企图追索他的思维所受到的外国影响的批评家们是完全迷失了方向的:当人们指出他的观念和别人的观念之间的类似性时,他无疑是感兴趣的,但是这样的比较从来不曾导致他的论证的任何修订——原因在于,和别人的论证相反,他的论证是如此牢固地建筑在量子理论的发展所提供的那种清楚而准确的形势的分析上,从而也就不必再要求更坚实一些的基础了.事实上,玻尔反复强调了一种幸运的情况,即,恰恰是物理问题的简单性,才使他得到互补性关系的一种适当的表述,而这种关系是他在人类知识的一切方面中都觉察到了的.

互补性在其中表露得最为直接的领域就是精神现象的领域——这曾经是玻尔的早期观察的出发点.现在他能够利用互补性来表示我们的行为所表现出来的情绪的描述和我们对那些情绪的知觉之间的奇特关系了;在这样的考虑中,他喜欢设想(必须说这是并没多少依据的)古代的哲学家们和先知们的言论就是人类生存的互补方面的初步表达.在人类社会的发展中,他强调了传统在确定我们所谓"文化"的实质要素方面比形质遗传这一互补方面所起的作用更大;他这样做,是和当时在德国传播的种族理论相对立的.

在和物理学更为接近的方面,他指出了生物学现象的两种通常被认为互相处于绝对相反地位的描述方式——一方面是物理学的和化学的分析,另一方面是机能的分析——实际上应该认为是互补的.总之,他在互补性中看到了一种手

---

* [中译者按:《原子论和自然的描述》(商务印书馆 1964 年版),《原子物理学和人类知识》(商务印书馆 1964 年版),《原子物理学和人类知识论文续编》(商务印书馆 1978 年版).]

段,可以避免排斥曾以任何方式证实为有成果的任何思想路线,并永远对新的发展可能性保持一种开阔的胸怀.例如,在他的晚年,他抱着最深切的满足之感追随了分子生物学的显著进步.在以《再论光和生命》为题所写的最后的文章中,他很清楚地表明,在主张在生物学中使用机能的概念时,他的思想中并没有物理的描述范围的不可逾越的界限;恰恰相反,他在近期的进步中看到了利用物理学对生物学过程进行充分说明的无边无际的前景,而对这些过程的机能方面的充分说明也毫无偏见.

　　玻尔的认识论思想起源于一种纯科学的情形,这种根源就使那些概念获得了科学的牢固性和确定性的特征.玻尔总是注意既强调在认识论的研究中放弃我们先入为主的见解和只在经验的资料中寻求指导的必要性,又强调在每一情况下认识到用来说明现象的那些概念所固有的界限的同样严格的必要性.为了理解他对认识论的贡献的独一无二的重要意义,必须意识到互补性乃是涉及我们关于一个宇宙的经验的描述方式和传达方式的一种逻辑关系;在这个宇宙中我们处于一种独特的地位,即同时不可分割地既是观众又是演员.互补性绝不把宇宙的任何方面排除在我们认识所及的范围之外;按照我们的判断,它给我们提供了一种逻辑构架,这种构架在现象的一切方面的综合的、合理的和客观的说明方面还是足够宽广的.通过他的理性思维的严密性,通过他那眼界的普照性和他那深刻的人性,按照历史的判断玻尔将永远属于那样少数几个幸运的人物之列,他们曾被注定要帮助人类心智向着和自然更谐和的方面迈出决定性的一步.

XLVIII

第一编　水的表面张力 >>>>>

引　言

J·汝德·尼耳森　撰

1. 最 早 的 工 作

尼耳斯·玻尔于1903年秋季进入哥本哈根大学并立即开始了物理学的学习,而以数学、天文学和化学作为副科. 正如哥本哈根大学的所有学生一样,他在一年级时听了哲学课. 他在这一课目方面的兴趣可以举一件事实为证:知名哲学家哈若德·赫弗丁当在1906年准备一本形式逻辑学教材的新版时,在某一问题上(和排中律有关)接受了他的批评,并且邀请他校阅了全书的底稿.

由于要听的课不多,他作为一个青年大学生就已经开始进行物理学方面的独创研究了. 他最早工作的领域是液体表面张力和液体的表面波,这更多地是由他的老师的兴趣而不是由他自己的选择所决定的. 在尼耳斯·玻尔文献馆中有三张散页,标有"关于表面张力的曲线"字样. 有人指出,它们是在C·克瑞斯先森教授的建议下做成的,因为考虑到在表面张力的实验测定中可能有用. 纸页上没有日期,但封套上却标着"1905—1906?". 人们相信它们代表玻尔最早的关于表面张力的工作. 这一工作从来没有发表,而且在表面张力的实验测定方面也没有使用.

2. 丹麦科学院获奖论文

在当时,丹麦皇家科学文学院(Det Kongelige Danske Viden skabernes Selskab)每年都授予一些专著以金奖章或银奖章,专著的课题由该院于两年前指定. 在1905年2月公布的有奖题目中有一个物理问题,其内容如下:

在1879年的皇家学会会刊(Proceedings of Royal Society)XXIX,瑞利勋爵发展了液注振动的理论,讨论了当液注被用某种方法弄得不呈柱状时它在圆柱形式附近的振动. 根据这种理论, 也根据瑞利勋爵做过的有关这种振动的实验, 看来这种振动在液体表面张力的测定方面可能用得上. 因此, 本科学院将对特别涉及上述应用的有关液注振动的更详细的研究授以金奖章. 研究应扩大到相当多种液体. 所得结果应和以前用其他方法得到的结果进行比较.

——物理学有奖征文问题

应征论文应于 1906 年 10 月 30 日前用笔名交出. 虽然过去得奖者大多是成熟的学者, 19 岁的尼耳斯·玻尔却决定在这个问题上一试身手. 他的实验工作是在哥本哈根大学的生理学实验室里进行的, 该实验室的主任就是他的父亲克瑞斯先·玻尔教授. 他父亲不得不对他施加压力, 使他结束实验并停止对理论进行新的、旷日持久的修改. 论文是在他祖父的产业所在地诺瑞伽姆写成的, 该地在哥本哈根北边数英里处. 精致的稿件是由比尼耳斯·玻尔小两岁的弟弟哈若德亲手誊清的. 文稿共 114 页, 附有 19 幅图表, 它是在截止期的当天交出的. 作为样本, 我们只复制了其中的两页.

在 1906 年 11 月 2 日, 玻尔又交了一份 11 页的附录, 并附了一张短简:

请将所寄附录附入作为物理学应征论文标有 $\beta\gamma\delta$ 字样的论文中, 此附录由于抄写事故而未能和该文一起奉上.

——寄交附录的短简

按期交稿的困难可由一件事实看到, 即这份附录是由哈若德、尼耳斯两人和他们的母亲分工抄写成的.

3. 关于一个力学问题的讨论

在 1907 年的 1 月和 2 月中, 当等候皇家学会的决定时, 玻尔和哥本哈根电话公司的主任 Fr·约翰森进行了一次讨论并交换了一系列信件*. 约翰森曾经在 1897 年发表了一篇论文; 文中声称, 具有额外约束的力学体系的应力, 以及这种体系的平衡, 都可以通过要求所有的力互相平衡和弹性形变的内功为极小值来唯一地确定. 玻尔对此提出了异议, 他指出, 这种做法在一切情况下都不能给出正确的解, 而且极小形变功原理的适用性必须针对所讨论的每一种类型的力

---

* 约翰森的来信和玻尔复信的副本, 都可以在尼耳斯·玻尔文献馆中找到.

学体系来加以考察. 他用一些简单例子来阐明他的观点, 但是并没有能够说服比他大 30 岁的约翰森.

4. 应征论文的审定

物理学应征论文是由 C·克瑞斯先森教授和 K·普瑞兹教授*审定的. 他们在写给皇家科学院的报告中说:

关于本学会于 1905 年发起的要求对液注的振动进行详细研究的物理学有奖征文, 共有两篇文章应征.

其中一篇上标有一句格言"准备是最坏的". 该文紧紧抓住所提的问题, 而且必须说它在一切方面都作出了彻底的解决. 在简略地叙述了瑞利勋爵关于液注振动的理论以后, 该文描述了作者用来测量液注的截面积、速度和波长的方法. 利用一种摆, 他截出了水平液注的几段, 而且, 根据这些注段的总的重量和长度确定了截面积. 速度是通过测量在一定时间内流出的液量而求得的.

为了使注上可以形成波, 它必须从一个非圆形的孔中流出. 但是, 当孔不圆时, 一般会同时出现波长不同的波, 而这就使得可靠的测量不易得到. 因此, 和液注可能进行的一些最简单的振动相对应, 作者准备了不同形状的喷口, 而且他就用这种办法成功获得了使他能得到单一形式的振动的如此简单的实验条件. 为了使黏滞性不致影响结果, 也为了保证和理论符合得足够良好, 液注的截面必须和圆形相差很小; 作者证实他做到了这一点, 其验证方法是证明表面张力终于变得和对圆形的偏离无关了.

但是, 在这种情况下, 波长的测定变得困难了. 因此作者设计了一种光学方法, 其理论和虹霓的理论相同. 他用一个平行于液注的线状光源照亮液注; 当液注为柱状时, 经过两次折射和一次反射的光将给出和虹相对应的直的亮线; 但是, 当液注上有波时, 这种亮线将是蛇形的. 一系列拍摄得很好的照片显示了这一方法.

作者最先将此法应用于水, 但随后又把它应用于甲苯、苯胺、氨和硫酸

6

---

* 普瑞兹 (Peter Kristian Prytz, 1851—1929) 从 1886 到 1894 年在工艺学校 (Polytekniske Læreanstalt 于 1829 年由奥斯特创立, 现为丹麦技术大学) 任物理学助理教授 (docent), 从 1894 到 1921 年在该校任教授. 他在许多物理学领域中发展了精密测量方法.

铜的水溶液,以及乙醇和水的一系列混合物.

整个的工作显示了巨大的精巧以及实验上的能力和技巧.根据这种研究可以看出,这样利用了的瑞利勋爵方法是比以前所用的方法大为优越的.

因此,我们毫不迟疑地建议学会,将金奖章授予征文问题的这一如此高度满意的解答*.

另一篇文章的作者用 $\beta\gamma\delta$ 这个符号来代表自己**;由于所用实验装置的关系,他只设法考察了水的表面张力.另一方面,他却对水注中的条件进行了很广泛的考察.为了造成一个够长的、规则的、不间断和不扭曲的水注,作者让水从一根细长的玻璃管中流出,其管口作成椭圆形以引起振动.水注在离管口约为 25 cm 处受到检测,以允许黏滞性将运动中的不规则性消除掉.从准备的许多管子中选出了少数几条;经证实,这几条管子可以给出对于通过轴线而互相垂直的两个平面具有对称形状的水注.这种对称性用一种光学方法进行了检验,该方法也被用于波长的测量.振动的振幅是通过在水注的放大照片上进行测量来求得的.

为了确定毛细管恒量,作者测量了一定时间内流出的水量、水注速度和波长.速度是用一种很巧妙的方法求得的,其方法就是在相隔一段短时间的两个时刻在一个给定的位置上切割水注并测量切出水注的长度和相应的时间(约 1/50 秒).切出的水注长度通过对切出水注进行瞬时照明摄影来求得.这种方法得出很好的结果,这些结果可以通过改变所用的时间间隔来加以核对.

为了测量波长,使用了前面提到的光学方法.这种方法在于使一个光源的光在水注表面上受到反射并找出液注表面上切面平行于轴线的那些位置.

用作者的方法完成单独一次测定就需要几个小时的连续工作.因此,水注必须保留很长一段时间并须处于很恒稳的条件下.这种长时间限制了该方法在液体暴露于空气中会发生变化的那种情况下的适用性,而且要求较大的液量.

当表述征文问题时,曾经认为瑞利勋爵所给出的理论应该形成研究的

---

*　这篇获奖论文的作者是 P·O·彼得森,他是比玻尔大十一岁的一位电气工程师,他于 1909 年就任工艺学校的电工学助理教授,于 1912 年升为教授.从 1922 年到 1941 年逝世为止,当了工艺学校的校长.在他的许多科学出版物中,最有名的是处理无线电波的传播的那些作品.他的有关表面张力的结果发表于 Phil. Trans. Roy. Soc. **A207**(1907)341.

**　[这就是尼耳斯·玻尔.]

基础. 但是, 这一理论只给出一级近似. 本文作者通过将理论引申得可以将黏滞性和并非无限小的振幅考虑在内而改进了这一点. 显然, 对于判断方法的价值和找出它在什么条件下可以期望得出最好的结果来说, 这些考察是极其有趣的.

这一工作并没有像前一工作那样全面地解决问题, 因为它只研究了单独一种液体, 即水. 另一方面, 文章的作者却通过在其他一些方面进一步求解而得到如此大的成就, 因此我们感到必须建议此文也应获得学会的金奖章.

1907 年 1 月 25 日　C·克瑞斯先森

K·普瑞兹

一个月以后, 尼耳斯·玻尔得到了下列的获奖通知书:

按照自然科学和数学学部的推荐, 丹麦皇家科学文学院已在其 2 月 22 日的会议上决议授予您该院的金奖章, 以表彰您对 1905 年所提物理学有奖征文问题的解答.

现将奖章寄上, 并代表本院向您致贺.

哥本哈根, 1907 年 2 月 23 日

院长　尤利乌斯·汤姆森

秘书　H·G·祖臻

在玻尔接到的许多贺信中, 有一封是玻尔家的亲密朋友哈若德·赫弗丁发来的:

1907 年 1 月 25 日*, 星期五晚　　8

亲爱的尼耳斯·玻尔:

今晚在科学院得悉你的论文获奖, 甚为欣慰. 你以如此韶年而得此美誉, 谨为此向你致贺, 并借此机会感谢你的宝贵合作.

你的诚挚的

哈若德·赫弗丁

---

* ［中译者按: 此信的月份为 1 月, 不知是否原书排印错误.］

5. 第一篇皇家学会论文

在荣获金奖章之后,玻尔进行了更多的水的表面张力的测量. 同时,他还忙着进行为发表他的作品作准备的相当艰巨的工作. 在 1908 年的下半年,他向伦敦皇家学会交去了一篇题为《用水注振动法测定水的表面张力》的论文. 这篇论文并不是获奖文章的简单译本,而是在若干地方和该文有所不同.

例如,在获奖文章的第 8 页上得出了一个精确方程,这方程很繁复,从而必须用迭代法近似地求解. 另一方面,在论文中却在较早的阶段引入了近似性,从而导出了一个简单些的方程,见该文第 288 页上的方程(35).

在获奖文章的第 16 页上,对由于有限波幅所引起的波长改正项计算到了二级近似;当文章已由皇家科学院退还时,玻尔在该处发现了一个差错. 这个对三级近似也有影响的差错在论文中得到了更正. 实验的描述也作了相当大的修改. 论文中提出的数据是在 1908 年 2 月间进行的实验中得到的. 论文比获奖文章提到了更多一些实验结果. 特别说来,文中讨论了 P·O·彼得森的结果.

论文由伦敦皇家学会于 1909 年 1 月 2 日收到,并且在 1 月 21 日的会议上宣读了. 一星期以后,学会的秘书写给玻尔一封信:

皇家学会
伯灵顿邸,伦敦西区
亲爱的玻尔教授:

你的关于毛细现象的论文已在学会上正式宣读. 兰姆教授曾经提出,有一点你或许没有充分考虑到,即直到二级为止,关于有限振幅的和关于黏滞性的改正项并不是可加性的. 例如,他说,如果 $T = f(\mu, \alpha)$,则有

$$T = T_0 + \frac{\partial f}{\partial \mu}\mu + \left[\frac{\partial f}{\partial \alpha}\alpha + \frac{1}{2}\frac{\partial^2 f}{\partial \mu^2}\mu^2 + \frac{\partial^2 f}{\partial \mu \partial \alpha}\mu\alpha\right] + \frac{1}{2}\frac{\partial^2 f}{\partial \alpha^2}\alpha^2$$

而你的办法似乎略去了方括号中的各项——于是你的结果在没有那些项时是一致的.

有人建议,你或许愿意在论文付印之前考虑这一点——略加增订或用其他方法.

你的忠实的

J·拉摩尔

皇家学会秘书

　　玻尔于 2 月 6 日复了信（他的手抄副本；别字和标点或语法上的笔误可能在实际发出的信中已经改正）：

哥本哈根，布列伽德 62 号，6 - 2 - 09

亲爱的拉摩尔教授：

　　来信收到，甚感甚感；信中提及兰姆教授的有趣提示，即将所论之改正项看成可加性或许不当。

　　然而，依敝见看来，上述改正项必为可加性，因为在流体有黏滞性时，可以证明波长也是振幅的偶函数. 此点可以证明如下.

　　我在拙文中发现，对于有限的黏滞系数来说，当认为波幅为无限小时，液注表面将具有下列形式：

$$r = a(1 + \alpha \cos(n\vartheta) \mathrm{e}^{-\varepsilon z} \sin(kz)).$$

　　现在，采用逐次近似法并把用较高级近似得出的解部分地代入运动方程中并部分地代入表面条件中等等……，我们就看到将得出下列形式的解：

$$\begin{aligned}
r = a(1 &+ \alpha \cos(n\vartheta) f_1(z) + \alpha^2 (\cos^2(n\vartheta) f_{20}(z) \\
&+ \cos(n\vartheta)\sin(n\vartheta) f_{21}(z) + \sin^2(n\vartheta) f_{22}(z)) + \cdots \\
&- \alpha^k (\cos^k(n\vartheta) f_{k0}(z) + \cdots + \cos^{k-s}(n\vartheta)\sin^s(n\vartheta) f_{ks}(z) + \cdots) + \cdots)
\end{aligned}$$

式中各函数 f^* 将是 α 的偶函数，这一点可以（按照和在无黏滞问题中相似的方式）直接由计算过程得出，并可以由下列事实进一步表明：如果将 α 变号而同时改变坐标系，使得 z 不变而 ϑ 变成 $(\vartheta + \pi/n)$，则 $\alpha^k \cos^{k-s}(n\vartheta)\sin^s(n\vartheta)$ 将不变.

　　因此，来信所提关于拙作的增订可以写成：

　　"各改正项可以看成可加性的**，因为可以证明，在有黏滞性的情况下，波长也将是波幅的偶函数."

　　增文可以直接加在论文中改正项计算末尾所给的一组公式之前***.

　　费神之处，谨此致谢，并请代向兰姆教授转致谢忱.

你的忠实的
N · 玻尔

10

---

　　* ［不如说是 r 的展开式中的各项.］
　 ** ［玻尔信稿中用的 is 一词，应改为 are.］
　*** ［在发表的论文中，这一补充是作为底注出现在原期刊第 297 页上的.］

两月以后,因为没有收到此信的复函,玻尔又给拉摩尔写了一封信(玻尔手抄的副本):

布列伽德 62 号,哥本哈根　4－4－09

亲爱的拉摩尔教授:

　　来函 28－1－09 的挂号复信 6－2－09,想已如期收到.拙文之校样不知何时可望寄下,祈能抽暇示知,甚感.

　　费神之处,预致谢忱.

你的忠实的
尼耳斯·玻尔

　　再启者,我非教授,而是正在哥本哈根大学中学习自然哲学,谨此奉闻.

　　玻尔想必不久就收到了校样,因为在 1909 年 6 月 9 日,他就把论文的一份抽印本寄给了当时在哥廷根的他的弟弟哈若德.论文发表在皇家学会的《哲学报告》(Philosophical Transactions)上.这篇论文在玻尔所发表的一切论文中是独一无二的,这不但由于这是他最早的出版物,而且由于这是他报道自己进行了的实验工作的唯一论文.

6. 获奖论文的附录

　　在获奖文章的主要部分交出三天以后补交的附录,是关于有限振幅对深水表面上的波的影响的一种考察,那种波是在重力和表面张力的共同作用下不改变波形地传播着的.既然这一附录从来没有发表过[*],我们在这里给出了它的英文译本;一些公式中的少数笔误已经改正.

7. 第二篇皇家学会论文

　　在 1910 年,当玻尔正在为他的博士论文而工作时,P·雷纳德发表了一篇论文[**],他在文中宣称,一个新形成的水面具有较大的、迅速减小着的表面张力.雷纳德说这是和玻尔的结果相一致的.这就引导玻尔重新检查了这一问题,而特别

---

　　[*]　但是,玻尔的博士论文后面的一条"摘要",就是一条结论的简略叙述,那结论是:存在一个波长范围,和那些波长相对应的纯周期性的波在重力和表面张力的同时作用下是不可能在液体表面上存在的.

　　[**]　Sitzungsber. d. Heidelberger Akad. d. Wiss. , Math. -nat. Kl. , Jahrg. 1910, Abh. 18.

说来就是用新的计算来检验雷纳德提出的一个论点：液注的各个同心部分的速度变化将延长振动的周期并增大液注上的表面波的波长. 他直接计算了当液注中的速度随离开轴线的距离而变时的波长，并且得到结论认为他的实验并不支持雷纳德的论点. 在 1910 年 8 月，他向皇家学会交去一篇题为《论新形成的水面的表面张力的测定》的论文，该文在学会的《会报》(Proceedings)上发表了.

　　这是玻尔关于表面张力的最后一篇作品. 这篇论文的结果，以及所描述的实验方法的长处，显然曾经受到这一领域中大多数后来工作者的赏识. 例如，N·K·亚当在他的《表面的物理学和化学》一书中写道 (*The Physics and Chemistry of Surfaces*，Clarendon Press，Oxford 1930，p. 324)："各式各样的动态方法给出或多或少新近形成的表面的表面张力，而且可能给出和静态方法的结果有所不同的结果，如果吸附是发生着的而且在实际测量张力的时刻是不完全的. 动态测量中目前还不能测量得很满意的因子之一，就是从表面由均匀的内部液体中形成出来到表面张力的具体测量所经过的那段时间. 假如可以改变和测量这段时间，譬如测量到 10^{-4} 秒的精确度，那就将会得到研究吸附过程的一种有价值的新武器. 玻尔关于振动水注的工作也许是一切动态方法中最好的一种."当二十五年多以后他证明原子核的某些性质可以通过和液滴的性质相比较而加以理解时，他通过在液体表面张力这一领域中的工作而学到的东西可能帮助了他.

12

Ⅰ. 关于表面张力的曲线

(1905—06?)

[参阅引言第 1 节. 根据经典理论*计算的和画出的一条曲线代表附著在一个长长的长方形水平平板上的液体表面的截面,该平板首先和一种能够润湿它的液体相接触,然后保持着水平位置而抬高,直到液体即将断开为止. 另一条曲线的公式是玻尔曾经导出的,该曲线代表当一束平行光垂直于平板的边沿水平入射而被附著液体的表面所反射时形成的焦散曲面.

第一条曲线上的点用 (x, y) 来代表,第二条曲线上的点用 (ξ, η) 来表示. 在玻尔的公式中被取为 1 的恒量 a,和表面张力 T 之间由下式联系:

$$a = \sqrt{T/g\rho},$$

式中 g 是重力加速度,而 ρ 是液体的密度.]

---

    * [这一问题曾由 E・马修处理过,见 *Théorie de la capillarité*(Gauthier-Villars, Paris 1883), ch. V. 第 126 页上的图 28;玻尔所写的第一个公式是在该书第 128 页上导出的(适用于大圆盘),而玻尔所用的曲线方程则可以根据该公式并根据关系式 $dy/dx = -\tan\alpha$ 而很容易地导出. 马修的书可能是玻尔所用的资料,因为它是 C・克瑞斯先森和 J・J・C・缪勒所写的教本 *Elemente der theoretischen Physik*(理论物理学概要, J. A. Barth, Leipzig 1903)的 p. 180 上引用了的两本详细论著之一,而玻尔的私人藏书中就有这本教本. 马修的书也是哥本哈根研究所图书馆中最早的基本藏书之一.]

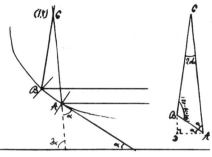

$$\gamma = 2a\sin\frac{a}{2}$$

$$\partial B = d\gamma = a\cos\frac{a}{2}\,da$$

$$AB = \frac{\partial B}{\sin a} = \frac{a}{2}\frac{da}{\sin\frac{a}{2}}$$

$$AC = \sin a\frac{AB}{2a} = \frac{a}{2}\cos\frac{a}{2}$$

$$\xi = x - \frac{a}{2}\cos\frac{a}{2}\cos 2a$$

$$\eta = y + \frac{a}{2}\cos\frac{a}{2}\sin 2a.$$

$$\xi = x - \frac{a}{2}\cos\frac{a}{2}\left(1-8\sin^2\frac{a}{2}\cos^2\frac{a}{2}\right) = x - \frac{a}{2}\sqrt{1-\sin^2\frac{a}{2}}\left(1-8\sin^2\frac{a}{2}+8\sin^4\frac{a}{2}\right) = x - \frac{1}{4}\sqrt{4a^2-y^2}\left(1-2\frac{y^2}{a^2}+\frac{y^4}{2a^4}\right) = x+x'$$

$$\eta = y + \frac{a}{2}\cos\frac{a}{2}\cdot4\sin\frac{a}{2}\cos a = y + 2a\sin\frac{a}{2}\left(1-\sin^2\frac{a}{2}\right)\left(1-2\sin^2\frac{a}{2}\right) = y + y\left(1-\frac{3y^2}{2a^2}+\frac{y^4}{2a^4}\right) \quad = y + y'$$

$$X = -\sqrt{4a^2-y^2} + a\cdot l\frac{\sqrt{4a^2-y^2}+2a}{y}$$

$$a=1 \qquad X = -\sqrt{4-y^2} + l\frac{\sqrt{4-y^2}+2}{y} \qquad X_1 = -\frac{1}{4}\sqrt{4-y^2}\left(2y^2+\frac{1}{4}y^4\right). \qquad y' = y\left(1-\frac{3y^2}{2}+\frac{1}{2}y^4\right).$$

$$\eta = 2a\sin\frac{a}{2} + \frac{a}{2}\cos\frac{a}{2}\sin 2a = 2a\left(\sin\frac{a}{2}+\sin\frac{a}{2}\left(1-\sin^2\frac{a}{2}\right)\left(1-2\sin^2\frac{a}{2}\right)\right) = 2a\left(2\sin\frac{a}{2}-3\sin^3\frac{a}{2}+2\sin^5\frac{a}{2}\right).$$

$$\frac{d\eta}{da} = a\cos\frac{a}{2}\left(2-9\sin^2\frac{a}{2}+10\sin^4\frac{a}{2}\right) = 10a\cos\frac{a}{2}\left(\sin^2\frac{a}{2}-\frac{1}{2}\right)\left(\sin^2\frac{a}{2}-\frac{2}{5}\right)$$

$$\frac{d\eta}{da} = 0 \quad {}^1\sin\frac{a}{2}=1. \quad y=2a. \quad {}^2\sin\frac{a}{2}=\sqrt{\tfrac{1}{2}}. \quad y=a\sqrt{2}. \quad {}^3\sin\frac{a}{2}=\sqrt{\tfrac{2}{5}}. \quad y=2a\sqrt{\tfrac{2}{5}}.$$

19

	y	X	X'	y'	ξ	η	
	2	0	0	0	0	2	
	1,97	-0,1742	-0,0665	-0,0544	-0,2407	1,9156	
	1,9	-0,3014	-0,0462	-0,1492	-0,3476	1,7508	
	1,8	-0,4046	0,0504	-0,2138	-0,3542	1,5862	
	1,7	-0,4679	0,1591	-0,2100	-0,3088	1,4900	
	1,6	-0,5068	0,2530	-0,1613	-0,2538	1,4387	
	1,5	-0,5275	0,3204	-0,0820	-0,2071	1,4180	
$\sqrt{2}$	1,4142	-0,5328	0,3536	0	-0,01792	1,4142	Minimum
$2\sqrt{\tfrac{2}{5}}$	1,2649	-0,5175	0,3563	0,1518	-0,1612	1,4167	Maximum
	1,1	-0,4653	0,2873	0,3030	-0,1780	1,4030	
	1,0	-0,4150	0,2165	0,3750	-0,1985	1,3750	
	0,9	-0,3494	0,1304	0,4271	-0,2190	1,3271	
	0,8	-0,2662	0,0345	0,4570	-0,2317	1,2570	
	0,7	-0,1626	-0,0656	0,4638	-0,2282	1,1638	
	0,6	-0,0343	-0,1645	0,4477	-0,1988	1,0477	
	0,5	0,1270	-0,2572	0,4101	-0,1302	0,9101	
	0,4	0,3329	-0,3394	0,3533	-0,0065	0,7533	
	0,3	0,6072	-0,4074	0,2801	0,1998	0,5801	
	0,2	1,0032	-0,4581	0,1940	0,5451	0,3940	
	0,1	1,6908	-0,4894	0,0993	1,2014	0,1993	
	0	∞	-0,5	0	∞	0	

Ⅱ. 1905 年度物理学获奖论文

[尼耳斯·玻尔的获奖论文(1906)第 7 页和第 8 页的复制图片,该文的标题是"Besvarelse af det Kongelige Danske Videnskabernes Selskabs Prisopgave i Fysik for 1905". *]

※ [见引言第 2 节.]

22

Antages Overfladens Ligning at være $r - a - \xi = f(\vartheta, z) = D \cdot e^{int + ibz}$, bliver den almindelige Overfladebetingelse

$$\frac{D(r-a-\xi)}{Dt} = \left(u\frac{d}{dx} + v\frac{d}{dy} + w\frac{d}{dz}\right)(r-a-\xi) = \left(\alpha\frac{d}{dx} + \frac{\beta}{r}\frac{d}{dy} + (c+\omega)\frac{d}{dz}\right)(r-a-\xi) = 0$$

hvilket med samme Grad af Tilnærmelse som tidligere anvendt, giver $\alpha - c \cdot ib\,\xi = 0$.

Med samme Tilnærmelsesgrad haves endvidere

$$\frac{1}{R_1} + \frac{1}{R_2} = \frac{1}{a} + \frac{\xi}{a^2}(n^2 - 1 + b^2a^2) = \frac{1}{a} - \frac{i\cdot\xi}{a^2\cdot c\cdot b}(n^2 - 1 + b^2a^2)$$, hvor R_1 og R_2 er de principale Krumnings-radier.

De Betingelser, der skal være opfyldte for $r = a$ er følgende $P_{rz} = 0$ (1) $P_{r\vartheta} = 0$ (2) $Konst + P_{rr} = T\left(\frac{1}{R_1} + \frac{1}{R_2}\right)$ (3) Altsaa

$$0 = \frac{d\omega}{dz} + \frac{d\alpha}{dz}\ (1) \qquad 0 = \frac{1}{r}\frac{d\alpha}{dy} + \frac{d\beta}{dr} - \frac{\beta}{r}\ (2) \qquad og \qquad 0 = -T\frac{i\alpha(n^2-1+b^2a^2)}{a^2\cdot c\cdot b} - p + 2\mu\frac{d\alpha}{dr}\ (3)$$

(1) $0 = -2A\frac{i\xi}{c}\wp_n'(iba) + ibB\left(\frac{\xi}{a} + \frac{d}{c}\right)\wp_n'(ida) + ib\,C\frac{1}{a}\wp_n(ida)$

(2) $0 = -\frac{2A}{c\xi}\left(\frac{in}{a}\wp_n'(iba) - \frac{n}{a}\frac{1}{a}\wp_n(iba)\right) + 2B\frac{\xi}{a}\left(\frac{in}{a}\wp_n'(ida) - \frac{n}{a}\frac{1}{a}\wp_n(ida)\right) +$

$$C\left(\frac{in}{a}\wp_n(ida) + \frac{d}{na}\wp_n'(ida) - \frac{id^2}{n}\wp_n''(ida)\right)$$

Sammentrækkes, faas:

(2) $0 = -\frac{2A}{c\xi}\left(a\wp_n'(iba) + \frac{1}{a}\wp_n(iba)\right) + 2B\frac{\xi}{a}\left(a\wp_n'(ida) + \frac{1}{a}\wp_n(ida)\right) + C\left(\left(a + \frac{d^2a^2}{n}\right)\wp_n(ida) - 2\frac{ida}{n}\wp_n'(ida)\right)$

(2) $0 = -\frac{2A}{c\xi}\,a\wp_n'(iba) + B\,a\cdot\left(\frac{\xi}{a} + \frac{d}{c}\right)\wp_n(ida) + C\,\wp_n(ida)$

(2)+(1) $0 = -\frac{2A}{c\xi}\frac{1}{a}\wp_n(iba) + B\,a\left(\frac{\xi}{a} - \frac{d}{c}\right)\wp_n(ida) + \frac{2ib}{a^2}\frac{\xi}{a}\wp_n(ida) + C\left(\left(1 + \frac{d^2a^2}{n^2}\right)\wp_n(ida) - 2\frac{ida}{n^2}\wp_n'(ida)\right)$

Löses Ligningerne faar man:

$B = \frac{1}{\bigcirc}\cdot\frac{2A}{c\xi}\left(a\left(1 + \frac{d^2a^2}{n^2}\right)\wp_n'(iba)\wp_n(ida) - 2\frac{ida^2}{n^2}\wp_n'(iba)\wp_n'(ida) - \frac{1}{a}\wp_n(iba)\wp_n(ida)\right)$

$C = \frac{1}{\bigcirc}\cdot\frac{2A}{c\xi}\left(ia\left(\frac{\xi}{a} + \frac{d}{c}\right)\wp_n(iba)\wp_n'(ida) - a^2\left(\frac{\xi}{a} - \frac{d}{c}\right)\wp_n'(iba)\wp_n'(ida) - \frac{2iab}{n^2}\wp_n'(iba)\wp_n(ida)\right)$

idet $\bigcirc = \wp_n(ida)\wp_n'(ida)\left(2a\frac{d}{c} + \frac{d^2a^2}{n^2}\left(\frac{\xi}{a} + \frac{d}{c}\right)\right) - \frac{2ib}{a^2}\wp_n(ida)^2 - \frac{2ida^2}{n^2}\left(\frac{\xi}{a} + \frac{d}{c}\right)(\wp_n'(ida))^2$

---

*　[最后一项的分母应为 n^2 而不是 n。]

$$(3)\quad 0 = -\mathcal{T}\frac{i\left(u^2-1+b^2a^2\right)}{c\,\xi\,a^2}\left(-\frac{A}{c\,\xi}\mathscr{P}_u'(iba) + \frac{b}{a}B\mathscr{P}_u'(ida) + \frac{b}{a}\mathscr{P}_u(ida)\right) - A\mathscr{P}_u(iba) +$$

$$2\mu\left(-\frac{A}{c\,\xi}\,ib\,\mathscr{P}_u'(iba) + B\frac{b}{a}\,id\,\mathscr{P}_u'(ida) + C\left(\frac{id}{a}\mathscr{P}_u'(ida) - a^2\mathscr{P}_u(ida)\right)\right)$$

$$0 = \mathcal{T}\frac{iba\,\mathscr{P}_u'(iba)}{c^2\xi^2a^2\,\mathscr{P}_u(iba)}\left(u^2-1+b^2a^2\right)\left(-\frac{A}{c\,\xi}\mathscr{P}_u'(iba) + \frac{b}{a}B\mathscr{P}_u'(ida) + \frac{b}{a}\mathscr{P}_u(ida)\right) : \left(\frac{-1}{c\,\xi}\mathscr{P}_u'(iba)\right) - Ab^2 -$$

$$\frac{2\mu}{a}\frac{b^2}{\mathscr{P}_u(iba)}\left(-\frac{A}{c\,\xi}\left(\mathscr{P}_u'(iba) + iba\left(1+\frac{u^2}{c^2a^2}\right)\mathscr{P}_u(iba)\right) + B\frac{b}{a}\left(\mathscr{P}_u'(ida) + ida\left(1+\frac{u^2}{c^2a^2}\right)\mathscr{P}_u(ida)\right) + C\left(\frac{b}{a}\mathscr{P}_u(ida) - id\,\mathscr{P}_u'(ida)\right)\right)$$

$$0 = \left(\mathcal{T}\frac{iba\,\mathscr{P}_u'(iba)}{c^2\xi^2a^3\,\mathscr{P}_u(iba)}\left(u^2-1+b^2a^2\right) - b^2\right)\left(-\frac{A}{c\,\xi}\mathscr{P}_u'(iba) + B\frac{b}{a}\mathscr{P}_u'(ida) + \frac{b}{a}\mathscr{P}_u(ida)\right) +$$

$$\frac{2\mu\,b^2}{c\,\xi\,a\,\mathscr{P}_u(iba)}\left\{\mathscr{P}_u'(iab)\left(-\frac{A}{c\,\xi}\left(\mathscr{P}_u'(iba) + iba\left(1+\frac{u^2}{c^2a^2}\right)\mathscr{P}_u(iba)\right) + B\frac{b}{a}\left(\mathscr{P}_u'(ida) + ida\left(1+\frac{u^2}{c^2a^2}\right)\mathscr{P}_u(ida)\right) + C\left(\frac{b}{a}\mathscr{P}_u(ida) - id\,\mathscr{P}_u'(ida)\right)\right)\right.$$ *

$$\left. -\frac{ia}{b}(d^2-b^2)\mathscr{P}_u(iab)\left(\frac{b}{a}B\mathscr{P}_u'(ida) + \frac{b}{a}\mathscr{P}_u(ida)\right)\right\}$$

Indsætter man nu for A og B og C de Udtryk, der blev funden paa forrige Side, faar man efter Sammentrækning.

$$b^2 + ib\frac{2\mu\,iab\,\mathscr{P}_u'(iab)}{c\,\xi\,a^2\,\mathscr{P}_u(iab)} \cdot \frac{R}{\mathcal{S}} - \mathcal{T}\frac{iba\,\mathscr{P}_u'(iba)}{c^2\xi\,a^3\,\mathscr{P}_u(iba)}\left(u^2-1+b^2a^2\right) = 0.\qquad (I)\quad , \text{ hvor}$$

$$R = \mathscr{P}_u'(iba)\,\mathscr{P}_u'(ida)\,\mathscr{P}_u(ida)\frac{d^2a^2}{u^2}\left(5\frac{b}{d}-\frac{d}{b}\right) + \mathscr{P}_u'(iba)\left(\mathscr{P}_u(ida)\right)^2\left(2iba^2\left(2+\frac{d^2a^2}{u^2}+\frac{u^2}{c^2a^2}\right) - \frac{2ib}{d^2}\right) +$$

$$\mathscr{P}_u'(iba)\left(\mathscr{P}_u(ida)\right)^2\frac{2ida^2}{u^2}\left(\frac{b}{d}-\frac{d}{b}\right)\left(u^2-1\right) + \mathscr{P}_u(iba)\,\mathscr{P}_u'(ida)\,\mathscr{P}_u'(ida)\left(2\frac{i\,d}{b} - 2a^2\,id\left(1+\frac{u^2}{c^2a^2}\right)\left(1+\frac{d^2a^2}{u^2}\right)\right) -$$

$$\frac{4a^2d^2}{b^2}\left(\mathscr{P}_u(iba)\right)\left(\mathscr{P}_u(ida)\right)^2 + \frac{a^4}{b^2}\left(d^2-b^2\right)\left(\mathscr{P}_u(iba)\right)^2\mathscr{P}_u'(ida)\,\mathscr{P}_u(ida)\,\mathscr{P}_u'(ida)$$

$$\mathcal{S} = \mathscr{P}_u'(iba)\,\mathscr{P}_u'(ida)\,\mathscr{P}_u(ida)\frac{d^2a^3}{u^2}\left(\frac{b}{d}-\frac{d}{b}\right) - \frac{2ib}{d^2}\mathscr{P}_u'(iba)\left(\mathscr{P}_u(ida)\right)^2 - \frac{2id^2a^2}{u^2}\left(\frac{b}{d}-\frac{d}{b}\right)\mathscr{P}_u'(iba)\left(\mathscr{P}_u(ida)\right)^2 +$$

$$\frac{2id^2a^2}{b^2}\mathscr{P}_u(iba)\,\mathscr{P}_u(ida)\,\mathscr{P}_u'(ida)$$

Til Beregning af $\mathscr{P}_u(x)$ benytte for smaa numeriske Værdier af x Rækkeudviklingen

$$\mathscr{P}_u(x) = \frac{x^u}{2^u[u]} - \frac{x^{u+2}}{1\cdot 2^{u+2}[u+1]} + \frac{x^{u+4}}{1\cdot 2\cdot 2^{u+4}[u+2]} - \cdots\cdots$$

Rækken er konvergent for alle Værdier af x, men kun praktisk brugbar for smaa numeriske Værdier.

---

* ［第二项的方括号中将 d 改成 b 是改错了的.］

Ⅲ. 第一篇皇家学会论文

用水注振动法测定水的表面张力

(Phil. Trans. Roy. Soc. **209**(1909)281[*])

27

Fil. mag. se. B. Troll.
venskabeligt fra
Forfatter

PHILOSOPHICAL TRANSACTIONS
OF THE
ROYAL SOCIETY OF LONDON

SERIES A, VOL. 209, pp. 281–317.

DETERMINATION OF THE SURFACE-TENSION OF WATER BY THE METHOD OF JET VIBRATION

BY

N. BOHR,
COPENHAGEN.

用水注振动法测定水的表面张力[*]

作者：N·玻尔，哥本哈根

推荐人：威廉·拉姆塞爵士，K.C.B.，F.R.S.

1909 年 1 月 12 日收到，1 月 21 日宣读

引　言

曾经证明，在水的表面张力的测定方面，最重要和最困难的问题之一就是造成一个足够纯的表面，从而在以后的研究中曾认为这一点是很重要的.

但是，瑞利勋爵在 1879 年指示了一种方法[†]，它以比以前所用的任何方法都完善得多的方式解决了上述的困难；这种方法使我们能够测定一个几乎完全新鲜的而且不断重新形成的表面的表面张力.

在上面所引的论文中，瑞利勋爵发展了表面张力影响下的液注的振动理论，而且这种理论表明，当液注的速度和截面积以及在液注上形成的波的波长为已知时，测定表面张力是可能的.

瑞利勋爵曾经把一系列实验和理论发展联系起来. 但是，通过这些实验，他更主要的是要给出理论的例证，而不是给出表面张力的一种精确的测定.

但是，如果问题就在于精确测定表面张力，那就必须更加仔细地考虑在瑞利勋爵的研究中不曾论及的一些问题，因为这时必须肯定，第一，理论处理是充分发展了的，第二，现象在足够程度上满足理论处理所依据的那些假设.

本文的主要目的就是试图阐明这一点如何作到.

尽管上述这种测定表面张力的方法有很大的优点，但是它却不曾被很多人使用过. 除了瑞利勋爵以外[‡]，这种方法只是最近才由 F·皮卡尔德[§] 和 G·梅

---

[*] 根据一篇应征文章写成，该文于 1906 年 10 月 30 日交出，参加丹麦皇家科学院 1905 年度物理学问题征文，后来获得该院的金奖章.（自那时起，研究工作又有所完善，补作了若干实验.）

[†] Lord Rayleigh, 'Roy. Soc. Proc. ,' vol. XXIX. , p. 71, 1879.

[‡] Rayleigh, 'Roy. Soc. Proc. ,' vol. XLVII. , p. 281, 1890.

[§] Piccard, 'Archives d. Sc. Phys. et Nat. ' (3), XXIV. , p. 561, 1890 (Genève).

耶[†]用于相对的测量. 在本研究完成的期间, P·O·彼得森[*]已经发表了有关这一课题的一篇论著.

液注振动理论

液注在其平衡圆柱形式附近的振动的理论, 已由瑞利勋爵针对振幅为无限小而液体又没有黏滞性的情况发展了起来.

当振幅具有很小的值而黏滞系数又足够小时, 瑞利勋爵所求得的方程可以被认为是一种很好的近似, 但是, 如果这些方程要被用于表面张力的精确测定, 那么了解在所给情况下到底近似程度多大就是很重要的了. 因此, 在本研究工作的前一部分, 我们将用有关有限振幅的以及有关黏滞性的改正项来对理论作出补充.

黏滞效应的计算

在黏滞性的影响下, 液注将进行阻尼振动. 如果问题是要求出振幅递减所遵循的规律, 那么, 当黏滞系数较小时, 就可以通过能量耗散的简单考虑来近似地做到这一点, 某些作者认为[‡], 对于这种类型的问题, 由黏滞性引起的对于波长 (振动时间) 的改正项可以借助于公式 $T_1 = T(1+\delta^2/4\pi^2)^{1/2}$, 而由波幅的对数减量 δ 直接求出, 此处 T_1 是有阻尼时的振动时间, 而 T 是无阻尼时的振动时间. 但是, 在我看来, 所给公式的这一应用似乎是不正确的. 因为公式是针对那样一个问题确立下来的, 对于该问题来说, 简正坐标下的适用于保守体系的运动方程 $\left(a\dfrac{\partial q^2}{\partial t^2}+cq=0,$ 一个自由度, 微幅振动, 自由运动$\right)$ 和适用耗散体系的运动方程

$$\left(a\,\frac{\partial q^2}{\partial t^2}+b\,\frac{\partial q}{\partial t}+cq=0\right)$$

之间只差了一个摩擦项.

在此处的问题中 (正如在保守体系具有速度势而耗散体系则没有速度势的一切流体问题中一样), 两种体系中的惯性系数 a 将是不同的, 因为耗散体系中的 a 依赖于黏滞系数.

以下即将看到, 波长的改正项不是正比于 δ^2 而是正比于 $\delta^{3/2}$.

---

[*]   Pedersen, 'Phil. Trans. Roy. Soc. ,' A, 207, p. 341, 1907.

[†]   Meyer, 'Wied. Ann. ,' LXVI. , p. 523, 1898.

[‡]   P. O. Pedersen(上引文 p. 346), 参见 Ph. Lenard ('Wied. Ann. ,' XXX. , p. 239, 1887)论液滴振动这一类似问题的文章.

为了求得由黏滞性引起的波长改变量,必须很详细地处理这一问题. 在对于柱轴的原有对称性得到保持的情况下,瑞利勋爵对毛细力作用下的黏滞性流体圆柱的振动作出了这样的考察[*]. 但是,在该文中可以找到的发展中,上面提到的假设(对称性)却是从一开始就是在一种方式下被应用的,这种方式使得计算不能被推广,以处理此处即将提到的更普遍的振动. 我们的发展的结果并不包括瑞利勋爵所研究过的问题,因为为了简化计算,并没有对极限情况($n = 0$)给予特别的注意.

未受外力影响的一种不可压缩性黏滞流体的普遍运动方程是

$$\mu \nabla u - \rho \frac{\mathrm{D} u}{\mathrm{D} t} = \frac{\partial p}{\partial x}, \ \mu \nabla v - \rho \frac{\mathrm{D} v}{\mathrm{D} t} = \frac{\partial p}{\partial y}, \ \mu \nabla w - \rho \frac{\mathrm{D} w}{\mathrm{D} t} = \frac{\partial p}{\partial z} \quad (1)$$

和

$$\frac{\partial u}{\partial x} + \frac{\partial v}{\partial y} + \frac{\partial w}{\partial z} = 0. \quad (2)$$

式中 u、v、w 是速度分量,p 是压强,ρ 是密度,μ 是黏滞系数,而且

$$\nabla = \frac{\partial^2}{\partial x^2} + \frac{\partial^2}{\partial y^2} + \frac{\partial^2}{\partial z^2}, \ \frac{\mathrm{D}}{\mathrm{D} t} = \frac{\partial}{\partial t} + u \frac{\partial}{\partial x} + v \frac{\partial}{\partial y} + w \frac{\partial}{\partial z}.$$

在所考虑的问题中,运动将是定态的. 令 $w = c + \omega$ 并假设 u、v 和 ω 具有 $f(x, y) e^{ibz}$ 的形式而且认为 u、v 和 ω 都足够小以致在计算中可以将它们的乘积和同数量级的量略去不计,我们就由方程(1)得到

$$\left(\nabla - ib \ \frac{c\rho}{\mu} \right) u = \frac{1}{\mu} \ \frac{\partial p}{\partial x}, \ \left(\nabla - ib \ \frac{c\rho}{\mu} \right) v = \frac{1}{\mu} \ \frac{\partial p}{\partial y},$$

$$\left(\nabla - ib \ \frac{c\rho}{\mu} \right) \omega = \frac{1}{\mu} \ \frac{\partial p}{\partial z}; \quad (3)$$

32   由(3)和(2)就得到

$$\nabla p = 0. \quad (4)$$

令

$$u = \frac{i}{cb\rho} \ \frac{\partial p}{\partial x} + u_1, \ v = \frac{i}{cb\rho} \ \frac{\partial p}{\partial y} + v_1, \ \omega = \frac{i}{cb\rho} \ \frac{\partial p}{\partial z} + \omega_1 \quad (5)$$

我们就得到

---

[*] Lord Rayleigh, 'Phil. Mag. ,' XXXIV. , p. 145, 1892.

$$\left(\nabla - ib\,\frac{c\rho}{\mu}\right)u_1 = 0, \quad \left(\nabla - ib\,\frac{c\rho}{\mu}\right)v_1 = 0,$$

$$\left(\nabla - ib\,\frac{c\rho}{\mu}\right)\omega_1 = 0, \tag{6}$$

和

$$\frac{\partial u_1}{\partial x} + \frac{\partial v_1}{\partial y} + \frac{\partial \omega_1}{\partial z} = 0. \tag{7}$$

现在引入极坐标 r 和 ϑ（$x = r\cos\vartheta$，$y = r\sin\vartheta$），以及径向速度 α 和切向速度 β；利用下列关系式：

$$u = \alpha\cos\vartheta - \beta\sin\vartheta, \quad u_1 = \alpha_1\cos\vartheta - \beta_1\sin\vartheta,$$

$$\frac{\partial}{\partial x} = \cos\vartheta\,\frac{\partial}{\partial r} - \sin\vartheta\,\frac{1}{r}\,\frac{\partial}{\partial \vartheta},$$

$$v = \alpha\sin\vartheta + \beta\cos\vartheta, \quad v_1 = \alpha_1\sin\vartheta + \beta_1\cos\vartheta, \tag{8}$$

$$\frac{\partial}{\partial y} = \sin\vartheta\,\frac{\partial}{\partial r} + \cos\vartheta\,\frac{1}{r}\,\frac{\partial}{\partial \vartheta},$$

我们由（5）就得到

$$\alpha = \frac{i}{cb\rho}\,\frac{\partial p}{\partial r} + \alpha_1, \quad \beta = \frac{i}{cb\rho}\,\frac{1}{r}\,\frac{\partial p}{\partial \vartheta} + \beta_1, \tag{9}$$

而且，考虑到

$$\nabla = \frac{\partial^2}{\partial r^2} + \frac{1}{r}\,\frac{\partial}{\partial r} + \frac{1}{r^2}\,\frac{\partial^2}{\partial \vartheta^2} + \frac{\partial^2}{\partial z^2},$$

就得到

$$\left(\nabla - ib\,\frac{c\rho}{\mu}\right)\alpha_1 - \frac{\alpha_1}{r^2} - \frac{2}{r^2}\,\frac{\partial \beta_1}{\partial \vartheta} = 0,$$

$$\left(\nabla - ib\,\frac{c\rho}{\mu}\right)\beta_1 - \frac{\beta_1}{r^2} + \frac{2}{r^2}\,\frac{\partial \alpha_1}{\partial \vartheta} = 0, \tag{10}$$

和

$$\frac{\partial \alpha_1}{\partial r} + \frac{\alpha_1}{r} + \frac{1}{r}\,\frac{\partial \beta_1}{\partial \vartheta} + \frac{\partial \omega_1}{\partial z} = 0. \tag{11}$$

现在假设 p、α、β、ω 具有 $f(r)e^{in\vartheta + ibz}$ 的形式，从而 α_1、β_1、ω_1 也具有这种形式，我们由（4）就得到

$$\nabla p = \frac{\partial^2 p}{\partial r^2} + \frac{1}{r}\frac{\partial p}{\partial r} - p\left(\frac{n^2}{r^2} + b^2\right) = 0,$$

这一方程的满足在 $r = 0$ 处所加条件的解是

$$p = A J_n(ibr) e^{in\vartheta + ibz}, \tag{12}$$

式中 J_n 是 n 阶贝塞耳函数的符号.

我们由(6)得到

$$\left(\nabla - ib\frac{c\rho}{\mu}\right)\omega_1 = \frac{\partial^2 \omega_1}{\partial r^2} + \frac{1}{r}\frac{\partial \omega_1}{\partial r} - \omega_1\left(\frac{n^2}{r^2} + d^2\right) = 0,$$

$$\left(d^2 = b^2 + ib\frac{c\rho}{\mu}\right), \tag{13}$$

此式给出

$$\omega_1 = B J_n(idr) e^{in\vartheta + ibz}. \tag{14}$$

33 　　　由(10)和(11)中消去 β_1,我们就得到

$$r\left(\nabla - ib\frac{c\rho}{\mu}\right)\alpha_1 + 2\frac{\partial \alpha_1}{\partial r} + \frac{\alpha_1}{r} = -2\frac{\partial \omega_1}{\partial z},$$

此式给出

$$\left(\nabla - ib\frac{c\rho}{\mu}\right)(r\alpha_1) = -2ib\, J_n(idr) e^{in\vartheta + ibz}. \tag{15}^*$$

但是我们有

$$\left(\nabla - ib\frac{c\rho}{\mu}\right)\left(r\frac{\partial}{\partial r}\right) = \left(r\frac{\partial}{\partial r}\right)\left(\nabla - ib\frac{c\rho}{\mu}\right) + 2\frac{\partial^2}{\partial r^2} + \frac{2}{r}\frac{\partial}{\partial r} + \frac{2}{r^2}\frac{\partial^2}{\partial \vartheta^2}$$

$$= \left(r\frac{\partial}{\partial r} + 2\right)\left(\nabla - ib\frac{c\rho}{\mu}\right) - 2\left(\frac{\partial^2}{\partial z^2} - ib\frac{c\rho}{\mu}\right),$$

由此就得到

$$\left(\nabla - ib\frac{c\rho}{\mu}\right)\left[r\frac{\partial}{\partial r} J_n(idr) e^{in\vartheta + ibz}\right]$$

$$= 2\left(b^2 + ib\frac{c\rho}{\mu}\right)J_n(idr) e^{in\vartheta + ibz} = 2d^2 J_n(idr) e^{in\vartheta + ibz}; \tag{16}$$

我们由(15)和(16)得到

---

　　* ［方程(15)的右端少写一个因子 B.］

$$\alpha_1 = \left[\frac{b}{d} B J_n'(idr) + C \frac{1}{r} J_n(idr)\right] e^{in\vartheta + ibz}, \tag{17}$$

并且由(11)得到

$$
\begin{aligned}
-\frac{1}{r} \frac{\partial \beta_1}{\partial \vartheta} &= \frac{\partial \alpha_1}{\partial r} + \frac{\alpha_1}{r} + \frac{\partial \omega_1}{\partial z} \\
&= \left\{ B\left[ib J_n''(idr) + \frac{b}{d} \frac{1}{r} J_n'(idr) + ib J_n(idr) \right] \right. \\
&\quad \left. + Cid \frac{1}{r} J_n'(idr) \right\} e^{in\vartheta + ibz}.
\end{aligned}
\tag{18}
$$

借助于关系式

$$J_n''(x) + \frac{1}{x} J_n'(x) + \left(1 - \frac{n^2}{x^2}\right) J_n(x) = 0. \tag{19}$$

(18)就给出

$$\beta_1 = \left[B \frac{nb}{d^2} \frac{1}{r} J_n(idr) - C \frac{d}{n} J_n'(idr) \right] e^{in\vartheta + ibz}. \tag{20}$$

将由(12)、(14)、(17)和(20)求得的 p、α_1、β_1 和 ω_1 的值代入方程(9)和(5)中,我们就得到

$$
\begin{aligned}
\alpha &= \left[-A \frac{1}{c\rho} J_n'(ibr) + B \frac{b}{d} J_n'(idr) + C \frac{1}{r} J_n(idr) \right] e^{in\vartheta + ibz}, \\
\beta &= \left[-A \frac{n}{bc\rho} \frac{1}{r} J_n(ibr) + B \frac{bn}{d^2} \frac{1}{r} J_n(idr) \right. \\
&\quad \left. - C \frac{d}{n} J_n'(idr) \right] e^{in\vartheta + ibz}, \\
w &= c + \omega = c + \left[-A \frac{1}{e\rho} J_n(ibr) + B J_n(idr) \right] e^{in\vartheta + ibz}.
\end{aligned}
\tag{21}
$$

让我们假设,表面的方程是

$$r - a = \zeta = D e^{in\vartheta + ibz}.$$

普遍的表面条件给出

$$\frac{\mathrm{D}}{\mathrm{D}t}(r - a - \zeta) = \left(\alpha \frac{\partial}{\partial r} + \frac{\beta}{r} \frac{\partial}{\partial \vartheta} + w \frac{\partial}{\partial z} \right)(r - a - \zeta) = 0,$$

略去和以上各量同数量级的量,由上式就得到

$$\alpha - c \frac{\partial \zeta}{\partial z} = 0, \quad \zeta = -\frac{i}{cb} \alpha. \tag{22}$$

同样,如果主曲率半径是 R_1 和 R_2,我们就得到

$$\frac{1}{R_1} + \frac{1}{R_2} = \frac{1}{a} - \frac{\zeta}{a^2} - \frac{1}{a^2}\frac{\partial^2\zeta}{\partial\vartheta^2} - \frac{\partial^2\zeta}{\partial z^2} = \frac{1}{a} - \alpha\frac{i(n^2-1+b^2a^2)}{a^2cb}.$$

(23)

设 P_r、P_ϑ、P_z 分别是由黏滞流体通过垂直于矢径的面积元而作用着的单位面积上的拉力的径向、切向和轴向分量. 将所考虑的矢径取作 X 轴,并应用通常使用的符号,我们就有

$$P_r = p_{x,x} = -p + 2\mu\frac{\partial u}{\partial x}, \ P_\vartheta = p_{x,y} = \mu\left(\frac{\partial v}{\partial x} + \frac{\partial u}{\partial y}\right),$$

$$P_z = p_{x,z} = \mu\left(\frac{\partial w}{\partial x} + \frac{\partial u}{\partial z}\right).$$

利用关系式(8)并在求导以后令 $\vartheta = 0$,我们就得到

$$P_r = -p + 2\mu\frac{\partial\alpha}{\partial r}, \ P_\vartheta = \mu\left(\frac{\partial\beta}{\partial r} + \frac{1}{r}\frac{\partial\alpha}{\partial\vartheta} - \frac{\beta}{r}\right),$$

$$P_z = \mu\left(\frac{\partial\alpha}{\partial z} + \frac{\partial w}{\partial r}\right).$$

(24)

用 T 代表表面张力并假设不存在"表面黏滞性",仍然利用和以前程度相同的近似性,动态表面条件就将是

$$T\left(\frac{1}{R_1} + \frac{1}{R_2}\right) + P_r = \text{const.}, \ P_\vartheta = 0, \ P_z = 0;$$

(25)

利用(23)和(24)我们由(25)就得到

$$\left[-T\alpha\frac{i(n^2-1+a^2b^2)}{a^2cb} - p + 2\mu\frac{\partial\alpha}{\partial r}\right]_{r=a} = 0,$$

(26)

$$\left(\frac{1}{r}\frac{\partial\alpha}{\partial\vartheta} + \frac{\partial\beta}{\partial r} - \frac{\beta}{r}\right)_{r=a} = 0, \ \left(\frac{\partial\alpha}{\partial z} + \frac{\partial w}{\partial r}\right)_{r=a} = 0.$$

(27)

将由(12)和(21)求得的 p、α、β、w 的值代入这些条件式中,在消去 B/A 和 C/A 以后我们就得到确定 b 的一个方程. 由于这些计算相当冗长而且所得结果无法运用,我们将不进行这种精确的消去法,而只是进行一种照顾到结果的应用的近似计算.

在实验中,iab 的数值将是很小的——波长远大于液注的直径,而 iad 的数值则将是很大的——黏滞系数很小(在所有的实验中,$|iab| < 0.24$ 而 $|iad| > 20$).

对于 x 的每一个值，我们有

$$J_n(x) = \frac{x^n}{2^n[n]} - \frac{x^{n+2}}{2^{n+2}[n+1]} + \frac{x^{n+4}}{1 \cdot 2 \cdot 2^{n+4}[n+2]} - \cdots \qquad (28)$$

级数对于小的 x 值收敛得很快，而对于大的 x 值则收敛得很慢. 由(28)可得

$$J_n'(x) = \frac{n}{x}J_n(x)\left[1 - \frac{x^2}{2n(n+1)} - \frac{x^4}{2^3 n(n+1)^2(n+2)}\cdots\right],$$

而且，再利用(19)，就得到

$$J_n''(x) = \frac{n(n-1)}{x^2}J_n(x)\left[1 - \frac{x^2(2n+1)}{2(n-1)n(n+1)}\right.$$
$$\left. + \frac{x^4}{2^3(n-1)n(n+1)^2(n+2)}\cdots\right].$$

因此，参照前面，通过确定 b 的方程中的摩擦项的计算，我们将令

$$J_n'(iab) = -\frac{in}{ab}J_n(iab)\left[1 + \frac{a^2 b^2}{2n(n+1)}\right]$$

从而

$$J_n''(iab) = -\frac{n(n-1)}{a^2 b^2}J_n(iab)\left[1 + \frac{a^2 b^2(2n+1)}{2(n-1)n(n+1)}\right] \qquad (29)$$

为了针对大的 x 值计算 $J_n(x)$，应用了渐近表示式

$$J_n(x) \sim (2\pi x)^{-\frac{1}{2}}\left\{[P_n(x) + iQ_n(x)]e^{i\left(x - \frac{2n+1}{4}\pi\right)}\right.$$
$$\left. + [P_n(x) - iQ_n(x)]e^{-i\left(x - \frac{2n+1}{4}\pi\right)}\right\}. \qquad (30)$$

式中

$$P_n(x) = 1 - \frac{(4n^2 - 1^2)(4n^2 - 3^2)}{1 \cdot 2(8x)^2}$$
$$+ \frac{(4n^2 - 1^2)(4n^2 - 3^2)(4n^2 - 5^2)(4n^2 - 7^2)}{1 \cdot 2 \cdot 3 \cdot 4(8x)^4} - \cdots,$$

而且

$$Q_n(x) = \frac{(4n^2 - 1^2)}{8x} - \frac{(4n^2 - 1^2)(4n^2 - 3^2)(4n^2 - 5^2)}{1 \cdot 2 \cdot 3(8x)^3} + \cdots$$

公式(30)只有当 x 的实数部分为正时才是正确的；对于大的 x 值，这一公式的少数几项就能给出 $J_n(x)$ 的很好的近似. 根据我们对公式(30)的应用，x 可以

36　取 $a-ib$ 的形式，此处 a 和 b 都是很大的正量. 于是，带 e^{ix} 的项将占很大的优势. 因此，略去带 e^{-ix} 的项，我们就得到

$$J_n'(x) = i J_n(x)\left[1 + \frac{i}{2x} - \frac{4n^2-1}{8x^2} + \frac{i(4n^2-1)}{8x^3}\cdots\right],$$

而且，由（19）就进一步得到

$$J_n''(x) = -J_n(x)\left[1 + \frac{i}{x} - \frac{2n^2+1}{2x^2} - \frac{i(4n^2-1)}{8x^3}\cdots\right].$$

因此，在下面的计算中，我们将令

$$J_n'(iad) = i J_n(iad)\left(1 + \frac{1}{2ad} + \frac{4n^2-1}{8a^2d^2}\right) \tag{31}$$

和

$$J_n''(iad) = \div J_n(iad)\left(1 + \frac{1}{ad} + \frac{2n^2+1}{2a^2d^2}\right)^{*}.$$

现在，应用（29）和（31），我们就由（27）得到

$$A\frac{1}{c\rho}J_n(iab)\frac{2n(n-1)}{a^2b} - \left[1 + \frac{a^2b^2}{2(n-1)(n+1)}\right]$$
$$+ BJ_n(iad)\frac{2nb}{ad}\left(1 + \frac{3}{2ad} + \frac{4n^2-1}{8a^2d^2}\right)$$
$$- CJ_n(iad)\frac{id^2}{n}\left(1 + \frac{2}{ad} + \frac{2n^2+1}{a^2d^2}\right) = 0, \tag{32}$$

以及

$$A\frac{1}{c\rho}J_n(iab)\frac{2n}{a}\left[1 + \frac{a^2b^2}{2n(n+1)}\right]$$
$$+ BJ_n(iad)d\left(1 + \frac{1}{2ad} + \frac{4n^2-1}{8a^2d^2}\right) - CJ_n(iad)\frac{ib}{a} = 0. \tag{33}$$

由（32）和（33）得到

$$BJ_n(iad) = \div A\frac{1}{c\rho}J_n(iab)\frac{2n}{ad}\left[1 + \frac{a^2b^2}{2n(n+1)}\right]$$
$$\times \left(1 - \frac{1}{2ad} - \frac{12n^2-8n-3}{8a^2d^2}\right)^{**}, \tag{34}$$

---

*、**　［校订者按：此处原有编者注［原文中的"÷"应为"—"］，中译者漏译，今补出.］

$$CJ_n(iad) = \div A \frac{1}{c\rho} J_n(iab) \frac{i2n^2(n-1)}{a^2 d^2 b}$$

$$\times \left[1 + \frac{a^2 b^2}{2(n^2-1)}\right]\left(1 - \frac{2}{ad} - \frac{2n^2-3}{a^2 d^2}\right)*.$$

现在,利用(12)、(21)、(29)、(31)、(34)和(13),我们由(26)就得到[**]

$$b^2 - ib\frac{\mu}{\rho}\frac{4n(n-1)}{a^2 c}\left[1 + \frac{a^2 b^2}{n(n-1)}\right]\left[1 + \frac{n-1}{ad} + \frac{(n-1)(2n-3)}{2a^2 d^2}\right]$$

$$- T\frac{iba J'_n(iab)}{\rho c^2 a^3 J_n(iab)}(n^2-1+a^2 b^2) = 0. \tag{35}$$

在(35)中令 $\mu = 0$,我们就得到瑞利勋爵的解[***]

$$b_0^2 = T\frac{iab_0 J'_n(iab_0)}{\rho c^2 a^3 J_n(iab_0)}(n^2-1+a^2 b_0^2) = \frac{T(n^3-n)}{\rho c^2 a^3}\left[1 + \frac{(3n-1)a^2 b_0^2}{2n(n^2-1)}\right.$$

$$\left. + \frac{3(n+3)a^4 b_0^4}{8n(n-1)(n+1)^2(n+2)} + \cdots\right]. \tag{36}$$

在以下,我们将用 k_0 代表这一方程的正根.

在以上所用的相同近似下,我们由(35)和(36)得到

$$b^2 - ib\frac{\mu}{\rho}\frac{4n(n-1)}{a^2 c}\left[1 + \frac{(5n+1)a^2 k_0^2}{2n(n^2-1)}\right]$$

$$\times \left[1 + \frac{n-1}{ad} + \frac{(n-1)(2n-3)}{2a^2 d^2}\right] - k_0^2 = 0. \tag{37}$$

在相同的近似下,利用(13),将可以在(37)中令

$$iad = ia\left(ik_0\frac{c\rho}{\mu}\right)^{1/2} = (1-i)\left(\frac{a^2 k_0 c\rho}{2\mu}\right)^{1/2},$$

此处 iad 的正负号取得能使其实数部分为正[见(30)].

现在,方程(37)变为

$$b^2 - ib\frac{\mu}{\rho}\frac{4n(n-1)}{a^2 c}\left[1 + \frac{(5n+1)a^2 k_0^2}{2n(n^2-1)}\right]\left[1 - (1-i)\frac{n-1}{2}\left(\frac{2\mu}{\rho c a^2 k_0}\right)^{1/2}\right.$$

---

* 校订者按:此处原有编者注[原文中的"÷"应为"一"],中译者漏译,今补出.

** 校订者按:此处原有编者注[为了检验方程(35),必须将各项计算到约为 $a^2 d^2$ 的四百分之一的精确度,并利用公式

$$d^2 = b^2 + ibc\rho/\mu \approx ibc\rho/\mu.]$$

*** Lord Rayleigh,'Roy. Soc. Proc.,' vol. XXIX., p. 94, 1879.

$$-i\,\frac{(n-1)(2n-3)}{4}\left(\frac{2\mu}{\rho c a^2 k_0}\right)\Bigg]-k_0^2 = 0. \tag{38}$$

现在,将(38)对 b 求解并令 $b = k + i\epsilon$,我们就得到

$$k = k_0\left[1 - \frac{n(n-1)^2}{2}\left(\frac{2\mu}{\rho c a^2 k_0}\right)^{3/2} - \frac{3n(n-1)^2}{4}\left(\frac{2\mu}{\rho c a^2 k_0}\right)^2\right] \tag{39}$$

和

$$\epsilon = \frac{\mu}{\rho}\,\frac{2n(n-1)}{a^2 c}\left[1 + \frac{(5n+1)a^2 k_0^2}{2n(n^2-1)}\right]\left[1 - \frac{n-1}{2}\left(\frac{2\mu}{\rho c a^2 k_0}\right)^{1/2}\right]. \tag{40}$$

既然所用的一切方程都是线性的,那就可以看出以上计算的物理意义就证明了和形如

$$r = a + be^{-\epsilon z}\cos kz\cos n\vartheta,$$

的表面相对应的实在流体运动的存在,此处 k 和 ϵ 由方程(39)和(40)来表示.

由于有黏滞性的影响而必须在表面张力表示式中引入的改正项,可由(36)和(39)求得;我们得到

$$T = k^2\,\frac{\rho c^2 a^3 \mathrm{J}_n(iak)}{iak\,\mathrm{J}_n'(iak)(n^2-1+a^2 k^2)}$$

$$\times\left[1 + n(n-1)^2\left(\frac{2\mu}{\rho c a^2 k}\right)^{3/2} + \frac{3n(n-1)^2}{2}\left(\frac{2\mu}{\rho c a^2 k}\right)^2\right]. \tag{41}$$

有限波幅的影响的计算

我们现在将计算由于波幅的大小而引起的波长改正项. 即将使用的近似方法所根据的是由 G·G·斯托克斯提出的原理[*].

下面的计算将只处理无黏滞性流体柱的二维振动. 三维的问题可以按照相应的方式加以处理,但是这种情况下的计算将很冗长,而且对于此处的研究来说是没有任何实用重要性的. 当使用直径远小于波长的液注时,运动将和二维运动差别甚小,从而可以认为这两种情况下由有限波幅值所引起的微小波长改正量是相同的.

在现有的问题中,可以假设速度势 ϕ 是存在的. 利用极坐标并将径向速度和切向速度分别写成 α 和 β,我们就得到

$$\alpha = -\frac{\partial\phi}{\partial r},\ \beta = -\frac{1}{r}\,\frac{\partial\phi}{\partial\vartheta}.$$

---

[*]　G. G. Stokes, 'Camb. Trans. ,' Ⅷ. , p. 441, 1847.

认为流体是不可压缩的,我们就得到

$$0 = \frac{\partial \alpha}{\partial r} + \frac{\alpha}{r} + \frac{1}{r} \frac{\partial \beta}{\partial \vartheta} = -\left(\frac{\partial^2 \phi}{\partial r^2} + \frac{1}{r} \frac{\partial \phi}{\partial r} + \frac{1}{r^2} \frac{\partial^2 \phi}{\partial \vartheta^2} \right). \tag{1}$$

速度在 $r = 0$ 处应该为有限;方程(1)的满足这一条件的解可以写成(n 为正整数)

$$\phi = \Sigma \Sigma \mathrm{A}_{n, q} r^n \cos(n\vartheta + \tau_n) \sin(qt + \epsilon_q). \tag{2}$$

表面的方程可以写成

$$r = a + \zeta, \ \zeta = \psi(\vartheta, \ t).$$

利用上面的同样符号并将表面的曲率半径写成 R,表面条件就是

$$\frac{\mathrm{D}}{\mathrm{D}t}(a + \zeta - r) = \left(\frac{\partial}{\partial t} + \alpha \frac{\partial}{\partial r} + \frac{\beta}{r} \frac{\partial}{\partial \vartheta} \right)(a + \zeta - r) \tag{3}$$

以及

$$p - \frac{T}{R} = 0.$$

我们由(3)得到

$$\left(\frac{\partial \zeta}{\partial t} - \frac{1}{r^2} \frac{\partial \phi}{\partial \vartheta} \frac{\partial \zeta}{\partial \vartheta} + \frac{\partial \phi}{\partial r} \right)_{r=a+\zeta} = 0. \tag{4}$$

以及

$$\rho \left\{ \frac{\partial \phi}{\partial t} - \frac{1}{2} \left[\left(\frac{\partial \phi}{\partial r} \right)^2 + \frac{1}{r^2} \left(\frac{\partial \phi}{\partial \vartheta} \right)^2 \right] \right\}_{r=a+\zeta}$$

$$- T \left[(a + \zeta)^2 + 2 \left(\frac{\partial \zeta}{\partial \vartheta} \right)^2 - (a + \zeta) \frac{\partial^2 \zeta}{\partial \vartheta^2} \right]$$

$$\times \left[(a + \zeta)^2 + \left(\frac{\partial \zeta}{\partial \vartheta} \right)^2 \right]^{-3/2} + F(t) = 0. \tag{5}$$

只考虑表面在平衡位置 $r = a$ 附近的微小振动,ζ 就是一个小量,我们将认为它是一级小量. 由(2)、(4)和(5)可以看出,当 $F(t)$ 定义得能使 ϕ 中不包含不依赖于 r 或 ϑ 的项时,ϕ 就必将也是一级的.

借助于泰勒定理,我们由方程(4)和(5)就得到

$$\frac{\partial \zeta}{\partial t} + \left[\left(1 + \zeta \frac{\partial}{\partial r} + \frac{\zeta^2}{2} \frac{\partial^2}{\partial r^2} \cdots \right) \left(\frac{\partial \phi}{\partial r} - \frac{1}{r^2} \frac{\partial \phi}{\partial \vartheta} \frac{\partial \zeta}{\partial \vartheta} \right) \right]_{r=a} = 0, \tag{6}$$

和

$$\rho \left\{ \left(1 + \zeta \frac{\partial}{\partial r} + \frac{\zeta^2}{2} \frac{\partial^2}{\partial r^2} \cdots \right) \left[\frac{\partial \phi}{\partial t} - \frac{1}{2} \left(\frac{\partial \phi}{\partial r} \right)^2 \right. \right.$$

$$-\frac{1}{2r^2}\left(\frac{\partial\phi}{\partial\vartheta}\right)^2\bigg]\bigg\}_{r=a} - T\left[(a+\zeta)^2 + 2\left(\frac{\partial\zeta}{\partial\vartheta}\right)^2 - (a+\zeta)\frac{\partial^2\zeta}{\partial\vartheta^2}\right]$$

$$\times\left[(a+\zeta)^2 + \left(\frac{\partial\zeta}{\partial\vartheta}\right)^2\right]^{-3/2} + F(t) = 0. \tag{7}$$

由(2)、(6)和(7)，可以将 ζ 计算到相差一个恒量的程度，而该恒量可由下列条件确定：

$$\int_0^{2\pi}\int_0^{a+\zeta} r\,dr\,d\vartheta = \int_0^{2\pi}\frac{1}{2}(a+\zeta)^2 d\vartheta = \pi a^2. \tag{8}$$

一 级 近 似

（忽略比一级项更高的各项而对问题求解.）

我们由(6)和(7)得到

$$\frac{\partial\zeta}{\partial t} + \left[\frac{\partial\phi}{\partial r}\right]_{r=a} = 0, \tag{9}$$

和

$$\rho\left[\frac{\partial\phi}{\partial t}\right]_{r=a} - T\left(\frac{1}{a} - \frac{\zeta}{a^2} - \frac{1}{a^2}\frac{\partial^2\zeta}{\partial\vartheta^2}\right) + F(t) = 0. \tag{10}$$

由(9)和(10)中消去 ζ，我们就得到

$$\left[\rho\frac{\partial^2\phi}{\partial t^2} - \frac{T}{a^2}\left(\frac{\partial\phi}{\partial r} + \frac{\partial^3\phi}{\partial r\partial\vartheta^2}\right)\right]_{r=a} + F'(t) = 0. \tag{11}$$

令 $F'(t) = 0$，(11)就被下式所满足：

$$\phi = Ar^n\cos n\vartheta\sin qt \quad\text{此时}\quad q^2 = \frac{T}{\rho a^3}(n^3 - n). \tag{12}$$

将此式代入(9)中，我们得到

$$\frac{\partial\zeta}{\partial t} = -na^{n-1}A\cos n\vartheta\sin qt,$$

$$\zeta = \frac{n}{q}a^{n-1}A\cos n\vartheta\cos qt + f(\vartheta). \tag{13}$$

利用(12)和(13)，我们就由(10)得到

$$f(\vartheta) + f''(\vartheta) = \text{const.},$$

此式将被下式所满足：

$$f(\vartheta) = C.$$

在此情况下，我们由(8)得到

$$C = 0.$$

在一级近似下，我们得到普遍形式的振动如下：

40

$$r = a + \Sigma b_n \cos(n\vartheta + \tau_n)\cos(q_n t + \epsilon_n),$$

式中

$$q_n^2 = \frac{T}{\rho a^3}(n^3 - n).$$

至于更高级的近似，却不能以相应的方式求得普遍振动的形式，振动的单独类型只有在一级近似下才是相互独立的.

现在我们将确定纯周期类型振动的其次一级的近似，该振动的一级近似是由下式定义的：

$$\phi = Ar^n \cos n\vartheta \sin qt, \quad \zeta = \frac{n}{q}a^{n-1}A\cos n\vartheta \cos qt,$$

$$q^2 = \frac{T}{\rho a^3}(n^3 - n). \tag{14}$$

二 级 近 似

我们由(6)和(7)得到

$$\frac{\partial \zeta}{\partial t} + \left[\frac{\partial \phi}{\partial r} + \zeta \frac{\partial^2 \phi}{\partial r^2} - \frac{1}{r^2}\frac{\partial \phi}{\partial \vartheta}\frac{\partial \zeta}{\partial \vartheta}\right]_{r=a} = 0. \tag{15}$$

和

$$\rho\left[\frac{\partial \phi}{\partial t} + \zeta \frac{\partial^2 \phi}{\partial r \partial t} - \frac{1}{2}\left(\frac{\partial \phi}{\partial r}\right)^2 - \frac{1}{2r^2}\left(\frac{\partial \phi}{\partial \vartheta}\right)^2\right]_{r=a}$$

$$- T\left[\frac{1}{a} - \frac{\zeta}{a^2} - \frac{1}{a^2}\frac{\partial^2 \zeta}{\partial \vartheta^2} + \frac{\zeta^2}{a^3}\right.$$

$$\left. + \frac{1}{2a^3}\left(\frac{\partial \zeta}{\partial \vartheta}\right)^2 + \frac{2\zeta}{a^3}\frac{\partial^2 \zeta}{\partial \vartheta^2}\right] + F(t) = 0. \tag{16}$$

将由(14)定义的 ϕ、ζ、q 的值代入各个二次项中，我们就得到

$$\frac{\partial \zeta}{\partial t} + \left[\frac{\partial \phi}{\partial r}\right]_{r=a} = -\frac{n^2(2n-1)}{4q}a^{2n-3}A^2\cos 2n\vartheta \sin 2qt$$

$$+ \frac{n^2}{4q}a^{2n-3}A^2\sin 2qt, \tag{17}$$

和

$$\rho\left[\frac{\partial\phi}{\partial t}\right]_{r=a} - T\left(\frac{1}{a} - \frac{\zeta}{a^2} - \frac{1}{a^2}\,\frac{\partial^2\zeta}{\partial\vartheta^2}\right) + F(t)$$

$$= -\rho\,\frac{n(2n+1)(n^2+2n-2)}{8(n^2-1)}a^{2n-2}A^2(\cos 2n\vartheta\cos 2qt + \cos 2n\vartheta)$$

$$-\rho\,\frac{n(4n^3+3n^2-4n-2)}{8(n^2-1)}a^{2n-2}A^2\cos 2qt - \rho\,\frac{n(3n^2-2)}{8(n^2-1)}a^{2n-2}A^2.$$

$$\tag{18}$$

由(17)和(18)中消去 ζ，我们就得到

$$\left[\rho\,\frac{\partial^2\phi}{\partial t^2} - \frac{T}{a^2}\left(\frac{\partial\phi}{\partial r} + \frac{\partial^3\phi}{\partial r\partial\vartheta^2}\right)\right]_{r=a} + F'(t)$$

$$= -\rho\,\frac{3qn(n-1)(2n+1)}{4(n+1)}a^{2n-2}A^2\cos 2n\vartheta\sin 2qt$$

$$+ \frac{\rho}{4}qn(4n+3)a^{2n-2}A^2\sin 2qt.$$

$$\tag{19}$$

令　　　　　　　　$F'(t) = \dfrac{\rho}{4}qn(4n+3)a^{2n-2}A^2\sin 2qt,$

(19)就将被下式所满足

$$\phi = Ar^n\cos n\vartheta\sin qt - \frac{3n(n-1)^2(2n+1)}{8(2n^2+1)qa^2}A^2r^{2n}\cos 2n\vartheta\sin 2qt, \tag{20}$$

此时仍像在一级近似下一样，有

$$q^2 = \frac{T}{\rho a^3}(n^3-n). \tag{21}$$

将这一结果代入(17)中，我们就得到

$$\frac{\partial\zeta}{\partial t} = -na^{n-1}A\cos n\vartheta\sin qt + A^2\,\frac{n^2}{4q}\,\frac{2n^3-7n^2-2n+4}{2n^2+1}a^{2n-3}\cos 2n\vartheta\sin 2qt$$

$$+ A^2\,\frac{n^2}{4q}a^{2n-3}\sin 2qt; \tag{22}$$

由(22)，我们得到

$$\zeta = \frac{n}{q}Aa^{n-1}\cos n\vartheta\cos qt - A^2\,\frac{n^2}{8q^2}\,\frac{2n^3-7n^2-2n+4}{2n^2+1}a^{2n-3}\cos 2n\vartheta\cos 2qt$$

$$- A^2\,\frac{n^2}{8q^2}a^{2n-3}\cos 2qt + f(\vartheta). \tag{23}$$

将求得的 ϕ、q、ζ 和 $F'(t)$ 的值代入(18)中，我们就得到

$$f(\vartheta) + f''(\vartheta) = -A^2\,\frac{n^2}{8q^2}(2n+1)(n^2+2n-2)a^{2n-3}\cos 2n\vartheta + \text{const.},$$

此式可被下列函数所满足：

$$f(\vartheta) = A^2\,\frac{n^2}{8q^2}\,\frac{n^2+2n-2}{2n-1}a^{2n-3}\cos 2n\vartheta + C. \tag{24}$$

由(8)，我们在这一情况下得到

$$C = -A^2\,\frac{n^2}{8q^2}a^{2n-3}. \tag{25}$$

由(23)、(24)和(25)我们得到

$$\zeta = \frac{n}{q}Aa^{n-1}\cos n\vartheta\cos qt - A^2\,\frac{n^2}{8q^2}\,\frac{2n^3-7n^2-2n+4}{2n^2+1}a^{2n-3}\cos 2n\vartheta\cos 2qt$$

$$+ A^2\,\frac{n^2}{8q^2}\,\frac{n^2+2n-2}{2n-1}a^{2n-3}\cos 2n\vartheta - A^2\,\frac{n^2}{8q^2}a^{2n-3}\cos 2qt - A^2\,\frac{n^2}{8q^2}a^{2n-3}. \tag{26}$$

三 级 近 似

我们由(6)和(7)得到

$$\frac{\partial\zeta}{\partial t} + \left[\frac{\partial\phi}{\partial r} - \frac{1}{r^2}\,\frac{\partial\phi}{\partial\vartheta}\,\frac{\partial\zeta}{\partial\vartheta} + \zeta\frac{\partial^2\phi}{\partial r^2} + \frac{\zeta^2}{2}\,\frac{\partial^3\phi}{\partial r^3}\right.$$

$$\left.+ \frac{2\zeta}{r^3}\,\frac{\partial\phi}{\partial\vartheta}\,\frac{\partial\zeta}{\partial\vartheta} - \frac{\zeta}{r^2}\,\frac{\partial^2\phi}{\partial r\partial\vartheta}\,\frac{\partial\zeta}{\partial\vartheta}\right]_{r=a} = 0, \tag{27}$$

和

42

$$\rho\left[\frac{\partial\phi}{\partial t} + \zeta\frac{\partial^2\phi}{\partial r\partial t} + \frac{\zeta^2}{2}\,\frac{\partial^3\phi}{\partial r^2\partial t} - \frac{1}{2}\left(\frac{\partial\phi}{\partial r}\right)^2 - \frac{1}{2r^2}\left(\frac{\partial\phi}{\partial\vartheta}\right)^2\right.$$

$$\left.- \zeta\frac{\partial^2\phi}{\partial r^2}\,\frac{\partial\phi}{\partial r} - \frac{\zeta}{r^2}\,\frac{\partial^2\phi}{\partial r\partial\vartheta}\,\frac{\partial\phi}{\partial\vartheta} + \frac{\zeta}{r^3}\left(\frac{\partial\phi}{\partial\vartheta}\right)^2\right]_{r=a}$$

$$- T\left[\frac{1}{a} - \frac{\zeta}{a^2} - \frac{1}{a^2}\,\frac{\partial^2\zeta}{\partial\vartheta^2} + \frac{\zeta^2}{a^3} + \frac{1}{2a^3}\left(\frac{\partial\zeta}{\partial\vartheta}\right)^2 + \frac{2\zeta}{a^3}\,\frac{\partial^2\zeta}{\partial\vartheta^2}\right.$$

$$\left.- \frac{\zeta^3}{a^4} - \frac{3\zeta}{2a^4}\left(\frac{\partial\zeta}{\partial\vartheta}\right)^2 - \frac{3\zeta^2}{a^4}\,\frac{\partial^2\zeta}{\partial\vartheta^2} + \frac{3}{2a^4}\,\frac{\partial^2\zeta}{\partial\vartheta^2}\left(\frac{\partial\zeta}{\partial\vartheta}\right)^2\right]$$

$$+ F(t) = 0. \tag{28}$$

　　将由(20)、(21)和(26)定义的 ϕ、ζ、q 的值代入,我们就得到(为了不使计算成为不必要的繁复,我们将只计算和 q 的测定有关的各项)

$$\frac{\partial \zeta}{\partial t} + \left[\frac{\partial \phi}{\partial r}\right]_{r=a}$$

$$= \frac{n^3(n^2-1)(28n^3-42n^2+35n-6)}{32q^2(2n^2+1)(2n-1)} A^3 a^{3n-5} \cos n\vartheta \sin qt$$

$$+ P_1 \cos 2n\vartheta \sin 2qt + P_2 \sin 2qt + P_3 \cos 3n\vartheta \sin 3qt$$

$$+ P_4 \cos 3n\vartheta \sin qt + P_5 \cos n\vartheta \sin 3qt. \tag{29}$$

和

$$\rho\left[\frac{\partial \phi}{\partial t}\right]_{r=a} - T\left(\frac{1}{a} - \frac{\zeta}{a^2} - \frac{1}{a^2}\frac{\partial^2 \zeta}{\partial \vartheta^2}\right) + F(t)$$

$$= -\rho \frac{n^2(n^2-1)(40n^3-24n^2+65n-30)}{32q(2n^2+1)(2n-1)}$$

$$\times A^3 a^{3n-4} \cos n\vartheta \cos qt + Q_1 \cos 2n\vartheta \cos 2qt$$

$$+ Q_2 \cos 2n\vartheta + Q_3 \cos 2qt + Q_4 + Q_5 \cos 3n\vartheta \cos 3qt$$

$$+ Q_6 \cos 3n\vartheta \cos qt + Q_7 \cos n\vartheta \cos 3qt. \tag{30}$$

　　由(29)和(30)中消去 ζ,我们就得到

$$\left[\rho \frac{\partial^2 \phi}{\partial t^2} - \frac{T}{a^2}\left(\frac{\partial \phi}{\partial r} + \frac{\partial^3 \phi}{\partial r \partial \vartheta^2}\right)\right]_{r=a} + F'(t)$$

$$= \rho \frac{n^2(n^2-1)(34n^3-33n^2+50n-18)}{16(2n^2+1)(2n-1)} A^3 a^{3n-4} \cos n\vartheta \sin qt$$

$$+ S_1 \cos 2n\vartheta \sin 2qt + S_2 \sin 2qt + S_3 \cos 3n\vartheta \sin 3qt$$

$$+ S_4 \cos 3n\vartheta \sin qt + S_5 \cos n\vartheta \sin 3qt. \tag{31}$$

令 $F'(t) = S_2 \sin 2qt$,(31)将被下式所满足

$$Q = Ar^n \cos n\vartheta \sin qt + A_1 r^{2n} \cos 2n\vartheta \sin 2qt$$

$$+ A_2 r^{3n} \cos 3n\vartheta \sin 3qt + A_3 r^{3n} \cos 3n\vartheta \sin qt$$

$$+ A_4 r^n \cos n\vartheta \sin 3qt, \tag{32}$$

此时

$$q^2 = \frac{T}{a^3 \rho}(n^3-n)\left[1 - A^2 a^{2n-4} \frac{n^2(n^2-1)(34n^3-33n^2+50n-18)}{16q^2(2n^2+1)(2n-1)}\right]$$

$$\tag{33}$$

43　　　　按照和二级近似情况下相同的方式进行计算,我们就得到

$$\zeta = A\,\frac{n}{q}a^{n-1}\left[1 - A^2\,\frac{n^2}{q^2}a^{2n-4}\,\frac{(n^2-1)(28n^3-42n^2+35n-6)}{32(2n^2+1)(2n-1)}\right]$$

$$\times \cos n\vartheta \cos qt + B_1 \cos 2n\vartheta \cos 2qt + B_2 \cos 2n\vartheta$$

$$+ B_3 \cos 2qt + B_4 + B_5 \cos 3n\vartheta \cos 3qt$$

$$+ B_6 \cos 3n\vartheta \cos qt + B_7 \cos n\vartheta \cos 3qt,\qquad(34)$$

式中各系数 B_1、B_2、B_3、B_4 和二级近似下的系数相同,而各系数 B_5、B_6、B_7 则和 A^3 数量级相同.

至于计算结果,我们指出[在方程(34)中令 $\cos n\vartheta \cos qt$ 的系数等于 b],作者二维纯周期振动的流体柱的表面可以表示为

$$r = a + b\cos n\vartheta \cos qt + \frac{b^2}{a}\left[-\frac{2n^3-7n^2-2n+4}{8(2n^2+1)}\cos 2n\vartheta \cos 2qt\right.$$

$$+ \frac{n^2+2n-2}{8(2n-1)}\cos 2n\vartheta - \frac{1}{8}\cos 2qt - \frac{1}{8}\bigg]$$

$$+ \frac{b^3}{a^2}(\cdots) + \cdots,\qquad(35)$$

式中

$$q^2 = \frac{T}{\rho a^3}(n^3-n)\left[1 - \frac{b^2}{a^2}\,\frac{(n^2-1)(34n^3-33n^2+50n-18)}{16(2n^2+1)(2n-1)}\right.$$

$$+ \frac{b^4}{a^4}(\cdots) + \cdots\bigg].$$

在实验中,所造成的液注将在三维空间中进行振动(定态波)——液注不同点处的截面将不相同. 但是,如果液注速度 c 大得使波长 λ 比液注直径大很多,则单个截面上的运动将和二维运动相差很小,从而方程(35)在这一情况下也能给出有关液注表面的形式的信息.

三维空间中的完全解可以表示成

$$r = a + b\cos n\vartheta \cos kz$$

$$+ N_1\,\frac{b^2}{a}\left[1 + \alpha_{1,1}\left(\frac{a}{\lambda}\right)^2 + \alpha_{1,2}\left(\frac{a}{\lambda}\right)^4 + \cdots\right]\cos 2n\vartheta \cos 2kz$$

$$+ N_2\,\frac{b^2}{a}\left[1 + \alpha_{2,1}\left(\frac{a}{\lambda}\right)^2 + \cdots\right]\cos 2n\vartheta + \cdots$$

和

$$k^2 = \frac{1}{c^2}\,\frac{T}{\rho a^3}(n^3-n)\left[1 + \beta_1\left(\frac{a}{\lambda}\right)^2 + \beta_2\left(\frac{a}{\lambda}\right)^4 + \cdots\right]$$

$$\times \left\{ 1 + M_1 \frac{b^2}{a^2} \left[1 + \gamma_1 \left(\frac{a}{\lambda} \right)^2 + \cdots \right] + M_2 \frac{b^4}{a^4} (1 + \cdots) + \cdots \right\},$$

式中各恒量 N_1、N_2、$\cdots$ 及 M_1、M_2、$\cdots$ 将和方程(35)中的对应恒量相等,在该方程中应令 $t = \dfrac{z}{c}$ 和 $q = 2\pi \dfrac{\lambda}{c} = kc$.

44　　略去包含 b/a 的高次式的改正项,利用瑞利勋爵关于三维无限小振动的波长的公式[见原第 36 页的(36)],而且为了简单令 $n = 2$(这是和所作的实验相对应的),我们就得到

$$r = a + b \cos 2\vartheta \cos kz + \frac{b^2}{6a} \cos 4\vartheta \cos 2kz$$

$$+ \frac{b^2}{4a} \cos 4\vartheta - \frac{b^2}{8a} \cos 2kz - \frac{b^2}{8a} \cdots. \tag{36}$$

和

$$k^2 = \frac{T i a k \, J_2'(i a k)}{\rho c^2 a^3 J_2(i a k)} (3 + a^2 k^2) \left(1 - \frac{b^2}{a^2} \frac{37}{24} \right). \tag{37}$$

方程(37)给出所求的波长改正项.

方程(36)可以有某些进一步的应用.

令 $z = 0$,我们就得到

$$r = a - \frac{b^2}{4a} + b \cos 2\vartheta + \frac{5}{12} \frac{b^2}{a} \cos 4\vartheta \cdots. \tag{38}$$

(38)就是当液注必须作纯周期振动时关于喷口形式的方程(假设在喷口处的液注截面上速度的量值和方向各点相同). 我们由此式可以看出,P·O·彼得森的见解是不对的[*];他认为可以指望从一个形如 $(r = \alpha + \beta \cos 2\vartheta)$ 的喷口喷出的液注将比从一个椭圆喷口 $\left(r = \alpha + \beta \cos 2\vartheta + \dfrac{3}{4} \dfrac{\beta^2}{\alpha} \cos 4\vartheta \cdots \right)$ 喷出的液注作更纯一些的振动.

令 $\vartheta = 0$,我们就得到

$$r = a + \frac{b^2}{8a} + b \cos kz + \frac{1}{24} \frac{\dot{b}^2}{a} \cos 2kz \cdots \tag{39}$$

(39)就是由两个对称平面之一和液注表面相交而形成的波剖面的方程. r

---

[*] P. O. Pedersen,上引论文,p. 365.

的极大值和极小值可以通过在(39)中分别令 $z = 2n\dfrac{\pi}{k}$ 和 $z = (2n+1)\dfrac{\pi}{k}$ 而得出. 这样我们就得到

$$\frac{1}{2}(r_{max} + r_{min}) = a\left(1 + \frac{1}{6}\frac{b^2}{a^2}\right)\text{ 和 }\frac{1}{2}(r_{max} - r_{min}) = b. \tag{40}$$

这些公式在液注的测量中即将用到.

周围空气的影响的计算

我们一直忽略了空气的密度[†]. 但是,通过有关两种密度不同的流体的圆柱分界面的无限小二维振动的下列计算,很简单地得到了由空气的惯性所引起的很小的波长改正项.

认为流体是没有黏滞性的,我们就可以假设速度势 ϕ 是存在的. 令

$$\phi = f(r)e^{in\vartheta + iqt},$$

我们就得到

$$\frac{\partial^2 f}{\partial r^2} + \frac{1}{r}\frac{\partial f}{\partial r} - \frac{n^2}{r^2}f = 0,$$

由此就得到

$$f(r) = Ar^n + Br^{-n}.$$

既然不论在柱面之内或在柱面之外速度都不能为无限大,柱面内的势必为

$$\phi_1 = Ar^n e^{in\vartheta + iqt},$$

而柱面外的势必为

$$\phi_2 = Br^{-n} e^{in\vartheta + iqt}.$$

设表面由下式来表示:

$$r - a = \zeta = Ce^{in\vartheta + iqt}.$$

对于 $r = a$,下列条件必须得到满足:

$$\frac{\partial \zeta}{\partial t} = -\frac{\partial \phi_1}{\partial r} = -\frac{\partial \phi_2}{\partial r} \tag{1}$$

和

$$p_1 - p_2 = T\frac{1}{R} \tag{2}$$

我们由(1)得到

45

---

† 瑞利勋爵('Phil. Mag. ,' XXXIV. , p. 177,1892)曾经在对液柱轴线而言的对称性在振动中得到保持的情况下研究了相应的问题.

$$B = -Aa^{2n} \quad \text{和} \quad C = iA\,\frac{n}{q}\,a^{n-1},$$

我们由（2）得到

$$\rho_1\,\frac{\partial \phi_1}{\partial t} - \rho_2\,\frac{\partial \phi_2}{\partial t} + F(t) = T\left(\frac{1}{a} - \frac{\zeta}{a^2} - \frac{1}{a^2}\,\frac{\partial^2 \zeta}{\partial \vartheta^2}\right) \tag{3}$$

将求得的 ϕ_1、ϕ_2 和 ζ 的值代入（3）中，我们就得到

$$q^2 = \frac{T}{\rho_1 + \rho_2}\,\frac{n^3 - n}{a^3}.$$

以上我们已经考虑了液体的黏滞性、波幅的大小和空气的惯性对所考虑的现象的影响[*]. 将所得的结果归并起来，并适应着实验中所出现的情况令 $n = 2$，我们就得到确定表面张力的公式如下：

$$T = \frac{(\rho_1 + \rho_2)k^2 a^3 c\,\mathrm{J}_2(iak)^{[**]}}{(3 + a^2 k^2)iak\,\mathrm{J}_2'(iak)} \times \left[1 + 2\left(\frac{2\mu}{\rho c a^2 k}\right)^{3/2} + 3\left(\frac{2\mu}{\rho c a^2 k}\right)^2\right]\left(1 + \frac{37}{24}\,\frac{b^2}{a^2}\right).$$

46　　　在论述本研究的实验部分以前，我们还要考虑在以后的讨论中可能是有兴趣的一个问题.

在实验中形成的液注中，必须假设速度在液注的内部比在液注的表面上要大.

但是，我们可以按照下列方式得到有关速度差如何被液体的黏滞性所消除的一个概念. 为此目的，我们将考虑一个液体圆柱，柱中的每一部分都是以平行于柱轴的速度运动的，而且柱中各部分的速度都只是离开柱轴的距离以及时间的函数.

取柱轴作为 Z 轴并利用以上的符号，我们就有

$$\alpha = 0, \beta = 0, \quad \text{以及} \quad w = f(r, t).$$

由前两个方程就可以得到 $\dfrac{\partial p}{\partial r} = 0$，而且，由于在 $r = a$ 处有 $p = \text{const.}$，我们就得到 $p = \text{const.}$.

假设 $w = \phi(r)e^{-\epsilon t}$，则运动方程

$$\mu\,\nabla w - \rho\,\frac{\mathrm{D}w}{\mathrm{D}t} = \frac{\partial p}{\partial z}$$

---

[*]　各改正项应该被认为是可加性的，因为可以证明，波长在黏滞情况下也是 b/a 的偶函数.

[**]　校订者按：疑原书有误，此处分子中的 c 当为 c^2.

给出
$$\frac{\partial^2 \phi}{\partial r^2} + \frac{1}{r} \frac{\partial \phi}{\partial r} + \frac{\rho \epsilon}{\mu} \phi = 0,$$

这一方程的满足在 $r = 0$ 处所应满足的条件的解是
$$\phi = c \mathrm{J}_0(kr),$$

式中
$$k^2 = \frac{\rho \epsilon}{\mu}.$$

动态表面条件给出 $\left(\dfrac{\partial w}{\partial r}\right)_{r=a} = 0$；由此可见，$k$ 必须是下列方程的一个根：

$$\mathrm{J}_0'(ka) = 0, \quad (k_0 = 0, \ k_1 a = \pi \times 1.219\,7,$$
$$k_2 a = \pi \times 2.233\,0, \ k_3 a = \pi \times 3.238\,3, \cdots).$$

由此可见，w 的普遍表示式是

$$w = \Sigma c_n \mathrm{J}_0(k_n r) e^{-\frac{\mu}{\rho} k_n^2 t}.$$

我们看到，w 的表示式中包含着 $\mathrm{J}_0(k_1 r)$ 的那一项要比指数更高的各项减小得缓慢得多.

对于所考虑的液注，上面提到的这一项在喷口处就将更进一步占优势了，因为必须假设 $(\partial w / \partial r)$ 在 0 和 a 之间具有相同的正负号.

因此，一个液注段的速度必须在较高级的近似下表示为

$$w = c_0 + c_1 \mathrm{J}_0(k_1 r) e^{-\epsilon}, \text{式中} \quad \epsilon = \frac{\mu}{\rho} \left(\frac{\pi \times 1.219\,7}{a} \right)^2,$$

而 t 是该段液注从喷口运动过来所需的时间.

液注的产生

47

实验中最重要的问题就是造成一个液注，使它在满足理论发展中所作假设的同时进行一种单纯类型的振动.

但是，不能指望离喷口很近的一段液注会满足这种要求.除了由于表面迅速扩大而引起的表面张力值的可能改变以外，要在这种地方得到纯粹的简谐振动也将是很困难的，因为这不但要求液注截面在喷口处具有指定的形状，而且要求在这截面的每一点上具有指定的速度.尽管通过喷口的适当选择（见原第 44 页的 (38) 式）来满足第一个条件也许是可能的，要满足最后一个条件却无疑是很困难的；除了其他的理由以外，液注中部的流体速度将因为各种原因而比靠近表面处的速度要大.因此，很重要的就是要造成一个如此稳定的液注，以致可以在离喷口相当远的地方对它进行检查，在那儿，液体的黏滞性已经有足够的时间起作

用了.

　　但是,从薄板上一个洞口中喷出的液注是不很稳定的,从而液注会相当快地变成液滴.但是,如果用拉制过的玻璃管来作为喷口,则当管子的形状合适时就可以形成很长的和很稳定的液注.

　　在实验中,无例外地应用了一些液注,它们的性质都在周界上重现两次.

　　通过在拉制之前在管子的对面两侧特别加热,所用的玻璃管喷口被赋予了椭圆截面.玻璃管的扭转变形将引起液注绕注轴的转动,以致振动平面将在离喷口的不同距离处不能保持相同的方向;为了避免这样的结果,在加热和拉制过程中必须将管子的两端用可以沿着金属棱柱滑动的夹子夹紧.

　　当玻璃管被拉制和被切断时,要用一个显微镜对它们进行检查,而只有它们的喷口具有均匀椭圆截面的那些管子才能应用.在此以后,用这些管子造成的液注也受到了检查.以后即将提到(原第 55 页)的这种检查的目的是要确定液注是否对于通过其轴线的两个相互垂直的平面为对称.

　　上面已经提到,由于黏滞性的效应,离开喷口越远,液注段所作的振动就将越合乎要求.在这里,举一个例子来说明此事可能是有兴趣的.

　　作为例子,可以考虑用管 I(见原第 58 页上的表)所作的实验.

48　　此时液注的平均半径为 $a = 0.0675$ cm,其速度为 $c = 425$ cm/sec;这一液注是那么稳定,以致波长可以在很大的精确度下一直测量到离喷口约为 35 cm 的地方.现在我们将在离喷口 30 cm 处检查这样一个液注.

　　黏滞性的第一个效应就是使液注截面的不同点处的速度差很快地消失.

　　原第 46 页上的计算表明,上述的速度差将近似地像 $e^{-\epsilon t}$ 一样地递减,此处 $\epsilon = \dfrac{\mu}{\rho}(\pi \times 1.2197/a)^2$.现在,令 $a = 0.0675$ 和 $\mu/\rho = 0.0125$(温度为 11.8 ℃),我们就得到 $\epsilon = 40.3$.再进一步,令 $t = \dfrac{30}{425}$,我们就得到 $e^{-\epsilon t} = e^{-2.844} = 0.0582$.我们由此看到,在所考虑的地方,速度差要比在喷口处小 17 倍左右.

　　黏滞性还有另一种效应,就是使液注表面上的波也趋于具有单纯的类型.我们在前面已经发现,认为振动是无限小的,液注表面的普遍形式就可以表示成

$$r = a + \Sigma b_n \cos(n\vartheta + \tau_n)\cos(k_n z + \gamma_n)e^{-\epsilon_n z},$$

式中我们近似地有

$$\epsilon_n = \frac{\mu}{\rho}\frac{2n(n-1)}{ca^2}.$$

　　现在,令 $a = 0.0675$, $\mu/\rho = 0.0125$, $c = 425$, $z = 30$,我们就得到 $e^{-\epsilon_n z} =$

0.461, $e^{-\epsilon_3 z} = 0.098$, $e^{-\epsilon_4 z} = 0.0096$, $e^{-\epsilon_5 z} = 0.00043$, $e^{-\epsilon_6 z} = 0.000009$ 等等.

现在,如果液注表面的形式和喷口相近,即

$$r = a + b_2 \cos 2\vartheta \cos k_2 z + b_3 \cos 3\vartheta \cos k_3 z + b_4 \cos 4\vartheta \cos k_4 z + \cdots,$$

则在离开喷口 30 cm 的距离处,液注的形式将近似地是

$$r = a + \frac{1}{2}\Big(b_2 \cos 2\vartheta \cos k_2 z + \frac{1}{5} b_3 \cos 3\vartheta \cos k_3 z$$
$$+ \frac{1}{50} b_4 \cos 4\vartheta \cos k_4 z + \frac{1}{1\,000} b_5 \cos 5\vartheta \cos k_5 z + \cdots \Big).$$

对于所用的液注来说,含 $\cos 2\vartheta \cos k_2 z$ 的那一项在喷口处已经是很占优势了,特别是由于 b_3、$b_5 \cdots$ 等量都比 b_2 小得多,因为在上面提到的检查中已经发现液注对于通过其轴线的两个垂直平面是很接近于对称的.

于是我们看到,在上述的实验中,液注在离喷口 30 cm 的距离处必然已经进行非常纯粹的振动了.

在这些实验中,所用的就是普通的自来水.

为了研究的目的,重要的是得到一个液注,它可以无变化地(相同的速度和温度)按照需要而长久存在. 为了使水具有适当的恒定温度,水是用一个放在水浴中的很长的螺旋形铅管从开关引出的,这个水浴用接在煤气灯上的调温器加热. 用这种办法,水的温度可以在 0.01℃ 的精确度下保持恒定,要保持多久就保持多久.

使压强保持恒定的装置如图 1 所示. 从加热装置流来的水被引入玻璃瓶 A 中,瓶中的水平面借助于一个溢流器 B 来保持恒定. 水从 A 被引入由两个 5 公升的玻璃瓶 C 和 D 组成的压强调节器中. 在 C 中,放了一个溢流器 E. C 和 D 由一个粗粗的弯玻璃管 F 联接起来. H 和 K 是两个出水管,可以通过它们将瓶中的水放空. 水从 D 通过长玻璃管 L 被引到下面的喷注管 M 中. 整个装置都放在一个地下室中,而压强调节器和喷注管则都用石质底座支撑着. 在每一次实验开始时,所有的容器和管子都经过仔细的洗刷,然后调节各个溢流器,使得两个溢流器中都出现一个恒定的不太快的水流.

利用上述这种装置,瓶 D 中的水面是相当稳定的并且是和供水管中压强

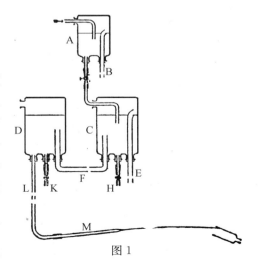

图 1

的变化相当无关的.

水的温度在所有的实验中都很接近于 12℃.

为了计算一种液体的表面张力,必须知道下列的量:(1) 密度 ρ,(2) 每秒的流量 V,(3) 液注速度 c,(4) 液注的平均半径 a(这四个量由关系式 $V = \rho c \pi a^2$ 联系着),(5) 波长,而最后,为了进行改正,还要知道波幅.

经发现,所用自来水的密度 ρ 在 12℃ 下和 1 如此相近(ρ 约等于 1. 000 1),以致令 $\rho = 1$ 而引起的误差远在实验所要求的精确度之下.

流量的测量并不带来任何困难,而且可以测量到总值的 0.02% 的精确度.

液注速度的测定[*]

当液注是通过玻璃管来形成时,由于管内有摩擦,速度是不能根据压头高度而精确地算出的. 因此,在现在这一研究中,用了一种直接方法来测量液注速度,其主要特点如下:液注在一个固定点上按照恒定的时间间隔被一个锋利的薄刀片所切过,而同时就对它进行瞬时拍照. 设借助于照片量出的两次切断之间的注长为 a,而时间间隔为 t,我们就得到 $c = a/t$,而 c 就是液注的速度.

图 2 表示了从上方和从侧面看到的测量装置.

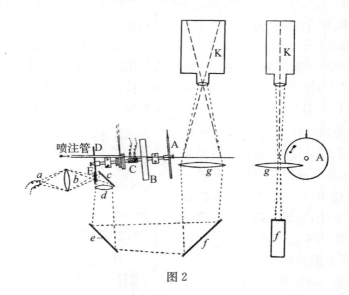

图 2

旋转仪器 ABCD 执行液注的切割和光源的启闭. A 是一个金属圆盘,盘沿上沿半径方向装了一些刀片. 刀片是用针磨成的,宽约 0. 4 mm,厚约 0. 03 mm.

---

[*] 关于以前的研究所用的那些方法,可以在 P·O·彼得森的论文(前引论文 p. 352)中找到述评.

50

51

旋转仪器的轴线和液注并不平行,而是成一个很小的角度,以保证切过液注的刀片和水的质点具有相同的平行于注轴的速度.

D是一个金属圆盘,在接近盘沿处有一个沿半径方向的狭缝,圆盘每转一周,狭缝就和屏幕 E 上的相应狭缝重合一次.仪器用一个电动机带动,电动机的转速可以通过一个可调电阻来调节,而且,为了使速度保持稳定,旋转仪器的轴上还装了一个小飞轮 B.此外,为了计数转数,仪器的轴上还带有一个接触器 C,仪器每转一周,接触器就接通电路一次,并通过一个电磁铁在一个转动记录器上作一个记号.记录器还用另一个电磁铁每秒作一个记号.

abcdefg 提供液注的照明.借助于强大透镜组 *b*,能斯特灯 *a* 的水平直线灯丝被成像于屏幕 E 的狭缝上.然后,反射镜 *c*、*e*、*f* 和透镜 *d*、*g* 就在液注上造成狭缝的一个像,而且,所有的光最后都由透镜 *g* 引向照相机 K.在图中,虚线表示了光束的边界.

每张照片都是在大约 12 秒的时间内拍摄的,这一时间大约对应于仪器的600 转,而底片的曝光有如下述.一些照片如附图所示.(液注的方向是从右向左.)我们看到离开刀片的液注两端怎样迅速地收缩成对应的液注部分,其形状有如两个液滴. 52

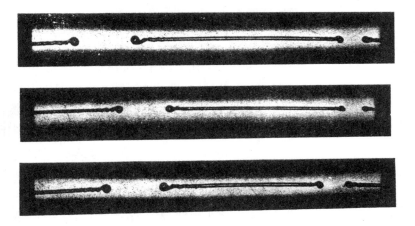

照片的测量方法是将照片和一个玻璃尺压在一起,放在显微镜下,并在标尺上读出垂直于液注并和液注段的滴状端点相接触的两条刻线的位置.然后计算每一段液注的两端测量结果的平均值,而两个相继注段的平均值的差除以底片的放大倍数就被认为等于液注在旋转仪器转动一周的时间内所经过的距离.这一点的正确性的条件,一部分是各个切割点要相互独立地运动,另一部分是当切割点从被拍照的地方移动到另一地方时注端要同样地收缩为相应的液滴.这些条件是成立的,这可以从两件事实看出:第一,位于两个切割点中间的液注部分

完全不受切割的扰乱(见照片);第二,面对面的两个注端具有对称的形式.

底片的放大倍数通过拍摄直接放在液注下方的一个玻璃尺的照片来求得.

两次切割之间的时间,作为曝光时间内每秒转数的平均值而被定出;照相底片也给出一种曝光时间的平均值,用这种办法可以得到很大的精确度.

在每一种液注速度的测定中,都为了控制旋转仪器的不同转动时间而拍摄了照片.

下面的表中列出了拍摄四张照片的实验结果:

底片放大倍数 f	两个切割点之间的距离 a	每秒转数 n	液注速度 $v = \dfrac{na}{f}$
	cm		cm/sec
0.862 4	8.37	40.19	390.0
0.862 4	6.735	49.92	389.8
0.862 4	6.845	49.15	390.1
0.862 4	6.54	51.41	389.9

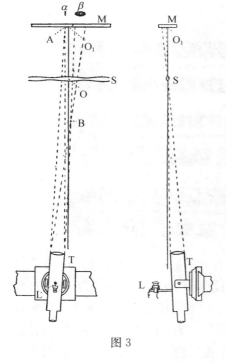

图 3

求得的值显示出很好的一致性,彼此间最大的偏差小于 0.1%.

波长的测定

在实验中,所用的液注具有很小的波幅,从而波长既不能在液注本身上也不能在液注照片上以足够大的精确度直接测出.

所用的测定波长的方法在于利用液注作为一种光学成像体系来找出液注上的各个顶点(即切面平行于液注轴线的那些点).

图 3 代表从上方和从侧面看到的一个水平液注段 S(适当摆好,使得液注的两个互相垂直的对称平面分别为水平的和铅直的)、一个望远镜 T 和一个(灯丝为铅直的)能斯特灯 L,灯 L 固定在望远镜上,位于轴线的正上方.OO_1 是一条垂直于液注而通过一个顶点的水平直线.

从上方看来,液注起着一个焦距很大的透镜的作用,它的前表面将在 A 点形成一个虚像,而它的后表面则将在 B 点形成实像,此像在两次通过前表面时由

53

于折射现象而有所改变. 从侧面看来, 由于液注的直径很小, 所有的反射光都可以认为和液注轴线相交. 现在, 如果望远镜是聚焦在距离 TA 处的, 那就可以在黑暗的视场中看到一条小的铅直亮线 α 和一个暗一些的、但却界限清楚的具有水平长轴的椭圆 β.

当望远镜平行于液注而移动时, 亮线和椭圆之间的距离也将变化; 当望远镜到了正对一个顶点的位置时, 亮线就将和椭圆的短轴相重合.

平行于液注放了一个按 $\frac{1}{10}$ mm 刻度的细玻璃尺, 尺上的刻线可以和上述的亮线一起在望远镜的视场中清楚地看到.

测量的进行方式是使望远镜一方面平行于液注而移动, 一方面绕着一个铅直轴线而转动, 直到铅直的蛛丝在亮线平分椭圆的同时和亮线相重合.

图 4 表明望远镜视场的形象. 每当得到了这样一次调节时, 就从玻璃尺上读出蛛丝的位置. 调节和读数可以达到 0.01 mm 的精确度.

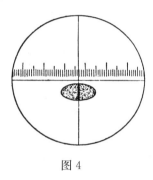

图 4

以上我们曾经假设液注轴线是水平的. 不然的话, 如果液注和水平面成一角度 (而由于液注有曲率, 在所检查的液注段的某些点上必然有这种情况), 则亮线及椭圆短轴也将和铅直蛛丝成相同的角度. 但是, 如果安装时加了小心, 使从灯丝中点到望远镜轴线的铅直线和液注位于同一水平高度处, 那么, 正如仔细的检查所证明的, 当铅直蛛丝在亮线和椭圆短轴重合的同时扫过亮线的中线时, 通过望远镜轴线的铅直平面也将垂直于包含液注并通过一个顶点的铅直平面.

由于液体的黏滞性, 波幅将沿着远离喷口的方向而递减; 这种情况的效果就是焦线和液注之间的距离 OA 并非到处相同. 当测量短液注段上的波长时, 这一事实并没多大重要性, 而当在很长的液注段上进行测量时 (见原第 58 页上的表), 它却引起一个效应, 即望远镜的聚焦在测量过程中不能保持不变, 从而在这种情况下单个顶点的读数也将不能像以上所说的那样精确.

读数的差值表示各顶点在一个水平面上的投影之间的距离. 于是, 将这些差值除以 $\cos\alpha$, α 是液注对该平面的倾角, 我们就得到各顶点间的距离. 这些距离可以直接认为等于所求的波长, 因为, 将液注轴看成直线, 波剖面就可以在很大的近似下表示成 (见原第 44 页, 可能的不规则性不予考虑)

$$r = a + be^{-\epsilon z}\cos kz + \frac{1}{24}\frac{b^2}{a}e^{-2\epsilon z}\cos 2kz + \frac{1}{8}\frac{b^2}{a}e^{-2\epsilon z}.$$

通过令 $\partial r/\partial z = 0$ 而找出这一曲线的各个顶点 z_n, 我们就近似地得到

$$z_n - n\frac{\pi}{k} = -\frac{\epsilon}{k^2} - \frac{1}{6}\frac{b}{a}e^{-\epsilon z_n}$$

右端第一项是一个恒量,而对于和所做的实验相对应的 ϵ、k 和 b/a 的值来说,第二项和实验的精确度相比是完全可以略去的.

P·O·彼得森也曾经量度过波幅很小的液注上的波长.这位作者提到[*],他没能造成振动如此规则以致可以利用他所描述的方法来测量波长的那种液注,那种方法在主要特点上是和以上所描述的方法性质相同的.因此他使用了另一种方法,其要点如下:用平行光束照射液注,经过两次折射和一次反射的光在一张照相底片上形成一种波浪式的像,而且,因为像的振幅比液注的振幅大得多,所以波长就可以在像上直接测出.利用这种方法,波长是作为较长的液注段上的平均波长而被测定的.但是,正如根据以后即将描述的实验可以看出的,为了检查波长的变化,能够以足够大的精确度测定单个的波长却是很重要的.

液注的成像也应用于原第 47 页上提到过的液注检查上.如果在通过望远镜观察像的同时使管子绕着它的轴线转动,则当从上方看到的液注剖面的曲率逐渐变化时,像的外形也会变化,因为 A 点和 B 点移动了.当剖面曲率接近于 0 时,像的外形变化得最快.每当曲率变为 0 时,A 点和 B 点就重合,于是在望远镜中就看到一个没有结构的正椭圆形的亮点.管子上装有刻度圆盘,每当在管子的转动中上述这种亮点出现在望远镜中时,就读下盘上的刻度.假若液注对于两个互相垂直的平面是对称的,这样读出的刻度就必然对称地分布在圆周上而且在离喷口不同的距离处应该是相同的.这种检查是很灵敏的,而且检查表明,并不是所有被检查过的管子都能足够准确地满足条件.但是找到了四根令人满意的管子.根据以后即将提到的波长测量结果,也可以清楚地看出用这四根管子造成的液注是做着非常纯粹的振动的.

在实验中,液注必须放得使两个对称平面分别是水平的和铅直的.通过将管子转到两个上述读数中间的位置上,就可以做到这一点.

液注的拍照

为了确定波幅的量值,拍摄了液注的放大照片.

利用近似的单色光和照射光束的特殊限制法,已使液注剖面很明晰地出现在照相底片上.

利用一个物镜测微计,在底片上的不同地点测量了液注的直径.由于界限清楚,单个的直径就可以用这种办法测出,其相对精确度约为总值的 0.03%.

---

[*]　彼得森,前引论文,p. 368.

根据最大的和最小的液注直径（$2r_{max}$ 和 $2r_{min}$），测定了振幅 $\dfrac{b}{a} = \dfrac{r_{max} - r_{min}}{r_{max} + r_{min}}$

和平均半径 $a = \dfrac{1}{2}(r_{max} + r_{min})\left[1 - \dfrac{1}{6}\left(\dfrac{b}{a}\right)^2\right]$（参阅原第 44 页 (40) 式）.（由于振幅的递减，分别采用了两个相继的 r_{max} 的平均值和二者之间的 r_{min} 来作为 r_{max} 和 r_{min}.）

用这种方法求得的平均半径的值，和根据用上述方法测得的流量值和液注速度值所能算出的值非常一致.

为了说明这一点，我们将举出（用管 Ⅰ 和管 Ⅳ 所作的）两个实验；在这两个实验中，都用两种方法确定了液注的平均半径：

$$管\qquad Ⅰ$$

r_{max} 0.069 29 cm, 0.069 18 cm　　　流量 $V = 6.274$ cm^3/sec

r_{min} 0.065 49 cm　　　　　　　　　速度 $c = 440.8$ cm/sec

$\dfrac{b}{a} = 0.027\,8$, $a = 0.067\,36$ cm　　　$a = \sqrt{\dfrac{V}{\pi c}} = 0.067\,31$ cm

$$管\qquad Ⅳ$$

r_{max} 0.082 63 cm, 0.082 55 cm　　　流量 $V = 7.862$ cm^3/sec

r_{min} 0.077 77 cm　　　　　　　　　速度 $c = 390.0$ cm/sec

$\dfrac{b}{a} = 0.030\,1$, $a = 0.080\,17$ cm　　　$a = \sqrt{\dfrac{V}{\pi c}} = 0.080\,11$ cm.

我们看到，用两种办法确定的平均半径 a 是很接近于相同的（相差不到 0.1%）.说明了这种一致性，在以后的实验中就省略了速度测定法，而 a 就是只通过照片来确定的了；这样就大大简化了实验. 57

实 验 结 果

以上我们已经描述了在不同的实验中使用的方法，而且也进一步说明了怎样用原第 49 页上所描述的装置，来使水的压头和温度在流量、速度、平均半径和波长的测定所经历的比较长的时间内保持恒定.

但是，在给出实验结果以前，我们必须提请大家注意在测定所求的波长时出现的某些特殊情况；这些情况起源于一件事实，即求得的波长在离喷口不同距离处是不同的. 为了清楚地说明这是什么意思，我们将从（分别用四个管子来作的）四个实验谈起；这些实验是在大约 100 cm 的压头下进行的，在实验中，在刚刚离开喷口处和在液注稳定性所允许的尽可能远处测定了单个的波长.

测量结果见该页的表.

58

管　　子	Ⅰ	Ⅱ	Ⅲ	Ⅳ
温　　度	11.82℃	11.73℃	11.76℃	11.80℃
液注水平部分离喷口的距离	26.3 cm	29.4 cm	28.9 cm	34.6 cm
流　　量	6.100 cm^3/sec	7.678 cm^3/sec	7.720 cm^3/sec	8.649 cm^3/sec
水平位置上的液注平均半径	0.067 55 cm	0.075 54 cm	0.075 95 cm	0.080 10 cm
水平标尺上的读数，精确度达到0.005 cm	cm	cm	cm	cm
喷　口	0.0	0.0	0.0	0.0
顶点Ⅰ	0.99	2.39	2.375	2.555
	2.03	2.545	2.525	2.76
顶点Ⅱ	3.02	4.935	4.90	5.315
	2.125	2.56	2.56	2.765
顶点Ⅲ	5.145	7.495	7.46	8.08
	2.155	2.575	2.58	2.795
顶点Ⅳ	7.30	* 10.07	* 10.04	10.875
	2.17	2.605	2.605	2.83
顶点Ⅴ	* 9.47	12.675	12.645	13.705
	2.18	2.635	2.62	2.85
顶点Ⅵ	11.65	15.31	15.265	* 16.555
	2.195	2.65	2.63	2.87
顶点Ⅶ	13.845	17.96	17.895	19.425
	2.215	2.65	2.64	2.885
顶点Ⅷ	16.06	20.61	20.535	22.31
	2.215	2.655	2.645	2.895
顶点Ⅸ	18.275	23.265	23.18	25.205
	2.22	2.66	2.65	2.90
顶点Ⅹ	20.495	25.925	25.83	28.105
	2.22	2.66	2.655	2.90
顶点Ⅺ	22.715	†28.585	†28.485	31.005
	2.225	2.655	2.655	2.90
顶点Ⅻ	24.94	31.24	31.14	†33.905
	2.225	2.66	2.655	2.90
顶点ⅩⅢ	†27.165	33.90	33.795	36.805
	2.225	2.655	2.655	2.90
顶点ⅩⅣ	29.39	36.555	36.45	39.705
	2.22	2.65	2.65	2.895
顶点ⅩⅤ	31.61	39.205	39.10	42.60
	2.225	2.65	2.65	2.895
顶点ⅩⅥ	33.835	41.855	41.75	45.495
用＊和†标明的顶点上的振幅 $\frac{b}{a}$ ＊	0.041 7	0.069 9	0.064 0	0.038 2
†	0.025 8	0.047 2	0.043 2	0.027 6

可以看到,读数的差值并不是恒量,而是递增到一个最大值,然后又慢慢减 57
小. 由原第 59 页的表中也可以看到相同的情况,表中"平均值"一栏所列的数字
是通过简单的调整而根据前一个表算出的.

但是,读数之差的改变量却是许多原因的结果;其中某些原因的影响是可以
直接算出的. 第一个原因就是液注的曲率;其效应是,一方面,求得的差值并不等
于真正的波长(参阅原第 54 页);另一方面,速度和截面在所检查的液注段的不
同地点处并不相同. 第二个原因就是波幅的递减,其影响出现在原第 44 页上的
方程(37)中. 因此,原第 59 页表中的"改正值"一栏,就包括离喷口不同距离处的
一些波长,它们属于一个水平的液注,该液注和在水平位置上加以检查的液注具
有相同的速度和截面,而且是以无限小的波幅振动着的.

我们看到,上述一栏中的数字逐渐增大到一个最大值,然后就很近似地保持
恒定. 这似乎表明,所有导致波长改变的而其影响未经改正的原因,想必起源于
现象的一些不规则性,这些不规则性出现于液注的形成中而且很快地就消失了. 59
但是我们看到,即使在离喷口相当远的地方,这些不规则性对波长的影响也并不
是完全无所谓的. 例如,在上述这些实验中,比起离喷口 30 cm 处的波长来,离喷
口 10 cm 处的波长平均要小 2%,而离喷口 20 cm 处的波长则平均要小 0.3%.
因此,假如在表面张力的计算中应用了离喷口 10 cm 或 20 cm 处的波长,所得到
的结果就将分别偏大 4%或 0.6%.

上述这四个实验也进一步显示了黏滞性对现象的影响,在液注上相距颇远
的两个地方测量了波幅的量值(见原第 58 页的表).

离喷口的距离,以厘米计	I		II		III		IV	
	平均值	改正后的值	平均值	改正后的值	平均值	改正后的值	平均值	改正后的值
5	2.14	2.148	2.55	2.553	2.54	2.545	2.76	2.782
10	2.185	2.189	2.59	2.591	2.595	2.597	2.815	2.829
15	2.210	2.211	2.640	2.638	2.625	2.624	2.850	9.859*
20	2.221	2.221	2.654	2.650	2.642	2.639	2.880	2.884
25	2.225	2.224	2.658	2.653	2.652	2.648	2.896	2.897
30	2.224	2.224	2.658	2.654	2.656	2.652	2.900	2.899
35	—	—	2.656	2.653	2.654	2.652	2.901	2.899
40	—	—	2.651	2.652	2.650	2.652	2.898	2.898

令 $\dfrac{b}{a} = A e^{-\alpha}$,我们就对于四个液注分别得到

---

* 校订者按:疑原书有误,当为 2.859.

$$\epsilon = 0.027\,1,\ \epsilon = 0.021\,2,\ \epsilon = 0.021\,3,\ \epsilon = 0.018\,7.$$

在前面，我们已经求出（原第 37 页上的（40））

$$\epsilon = \frac{\mu}{\rho}\,\frac{4}{ca^2}\Big(1 + \frac{11}{12}a^2k^2\Big)\Big[1 - \frac{1}{2}\Big(\frac{2\mu}{\rho ca^2 k}\Big)^{1/2}\Big].$$

由这一公式，我们得到关于 μ 的结果如下：

$$\mu = 0.013\,1,\ \mu = 0.012\,9,\ \mu = 0.013\,0,\ \mu = 0.012\,9.$$

我们看到，这些值和最普遍地得到承认的 μ 值即 $\mu = 0.012\,5$（温度为 11.8℃）相差并不很大. 但是，它们全都偏大这一事实，或许暗示着一种很小的表面黏滞性.

由于黏滞性对波长的影响所引起的表面张力计算公式的改正项，按照原第 38 页上的方程（41）而决定于下列系数：

$$1 + 2\Big(\frac{2\mu}{\rho ca^2 k}\Big)^{3/2} + 3\Big(\frac{2\mu}{\rho ca^2 k}\Big)^2.$$

把和所作的实验相对应的 μ、ρ、c、a 和 k 的值代入，这一改正项就变得很小，约为 0.1％[*].

至于算出的关于有限波幅影响的改正项，可以指出，按照原第 44 页上的公式（37）求出的原第 61 页上实验表中的表面张力值，并不显示由波幅引起的任何系统偏差.

但是，因为在所作的实验中和波幅值有关的改正项是相当小的（从 0.1％ 到 0.33％），所以上述的一致性并不能认为是理论上推得的公式的实验验证. 这里可以提到，通过应用较大的波幅，P·O·彼得森（前引论文 p. 371）曾经在实验上研究了波幅值对求得的表面张力值的影响，其所得结果可以证明是和有关的公式符合得很好的.

在其他的实验中，波长只是在一个较短的液注段上测量的，但是该液注段离喷口很远，从而波长已经变成恒量了.

作为这种实验的例子，可以举出用管 Ⅰ 所作的一个实验，这个实验是在大约为 70 cm 的压头下作出的.

下表列出了相继得出的两组读数，以及这些读数的差值.

---

　　[*]　改正项之所以很小是由于水的黏滞性很小而其表面张力很大（T＝74）. 但是，对于这些量具有另外的值的液体，上述改正项是可以相当大的；例如，如果使用的是苯胺（$\mu = 0.062$, T $= 44$），则对应实验中的改正项将超过 1％.

读　数	差　值	读　数	差　值
cm	cm	cm	cm
1.819		1.818	
	1.796		1.797
3.615		3.615	
	1.798		1.800
5.413		5.415	
	1.799		1.800
7.212		7.215	
	1.801		1.799
9.013		9.014	
	1.799		1.799
10.812		10.813	
	1.796		1.797
12.608		12.610	

液注的水平位置离喷口 21.5 cm，这对应于玻璃尺上的 7.5 cm 的读数. 没有引用读数的改正项，因为在这一情况下各改正项是很小的；例如，由于波幅很小，和波幅的递减有关的改正项将变得完全无从觉察. 此外，最终差值的微小减量，和根据液注曲率所预期的减量相对应. 61

我们看到，波长是相当恒定的，从而液注在所考虑的位置上必定已经在作非常纯的振动，因为离开纯简谐振动的很小偏差也会引起读数差值的相当大的不规则性.

所作的其他实验得到了和此处所描述的结果很相似的结果. 可以指出，我们可以事先(á priori)期望从所有四根管子都得到液注的非常纯的振动. 在直接靠近喷口处读数的差值就已经开始有规则地变化了（见原第 58 页上的表）；这一情况表明，在这些地方，我们处理的已经是很单纯的振动了，而且，正如在原第 48 页上所提出的，在离喷口相当远处，液注的振动必然比在靠近喷口处要纯粹得多.

下表包括所作的一切实验的结果. 表面张力是按照下列方程算出的（参阅原第 45 页）：

$$T_{12} = \frac{(\rho_1 + \rho)k^2 c^2 a^3 J_2(iak)}{(3 + a^2 k^2)iak\, J_2'(iak)} \left[1 + 2\left(\frac{2\mu}{\rho c a^2 k}\right)^{3/2}\right] ①$$

$$\times \left(1 + \frac{37}{24}\,\frac{b^2}{a^2}\right)[1 \div 0.002(12 - t)].$$

管子	温度	流量	平均半径	波　长	波　幅	T_{12}
	℃	cm³/sec	cm	cm		dyne/cm
Ⅰ	11.8	6.100	0.06755	2.225	0.026	73.24

---

① 校订者注：此处原有编者注[T_{12} 公式中($\rho_1 + \rho$) 应为($\rho_1 + \rho_2$)，÷ 号应为一号]，译者漏译，今补出.

管　子	温　度	流　量	平均半径	波　长	波　幅	T_{12}
I	11.4	5.608	0.067 58	2.039	—	73.41
I	11.3	4.965	0.067 67	1.800	—	73.34
II	11.7	7.678	0.075 54	2.658	0.046	73.01
II	11.2	7.076	0.075 67	2.443	—	72.98
II	11.4	6.272	0.075 87	2.154	—	73.26
III	11.8	7.720	0.075 95	2.656	0.042	73.45
III	11.4	6.290	0.076 04	2.157	—	73.28
IV	11.8	8.649	0.080 10	2.901	0.027	73.21
IV	11.9	7.984	0.080 14	2.677	—	73.09
用管 I 所作各实验的平均值						73.33
用管 II 所作各实验的平均值						73.08
用管 III 所作各实验的平均值						73.37
用管 IV 所作各实验的平均值						73.15
全部实验的平均值						73.23

我们看到,各个实验之间的相互符合是很好的(对平均值的最大偏差约为 0.35%).

可以指出,在求得的 T_{12} 的值中,并不能发现有关由液注直径变化、流量变化或波幅变化所引起的影响的任何明确显示.

在上述的所有实验中,都使用了普通的自来水.但是,作了一次研究,看用蒸馏水代替自来水会不会得到不同的结果.为此目的,在两个很大的容器中分别灌上了蒸馏水和自来水.在两瓶水都达到相同的温度以后,通过一个虹吸管先后将两瓶中的水接到图 1(原第 49 页)的玻璃瓶 A 中,并在精确相同的条件下分别在两种水的水注上进行了波长的测量.重复进行了若干次的这种实验表明,在两种水注之间是找不出可觉察的差别的.

这一结果也可以根据以前的有关水的表面张力的考察而预料得到.

现在,当把此处得到的值和以前的各种测定得到的值进行比较时,我们并不试图对有关这一课题的大量文献作出完备的论述.后面的附表只包括近年以来少数几种研究的结果;一般认为,为了估计表面张力的值,这些结果是最重要的.

此表表明,不同研究者得到的值之间存在相当大的分歧.作为这些分歧的解释,表面的纯洁度问题曾经是最重要的问题之一,因为即使水面受到极小量外来物质的污染,水面的张力也会大大减小.但是,这一情况似乎并不足以说明那样一些作者所求得的值之间的分歧,他们曾用了相同的方法来净化水面(例如格林马赫和卡雷恩,佛尔克和兹劳比基).

用不同方法进行过工作的一些作者(例如佛耳克曼、道尔锡、佛尔克)曾经发现他们的各个实验的结果符合得非常好;这一事实似乎毕竟表明仔细净化过的表面的表面张力是一个很恒定的量. 这一假设也被另一情况所肯定,即一些作者(卡雷恩、道尔锡等等)在实验进行的时间内不曾发现表面张力的任何可觉察的减小.

作 者	发 表 期 刊	方 法	T_{12}^*
Weinstein	' Metr. Beitr. d. K. Norm. Aich-Komm. ,' Ⅵ. , 1889	毛细管	73.53
Goldstein	'Ztschr. Phys. Chem. ,' Ⅴ. , p. 233, 1890	毛细管	73.82
Ramsay and Shields	'Ztschr. Phys. Chem. ,' Ⅻ. , p. 433, 1893	毛细管	71.67
Quincke	'Wied. Ann. ,' LⅡ. , p. 1, 1894	毛细管	73.3—77.8
Volkmann	'Wied. Ann. ,' LⅥ. , p. 457, 1895	毛细管	73.72
Domke	'Wiss. Abh. d. K. Norm. Aich-Komm. ,' Ⅲ. , 1902	毛细管	73.92
Grabowsky	'Diss. ,' Königsberg, 1904	毛细管	73.71
Sentis	'Thèse,' Grenoble, 1897	毛细管(虚拟)	74.24
Hall	'Phil. Mag. ' (5), XXXⅥ. , p. 385, 1893	称量张力	73.90
Forck	'Ann. d. Phys. ,' XⅦ. , p. 744, 1905	气泡中的压强	77.25
Zlobicki	'Rozpr. Akad. Kraków,' S. 3, T. Ⅵ. , A, p. 181, 1906	气泡中的压强	73.70
Rayleigh	'Phil. Mag. ,' XXX. , p. 386, 1890	毛细涟波(行波)	74.88
Dorsey	'Phil. Mag. ,' XLⅣ. , p. 369, 1897	毛细涟波(行波)	74.08
Watson	'Phys. Rev. ,' Ⅻ. , p. 257, 1901	毛细涟波(行波)	75.15
Kolowrat-Tscherwinski	'I. d. Russ. Phys. ,' XXXⅥ. , p. 265, 1904	毛细涟波(行波)	73.22
Kalähne	'Ann. d. Phys. ,' Ⅶ. , p. 440, 1902	毛细涟波(驻波)	74.67
Grunmach	'Wiss. Abh. d. K. Norm. Aich-Komm. ,' Ⅲ. , 1902	毛细涟波(驻波)	76.35
Brümmer	'Diss. ,' Rostock, 1903	毛细涟波(驻波)	75.39
Loewenfeld	'Diss. ,' Rostock, 1904	毛细涟波(驻波)	75.78
Pedersen	'Trans. Roy. Soc. ,' A 207, p. 341, 1907	液注振动	74.76

* 根据不是在 12℃ 下给出表面张力的那些论文,按照公式 $T_t = T_0(1 - 0.002\,0t)$ 算出了 T_{12}(为此目的,温度系数是足够精确地已知的).

62　　　　A・泡开耳斯女士[*]、瑞利勋爵[†]和 F・南森[‡]关于污染对水面的表面张力的影响的研究结果,似乎也有力地指示了这一点.

　　　　因此,由于以上所述的情况,看来许多有关的分歧不应该用表面张力的真正
64　差值来解释,而应该用测量张力时所用的方法来解释.

　　　　现在我们来更加仔细地考虑上面提到的某些研究,并把它们的结果和本文所得的结果作一比较.

　　　　我们将从 P・O・彼得森的研究开始,因为他在测定水的表面张力时使用了和本文作者所用的方法相同的方法(水注振动法).正如上表所表明的,彼得森得到的值比此处所得的值大很多(约大 2%).但是,因为彼得森不曾检查波长的变化,而只是在离喷口较近的距离处测定了液注段上的平均波长来作为波长,所以彼得森所得结果和本文作者所得结果之间的差值,可能是由于彼得森或许应用了一个太小的波长值(见原第 59 页上的表).

　　　　在其他测定表面张力的方法中,毛细管法和毛细涟波法是用得最多和一般认为最重要的一些方法.

　　　　在用以前那些方法所作的研究中,必须特别提到佛耳克曼的研究,因为他在量度管子的尺寸和管子的清洁度方面做得十分仔细,在各个实验之间得到了非常好的符合.这种不依赖于管子尺寸及玻璃本性的符合,似乎排除了批评毛细管法所能给出的结果的根据.可以看到,佛耳克曼得到的值是和本文作者得到的值很相近的,但差值还有 0.7%左右.

　　　　正如从表中即将看到的,近来曾经用毛细涟波法进行了许多研究.我们看到,用这种方法求得的值一般比本文所得的值要大.但是,不同研究的结果之间的相互一致性并不很大.据作者看来,这种不一致性依赖于一件事实,即在许多情况下实验研究所处的条件并不是和理论发展所依据的假设充分对应的;在下面,我们将力图说明这是什么意思.

　　　　用上述方法完成的实验可以分成两组.一组用的是直线行波,借助于固定在音叉的一股上的一个玻璃板的振动来得出;另一组用的是由两组圆周行波的干涉而形成的驻波,那些圆周行波是固定在音叉的两股上的两根针发出的.

　　　　在曾经使用前一种方法的作者中,似乎只有道尔锡和考劳拉特-车尔文斯基曾经在离发生器不同的距离处检查过波长的量值.这两位研究者都曾在发生器

────────

　　　[*]　A. Pockels, 'Nature,' XLIII., p. 437; XLVI., p. 418; XLVIII., p. 152; 'Ann. d. Phys.,' VIII., p. 854.
　　　[†]　Rayleigh, 'Phil. Mag.' XLVIII., p. 321, 1899.
　　　[‡]　F. Nansen, 'Norweg. North Polar Exped. Scient. Results,' 10, 1900.

附近发现过相当大的不规则性,这里的波长依赖于离开玻璃板的距离,而且在较
大距离处才开始成为恒量. 注意到这一事实,上述两位作者在计算表面张力时只
用了离玻璃板一定距离(道尔锡取的是 4 cm,而考劳拉特-车尔文斯基取的是
8 cm)处的波长. 由于靠近玻璃板处的波长比更远处的波长要大,这就可能解释
一件事实,即道尔锡、尤其是考劳拉特-车尔文斯基得到的值比其他研究者们得
到的值要小一些,那些研究者使用了相同的方法,但却似乎在这方面没加小心.

65

正如考劳拉特-车尔文斯基也指出过的,另一种的应用驻波的方法带有某些
缺点,因为波长的测量是在上述那两根针的连线上进行的,只有离针很近的那些
波才能受到检查,从而就不能保证现象足够正规了. 由于这种情况,用这种方法
得到的结果似乎并不多么可靠,特别是那些很大的表面张力值,从而格林马赫、
布吕莫和洛温菲耳德所发现的各个实验的结果之间的分歧,或许就可以用这些
研究者所用的针间的很小距离(1.8 cm)来解释了. 卡雷恩用了相同的方法,但针
间的距离为 7 cm,他得到的值小得多,而且比上述那些研究者得到了更好的一
致性.

按照这些考虑,作者觉得不一定得出结论说,毛细涟波法真正给出了比用本
文所述的方法得到的值本质上更大的值.

结　论

在水的表面张力的这一测定中,应用了瑞利勋爵提出的水注振动法;这种方
法有一个优点,即可以检查一个完全新鲜的刚形成的表面.

在本研究的第一部分,证明了怎样用和有限波幅的影响以及黏滞性的影响
有关的改正项,来补充瑞利勋爵的非黏滞性液注的无限小振动理论.

在本研究的实验部分,曾经力图说明怎样用一种简单的方式就似乎能够保
证用于测量的液注可以满足理论发展所依据的假设.

作为实验的最终结果,作者发现水的表面张力在 12℃时为 73.23 达因/
厘米.

IV. 获奖论文的附录[*]

对于署名为 $\beta\gamma\delta$ 的一篇物理学应征论文的补充

1906 年 11 月 2 日交稿

在重力和表面张力的共同影响下在深水表面上不改变波形而传播着的波动的理论，已由开耳文勋爵给出.

这一理论所得出的公式，曾被用于液体表面张力的测定中. 人们会想到，在这些公式中应对液体的黏滞性和有限波幅作出改正. 关于黏滞性对波的影响的研究可以在兰姆的《水力学》(Lamb, *Hydrodynamics* p. 546)中找到. 可以看到，对于像水这样的液体，改正项对结果并无任何可觉察的影响.

但是，关于有限波幅的改正项，似乎还不曾在任何地方求出过. 因此，在本附录中，我们试图考察这一问题.

关于深水表面上具有有限振幅(即计算到一级近似以上)的不改变波形而传播着的波，已由 G·G·斯托克斯(Trans. Cambridge Phil. Soc. (1847)441)和瑞利勋爵(Phil. Mag. **1**(1876)257)进行过研究. 但是，在这两篇论文中，哪一篇也没有照顾到表面张力. 斯托克斯应用了一种很优美和很直接的近似方法，这种方法可以推广以处理非定态运动和三维空间中的运动.(在这一有关液注振动的应征文章的正文中，已把这种方法应用于非定态运动.)瑞利勋爵的方法指出了怎样对势函数形式作出假设就能用简短得多的计算来求得较高级的近似. 但是，这种方法只能应用于二维空间中的定态运动.

在本文的研究中，应用了和上述各法相对应的两种方法. 应用了斯托克斯的方法，因为它那直截了当的计算步骤便于考察所遇到的某些特例；也应用了瑞利勋爵的方法，因为它使我们能够通过简单的验算断定所作的计算是正确的.

---

* ［见引言第 2 节和第 6 节.］

考虑一种定态运动并按照斯托克斯的方式来进行处理,我们就有*

68

$$u = c - \frac{\partial \varphi}{\partial x}, \ v = -\frac{\partial \varphi}{\partial y},$$

$$\frac{\partial u}{\partial x} + \frac{\partial v}{\partial y} = -\left(\frac{\partial^2 \varphi}{\partial x^2} + \frac{\partial^2 \varphi}{\partial y^2}\right) = 0,$$

$$\varphi = \sum f(y)\sin kx, \ \frac{\partial^2 f}{\partial y^2} = k^2 f, \ f(y) = A\mathrm{e}^{-ky} + B\mathrm{e}^{ky}.$$

既然对于 $y = \infty$,有 $\partial\varphi/\partial y = 0$,那么就有 $B = 0$ 和

$$\varphi = \sum_k A_k \mathrm{e}^{-ky}\sin kx.$$

表面的方程可以写成 $y = \zeta = f(x)$. 在 $y = \zeta$ 上所应满足的条件是

$$\frac{\mathrm{D}(y - \zeta)}{\mathrm{D}t} = 0 \qquad\qquad (1)$$

和

$$p = \frac{T}{R} + \mathrm{con}\, st. , \qquad\qquad (2)$$

式中

$$\frac{\mathrm{D}}{\mathrm{D}t} = \frac{\partial}{\partial t} + u\frac{\partial}{\partial x} + v\frac{\partial}{\partial y} = \left(c - \frac{\partial\varphi}{\partial x}\right)\frac{\partial}{\partial x} - \frac{\partial\varphi}{\partial y}\frac{\partial}{\partial y}.$$

由(1)可得

$$0 = -\frac{\partial\varphi}{\partial y} - \left(c - \frac{\partial\varphi}{\partial x}\right)\frac{\partial\zeta}{\partial x},$$

$$\frac{\partial\zeta}{\partial x} = \left[-\frac{\partial\varphi}{\partial y}\left(c - \frac{\partial\varphi}{\partial x}\right)^{-1}\right]_{(y=\zeta)} = F(x).$$

$$\frac{\partial^2 \zeta}{\partial x^2} = \frac{\partial F(x)}{\partial x} = \left[\left(\frac{\partial}{\partial x} + \frac{\partial\zeta}{\partial x}\frac{\partial}{\partial y}\right)\left(-\frac{\partial\varphi}{\partial y}\left(c - \frac{\partial\varphi}{\partial x}\right)^{-1}\right)\right]_{(y=\zeta)},$$

---

* 〔所用的符号大多数没有在附录中加以定义. 其中一部分是在参考文献和应征论文的正文中使用了的. 它们的定义如下:

c 是波的传播速度;水被认为是以速度 c 而沿和行波相反的方向运动的,从而行波在静止坐标系 x, y 中就表现为驻波了;x 轴沿水的水平运动方向,y 轴从水面指向下方;

u 和 v 是速度的 x 分量和 y 分量,φ 是速度势,而 ψ 是流线函数;

ζ 是表面上的铅直位移;

g 是重力加速度,T 是表面张力而 ρ 是水的密度;

$T_1 = T/\rho$;

R 是表面的有限曲率半径而 p 是压强. 附录的第一、二两部分中在 φ 的定义方面有一种明显而无关紧要的不一致性. 〕

$$\frac{\partial^2 \zeta}{\partial x^2} = -\frac{\partial^2 \varphi}{\partial x \partial y}\left(c - \frac{\partial \varphi}{\partial x}\right)^{-1} - \frac{\partial \varphi}{\partial y}\left(\frac{\partial^2 \varphi}{\partial x^2} - \frac{\partial^2 \varphi}{\partial y^2}\right)\left(c - \frac{\partial \varphi}{\partial x}\right)^{-2}$$

$$+ \left(\frac{\partial \varphi}{\partial y}\right)^2 \frac{\partial^2 \varphi}{\partial x \partial y}\left(c - \frac{\partial \varphi}{\partial x}\right)^{-3}.$$

69　由(2)可得

$$\frac{p}{\rho} - \frac{T/\rho}{R} = \frac{p}{\rho} - \frac{T_1}{R} = gy - \frac{1}{2}(u^2 + v^2) - T_1 \frac{\partial^2 \zeta}{\partial x^2}\left(1 + \left(\frac{\partial \zeta}{\partial x}\right)^2\right)^{-\frac{3}{2}}_{(y=\zeta)}$$

$$= \mathrm{con}\,st.,$$

$$gy + c\frac{\partial \varphi}{\partial x} - \frac{1}{2}\left(\left(\frac{\partial \varphi}{\partial x}\right)^2 + \left(\frac{\partial \varphi}{\partial y}\right)^2\right)$$

$$- T_1\left[-\frac{\partial^2 \varphi}{\partial x \partial y}\left(c - \frac{\partial \varphi}{\partial x}\right)^{-1} - \frac{\partial \varphi}{\partial y}\left(\frac{\partial^2 \varphi}{\partial x^2} - \frac{\partial^2 \varphi}{\partial y^2}\right)\left(c - \frac{\partial \varphi}{\partial x}\right)^{-2}\right.$$

$$\left.+ \left(\frac{\partial \varphi}{\partial y}\right)^2 \frac{\partial^2 \varphi}{\partial x \partial y}\left(c - \frac{\partial \varphi}{\partial x}\right)^{-3}\right] \times \left[\left(\frac{\partial \varphi}{\partial y}\left(c - \frac{\partial \varphi}{\partial x}\right)^{-1}\right)^2 + 1\right]^{-\frac{3}{2}}$$

$$+ K_{(y=\zeta)} = 0.$$

作为对 $y = \zeta$ 得到满足的 x 和 y 之间的一个方程,这个方程就可以看成表面的方程. 于是,这一方程的左端经 $\dfrac{\mathrm{D}}{\mathrm{D}t}$ 运算以后必等于零. 这就给出

$$-g\frac{\partial \varphi}{\partial y} + c^2 \frac{\partial^2 \varphi}{\partial x^2} - 2c\frac{\partial^2 \varphi}{\partial x^2}\frac{\partial \varphi}{\partial x} - 2c\frac{\partial^2 \varphi}{\partial x \partial y}\frac{\partial \varphi}{\partial y}$$

$$+ \frac{\partial^2 \varphi}{\partial x^2}\left(\frac{\partial \varphi}{\partial x}\right)^2 + 2\frac{\partial^2 \varphi}{\partial x \partial y}\frac{\partial \varphi}{\partial x}\frac{\partial \varphi}{\partial y} + \frac{\partial^2 \varphi}{\partial y^2}\left(\frac{\partial \varphi}{\partial y}\right)^2$$

$$- T_1\left(\left(c - \frac{\partial \varphi}{\partial x}\right)\frac{\partial}{\partial x} - \frac{\partial \varphi}{\partial y}\frac{\partial}{\partial y}\right)\left\{\left(-\frac{\partial^2 \varphi}{\partial x \partial y}\left(c - \frac{\partial \varphi}{\partial x}\right)^{-1}\right.\right.$$

$$- \frac{\partial \varphi}{\partial y}\left(\frac{\partial^2 \varphi}{\partial x^2} - \frac{\partial^2 \varphi}{\partial y^2}\right)\left(c - \frac{\partial \varphi}{\partial x}\right)^{-2}$$

$$\left.+ \left(\frac{\partial \varphi}{\partial y}\right)^2 \frac{\partial^2 \varphi}{\partial x \partial y}\left(c - \frac{\partial \varphi}{\partial x}\right)^{-3}\right)$$

$$\left.\times \left(1 + \left(\frac{\partial \varphi}{\partial y}\left(c - \frac{\partial \varphi}{\partial x}\right)^{-1}\right)^2\right)^{-\frac{3}{2}}\right\}_{(y=\zeta)} = 0. \tag{3}$$

方程(3)是精确的. 从现在起在计算中略去高于三级的一切项,完成全部计算并借助于 $\nabla^2 \varphi = 0$ 来将结果归并一下,就得到(3)中 T_1 的系数表示式如下

$$\frac{\partial^3 \varphi}{\partial x^2 \partial y} + \frac{3}{c} \frac{\partial^2 \varphi}{\partial x \partial y} \frac{\partial^2 \varphi}{\partial x^2} + \frac{3}{c} \frac{\partial^3 \varphi}{\partial x^3} \frac{\partial \varphi}{\partial y} + \frac{3}{c^2} \frac{\partial^2 \varphi}{\partial x \partial y} \frac{\partial^2 \varphi}{\partial x^2} \frac{\partial \varphi}{\partial x}$$

$$+ \frac{3}{c^2} \frac{\partial^3 \varphi}{\partial x^3} \frac{\partial \varphi}{\partial x} \frac{\partial \varphi}{\partial y} - \frac{6}{c^2} \left(\frac{\partial^2 \varphi}{\partial x \partial y} \right)^2 \frac{\partial \varphi}{\partial y}$$

$$+ \frac{6}{c^2} \left(\frac{\partial^2 \varphi}{\partial x^2} \right)^2 \frac{\partial \varphi}{\partial y} - \frac{9}{2c^2 \cdot} \frac{\partial^3 \varphi}{\partial x^2 \partial y} \left(\frac{\partial \varphi}{\partial y} \right)^2.$$

当把(3)中的各项按照数量级排列起来时,这一方程就变成

$$-g \frac{\partial \varphi}{\partial y} + c^2 \frac{\partial^2 \varphi}{\partial x^2} + T_1 \frac{\partial^3 \varphi}{\partial x^2 \partial y} - 2c \left(\frac{\partial^2 \varphi}{\partial x^2} \frac{\partial \varphi}{\partial x} + \frac{\partial^2 \varphi}{\partial x \partial y} \frac{\partial \varphi}{\partial y} \right)$$

$$+ \frac{3 T_1}{c} \left(\frac{\partial^2 \varphi}{\partial x \partial y} \frac{\partial^2 \varphi}{\partial x^2} + \frac{\partial^3 \varphi}{\partial x^3} \frac{\partial \varphi}{\partial y} \right)$$

$$+ \frac{\partial^2 \varphi}{\partial x^2} \left(\frac{\partial \varphi}{\partial x} \right)^2 + 2 \frac{\partial^2 \varphi}{\partial x \partial y} \frac{\partial \varphi}{\partial x} \frac{\partial \varphi}{\partial y} + \frac{\partial^2 \varphi}{\partial y^2} \left(\frac{\partial \varphi}{\partial y} \right)^2$$

$$+ \frac{3 T_1}{c^2} \left(\frac{\partial^2 \varphi}{\partial x \partial y} \frac{\partial^2 \varphi}{\partial x^2} \frac{\partial \varphi}{\partial x} + \frac{\partial^3 \varphi}{\partial x^3} \frac{\partial \varphi}{\partial x} \frac{\partial \varphi}{\partial y} \right.$$

$$- 2 \left(\frac{\partial^2 \varphi}{\partial x \partial y} \right)^2 \frac{\partial \varphi}{\partial y} + 2 \left(\frac{\partial^2 \varphi}{\partial x^2} \right)^2 \frac{\partial \varphi}{\partial y}$$

$$\left. - \frac{3}{2} \frac{\partial^3 \varphi}{\partial x^2 \partial y} \left(\frac{\partial \varphi}{\partial y} \right)^2 \right)_{(y=\zeta)} = 0. \tag{4}$$

此外还有

$$\frac{\partial \zeta}{\partial x} = - \frac{\partial \varphi}{\partial y} \left(c - \frac{\partial \varphi}{\partial x} \right)^{-1} = - \frac{1}{c} \left(1 + \frac{1}{c} \frac{\partial \varphi}{\partial x} + \frac{1}{c^2} \left(\frac{\partial \varphi}{\partial x} \right)^2 \right) \frac{\partial \varphi}{\partial y}_{(y=\zeta)}.$$
$$\tag{5}$$

方程(4)和(5)对于 $y = \zeta$ 成立. 但是,借助于泰勒级数,就可以不降低近似级次而写出在 $y = 0$ 处成立的下列两个方程:

$$\left(1 + \zeta \frac{\partial}{\partial y} + \frac{1}{2} \zeta^2 \frac{\partial^2}{\partial y^2} \right) \left(-g \frac{\partial \varphi}{\partial y} + c^2 \frac{\partial^2 \varphi}{\partial x^2} + T_1 \frac{\partial^3 \varphi}{\partial x^2 \partial y} \right)$$

$$+ \left(1 + \zeta \frac{\partial}{\partial y} \right) \left(-2c \left(\frac{\partial^2 \varphi}{\partial x^2} \frac{\partial \varphi}{\partial x} + \frac{\partial^2 \varphi}{\partial x \partial y} \frac{\partial \varphi}{\partial y} \right) \right.$$

$$\left. + \frac{3 T_1}{c} \left(\frac{\partial^2 \varphi}{\partial x \partial y} \frac{\partial^2 \varphi}{\partial x^2} + \frac{\partial^3 \varphi}{\partial x^3} \frac{\partial \varphi}{\partial y} \right) \right) + \frac{\partial^2 \varphi}{\partial x^2} \left(\frac{\partial \varphi}{\partial x} \right)^2$$

$$+ 2 \frac{\partial^2 \varphi}{\partial x \partial y} \frac{\partial \varphi}{\partial x} \frac{\partial \varphi}{\partial y} + \frac{\partial^2 \varphi}{\partial y^2} \left(\frac{\partial \varphi}{\partial y} \right)^2 + \frac{3 T_1}{c^2} \left\{ \frac{\partial^2 \varphi}{\partial x \partial y} \frac{\partial^2 \varphi}{\partial x^2} \frac{\partial \varphi}{\partial x} \right.$$

$$+ \frac{\partial^3 \varphi}{\partial x^3} \frac{\partial \varphi}{\partial x} \frac{\partial \varphi}{\partial y} - 2 \left(\frac{\partial^2 \varphi}{\partial x \partial y} \right)^2 \frac{\partial \varphi}{\partial y}$$

$$\left. + 2 \left(\frac{\partial^2 \varphi}{\partial x^2} \right)^2 \frac{\partial \varphi}{\partial y} - \frac{3}{2} \frac{\partial^3 \varphi}{\partial x^2 \partial y} \left(\frac{\partial \varphi}{\partial y} \right)^2 \right\}_{(y=0)} = 0, \tag{6}$$

$$\frac{\partial \zeta}{\partial x} = - \frac{1}{c} \frac{\partial \varphi}{\partial y} - \frac{1}{c} \frac{\partial^2 \varphi}{\partial y^2} \zeta - \frac{1}{c^2} \frac{\partial \varphi}{\partial x} \frac{\partial \varphi}{\partial y} - \frac{1}{2c} \frac{\partial^3 \varphi}{\partial y^3} \zeta^2$$

$$- \frac{1}{c^2} \left(\frac{\partial^2 \varphi}{\partial y^2} \frac{\partial \varphi}{\partial x} + \frac{\partial^2 \varphi}{\partial x \partial y} \frac{\partial \varphi}{\partial y} \right) \zeta - \frac{1}{c^3} \frac{\partial \varphi}{\partial y} \left(\frac{\partial \varphi}{\partial x} \right)^2,$$

$$(y = 0). \tag{7}$$

方程(6)和(7)被用来确定 φ 和 ζ.

71　**一级近似：**

$$- g \frac{\partial \varphi}{\partial y} + c^2 \frac{\partial^2 \varphi}{\partial x^2} + T_1 \frac{\partial^3 \varphi}{\partial x^2 \partial y} = 0, \ (y = 0).$$

令 $\varphi = A \mathrm{e}^{-ky} \sin kx$，就得到

$$A(gk - k^2 c^2 + k^3 T_1) \sin kx = 0, \ c^2 = \frac{g}{k} + T_1 k,$$

$$\frac{\partial \zeta}{\partial x} = - \frac{1}{c} \left(\frac{\partial \varphi}{\partial y} \right)_{y=0} = \frac{A}{c} k \sin kx, \ \zeta = - \frac{A}{c} \cos kx.$$

二级近似：

$$- g \frac{\partial \varphi}{\partial y} + c^2 \frac{\partial^2 \varphi}{\partial x^2} + T_1 \frac{\partial^3 \varphi}{\partial x^2 \partial y}_{(y=0)}$$

$$= - \zeta \frac{\partial}{\partial y} \left(- g \frac{\partial \varphi}{\partial y} + c^2 \frac{\partial^2 \varphi}{\partial x^2} + T_1 \frac{\partial^3 \varphi}{\partial x^2 \partial y} \right)$$

$$+ 2c \left(\frac{\partial^2 \varphi}{\partial x^2} \frac{\partial \varphi}{\partial x} + \frac{\partial^2 \varphi}{\partial x \partial y} \frac{\partial \varphi}{\partial y} \right)$$

$$- \frac{3 T_1}{c} \left(\frac{\partial^2 \varphi}{\partial x \partial y} \frac{\partial^2 \varphi}{\partial x^2} + \frac{\partial^3 \varphi}{\partial x^3} \frac{\partial \varphi}{\partial y} \right)_{(y=0)}$$

$$= - \frac{A^2 k}{c} (gk - k^2 c^2 + k^3 T_1) \cos kx \sin kx$$

$$+ 2c A^2 (-k^3 + k^3) \cos kx \sin kx$$

$$- \frac{3 T_1}{c} A^2 (k^4 + k^4) \sin kx \cos kx = - \frac{3 T_1}{c} k^4 A^2 \sin 2kx;$$

$$\varphi = A\,\mathrm{e}^{-ky}\sin kx + B\,\mathrm{e}^{-2ky}\sin 2kx,$$

$$B(2kg - 4c^2 k^2 + 8k^3 T_1)\sin 2kx = -\frac{3T_1}{c}k^4 A^2 \sin 2kx,$$

$$B = \frac{3}{2}\,\frac{A^2 T_1 k^3}{c(g - 2T_1 k^2)},$$

因为
$$c^2 = \frac{g}{k} + T_1 k;$$

$$\frac{\partial \zeta}{\partial x} = -\frac{1}{c}\,\frac{\partial \varphi}{\partial y} - \frac{\zeta}{c}\,\frac{\partial^2 \varphi}{\partial y^2} - \frac{1}{c^2}\,\frac{\partial \varphi}{\partial x}\,\frac{\partial \varphi}{\partial y}\Big|_{(y=0)}$$

$$= \frac{A}{c}k\sin kx + \frac{3A^2 T_1 k^4}{c^2(g - 2T_1 k^2)}\sin 2kx$$

$$+ \frac{A^2}{c^2}k^2 \sin kx \cos kx + \frac{A^2 k^2}{c^2}\sin kx \cos kx$$

$$= \frac{A}{c}k\sin kx + \frac{A^2 k^3}{g - 2T_1 k^2}\sin 2kx;$$

$$\zeta = -\frac{A}{c}\cos kx - \frac{A^2}{2}\,\frac{k^2}{g - 2T_1 k^2}\cos 2kx,$$

72

或者写成

$$\zeta = \alpha \cos kx - \frac{\alpha^2}{2}k\,\frac{g + T_1 k^2}{g - 2T_1 k^2}\cos 2kx,\quad \left[\alpha = -\frac{A}{c}\right].$$

于是，二级近似给出

$$\varphi = A\,\mathrm{e}^{-ky}\sin kx + \frac{3}{2}\,\frac{A^2 T_1 k^3}{c(g - 2T_1 k^2)}\mathrm{e}^{-2ky}\sin 2kx,$$

而且，既然
$$c^2 = (g/k) + T_1 k,$$

就有
$$\zeta = -\frac{A}{c}\cos kx - \frac{A^2}{2}\,\frac{k^2}{g - 2T_1 k^2}\cos 2kx.$$

三级近似：

$$\left(-g\frac{\partial \varphi}{\partial y} + c^2 \frac{\partial^2 \varphi}{\partial x^2} + T_1 \frac{\partial^3 \varphi}{\partial x^2 \partial y}\right)_{(y=0)}$$

$$= -\left(\zeta \frac{\partial}{\partial y} + \frac{\zeta^2}{2}\,\frac{\partial^2}{\partial y^2}\right)\left(-g\left(\frac{\partial \varphi}{\partial y} + c^2 \frac{\partial^2 \varphi}{\partial x^2} + T_1 \frac{\partial^3 \varphi}{\partial x^2 \partial y}\right)\right)$$

$$+\left(1+\zeta\frac{\partial}{\partial y}\right)\left\{2c\left(\frac{\partial^2\varphi}{\partial x^2}\frac{\partial\varphi}{\partial x}+\frac{\partial^2\varphi}{\partial x\partial y}\frac{\partial\varphi}{\partial y}\right)\right.$$

$$-\frac{3T_1}{c}\left(\frac{\partial^2\varphi}{\partial x\partial y}\frac{\partial^2\varphi}{\partial x^2}+\frac{\partial^3\varphi}{\partial x^3}\frac{\partial\varphi}{\partial y}\right)\right\}$$

$$-\frac{\partial^2\varphi}{\partial x^2}\left(\frac{\partial\varphi}{\partial x}\right)^2-2\frac{\partial^2\varphi}{\partial x\partial y}\frac{\partial\varphi}{\partial x}\frac{\partial\varphi}{\partial y}-\frac{\partial^2\varphi}{\partial y^2}\left(\frac{\partial\varphi}{\partial y}\right)^2$$

$$-\frac{3T_1}{c}\left(\frac{\partial^2\varphi}{\partial x\partial y}\frac{\partial^2\varphi}{\partial x^2}\frac{\partial\varphi}{\partial x}+\frac{\partial^3\varphi}{\partial x^3}\frac{\partial\varphi}{\partial x}\frac{\partial\varphi}{\partial y}-2\left(\frac{\partial^2\varphi}{\partial x\partial y}\right)^2\frac{\partial\varphi}{\partial y}\right.$$

$$\left.+2\left(\frac{\partial^2\varphi}{\partial x^2}\right)^2\frac{\partial\varphi}{\partial y}-\frac{3}{2}\frac{\partial^3\varphi}{\partial x^2\partial y}\left(\frac{\partial\varphi}{\partial y}\right)^2\right)\right)_{(y=0)}$$

$$=-\left(\zeta(-k)+\frac{\zeta^2}{2}(-k)^2\right)(gk-c^2k^2+T_1k^3)A\sin kx$$

$$-\left(-\frac{A}{c}\cos kx\right)\frac{6T_1}{c}k^5A^2\sin 2kx-\frac{3T_1}{c}k^4A^2\sin 2kx$$

$$+\left(-\frac{A}{c}\cos kx\right)\frac{6T_1}{c}k^5A^2\sin 2kx-4ck^3\frac{3}{2}A^3\frac{T_1k^3}{c(g-2T_1k^2)}\sin kx$$

73

$$-\frac{3T_1}{c}3k^4\frac{3}{2}A^2\frac{T_1k^3}{c(g-2T_1k^2)}(3\sin 3kx-\sin kx)$$

$$-A^3k^4\sin kx-\frac{3T_1}{c^2}\frac{A^3k^5}{8}(15\sin 3kx-13\sin kx)$$

$$=-k^3A^3\frac{8g^2+gT_1k^2+2T_1^2k^4}{8c^2(g-2T_1k^2)}\sin kx$$

$$-\frac{3T_1}{c}k^4A^2\sin 2kx-\frac{3T_1}{c^2}k^5A^3\frac{15g+78k^2T_1}{8(g-2T_1k^2)}\sin 3kx;$$

$$\varphi=A\mathrm{e}^{-ky}\sin kx+B\mathrm{e}^{-2ky}\sin 2kx+C\mathrm{e}^{-3ky}\sin 3kx.$$

$$A(gk-c^2k^2+T_1k^3)\sin kx=-k^3A^3\frac{8g^2+gT_1k^2+2T_1^2k^4}{8c^2(g-2T_1k^2)}\sin kx.$$

显然 A 近似地等于 $-\alpha c$，我们就得到

$$c^2=\frac{g}{k}+T_1k+k\alpha^2\frac{8g^2+gT_1k^2+2T_1^2k^4}{8(g-2T_1k^2)}.$$

既然 $\sin 2kx$ 的系数和在二级近似情况下时相同，我们就又得到

$$B=\frac{3}{2}\frac{A^2T_1k^3}{c(g-2T_1k^2)}.$$

此外也有

$$C(3gk - 9c^2k^2 + 27T_1k^3)\sin 3kx = -\frac{3T_1}{c^2}k^5A^3\frac{15g + 78T_1k^2}{8(g - 2T_1k^2)}\sin 3kx,$$

$$C = \frac{3A^3T_1k^4(5g + 26T_1k^2)}{16c^2(g - 2T_1k^2)(g - 3T_1k^2)};$$

$$\frac{\partial\zeta}{\partial x} = -\frac{1}{c}\frac{\partial\varphi}{\partial y} - \frac{1}{c}\frac{\partial^2\varphi}{\partial y^2}\zeta - \frac{1}{c^2}\frac{\partial\varphi}{\partial x}\frac{\partial\varphi}{\partial y} - \frac{1}{2c}\frac{\partial^3\varphi}{\partial y^3}\zeta^2$$
$$- \frac{1}{c^2}\left(\frac{\partial^2\varphi}{\partial y^2}\frac{\partial\varphi}{\partial x} + \frac{\partial^2\varphi}{\partial x\partial y}\frac{\partial\varphi}{\partial y}\right)\zeta - \frac{1}{c^3}\frac{\partial\varphi}{\partial y}\left(\frac{\partial\varphi}{\partial x}\right)^2_{(y=0)}$$
$$= \frac{kA}{c}\sin kx + \frac{3A^2T_1k^4}{c^2(g - 2T_1k^2)}\sin 2kx$$
$$+ \frac{9A^3T_1k^5(5g + 26T_1k^2)}{16c^3(g - 2T_1k^2)(g - 3T_1k^2)}\sin 3kx$$
$$+ \frac{k^3A^3(5g + 8T_1k^2)}{8c^3(g - 2T_1k^2)}\sin kx + \frac{A^2k^2}{c^2}\sin 2kx$$
$$+ \frac{9A^3k^3(g + 4T_1k^2)}{8c^3(g - 2T_1k^2)}\sin 3kx;$$

$$\zeta = -\frac{A}{c}\left(1 + \frac{A^2k^2(5g + 8T_1k^2)}{8c^2(g - 2T_1k^2)}\right)\cos kx - \frac{A^2k(g + T_1k^2)}{2c^2(g - 2T_1k^2)}\cos 2kx$$
$$- \frac{3A^3k^2(2g^2 + 7gT_1k^2 + 2T_1^2k^4)}{16c^3(g - 2T_1k^2)(g - 3T_1k^2)}\cos 3kx.$$

假设速度势的形式是 $\varphi = -cx + Ae^{-ky}\sin kx$，并忽略表面张力，瑞利勋爵曾经求出了此处所处理的这种波的前三级近似. 但是，如果将表面张力考虑在内，问题就不能用这样的势函数求解到一级近似以上. 另一方面，如果我们令

$$\varphi = -cx + Ae^{-ky}\sin kx + Be^{-2ky}\sin 2kx + Ce^{-3ky}\sin 3kx,$$

式中 B 和 C 分别是对 A 而言的二级量和三级量，则问题可以求解到前三级近似. 在其他方面完全按照瑞利勋爵的方式来做，我们就得到

$$\varphi = -cx + Ae^{-ky}\sin kx + Be^{-2ky}\sin 2kx + Ce^{-3ky}\sin 3kx,$$
$$\psi = -cy - Ae^{-ky}\cos kx - Be^{-2ky}\cos 2kx - Ce^{-3ky}\cos 3kx.$$

对于 $\psi = 0$，就有

$$y = -\frac{A}{c}e^{-ky}\cos kx - \frac{B}{c}e^{-2ky}\cos 2kx - \frac{C}{c}e^{-3ky}\cos 3kx.$$

在一级近似下，$y_1 = -(A/C)\cos kx$.

在二级近似下，我们有

$$y_2 = -\frac{A}{c}(1-ky_1)\cos kx - \frac{B}{c}\cos 2kx,$$

或者写成

$$y_2 = -\frac{A^2k}{2c^2} - \frac{A}{c}\cos kx - \left(\frac{B}{c}+\frac{A^2k}{2c^2}\right)\cos 2kx.$$

令 $\psi = -A^2k/2c$，我们就得到

$$y = \frac{A^2k}{2c^2} - \frac{A}{c}e^{-ky}\cos kx - \frac{B}{c}e^{-2ky}\cos 2kx - \frac{C}{c}e^{-3ky}\cos 3kx.$$

一级近似和以前相同. 在二级近似下，我们得到

$$y_2 = -\frac{A}{c}\cos kx - \left(\frac{B}{c}+\frac{A^2k}{2c^2}\right)\cos 2kx.$$

三级近似给出

$$y = \frac{A^2k}{2c^2} - \frac{A}{c}\left(1-ky_2+\frac{1}{2}k^2y_1^2\right)\cos kx$$

$$- \frac{B}{c}(1-2ky_1)\cos 2kx - \frac{C}{c}\cos 3kx = \zeta,$$

$$\zeta = -\left(\frac{A}{c}+\frac{5A^3k^2}{8c^3}+\frac{3}{2}\frac{ABk}{c^2}\right)\cos kx - \left(\frac{B}{c}+\frac{A^2k}{2c^2}\right)\cos 2kx$$

$$- \left(\frac{3A^3k^2}{8c^3}+\frac{3ABk}{2c^2}+\frac{C}{c}\right)\cos 3kx,$$

75

$$\frac{1}{R} = \frac{\partial^2\zeta}{\partial x^2}\left(1+\left(\frac{\partial\zeta}{\partial x}\right)^2\right)^{-\frac{3}{2}}$$

$$= k\left(\frac{Ak}{c}+\frac{A^3k^3}{4c^3}+\frac{3ABk^2}{2c^2}\right)\cos kx + k\left(\frac{2A^2k^2}{c^2}+\frac{4Bk}{c}\right)\cos 2kx$$

$$+ k\left(\frac{15A^3k^3}{4c^3}+\frac{27ABk^2}{2c^2}+\frac{9Ck}{c}\right)\cos 3kx.$$

在三级近似下，我们有

$$q^2 = \left(\frac{\partial\varphi}{\partial x}\right)^2 + \left(\frac{\partial\varphi}{\partial y}\right)^2 = c^2 - 2Ack\,e^{-ky}\cos kx$$

$$- 4Bck\,e^{-2ky}\cos 2kx - 6Cck\,e^{-3ky}\cos 3kx$$

$$+ A^2k^2\,e^{-2ky}\cos 2kx + 4k^2AB\,e^{-3ky}\cos 3kx;$$

对 $y = \zeta$，当计算完成以后，就得到

$$q^2 = c^2 - c^2 \left(\frac{2Ak}{c} - \frac{3A^3 k^3}{4c^3} + k^2 \frac{AB}{c^2} \right) \cos kx$$

$$- c^2 \left(\frac{A^2 k^2}{c^2} + \frac{4Bk}{c} \right) \cos 2kx$$

$$- c^2 \left(\frac{3A^3 k^3}{4c^3} + \frac{5ABk^2}{c^2} + \frac{6Ck}{c} \right) \cos 3kx.$$

现在的条件是 $gy - T_1/R - \dfrac{1}{2} q^2 =$ 常量. 这就给出

$$\frac{g}{k} \left(\frac{Ak}{c} + \frac{5A^3 k^3}{8c^3} + \frac{3ABk^2}{2c^2} \right) + T_1 k \left(\frac{Ak}{c} + \frac{A^3 k^3}{4c^3} + \frac{3ABk^2}{2c^2} \right)$$

$$- c^2 \left(\frac{Ak}{c} - \frac{3A^3 k^3}{8c^3} + \frac{ABk^2}{c^2} \right) = 0, \qquad (\text{Ⅰ})$$

$$\frac{g}{k} \left(\frac{Bk}{c} + \frac{A^2 k^2}{2c^2} \right) + T_1 k \left(\frac{4Bk}{c} + \frac{2A^2 k^2}{c^2} \right) - c^2 \left(\frac{2Bk}{c} + \frac{A^2 k^2}{2c^2} \right) = 0, \qquad (\text{Ⅱ})$$

$$\frac{g}{k} \left(\frac{3A^3 k^3}{8c^3} + \frac{3ABk^2}{2c^2} \right) + T_1 k \left(\frac{15A^3 k^3}{4c^3} + \frac{27ABk^2}{2c^2} + \frac{9Ck}{c} \right)$$

$$- c^2 \left(\frac{3A^3 k^3}{8c^3} + \frac{5ABk^2}{2c^2} + \frac{3Ck}{c} \right) = 0. \qquad (\text{Ⅲ})$$

由（Ⅰ）直接得到 $c^2 = g/k + T_1 k$ 准确到和 A^2 同级的量为止. 当把此式代入（Ⅱ）时，就得到

$$B = \frac{3A^2 T_1 k^3}{2c(g - 2T_1 k^2)},$$

而将这一表示式代入（Ⅰ）中，又得到

$$c^2 = \frac{g}{k} + T_1 k + \frac{A^2 k (8g^2 + g T_1 k^2 + 2T_1^2 k^4)}{8c^2 (g - 2T_1 k^2)}.$$

76

当把 B 和 c 的这些表示式代入（Ⅲ）中时，我们又得到

$$C = \frac{3A^3 T_1 k^4 (5g + 26 T_1 k^2)}{16c^2 (g - 2T_1 k^2)(g - 3T_1 k^2)}.$$

把算出来的这些恒量代入 φ 和 ζ 的表示式中，就得到所求的结果：

$$\varphi = -cx + A\,\mathrm{e}^{-ky}\sin kx + \frac{3A^2 T_1 k^3}{2c(g - 2T_1 k^2)}\,\mathrm{e}^{-2ky}\sin 2kx$$

$$+ \frac{3A^3 T_1 k^4(5g + 26T_1 k^2)}{16c^2(g - 2T_1 k^2)(g - 3T_1 k^2)}\,\mathrm{e}^{-3ky}\sin 3kx,$$

$$\zeta = -\frac{A}{c}\left(1 + \frac{A^2 k^2(5g + 8T_1 k^2)}{8c^2(g - 2T_1 k^2)}\right)\cos kx - \frac{A^2 k(g + T_1 k^2)}{2c^2(g - 2T_1 k^2)}\cos 2kx$$

$$- \frac{3A^3 k^2(2g^2 + 7gT_1 k^2 + 2T_1^2 k^4)}{16c^3(g - 2T_1 k^2)(g - 3T_1 k^2)}\cos 3kx.$$

后一方程可以写成

$$\zeta = \alpha\left(1 + \frac{\alpha^2 k^2(5g + 8T_1 k^2)}{8(g - T_1 k^2)}\right)\cos kx - \frac{\alpha^2 k(g + T_1 k^2)}{2(g - 2T_1 k^2)}\cos 2kx$$

$$+ \frac{3\alpha^3 k^2(2g^2 + 7gT_1 k^2 + 2T_1^2 k^4)}{16(g - 2T_1 k^2)(g - 3T_1 k^2)}\cos 3kx,$$

式中仍有 $\alpha = -A/c$，而 c 则由下式给出：

$$c^2 = \frac{g}{k} + T_1 k + k\alpha^2\,\frac{8g^2 + gT_1 k^2 + 2T_1^2 k^4}{8(g - 2T_1 k^2)}.$$

我们看到，已经用两种办法求得了相同的结果. 当令 T 等于零时，φ、ζ 和 c^2 的表示式就会变得和斯托克斯及瑞利勋爵所求得的表示式相同.

为了看出波幅有限值将对表面张力的测定有什么影响，我们可以令 $g = 0$（事实上，所用的波幅总是如此地小，以致表面张力的效应大大占优势）. 这时我们得到

$$c^2 = T_1 k - \frac{k\alpha^2}{8}T_1 k^2 = kT_1\left(1 - \frac{\alpha^2 k^2}{8}\right) = k\left(1 - \frac{4\pi^2}{8}\left(\frac{\alpha}{\lambda}\right)^2\right)T_1.$$

77　于是我们看到，如果波幅的有限值被忽略了，所求得的就是

$$T_1\left(1 - \frac{1}{2}\pi^2(\alpha/\lambda)^2\right)$$

而不是 T_1，就是说我们将得到太小的值. 但是，在瑞利勋爵和别人所实际做过的根据这种波来测定表面张力的实验中，这些改正项到底应该多大却是无法说出的，因为波幅并没有被报道出来. (公式对驻波并不成立，因为两组波在较高级的近似下是并不独立的.)

可以看到，表示式 $g - 2T_1 k^2$ 和 $g - 3T_1 k^2$ 出现在此处导出的各公式的某些分母上. 这些量对于某些特定的波长将等于零. 当然，当出现这种情况时公式就

是不适用的,从而必须更仔细地研究一下这意味着什么.

回到方程

$$B(2kg - 4c^2k^2 + 8k^3 T_1)\sin 2kx = -\frac{3T_1}{c}k^4 A^2 \sin 2kx,$$

我们就看到,当 $g - 2T_1k^2 = 0$ 和 $c^2 = (g/k) + T_1k$ 时,表面条件是不能在二级近似下得到满足的. 而且,可以看到, $g - 2T_1k^2 = 0$ 意味着其波长等于主波波长之一半的那种波将和主波具有相同的传播速度. 情况事实上并非如此,这一点可以直接推断如下.

当一组波在 n 级近似下(即准确到 n 级量,波幅被看成一级量)满足不改变波形而传播的条件,而在 $(n+1)$ 级近似下却不满足这种条件时,这组波就可以认为是由一些以不同速度传播着的部分组成的. 但是,通过在这组波上再加上另一组和前者(n 级近似)具有相同传播速度(准确到一级近似)的 $(n+1)$ 级的波,却并不能补救这种情况,因为一级的和 $(n+1)$ 级的两组波在 $(n+1)$ 级近似下可以看成是相互独立的.

因此,对于这里所考虑的这种类型的波来说,其波长为具有相同传播速度的另一组波的波长的 n 倍的那种波,是在 n 级近似下不能满足条件的,从而是不能存在的.

曾经假设(见 G. G. Stokes, *On the highest wave of uniform propagation*, Proc. Cambridge Phil. Soc. **A**(1883)361),如果只有重力在起作用,则具有一切可能的波长的波都将实际上存在. (当波幅介于某一有限范围内时,各公式是收敛的.)此处已经证明,如果重力和表面张力都在起作用,则对于无限多的波长来说这一范围将准确地等于零,而且对于和这些值相近的波长至少是很小的(因为 $g - nT_1k^2$ 是很接近于零的).

我们看到,只有对于波长大于和这一最小速度相对应的波长的那种波,上述情况才可能出现[*].

78

---

[*]　校订者按:此文中公式括号的用法一依外文版原书.

V. 第二篇皇家学会论文

论新形成的水面的表面张力的测定

(Proc. Roy. Soc. **A 84**(1910)395[*])

论新形成的水面的表面张力的测定

作者：N·玻尔，哥本哈根

（推荐人：瑞利勋爵，O. M. ，F. R. S.

1910 年 8 月 22 日收到，11 月 10 日宣读）

　　作为我发表在《哲学报告》*上关于水的表面张力的测定的一篇论文的补充，我愿意提出关于新形成的水面的表面张力值和关于对这一表面张力的测定具有重要性的那些条件的下列见解.

　　P·雷纳德教授在近来发表的一篇论文**中曾经利用下落液滴的振动法测定了新形成的水面的表面张力，而且对于这一张力曾经求得了比用其他方法得到的大得多的值. 根据这一点，而且也根据发表在一篇较早论文†中的实验结果，他得出结论说，一个新形成的水面具有一个很大的表面张力，但是这种表面张力在很短的一段时间（一秒的若干分之一）之内就减小很多. 他指出，这一结果和发表在我的上述论文中的实验结果是一致的. 但是，我在下面将试图阐明我不能同意这些结论的理由.

　　发表在我的上述论文中的表面张力的测定，是利用液注振动法作出的；这一方法以及雷纳德教授所用方法的理论基础，是由瑞利勋爵给出的‡.

　　至于液注振动的较仔细的考察，特别是关于现象的理论处理中所作的那些假设的满足问题，在我的论文中曾经检查了大量的振动，从刚刚离开喷口处开始，而在最稳定的液注中一直延续到离喷口大约 45 cm 处为止（液注的速度约为425 cm/sec）. 这些测量证明，波长并不是到处相同的，而是从喷口处开始，波长起初增大得相当快，而后增大得比较慢，而后来从离喷口约 25 cm 处开始直到液注稳定性所允许的最远距离处，波长就实际上完全变成一个恒量了（见上述论文原第 58—60 页上的表）.

　　这种结果因而就指明了现象的某些不规则性的存在；这些不规则性出现在

---

　*　'Phil. Trans. ,' A, 1909, vol. 209, p. 281.

　**　'Roy. Soc. Proc. ,' 1879, vol. 39, p. 71.

　†　'Sitzungsber. d. Heidelberger Akad. d. Wiss. ,' Math. -nat. Kl. Jahrg. 1910, Abh. 18.

　‡　'Ann. d. Phys. u. Chem. ,' 1887, vol. 30, p. 209.

液注的形成过程中,而且很快地(大约在 0.06 sec 之内)就消失了(上述论文原第57 页).

　　这些不规则性可以认为部分地起源于表面张力值在液面刚刚形成以后的可能变化,而部分地起源于更带力学性质的(流体力学性质的)不规则性(参阅上述论文原第 47 页).既然正如在我较早的那篇论文中所说明的那样,最后提到的这种不规则性必定在远离喷口的过程中迅速减小,那么实验结果就表明,在表面形成大约 0.06 秒以后,直到仍能用所用的方法来研究表面张力时为止,表面张力明显地是一个恒量[†].这个恒量就被认为是所求的表面张力的值,而且这就是在每一种情况下可以和用其他方法求得的值相比较的唯一的值;在那些方法中,所研究的表面永远是已经形成了 0.06 秒以上的.

　　关于从表面刚刚形成到形成以后的 0.06 秒左右的这段时间之内的表面张力的可能变化问题,在我看来我的实验并没有提供任何理由来断定这样一种变化的存在;我们即将看到,没有任何理由来反对用摩擦力在液注形成过程中引起液注各同轴部分之间的速度来解释所发现的波长的变化;由于有摩擦力,液注的中心部分就比靠近表面的部分具有较大的速度.当从喷口离开时,这些速度差就由于液注的黏滞性而逐渐减小;既然液注的平均速度保持不变,这就导致靠外部分的速度的增加,而同时中心部分速度则减小.波长在靠近喷口处比远离喷口处为小,在我看来这一情况永远是一件事实的自然后果,即表面的(靠外部分的)速度在靠近喷口处是比较小的而所考虑的波又是表面波(当从表面离开时,振动着的液体质点的速度将减小并在液注轴线上变为零).但是,雷纳德教授在上述论文(所引论文 p. 4)中却认为,由于液注各同轴部分的相对位移而在振动过程中造成的中心部分的混合物,将引起一种表观上的质量增加,并从而导致振动时间的加长和波长的增大.

　　因此,为了更仔细地研究这一问题,我曾经在液注的不同同轴部分以不同速

<hr />

　　[†] 雷纳德教授在他的最近一篇论文中提到(上引论文第 4 页),力学性质的不规则性肯定必须递减,但甚至在离喷口很远处也不能完全消失,因为空气对液注的运动有阻力.但是,由于当从喷口离开时空气阻力的效果将很快地变为恒定,因此我们看到,这一阻力对现象的影响将不会影响表面张力为恒量的上述结论,而只能引起所求得的这一恒定张力值的一个改变量.至于空气阻力影响的大小问题,我要在这里提到在我初次进行研究时所做的一个未经发表的实验.在离开喷口大约 10 cm 的地方,围绕液注放了一个很大的、做得很仔细的活门,使得液注恰恰通过活门的中心.活门起初是开大了的,使得液注周围大约有5 cm 的空间(活门的直径为 10 cm).然后将活门关小,使得液注和活门之间的空间不超过0.2 mm 左右;与此同时,借助于液注表面的反射,在离开喷口 30 cm 处在望远镜中固定一个波顶点(上述论文原第 53 页).这时发现,在关闭活门的过程中,上述顶点的移动是很小的(小于 1 mm).这种简单实验重复了若干次,所得结果完全相同.由于活门的关闭必然在相当大的程度上增加空气的阻力,完全阻止了液注所带动的空气(液注引起一阵明显的急风),从而在我看来,实验很清楚地表明空气阻力对结果不可能有任何可觉察的影响.以下即将指明,除此以外,空气阻力还会引起表面张力值的改正项,其正负号和雷纳德教授所假设的相反.

度运动的假设下进行了波长的下列直接计算.

不受外力的不可压缩非黏滞性流体的普遍运动方程是

84

$$\rho\,\frac{\mathrm{D}u}{\mathrm{D}t} = -\frac{\partial p}{\partial x}, \; \rho\,\frac{\mathrm{D}v}{\mathrm{D}t} = -\frac{\partial p}{\partial y}, \; \rho\,\frac{\mathrm{D}w}{\mathrm{D}t} = -\frac{\partial p}{\partial z}, \tag{1}$$

和

$$\frac{\partial u}{\partial x} + \frac{\partial v}{\partial y} + \frac{\partial w}{\partial z} = 0, \tag{2}$$

式中 u、v、w 是速度分量，p 是压强，ρ 是密度，而且

$$\frac{\mathrm{D}}{\mathrm{D}t} = \frac{\partial}{\partial t} + u\,\frac{\partial}{\partial x} + v\,\frac{\partial}{\partial y} + w\,\frac{\partial}{\partial z}.$$

在所考虑的问题中，运动将是定态的. 令 $w = W + \omega$ 并假设 u、v 和 ω 是如此之小，以致它们的乘积以及与此乘积数量级相同的量在计算中都可以略去，我们就由(1)得到

$$\rho\mathrm{W}\,\frac{\partial u}{\partial z} = -\frac{\partial p}{\partial x}, \; \rho\mathrm{W}\,\frac{\partial v}{\partial z} = -\frac{d p}{d y},$$

$$\rho\Big(u\,\frac{\partial\mathrm{W}}{\partial x} + v\,\frac{\partial\mathrm{W}}{\partial y} + w\,\frac{\partial w}{\partial z}\Big) = -\frac{\partial p}{\partial z}. \tag{3}$$

引用极坐标 r 和 $\vartheta\,(x = r\cos\vartheta,\; y = r\sin\vartheta)$ 以及径向速度 α 和切向速度 β，假设 W 只是 r 的函数，我们借助于关系式

$$u = \alpha\cos\vartheta - \beta\sin\vartheta, \; v = \alpha\sin\vartheta + \beta\cos\vartheta,$$

就由(3)得到

$$\rho\mathrm{W}\,\frac{\partial\alpha}{\partial z} = -\frac{\partial p}{\partial r}, \; \rho\mathrm{W}\,\frac{\partial\beta}{\partial z} = -\frac{1}{r}\,\frac{\partial p}{\partial\vartheta},$$

$$\rho\Big(\alpha\,\frac{d\mathrm{W}}{dr} + \mathrm{W}\,\frac{\partial\omega}{\partial z}\Big) = -\frac{\partial p}{\partial z}, \tag{4}$$

并由(2)得到

$$\frac{\partial\alpha}{\partial r} + \frac{\alpha}{r} + \frac{1}{r}\,\frac{\partial\beta}{\partial\vartheta} + \frac{\partial\omega}{\partial z} = 0. \tag{5}$$

现在，假设 p、α、β 和 ω 具有 $f(r)e^{in\vartheta + ikz}$ 的形式，我们就由(4)和(5)得到

$$\frac{\partial^2 p}{\partial r^2} + \frac{\partial p}{\partial r}\Big(\frac{1}{r} - \frac{2}{\mathrm{W}}\,\frac{d\mathrm{W}}{dr}\Big) - p\Big(\frac{n^2}{r^2} + k^2\Big) = 0. \tag{6}$$

在 W 为恒量的情况下,(5)式的满足在 $r=0$ 处所加条件的解是

$$p_0 = \mathrm{A}\mathrm{J}_n(ikr)e^{in\vartheta+ikz},\tag{7}$$

式中 J_n 是 n 级贝塞耳函数的符号.

令

$$p = p_0 e^{\int_0^r \psi(r)dr},\tag{8}$$

我们就由(6)得到

$$\frac{d\psi}{dr} + \psi^2 + \psi\left(\frac{1}{r} + \frac{2}{p_0}\frac{\partial p_0}{\partial r} - \frac{2}{\mathrm{W}}\frac{d\mathrm{W}}{dr}\right) - \frac{2}{p_0\mathrm{W}}\frac{\partial p_0}{\partial r}\frac{d\mathrm{W}}{dr} = 0.\tag{9}$$

现在我们将假设 $\mathrm{W}=c+\sigma$,式中恒量 c 是液注的平均速度,而 σ 是比 c 小得多的一个量. 在这种情况下,ψ 是很小的,从而略去和 $(\sigma/c)^2$ 同数量级的量,我们就由(9)得到

$$\frac{d\psi}{dr} + \psi\left(\frac{1}{r} + \frac{2}{p_0}\frac{\partial p_0}{\partial r}\right) - \frac{2}{cp_0}\frac{\partial p_0}{\partial r}\frac{d\sigma}{dr} = 0.\tag{10}$$

在实验中,ikr 的数值将是一个很小的量——波长比液注直径大得多;因此,为了不把公式弄得太复杂,我们在计算 ψ 时将只应用 $\mathrm{J}_n(ikr)$ 表示式中的第一项. 这就给出 $\dfrac{1}{p_0}\dfrac{\partial p_0}{\partial r} = \dfrac{n}{r}$,从而(8)的解变成

$$\psi = \frac{2n}{c}r^{-(2n+1)}\left\{\int_0^r \frac{d\sigma}{dr}r^{2n}dr + \mathcal{E}\right\}.$$

在 $r=0$ 处运动是有限的,从而我们有 $\mathcal{E} = 0$.

分部积分,我们就得到

$$\psi = \frac{2n}{cr}\sigma - \frac{4n^2}{cr^{2n+1}}\int_0^r \sigma r^{2n-1}dr.\tag{11}$$

让我们假设表面的方程是

$$r - a = \zeta = Be^{in\vartheta+ikz}.$$

普遍的表面条件给出

$$\frac{\mathrm{D}}{\mathrm{D}t}(r-a-\zeta) = \left(\alpha\frac{\partial}{\partial r} + \frac{\beta}{r}\frac{\partial}{\partial\vartheta} + w\frac{\partial}{\partial z}\right)(r-a-\zeta) = 0,$$

于是,略去和方程(3)中所略去的同数量级的量,我们就得到

$$\alpha - \mathrm{W}\frac{\partial\zeta}{\partial z} = 0,\quad \zeta = -\frac{i}{\mathrm{W}k}\alpha.$$

同样,如果主曲率半径是 R_1 和 R_2,我们就进一步得到

$$\frac{1}{R_1} + \frac{1}{R_2} = \frac{1}{a} - \frac{\zeta}{a^2} - \frac{1}{a^2}\frac{\partial^2\zeta}{\partial\vartheta^2} - \frac{\partial^2\zeta}{\partial z^2} = \frac{1}{a} - \alpha\frac{i(n^2-1+k^2a^2)}{a^2\mathrm{W}k}.$$

用 T 表示表面张力,动态表面条件就将是

$$T\Big(\frac{1}{R_1} + \frac{1}{R_2}\Big) - p = 常量.$$

由此,在和以上相同的近似下并应用(4),我们就得到

$$\left[T\,\frac{(n^2-1-k^2a^2)}{\rho a^2 k^2\mathrm{W}^2}\,\frac{\partial p}{\partial r} - p\right]_{r=a} = 0. \tag{12}$$

利用(7)和(8),我们由(12)就得到

$$k^2 = T\,\frac{iak\,\mathrm{J}'_n(iak)}{\rho a^3\mathrm{J}_n(iak)}(n^2-1+a^2k^2)\left\{\frac{1}{\mathrm{W}^2}\Big(1+\psi\,\frac{p_0}{\partial p_0/\partial r}\Big)\right\}_{r=a}. \tag{13}$$

借助于(11),在和计算 ψ 时所用的相同的近似下,我们由(13)就得到

$$k = T\,\frac{iak\,\mathrm{J}'_n(iak)}{\rho c^2 a^3\mathrm{J}_n(iak)}(n^2-1+a^2k^2)\left[1 - \frac{4n}{ca^{2n}}\int_0^a\sigma r^{2n-1}dr\right]. \tag{14}$$

86

除去最后一项,上式就是瑞利勋爵得出的解. 因此我们看到,液注各同轴部分之间的速度差的效应,就在于将波长 λ 的公式($\lambda = 2\pi/k$)中的液注平均速度 c 换成"有效平均速度"

$$c' = c + \frac{2n}{a^{2n}}\int_0^a\sigma r^{2n-1}dr. \tag{15}$$

我们由(15)看到,n 越大,有效平均速度就越接近于表面速度;这可以用一件事实来解释,即 n 越大(n 即一级液注的周界上的波数),则随着从表面向液注轴线的移动,振动着的液体质点的速度减小得越快.

现在可以证明,如果液注的速度在中轴部分最大而在接近表面的过程中连续地减小(在实验中正是这种情况),则 c' 将小于 c;既然 c 是液注的平均速度,我们就有 $\int_0^a\sigma r\,dr = 0$,而且在所考虑的问题中还有 $\int_0^r\sigma r\,dr > 0$,此处 $a > r > 0$. 于是,对于 $n \geqslant 2$(在实验中 $n = 2$),我们就有

$$c' - c = \frac{2n}{a^{2n}}\int_0^a\sigma r^{2n-1}dr = -\frac{2n(2n-2)}{a^{2n}}\int_0^a\Big[\int_0^r\sigma r\,dr\Big]r^{2n-3}dr < 0. \tag{16}$$

我们已经看到,所考虑的速度将在实验所发现的相同方向上引起波长的改变;然后我们将进一步看看,波长改变量的减量怎样近似地用速度差的减小方式

来加以解释. 为了说明这一点,我们将引用上一论文的一个表中(上述论文原第 58 页)的四个实验. 在下面的附表中,列出了液注的平均半径 a、速度 v(根据平均半径和流量算出),而且 D_2/D_1 表示两个差值之比,D_2 即在波顶点 Ⅳ 和 Ⅴ 之间量得的波长和各波长所趋近的那一恒值的差,D_1 即在波顶点 Ⅱ 和 Ⅲ 之间量得的波长和该恒值的差(在这些差值中,引用了上述论文原第 59 页的表中所列关于液注曲率和关于波幅的微小改正项),l 表示顶点 Ⅳ、Ⅴ 的读数平均值和顶点 Ⅱ、Ⅲ 的读数平均值之间的差. 另外,α 表示和一个时间间隔 1/100 sec 相对应的两个位置处的波长改变量之比(根据改变量按指数规律递减的假设求得). 最后,α' 表示和一个时间间隔 1/100 sec 相对应的两个位置处液注中的速度差之比,根据上述论文原第 46 页的理论公式求得.

	Ⅰ.	Ⅱ.	Ⅲ.	Ⅳ.
a	0.067 55	0.075 54	0.075 95	0.080 10
v	426	428	426	429
$\dfrac{D_2}{D_1}$	0.54	0.53	0.53	0.50
l	4.30	5.16	5.16	5.59
$\alpha = \left(\dfrac{D_2}{D_1}\right)^{\frac{v}{100l}}$	0.54	0.59	0.59	0.59
$\alpha' = e^{-\frac{\mu}{\rho}\left(\frac{\pi 1.219\,7}{a}\right)^2 \frac{1}{100}}$	0.67	0.72	0.73	0.75

可以看到,波长改变量的减量的计算值和实验值在数量级上是符合的,而从这样一种近似计算也不能再有更多的期望了. 例如,没有理由期望如此靠近喷口的液注段中的速度分布能够用原第 46 页上普遍公式的第一项来完全地表示.

现在既已看到我的实验并不提供理由来得出表面刚刚形成以后的早期阶段中存在表面张力的变化的结论,我们将开始谈到雷纳德教授通过研究下落液滴的振动而求得的新形成液面的表面张力值.

按照我的看法,那里所研究的表面,由于形成液滴所用的时间较长,必须认为比我的实验所研究的表面更老一些. 雷纳德教授在他的最近一篇论文中提到[上引论文 p. 11,注(18)],这一时间(在他的第一篇论文中是 0.17—1.05 sec,而在他的后一篇论文中是 0.6—0.9 sec)对液滴表面的老化只有很小的贡献,因为在这段时间之内不断有新的表面在形成. 但是在我看来,这一情况并不能充分地保证忽略对这一问题而言是很长的那一段时间的合理性. 我倒是倾向于同意他的前一篇论文中提出的看法;按照那种看法,液滴的形成时间应该被看成表面年龄的一种量度(前引论文 p. 233).

比较一下雷纳德教授的(同上论文 p. 236)和瑞利勋爵的[*]关于肥皂溶液表面张力的实验就似乎也可以清楚地看出液滴的形成时间对表面的情况具有很大的影响. 通过瑞利勋爵用振动液注所作的实验,发现一种肥皂溶液的表面张力在表面形成的 1/100 秒以后和纯水的表面张力很相近;而雷纳德教授却通过振动液滴$\left(\text{形成时间大于}\frac{1}{4}\text{ sec}\right)$的实验发现,对应浓度(1:1 000)的肥皂溶液的表面张力小于水的表面张力的一半,从而是和肥皂溶液的表面张力的稳定值颇为相近的.

由上面这些情况看来,雷纳德教授通过他的实验发现的新形成的水面的高表面张力值,以及此种值的迅速减小,显得是和我的以前的实验结果不一致的,因为曾经发现,比雷纳德教授所研究过的水面年龄更小的水面,其表面张力在方法所允许的测定张力的时间间隔(表面形成后的 0.06—0.11 秒)内是小得多的和完全恒定的.

在我看来,用液滴振动法求得的和用液注振动法求得的那些结果之间的很大差异,其原因必须到一种情况中去找,那就是液滴法几乎不曾对由液滴的脱落所引起的力学性质的不规则性的影响给予充分的注意. 用液滴法来研究这种不规则性的影响似乎也比用液注法来研究更加困难得多,因为后一种方法中的现象的完全定态性大大方便了这种研究.

作为这些说法的结束,我可以请大家注意在我的论文中求得的年龄为 0.06 秒的水面的表面张力值(在 12℃下为 73.23 达因/厘米)和用静力学方法[†]求得的水面的表面张力值(佛耳克曼[‡]:在 12℃下为 73.72 达因/厘米;厄缶[§]:73.06)之间的良好一致性. 这种一致性似乎表明,在水面形成的 0.06 秒以后(而且按照本文的讨论看来也许更早得多),表面张力就已经成为如果避免污染则张力将在很长时间保持着的那个恒定值了.

89

---

[*] 'Roy. Soc. Proc. ,' 1890, vol. 47, p. 281.

[†] 关于用其他方法求得的结果,请参阅我的前一篇论文(前引论文,原第 62—65 页).

[‡] 'Wied. Ann. ,' 1895, vol. 56, p. 457.

[§] 'Math. es Természettud. ,' 1885, vol. 3, p. 54 (Budapest).

第二编　金 属 电 子 论 >>>>>

引　言

J·汝德·尼耳森　撰

尼耳斯·玻尔关于表面张力的工作,是用一种世界通用的语文发表的,从而立即就为在这一领域中工作着的物理学家们所知了.另一方面,由于他多次企图用一种外国语文发表他的博士论文都遭失败,他的关于金属电子论的更加独创和更加基本的工作却一直大体上不为人们所知.于是,在他的科学硕士论文中已经发现了的关于经典统计物理学不能解释物质的磁学性质这一重要结果,就常常被归功于凡丽温女士,她大约在十年以后才独立地发现了这一结果.*

1. 科学硕士论文(1909)

当玻尔关于表面张力的第一篇论文在 1909 年春季问世时,他还是一个为硕士学位而工作着的大学生.这一学位的考试由几个部分组成,其中包括按指定的课题写一篇论文,期限为六个星期.所指定的课题通常属于学生对之特别感兴趣并在学习中曾经对它给予了特别注意的一个领域.因此,这一"大作业"(store opgave)大致地和一篇硕士论文相当.

当时玻尔已经到维辛堡(Vissenbjerg,在 Funen 岛上)的一个牧师公馆中去准备这次考试;他的弟弟哈若德虽然比他小两岁,却已经在 1909 年 4 月间得到了数学方面的科学硕士学位,并且已经到哥廷根去和杰出数学家 E·朗道一起工作了.玻尔在 1909 年 5 月 4 日写给哈若德的信中说**:

　　……我将在一个星期之内离开这里,然后我就将开始搞我的大作业.我急于想知道它将是怎样的……

---

　*　J. H. van Leeuwen, Dissertation, Leiden 1919; J. de Physique (6) **2**(1921)361.
　**　尼耳斯写给哈若德的信件,以及他写给他母亲的几封信,对于他的早期工作很有说明意义.这些信件已选入本卷第三编中.

94　　　　由 C·克瑞斯先森指定的题目是:"论述电子论在解释金属的物理性质方面的应用."

玻尔显然很喜欢这个题目. 他在 4 月 26 日写给他弟弟的信中说:

　　　　……目前我正疯了似地热衷于洛伦兹(在莱顿)的电子论……

他在 6 月 9 日写道:

　　　　……至于考试作业,进行得尚称顺利,但我必须加紧工作,以免临时匆忙……

他于 6 月 28 日交了论文(由他母亲手抄). 本书原第 131—161 页就是这篇论文的译文. 在 7 月 1 日,他写信给哈若德说:

　　　　……现在我已经很幸运地结束了全部的撰写工作;那是非常好的,虽然我不能像某位硕士[按指哈若德]那样说我对结果完全满意. 事实上,这个问题是如此地广阔,以致我纵有生花之笔也只能满足于仅仅处理其几个片段. 但我希望审查者能够让它通过,因为我想我已经写进去了一两个别处未曾处理过的小问题. 不过,这些东西大多是消极性的(你知道我有一个坏习惯,就是相信自己能挑出别人的错处). 在更加积极的方面,我相信我已经对一个事实的原因作出了一点提示;这事实也许你不很熟悉,那就是合金不像组成它们的那些纯金属一样地容易导电. 我现在急于想知道克瑞斯先森将对这整个工作说些什么……

在日期为 7 月 4 日的写给他弟弟的下一封信中,玻尔表示他打算继续进行金属电子论方面的工作. 他写道:

　　　　……我想他[克瑞斯先森]不会制造什么困难. 至于论文本身,你从上次信中得到的只是很简略的报道;但是在一封信中解释起来并不是那么容易的……我相信我发现了一点什么,从而我想在下一个秋天就这一问题写点东西.

但是,在他能够重新回到金属电子论的工作以前,他不得不准备硕士学位考试. 他又下了乡,去准备功课. 在 1909 年 11 月 7 日,他写信给他(已经回到哥本哈根的)弟弟,让他找大学的某一位职员去要求定好笔试和口试的确切日期;两天以后,他又写信给哈若德,要求把祖臻教授的方程论的讲义寄给他. 不久以后,他就完满地通过了考试并获得了科学硕士学位.

2. 博士论文(1911)

获得硕士学位以后,玻尔就能够回到金属电子论的工作上来了. 在六个星期的写作硕士论文的工作中,他曾精心研读了有关这一课题的相当广泛的文献,并且在许多以前的工作中发现了错误或缺点. 洛伦兹的工作是一个例外,但这一工作是建立在关于自由电子和金属原子之间的相互作用的一些颇为特殊的假设上的. 玻尔现在决定试着发展一种建立在尽可能普遍的假设上的严密的金属电子论.

关于工作进行的一些迹象,可以从他写给哈若德的信中收集到. 在 1910 年6 月 25 日,他写信向弟弟道贺,他弟弟在获得哲学博士学位之后刚刚被聘为哥本哈根大学的数学助理教授(docent),他附带写道:

> ……我已经丢掉了几天的时间,但我现在即将重新真正努力工作了……

第二天,他又另外写道:

> ……我隐瞒不住我的冲天的艳羡之情,还望你不要见怪;在我对关于某些荒唐电子的一个荒唐问题思索了四个月而只能写成大约十四张多多少少零乱的初稿之后,这种心情也是不那么奇怪的. 不过,恐怕也难以瞒过助理教授的明鉴的是,我的心绪毕竟还不是太坏,而这也是不那么奇怪的,因为我相信我终于解决了那个有关某些荒唐电子的荒唐问题;不管怎样,我这次觉得至少这一"回合"比其他几次更有把握. 我所要谈的解,一半是统计的,一半是直接的而不涉及几率问题的. 它只要占两三行,而且如此简单,以致不管怎么努力也不会有人能够理解它曾经引起过困难(除非有另一个傻家伙也曾呆呆地坐在那儿把他的时间耗费在同样的荒唐问题上,而这却似乎是不可想象的)……

于是玻尔提到他弄到了一个新的公文包来装他所有的论文和稿件,并且接着写道:

96　　　　……老实说,我必须承认我不知道自己是对你的被任命、是对此刻我那些电子的良好行为、还是对这个公文包最感高兴;也许,唯一的回答是,感觉也像认识一样,必须安排在一些不能比较的平面上……*

在 7 月 5 日,他写信给他弟弟说:

　　　　……我希望写作将适当顺利地进行,但它现在却陷于停顿了.你知道,对于某些蠢人来说,每当他们感到此刻再也没有问题时,立刻就会出现一点儿反应……

　　三个星期以后,他写了一封长信,信中描写了一个悲喜剧式的事件("我那座自制的小小楼阁突然垮掉了").他知道他在计算中犯了错误,但找不出错误的所在.他的朋友数学家 N·E·诺伦德(其妹马格丽特于 1912 年嫁给了玻尔)帮他进行了验算.

　　　　……结果又是,我非常想证明其不相同的两个恒量事实上被证实为相等了……正如你将理解的,这许多挫折并不曾真正推动写作和文献研究……

　　为了躲开哥本哈根的纷扰,玻尔又一次撤退到了维辛堡的牧师公馆.在 11 月 24 日,他从那里给他弟弟写信说:

　　　　……你没能更早一些接到我的信……是因为我的写作进行得不那么顺利……但是现在我想情况开始好转了;你知道,只是好转了一点点,但是,当然我在这方面是不会忘乎所以的……

但是,在 1911 年 1 月 2 日,他又乐观一点了:

　　　　……我日子过得特别好;事实上,我在元旦那天已经写完了两章……现在我要开始写引论了……

----

　　*　这是玻尔早期认识论思想的一个暗示;这些思想包括语言的歧义性和多值函数在一个黎曼面上的表示之间的一种类比.见 L. Rosenfeld, *Niels Bohr's Contribution to Epistemology*(尼耳斯·玻尔对认识论的贡献),Physics Today **16**,No. 10(1963)47.

　　论文写完了,印好了,并且于 1911 年 4 月 12 日交到系里,等待哲学博士学位的答辩.玻尔的父亲在这篇论文完成以后不久就逝世了,从而玻尔用了这篇论文来作为对父亲的纪念.

　　论文的公开答辩在 5 月 13 日举行.数学家保罗·希加尔德教授和物理学家 C·克瑞斯先森教授是正式的"主试人".作为开场白和结束语,玻尔准备了下列的底稿:

　　　　尊敬而博学的教授们和博士们,女士们,先生们:

　　　　数学和自然科学系允许我今天在此答辩的论文,处理的是金属电子论,也就是处理的那样一种理论,它试图通过假设金属内部有一些很小的带电粒子来解释金属的奇特性质.

　　　　这样一种理论的基础,是由瑞其、诸德、J·J·汤姆孙和 H·A·洛伦兹这些研究者的开创性论文奠定了的.这些科学家所发展的理论,在许多基本问题上和实验符合得惊人地好;例如,诸德关于金属的导热率和导电率的计算,以及洛伦兹关于适用于温差电效应以及和热辐射相联系的那些现象的普遍定律的理论推导,就都是这样的.但是,在许多本质性的问题上,经验和理论结果却完全不相符合.

　　　　这篇作品试图在比上述各作者所作的更加普遍的假设的基础上来处理金属电子论,主要的目的是要考察理论的哪些结果在实质上依赖于所作的特殊假设,而哪些结果则在作了更普遍的假设时仍然是对的.换句话说,目的在于考察金属电子论在哪些地方可以具有能够和经验求得更好的符合的那样一种柔和性.

　　　　我希望论文中并没有多少妨碍阅读的印刷错误.但是我愿意指出我在论文印好后发现了的几个错误地方.

　　　　……*

随后就是保罗·希加尔德教授和 C·克瑞斯先森教授的正式"提问".在感谢了他们的"有兴趣的和有教益的提问"之后,玻尔的结束语如下:

　　　　我也愿意对克瑞斯先森教授表示感谢;在我的学习期间,他对我表现了永不衰退的兴趣,而且一直鼓励我进行科学工作.

　　　　最后,请允许我祝愿哥本哈根大学有一个丰富的和有成果的未来.

────────────

　　*　[中译者按:此处略去几行,内容涉及论文中印错的地方.]

97

98

99

1. Dr. Bohr.　2. Prof. Chrisiansen.　3. Prof. Heegaard.

Det er kun et Aars Tid siden afdøde Professor Bohrs ene Søn, Harald, erhvervede sig den filosofiske Doktorgrad. I Gaar er den lidt yngre Broder, Magister Niels Bohr, fulgt i hans lærde Fodspor.

Meningen havde været, at Disputatsen skulde være foregaaet i Annexet; men paa Grund af det amerikanske Professorbesøg var Handlingen i Stedet for bleven henlagt til et bestemt Auditorium paa selve Universitetet. Dette havde til Følge, at Tilhørerne maatte staa langt ud paa Gangen, og det var for saa vidt af det gode, at Opponenterne temmelig hurtig fik sagt, hvad de havde paa Hjerte.

Metallernes Elektrontheori, der er Emnet for Nils Bohrs Afhandling, er jo ogsaa et ret kedeligt Emne, og den første af Opponenterne, Professor Heegaard, dvælede i en Kritik af den sproglige Fremstilling væsentlig ved Udenværkerne. Mere ind paa det reelle kom den anden Opponent, Professor Christiansen, der havde megen Anerkendelse tilovers for Doktorandens Arbejde.

Prof. Christiansen mindede om, at efter H. C. Ørsted var Lorentz den Danker, der havde været bedst hjemme paa det videnskabelige Omraade. Talen var om, og Professoren havde altid plejet at tage ud til Lorentz, naar han i hertzen hørte Spørgsmaal vilde have Besked. Siden Lorentz' Tid havde vi ikke havt nogen Fagmand paa det omhandlede Felt, og Opponenten sluttede derfor med at udtale sin Glæde over, at dette Savn nu med Niels Bohr var afhjulpet.

哥本哈根报纸 *Dagbladet* 关于尼耳斯·玻尔的论文答辩的报道

在 5 月 14 日,哥本哈根的报纸《政治家》(*Politiken*)对这一事件作了如下的
报道〔原书采用了英译〕：

98

　　昨天,已故玻尔教授的另一个儿子进行了哲学博士学位的论文答辩,论
文题目是《金属电子论的研究》.

　　此人就是 25 岁的科学硕士尼耳斯·玻尔,他在仅仅过了一个半小时以
后就作为哲学博士离开了大学.希加尔德教授是第一个提问人.他谈论了论
文的语文方面,而且对这篇渊博的论著有褒无贬.克瑞斯先森教授随即提出
了更加专门化的诘难,但这只有在最形象的意义下才成其为诘难.

　　克瑞斯先森按照他那惯用的兴高采烈的方式发了言,讲了一些小小的
轶事,甚至称赞尼耳斯·玻尔的著作说该
书未能用外文出版是一件憾事.在丹麦这
里,几乎没有什么足够熟悉金属电子论以
致能够评判有关这一课题的学位论文
的人.

　　玻尔博士是一个苍白而谦逊的青年
人,他在答辩过程中没讲很多话,而答辩时
间之短则创了新纪录.小小的第三会议室
中挤满了人,还有人远远地站在走廊中.

这篇报道中有一幅插图,表示玻尔正站在讲桌
边进行答辩,现在也复制在这里.

　　本书照原样复印了这篇学位论文〔汉译本
略去〕,并给出了它的英文译本.

　　当他已经把他的学位论文的复本寄给了不
同的朋友、亲属和丹麦科学家以后,玻尔收到了
一些贺信.其中最有趣的也许是物理化学家尼耳
斯·杰尔汝姆*写来的一封信;杰尔汝姆当时
正在柏林和能斯特一起工作.他后来成了玻尔
的一位密友.他的信上的日期是 1911 年 4 月
27 日,信文如下：

尼耳斯·玻尔在论文答辩中
(1911 年 5 月 14 日 *Politiken* 报)

————————————

　　* 尼耳斯·杰尔汝姆(1879—1958)从 1912 年到 1914 年是哥本哈根大学的化学助理教授(docent),从
1914 年到 1949 年是丹麦农学院的教授.从 1939 年到 1946 年他担任了农学院院长的职务.他因有关热力学
对化学问题的应用的开创性工作而闻名于世,他是首先将量子概念应用于分子结构和带光谱的人物之一.

101　　　　　亲爱的科学硕士玻尔先生:

　　　　感谢你将你的博士论文寄给我. 到现在,我还只是设法找时间浏览了一下,但是我已经看到它很深入地处理了目前很时髦的金属电子论. 在柏林这里,对于普朗克、汝本斯和能斯特来说,电子观念差不多是唯一使他们感兴趣的观念. 既然我近来因为这种原因而对于这些观念变得更加熟悉,你的大作也就使我更感兴趣了. 如果电子真是和金属原子处于热平衡那还了得! 因为,如果那样,由于金属的比热很小,电子也就会少得吓人了. 但是,必须希望不久的将来这一困难就能解决.

　　　　衷心祝贺你这样早地就得到了哲学博士的地位,并在此亲切致意.

你的很忠实的
尼耳斯·杰尔汝姆

3. 大陆物理学家们对博士论文的早期反应(1911—1912)

　　玻尔将他的博士论文的复本寄给了对金属电子论有过贡献的外国物理学家们,也寄给了一些别的物理学家们. 虽然论文是用丹麦文写的,若干大陆物理学家却还是能够理解到某种程度的;于是就引起了他们和玻尔之间的一些通信,这些信件已重印在本书原第 397—409 页上.

　　玻尔也把他的一份论文复本寄给了卡耳·威廉·奥席恩;在 1909 年,奥席恩就以 30 岁的年龄成了瑞典的乌普萨拉大学的教授*. 奥席恩在阅读这篇论文时没有语文上的困难,他收到论文后的来信如下:

7 月 5 日,1911

　　　　卡耳伯格,雷克散德

　　　　亲爱的博士:

　　　　收到你的《论金属电子论》一书,迟迟未能函谢. 我希望首先能够比在学期末读它时更加透彻地读读它. 既然我现在已经有机会做到了这一点,我就愿意说,在我们北欧诸国的一国中出现这样一本很有根柢的数理物理学著

---

　　*　卡耳·威廉·奥席恩(1879—1944),1903 年在伦德大学得哲学博士学位,1902—1904 年任该校助理教授,1904—1909 年任副教授;1909—1933 年任乌普萨拉大学的力学和数理物理学教授;1933—1944 年任诺贝尔研究所所长. 奥席恩对于流体动力学有过开创性的贡献,特别是在考虑液体黏滞性方面和发展液体中运动物体所受阻力的计算方法方面. 他在各向异性液体理论、电磁学、量子理论和相对论方面也作出了贡献.

作使我很感高兴.我愿意特别对你对于这一课题方面的大量论文所作的批　　　102
评表示高兴.部分地由于想到这些特定的文献,我长期以来就认为目前数理
物理学所最需要的就是批评.

希望在哥本哈根会议上能够和你见面.致以最崇高的敬礼并深致谢忱.

C·W·奥席恩

这里说的会议,就是 1911 年夏天的晚些时候在哥本哈根召开的斯堪的纳维
亚数学会议.奥席恩和哈若德·玻尔都是会议上的发言人,而就在这一场合下,
在奥席恩和玻尔兄弟之间就建立了亲密而持久的友谊.

在关于金属的色散和吸收的电子论的一篇论文(Ann. d. Phys. **38**(1912)
731)中,另一位瑞典物理学家 D·恩斯考格 * 曾提到玻尔的学位论文如下 D**:

具有令人满意的严密性的第一种金属电子论是由 H·A·洛伦兹给出
的……

后来的作者们以洛伦兹理论为出发点而进一步发展了电子论.例如,
J·J·汤姆孙、J·H·金斯和 H·A·威耳孙曾经针对按正弦函数而振动
的场强计算了电流强度.这一工作的结果有一部分是不正确的.这些结果已
由石原(Jun Ishiwara, Proc. Tokyo Math. -Phys. Soc. (2)**6**, pp. 56—65,
1911)和玻尔(Niels Bohr, Studie⟨r⟩over Metallernes El. theorie(Diss.)
Kopenhagen 1911)进行了改正.石原的论文中包含了对威耳孙所用方法的
详尽评论,而在玻尔的论文中则可以找到关于这一领域中已发表的工作的
内容丰富而又很有价值的讨论.

石原是以洛伦兹的基本假设为基础的.玻尔推广了理论,使之可以允
许任意的相互作用定律,在讨论中并不要求金属分子的速度从一开始就
等于零,关于电子间的相互作用也不要求特殊的先决条件.然而金属分子
必须满足一个条件:即使当外力存在时也应在媒质中为各向同性.这就
意味着,例如其速度分布必须完全对称;这是对普遍性的一种不小的限　　　103
制.这种限制看来并不是不能容许的,而洛伦兹的假设也是如此,正如从
分子的速度可以完全看出的那样.另一方面,作用于一个运动电子和一个

---

　　* 大卫·恩斯考格(1884—1947)于 1917 年在乌普萨拉获哲学博士学位,于 1918 年在耶夫勒任讲师,
1930 年在斯德哥尔摩的高等技术学校任数学和力学教授.他对气体分子运动论和放射性理论作出了根本
性的贡献.

　　** 中译本初版校订者注:原系德文,未附英译,汉译文由乐光尧译出初稿,由戈革统一笔调.以后还有
几段也是如此,都用 D 号标明,不另注.

偶极子或小磁铁之间的力也是满足玻尔假设的,尽管这种力不是辏力.——玻尔得出了作为基本方程的积分方程,这种方程在不同的情况下可以用弗雷霍慕方法或其他方法来处理.普遍结果包含一些没有解析表示式的函数,它们在某些特定的情况下可以算出.在其他情况下,只能求得定性的结论.

4. 和英国物理学家们进行的讨论,用英文发表博士论文的早期努力(1911—1913)

当他已经获得了博士学位时,25 岁的尼耳斯·玻尔接受了卡尔斯伯基金会的奖学金到英国学习一年.虽然他无疑地也曾经把他的博士论文寄给某些英国物理学家,但却没有任何证据表明他们中的任何人曾经试图破译该文并了解其内容.为了能够使英国物理学家们知道他在金属电子论方面的工作而且也希望在一个英国期刊上发表该文,玻尔在离开丹麦之前准备了他的博士论文的英译本.他曾经得到一位朋友卡耳·克瑞斯先·劳楚普的协助,此人曾经在英国住过一些时候.但是,劳楚普几乎不懂物理学,而玻尔的英文写作知识又颇为欠缺(当时丹麦学校中讲授的主要外语是德语,而法语和英语则在课程中占着较次要的地位).因此,翻译的结果也就不很通顺,而且包括诸如将"电荷"(electric charge)译成"电负载"(electric loading)之类的差错.

在日期为 1911 年 9 月 6 日的一封给奥席恩的信中,玻尔写道:

　　……此刻我心中只想到那篇笨拙的译文,我用了全部力量来搞这篇东西,为的是尽可能早地动身[去剑桥]……

最后,他终于在 9 月底动身了,但到达剑桥的头几天还不得不赶着填写公式.

现在他的旷日持久的努力开始了,他要得到英国物理学家们对他的论文结果的反应并将论文用英文发表.开始的时候他心中充满了乐观情绪.例如,他在9 月 29 日写信给他弟弟说:

104　　啊,哈若德! 我的情况真顺利.我刚刚和 J·J·汤姆孙谈了话,并且尽我所能地向他说明了我关于辐射、磁性等等的想法.如果你能懂得和这样一位人物谈话对我意味着什么就好了……我确实相信他觉得我所说的是有些道理的.他现在即将读那本书了……我也很高兴我在皇家学会发表了那些[关于表面张力的]论文.但是,最首要的是,我为了我的论文[按

指博士论文的译本]已经结束并能够把它交给汤姆孙而感到说不出的高
兴和感谢……

玻尔起先探索了由皇家学会发表那篇博士论文的可能性. 但是, 在一封日期
为 1911 年 10 月 16 日的信中, J·拉摩尔通知他如下:

如果全文不在其他地方付印, 皇家学会的出版委员会有可能同意在他
们的《会刊》上作为"新事物"发表一段摘要, 篇幅约五六页. 但是, 条例严格
地排除任何解说性的或争论性的来件, 事实上是只刊载对于新知识的贡
献——除非是问题涉及他们自己的出版物上的错误, 那是特例. 因此, 如果
提交你的很有兴趣的论文, 我想他们接受此文的前景是没有的.

玻尔很快地发现, 得到汤姆孙的注意也是困难的. 他在 10 月 23 日写信给哈
若德说:

……汤姆孙一直不像我在第一天所想的那样容易相处. 他是个优秀人
物, 难以置信地聪明而又充满了想象力(你应该听一门他的初等的讲课), 而
且极端地友好;但是他有那么多事情, 忙得不可开交, 而且他又那么专心地
工作, 以致你找他谈话都很困难. 他还没找到时间读我的论文, 而且我也还
不知道他是否接受我的批评. 他只和我谈过少数几次, 每次一两分钟, 而
且只谈起一个问题, 即我对他的关于热射线的吸收的计算所提出的批评.
你可能记得我曾经指出, 在他的吸收计算中(和发射的情况相反), 他没有
把碰撞所需的时间考虑在内, 从而得到的发射和吸收之间的比值对于小
的振动周期来说是有着错误的数量级的. 汤姆孙起初说他看不出碰撞时
间会对吸收有那么大的影响. 我试着对他进行了解释, 而且在第二天交给
他一个很简单例子……的计算, 这种计算清楚地表明了上述影响. 从那以
后, 我只有在大约一个星期以前才和他就此问题谈了一小会儿, 而且我相
信他觉得我的计算是对的;但是, 我唯一确信的是, 他认为可以找到将会
在普通电磁学定律的基础上解释热辐射定律的一种机械模型, 而正如我
已经间接证明并且后来又由麦克拉润直接证明了的(见下文), 这种事情
是显然不可能的.

105

正像我以前说过的, 和汤姆孙谈话是极其愉快的, 而且我每次都那么高
兴和他交谈;但是困难在于没有〈能够找到他的〉确定时间, 从而人们不得不
在他工作的时候去打搅他(他得不到多少安静时间);尽管如此, 他还是很友

好的；但是当你和他谈了片刻之后，他就会想起自已的一件什么事来，于是你话还没说完他就走了（人们说他会丢下国王而径自走开，而这在英国是比在丹麦更加严重的事），于是你就得到一种印象，即他把你的事完全忘掉了，直到你下一次再斗胆去打搅他……我有一两次在金斯下课时去找他谈（最近一次我是从他在课堂上所讲的某些我认为不太对的东西开始的）；他是很友好的，但他话很少，而且每次都说要等我的论文用英文印出以后〈再来讨论它〉。

关于论文的发表问题，我还不知道任何确切情况；我已经和汤姆孙谈过一两次这个问题（我起初希望等到他读过该文以后再说），一次是两星期以前，再一次是上星期六；他已经答应去了解一下，看能不能在剑桥哲学学会的《报告》上发表．由皇家学会来发表显然是不可能的．我已经和拉摩尔……谈过，他认为那是不可能的，这并不是因为它已经用丹麦文发表过，而是因为论文中包含了对别人工作的批评，而皇家学会则认为不发表起源于本身出版物以外的批评是一条不可违犯的条例．

如果我能够把它在《剑桥报告》上发表出去，那将是很好的；它将在那里很快地刊出，而且开始有点情况紧迫了；自从丹麦文本发表以后，《哲学杂志》上已经刊出了有关相同课题的两篇长论文，而〈作者们〉却显然不知道我的文章．其中一篇倒无所谓，它是以威耳孙的结果为依据的；但是另一篇却很精彩（作者是麦克劳润），而且给出了比我的结果之一更为普遍的结果．他通过考虑一种情况而针对一切振动周期计算了吸收和发射的比值，在该种情况中，电子是被假设为相互独立地在稳定力场中运动着的；这种结果几乎只有评论的兴趣，因为正如我曾提到的，只有对于长的振动周期才可能和实验取得一致……

于是玻尔谈到他听的课程，并抱怨实验室的工作使他没工夫读书（按照汤姆孙的建议，他参加了有关阴极射线问题的工作）；然后他接着写道：

106
……除此以外，目前我还要在我自己的论文上进行大量的工作；我在实验室中遇见了一位极好的青年人（奥文先生），承他好意，答应帮我把论文校阅一遍；他看得非常认真，但因时间太少，所以现在我们几乎已经停顿了，因此，如果我们不能很快地重新开始，我就必须另外设法把它搞完了……

一星期以后，玻尔写信给他母亲说：

　　　　情况很好；并不是说我已经得到汤姆孙的答复，而是说我的情绪很高，
　　而且有许多打算……星期五我要到曼彻斯特去拜访劳兰·斯密兹〔他父亲
　　的一位同行和朋友〕……

　　在曼彻斯特，玻尔被介绍给了卢瑟福. 他给人留下了深刻的印象，并且探询
了下学期到卢瑟福的实验室中工作的可能性. 在 1912 年 1 月 28 日，他写信给他
的母亲和弟弟说：

　　　　……写这封短信是要通知你们，我今天收到卢瑟福的一封很亲切的来
　　信. 他写道，我下学期去曼彻斯特对他来说是很合适的……

　　同时，玻尔也想要和麦克劳润接触，他对麦克劳润的论文是曾经深感兴趣
的. 他到伯明翰访问了麦克劳润，并且后来给他写了信；这封信和给奥席恩的讨
论相同课题的信一起，载在本书原第 432—434 页上.
　　汤姆孙显然从来没有读玻尔的学位论文. 在 1912 年 3 月，玻尔就去了曼彻
斯特，并修习了一门关于放射性的实验课程.
　　在 1911 年 11 月 13 日，玻尔曾经在剑桥哲学学会的一次会议上报告过金属
电子论. 开会的通知，以及他为这次演讲所写的讲稿，都重印在本书原第 412—
419 页上. 在报告的同时，他也交去了学位论文的译本，希望能由学会给予发
表. 在 1912 年 2 月 5 日，他写信给他弟弟道：

　　　　……我没有谈到哲学学会，因为审稿委员会在上次开会之前没有报告；
　　但是在 2 月 12 日又要开一次会，那时我希望听到他们的意见. 我的论文若
　　能很快发表我就会很高兴了……

　　在 5 月初，他终于收到了下面的信：

　　　　　　　　　　　　　　　　　　　　　　　　　　三一学院，剑桥
　　　　　　　　　　　　　　　　　　　　　　　　　　5 月 7 日，1912
　　亲爱的玻尔博士：
　　　剑桥哲学学会理事会昨天考虑了审稿委员们关于你于去年 11 月 13 日
交来的论文的报告. 印行这样长的一篇论文的费用，是学会无法负担的. 但
是据他们了解，你可以精简一半左右的篇幅而不致重大地减低论文的价值.
如果你愿意尝试这一工作并把论文再寄给我们，我想我们就是可以接受的.

请将你现在的通信处示知,我将把你的论文寄上.

你的忠实的

E·L·巴恩斯

玻尔立即写了回信:

曼彻斯特,5月8日,1912

亲爱的巴恩斯博士:

5月7日惠函收到,甚为感谢.来信谈到剑桥哲学学会理事会关于我的论文的决定.我将考虑决定中的建议.

你的忠实的

N·玻尔

我的通信处是"胡耳姆馆,维多利亚学园,曼彻斯特".

玻尔在5月19日写信给他弟弟道:

你已经听到关于我的论文的事了……我不太知道应该拿它怎么办,因此(为了不引起太多的不必要的麻烦)我起初有点想试试自己能不能很容易地精简它,以及这能不能使我满意.为了使你充分了解情况,我现在将秘书来信的副本和我的复信的副本都寄给你.我还不很确切地知道怎么办才好.我还不曾有时间来认真地作出精简它的努力,但我现在相信这正是必须做的事情;事实上我不能肯定这样不会有好处(更容易读一些);而且,要把它弄得很完善,以便有希望使某些人能够把它当成一本书来看待也需要太多的功夫(而且我现在不敢承担再多的工作了).我很清楚的是,要做的事必须很快地做成……

在5月27日,他又写信给哈若德:

……关于论文,我还不曾有过任何时间,而且恐怕我不会很快地就有时间,如果我将在实验室中做些真正的工作的话.而且我还不能肯定到底想把它怎么办.我有些想把它在全文的形式下发表出去.当我弄清楚这是否可能时,我将很快地告诉你.现今我颇愿发表它的全文,因为我相信我已经发现了某种东西;如果这是对的(而就我所能看到的来说,在没做更多的实验以前谁也不能宣称它不对;有些实验我打算明年和奥文一起做,如果那时还没有别人做过的话),那么我的发现就将排除对于我已经处理过的这样一种电子论的一切可能提出的(而且近来已经提出的)主要反对见解;事实上,如果情况是那样,我的作品的价值就将和目前人们所认识的稍有不同了.

亲爱的哈若德!你知道我多么容易把问题搞错,从而这么早地告诉你这些事也许是愚蠢的,但我今晚非常想和你谈谈,因为在这里我找不到任何对这种事情真正感兴趣的人.如果这真是有意义的,我将争取尽快地把它写出来和送出去,但我几乎没有时间真正把精力集中到这种事情上并将必要的文献阅读一遍;现在我整天待在实验室里,而这是绝对必要的.你也问到实验室中的工作.那工作确实进行得很顺利.可惜我必须立即声明,我还不能肯定卢瑟福交给我的任务会有多大的结果……但是,不管怎样,我每天都学到很多东西,因为这是真正的工作,而且卢瑟福是一位那么优秀的人物,而且他对和他一起工作的所有人的工作都感到真正的兴趣……

1912 年 5 月 28 日

……昨天我忘了发这封信,现在重新拆开,来告诉你现在我相信已经不得不稍微改变我的想法了.我仍然认为,我所谈到的那种想法也许有着不小的普遍意义(假如它将来竟能和实验相符的话),而且它也可以解释金属电子论中某些普遍性的困难(例如根据简单的考虑无法理解的一件事实,即汤姆孙效应(正如你可能记得的)显得是具有错误的数量级,还有一件事实即金属的比热在低温下并不较大(我相信这是你曾经听说过的一个困难));但是,是否能够解释依赖于电子在金属中运动时所处的特定条件的那些更加特殊的现象,却又是另外的问题了.例如,我倾向于相信,根据我在第 4 节中所用的特殊假设,即不考虑可以说是使电子一起通过金属而运动的那种电子之间的作用力,大概不可能解释良导性金属的很高的电导率.今天早晨,我读到斯塔克关于这一问题的一篇很有趣的文章(斯塔克是一个很有名的人)*.(他不知道,他用来解释合金和纯金属的差别的那些概念,大多数是和我所用过的概念相同的.)他对电导率的解释作出了有趣的提示,但是他说他看不出怎样用这种办法来解释热导率;但是我对这一点却有一个概念,而且我已经想到或许就这一问题写些东西了.

109

---

　　* [J·斯塔克(Jahrb. d. Rad. u. El. **9**(1912)188)假设金属晶体中每一个原子释放一个价电子,而且这些价电子形成的一种规则的点阵将带正电的原子保持在一起.点阵中的一个电子只能在某些曲面("Schubflächen")上移动,而且这只有当许多电子同时移动时才有可能.]

现在我不再用这些无意识的话来麻烦你了；我必须等一等，并且让这各种的事物稍停一下．从我这方面来说，我对于今年我能完成多少工作毫无概念；就这同一课题来写文章取决于那么多外在情况，而且也取决于别人发现什么或已经发现了什么．我只是觉得，我也许正在开始回到这一领域中来．

把这些话都告诉你是非常惬意的，但是你要理解，所有这一切都还没有定下来．

在尼耳斯·玻尔文献馆中，有一页关于斯塔克的论文的评注；这篇评注载在本编原第 438 页．

在他于 6 月 12 日写给他弟弟的信中，玻尔第一次提到了卢瑟福的原子模型，并且说他已经在做和这种模型有关的理论工作了．然后他写道：

……关于上次我谈到的那些问题，我仍然相信它们可能是重要的（如果它们是对的），但是在我在这里〈在曼彻斯特〉停留的短期之内，我将不会有时间考虑发表它们了，而且我在实验室中还有工作．至于我的博士论文，正如我所说过的，我现在正做最后一次努力来争取在此地发表它，而且如果我不能成功，我就必须自己出版它（我很高兴我现在有这种〈经济〉能力了），如果没人肯接受它的话（而且别人肯接受的前景是几乎没有的，特别是因为现在奥席恩身体又不好）；因为我相当有决心把它全文发表，而且要很快做到．如果可能的话，我正在想很快就试图从稍有不同的、或许和实在情况更相适应的（对应于上次我谈到的斯塔克的想法的）角度来处理电子论，但是那时我必须首先把旧的东西脱手……

在写给他弟弟的下一封信中，玻尔提到"我或许已经发现了有关原子结构的一点东西"．在他在曼彻斯特停留的四个月的末期，以及在他回到哥本哈根以后（他于 1912 年 9 月在哥本哈根成为马丁·努德森教授* 的科学助手），他都致力于这一工作；这一工作在一年以后导致了众所周知的划时代的结果．但是，他用一种国际性语文发表博士论文的努力仍在继续进行，至少是间断地进行，而且有几年他还偶尔表示重新进行金属电子论方面的工作的愿望．

将博士论文用英文发表出去的最大困难显然是找不到时间和帮手来准备一

110

---

* 马丁·努德森(1871—1949)从 1901 年起在哥本哈根大学任物理学助理教授，直到他于 1912 年接替了 C·克瑞斯先森的教授职位为止．他以一系列有关低压气体的研究而闻名，那些研究提供了气体分子运动论的定量的实验验证；他也进行了水文学的研究并设计了海洋勘探的仪器．

篇可接受的译文.有一段时间玻尔想到 E・A・奥文或许能够通过修订他带到剑桥的那篇译文来提供所需的协助,然而,虽然奥文开始那样做了,但是那工作却似乎没有进行多少,而且似乎从来没有完成.

1912 年 7 月 1 日,奥文从班戈写信给玻尔说:

> ……把你所有的困难都带来,我将尽力帮助你.元素的电子论怎么样了?我非常希望听到发展情况,而且我相信做完以后那将是相当好的……

在玻尔回到哥本哈根过了一些时候以后,奥文又于 1913 年 2 月 23 日写了一封长信,信中提到了翻译问题:

> ……上星期我有一些空闲来读你的关于金属电子论的博士论文的译本.如果你记得,我这里仍然保留着论文的前两章.我希望能够在短时间内把它们完全改好寄给你,并且因为拖延太久而深感抱歉.

在 1913 年 11 月 28 日,奥文来信感谢寄给他的《论原子构造和分子构造》的前两篇论文(Phil. Mag. **26**(1913)1,476),并且接着写道:

> ……我颇望能够阅读丹麦文,以便改完你的博士论文.你准备什么时候把它印成书的形式?你确实应该早些这样做.我将肯定地劝你认真对待这个问题,并且决定一旦可能就把它用书的形式发表出去——用英文而不是用德文.如果我能够对你有所帮助,我将很愿为你效力……

几乎又过了一年,在 1914 年 11 月 11 日他又写信来说:

> ……我很高兴这里有你的译成英文的书.过去几个月来,我曾经多次希望它在我手边……

虽然最后这两封信似乎表明英文译本的修订已经完成了,但这却不能用尼耳斯・玻尔文献馆中的任何资料来证实.在和奥文的后来通讯中,博士论文就不再提起了.

5. 关于温差电现象电子论的评注(1912)

111

1912 年 2 月,当时在普林斯顿大学的 O・W・瑞查孙发表了一篇论文——

《接触电动势和温差电的电子论》(Phil. Mag. **23**(1912)263). 在此文中,他通过考虑电子流过由不同金属构成的电路的循环过程并应用热力学第一、第二定律得出了珀耳帖系数和汤姆孙系数的表示式.

在我们已经引用过一段的 2 月 2 日写给他弟弟的信中*,玻尔提到了瑞查孙的论文如下:

> ……在星期六寄到的最近一期《哲学杂志》上,刊出了瑞查孙的一篇处理温差电现象电子论的论文. 这是一篇很有兴趣的论文,但是他完全没有和我掌握相同的东西. 例如,瑞查孙相信自己已经给出了珀耳帖效应和汤姆孙效应的一种普遍的推导,但是他的公式不过就是洛伦兹的公式,而根本不是我的普遍得多的公式. 要找出不对头的地方并不是那么容易的,而且假如不是我已经知道自己的工作,我也许根本就找不出来. 我已经就此问题写了一点东西给《哲学杂志》……我相信它是相当好的(奥文很亲切地帮了我的忙),而且,如果他们不找任何麻烦地予以发表,我将是很高兴的;那样我就会非常喜欢瑞查孙的论文了,因为我已经说过,那文章确实很精彩……

玻尔于 1912 年 2 月 5 日将他的评注寄交 Phil. Mag. ,到了 2 月 21 日以后还没收到编辑的任何回信,他又写了信去问这篇评注有没有收到以及是否即将在最近一期 Phil. Mag. 上发表. 在 2 月 26 日,他收到了下列回信:

出版办公室
红狮广场,舰队街,E. C.
2 月 26 日,1912

亲爱的先生:

我们手头有瑞查孙教授的另一篇论文;此文不久即将刊出,而且文中提到了他以前没有见到过的你的博士论文《Studier over Metallernes Elektronentheorie》. 我们认为最好将任何讨论都推迟到此文刊出和你有机会看到它以后.

你的忠实的
W · 弗兰西斯

---

* 〔中译者按:此处的"2 月 2 日"应为"2 月 5 日",原书编者误记.〕

玻尔用一种并非他的特征的坚定性表示了异议,他回信说:

112

> 爱耳提斯利大街
> 剑桥
> 3 月 1 日,1912

W·弗兰西斯,Esq.

亲爱的先生:

　　2 月 26 日来信收到,甚谢. 但我不能理解你们为何推迟发表我的评注. 因此我将十分感谢,如果你们能费心告诉我你们是否在收到我的评注之前就已收到瑞查孙教授的第二篇论文——即上次来信提到的文中谈到我的结果的那篇论文;因为,不然的话,我就不能理解你们为什么不先期或至少和瑞查孙教授的论文同时发表我的评注了.

> 你的忠诚的
> N·玻尔

　　在 3 月 25 日,弗兰西斯寄给玻尔一份瑞查孙论文的校样,上面注明:"他早已提到你的工作(见 p. 594),这样或许就使你的评注成为不必要的了."当时已在曼彻斯特的玻尔回信道:

> 胡耳姆馆
> 维多利亚学园
> 曼彻斯特
> 3 月 27 日,1912

W·弗兰西斯,Esq.

亲爱的先生:

　　3 月 25 日惠书收到,承示瑞查孙教授论文,皆甚铭感. 但是,我发现你们误解了我的评注的用意. 这完全不是时间先后问题,而只是企图指出和说明瑞查孙教授的计算和我的计算之间的不一致. 既然这种不一致仍然照样存在(瑞查孙教授提到我的论文,那只能解决另外的问题),我现在将我的评注加了附言再次寄给你;如果能将此评注在下一期 Phil. Mag. 上或是尽可能快地惠予发表,则我将甚感盛情.

> 你的忠实的
> 尼耳斯·玻尔

这篇评注现在被接受在 Phil. Mag. 上发表了. 在 5 月 16 日, 玻尔写信感谢寄来校样, 并且按照他的个性附带地说:

113

　　　　校样改得如此之多, 在此致歉, 但我很怕有些句子不是那么容易理解. 我甚愿得见二校校样.

玻尔的评注终于在 6 月份的期刊上发表了(Phil. Mag. **23**(1912)984). 这篇评注见本书原第 440—442 页. 瑞查孙的第二篇论文早发表一个月(Phil. Mag. **23**(1912)594), 文中通过放弃金属中一切自由电子都具有相同势能的假设而推广了他的推导.

在 1912 年 11 月间, 瑞查孙发表了第三篇关于温差电效应和热电子发射效应的电子论的论文(Phil. Mag. **24**(1912)737). 这篇论文的第二节旨在回答玻尔的批评. 瑞查孙在开头处写道:

　　　　我的公式和玻尔博士所得到的公式之间的差别似乎并不起源于我所用的方法的任何内在缺点, 而是起源于我没有注意将一些效应考虑在内这一事实, 那些效应是由电流在不同金属中传递动能的比率的可能差别引起的. 我的计算很容易推广, 以将这些效应按下列方式包括在内.

再次修改了电路, 他得到了更普遍一些的公式. 他指出, 当作用在电子上的力在其中为可觉察的那些区域的体积比该力在其中为可忽略的那些区域的体积小许多时, 这些公式就和玻尔所得到的公式相一致, 他最后下结论说:

　　　　这种情况下的一致性似乎有力地支持了热力学方法的有效性, 而且似乎驳倒了认为可逆性假设是一种任意的假设的那种观点.

玻尔不同意这一结论, 并且开始撰写另一篇评注. 但是, 由于被关于原子结构的工作占住了手, 使他没有能够完成和发表这篇评注. 在尼耳斯·玻尔文献馆中找到了一篇很初步的未完成的底稿, 这是他母亲的手迹, 显然是按照玻尔的口授抄出的. 这篇评注见本书原第 443—444 页.

6. 关于金属电子论的演讲(1914)

玻尔在 1913 年被聘为哥本哈根大学的助理教授(docent). 他的主要任务是

讲授医科学生的课程. 但是, 在 1914 年春天, 他在金属电子论方面作了一系列演讲. 他在 3 月 3 日写信给奥席恩说:

> ……几天以后我将开始作金属电子论方面的系统演讲. 我正在盼望有一天回到这一课题上来再做些工作; 但是近几年来它确实已经起了异常之大的变化, 而且……那些问题已经变得极其复杂了. 我有一些即将试图表述出来的新想法; 但是我是在不知怎样结束的情况下开始这些演讲的……

114

玻尔为这些演讲所准备的讲稿(的译文)见本书原第 445—471 页. 这些讲稿并没有清楚地表明他那些新想法是什么, 而且他一直没找到时间来把那些新想法表述出来. 在 1914 年的年底, 他去了曼彻斯特大学, 接替被征入伍的查尔斯·G·达尔文的理论物理学讲座(reader)职务. 他在曼彻斯特停留到 1916 年秋季为止, 那时在哥本哈根大学为他设立了理论物理学教授的职位.

在日期为 1915 年 3 月 2 日的一封发自曼彻斯特的信中, 玻尔要求他弟弟去和一个丹麦物理学家雨果·弗瑞克谈谈, 此人曾请求他建议一个博士论文题目; 而且他写道:

> ……对于势论、流体动力学之类的纯数学的学科, 目前我自己是不够熟悉的, 而且这些学科中的大多数直截了当而不太困难的问题都已经解决了; 除了这种学科以外, 完全没有基础足够稳固以致可以说得比较肯定的任何东西. 例如, 金属电子论在仅仅几年以前还是一个很好的领域, 而目前我们却既不知道怎么着手也不知道怎么结束, 因为我们似乎没有任何基础了……我也曾想到劝他〔弗瑞克〕试试将我在博士论文中提出的关于磁性的建议发展起来, 但是那里的一切事物却是更加纷乱而松散的(如果可能更加如此的话), 而且一切问题都取决于直觉和经验. 我希望有一天自己回到这种问题上来, 从而如果我们能够帮助他我是只有喜出望外的, 但是现在我坐在这里〔曼彻斯特〕而他坐在那里〔哥本哈根〕, 这就是根本谈不到的了……

7. 在美国出版博士论文的初次尝试(1914)

当他正在计划进行关于金属电子论的演讲的时候, 玻尔得到了 O·W·瑞查孙的在美国发表其博士论文的鼓励. 在 1914 年 2 月 10 日, 他从哥本哈根写信给瑞查孙说(玻尔夫人手抄的副本):

115

　　……关于盛意相劝发表我有关金属电子论的论文一事,迟复甚歉;但我近日一直甚忙,以致未能得暇将该文校阅一遍.但是,我打算在最近几周内进行此一工作,并将结果奉告……

瑞查孙在 4 月 4 日复信说:

　　……我和华盛顿的卡内基研究所所长伍德哈德博士通信甚多.他同意和斯密孙研究所所长瓦耳考特博士共同负责这一问题.这就是当我于圣诞节离开美国时的大致情况.从那时起,我没有得到他们中间任何一人的消息,但我希望你更加幸运,希望他们有一个人现在已经写信告诉你他们愿意出版大作了.我发现他们在发表非美国人的著作方面如此退缩不前,心中甚感惊异.我原以为他们将因为有机会得到你的论文而扑上前去的.至今为止,唯一具体的商洽结果是伍德哈德博士从我这里借走了你的论文副本而还没有退还……

玻尔在 4 月 9 日写信说(他自己手抄的副本):

　　亲爱的瑞查孙教授:

　　来信敬悉;关于出版我的博士论文一事多承费心,甚为感谢.本学期我正在讲授金属电子论而且重新开始了有关这一课题的工作.在我看来,即使放弃自由电子的独立运动并采用类似于电传导的斯塔克理论的观点,解释热导率和电导率的实验比值似乎也是可能的.我打算就此问题写篇论文,而且我也可能根据我的学位论文写出一些更短的文章.一经作出任何决定,即当及时奉告.

　　我对于你发表在 3 月份 Phil. Mag. * 上的关于光电效应的论文当然是很感兴趣的,而且我也抱着很大的喜悦读了发表在 Phys. Zeitschr.** 上的朗缪尔的很有趣的文章.致以最亲切的敬意.

你的忠实的

N·玻尔敬上

玻尔没能抽出时间写成他打算写的那些论文.

---

　*　[O. W. Richardson, Phil. Mag. **27**(1914)476.]
　**　[I. Langmuir, Phys. Zeitschr. **15**(1914)348, 516.]

116

8. 和 G·H·里文斯及 O·W·瑞查孙的通信（1915）

在 1915 年年初，出现了 G·H·里文斯写的一篇论文（Phil. Mag. **29** (1915)171），这篇文章引起了编印在本书原第 473—480 页上的那些通信．

在 1915 年秋季，发生了和 O·W·瑞查孙的商榷，这就带来了编印在本书原第 481—491 页上的广泛通信．在此我们对这种商榷略加说明．

在 1915 年 9 月 23 日，瑞查孙写信给当时在曼彻斯特的玻尔说：

> ……在我即将寄回的 Berichte der D. P. G. 上有一篇 W·肖特基的文章［Verh. d. D. Phys. Ges. (1915)109］攻击了我的某些结果．在我看来，那大多是没意思的，但是由于别人可能并不这样想，所以我已经决定发表一篇答复．现寄上这篇答复的副本，如你有暇，望能提出你的意见……

玻尔在 11 月 29 日写了回信（玻尔夫人手抄的副本），信的开头处说：

> 我很有兴趣地读了你的论文和肖特基的论文．我必须立即声明，就我所能理解的来说，恐怕我不能完全同意你的那些结论．我同意肖特基的某些计算似乎并不正确，但我不能确信他的某些论点并没有触及你的计算中的实在困难．在我看来，似乎可以提出理由来支持肖特基的见解，即汤姆孙效应不可能和 w 有什么简单联系……

按照瑞查孙的看法，w 这个量就是一个电子的蒸发热，或者说是当一个电子从金属中过渡到周围环境中时发生的能量改变．玻尔表示同意肖特基的建议，即这个量在瑞查孙所应用的两个基本方程中可能并不具有相同的意义：在一个方程中，w 简单地就是一个自由电子在金属表面内外的势能差；在另一个方程中，w 就是为了释放电子所必须传给金属的总能量．玻尔建议，将大大影响 w 的一个表面层不可能被指望对珀耳帖系数和汤姆孙系数有任何影响．他指出理由来支持一件事实，即关于这些系数的肖特基表示式不满足开耳文热力学关系式，并建议参考他的博士论文中的这些系数的计算．他随信附寄了博士论文的英译本，并且写道：

> ……我希望这篇英译本不致使你感到过于可怕，这是我在来英国之前　117

译出的.我的用意绝不是要麻烦你阅读所有的旧材料,我只是想你可能有兴致看看前面提到的那些计算……

瑞查孙在 10 月 9 日写了复信.他感谢玻尔的信和论文英译本,而且他写道:

　　……英文译笔可能并不是到处很好,但无论如何我还可以看懂,比我根据丹麦原文所能弄懂的更多一些……

瑞查孙相当详细地反驳了玻尔关于汤姆孙效应不可能和 w 有简单关系的论点.他承认他的两个基本方程中的 w 是有一点小差别的,并且给出了汤姆孙系数和珀耳帖系数的表示式,式中的 w 对应于平衡条件下的一次移动,正如在他的第二个方程中那样.

但是玻尔并未被说服,而且在 10 月 16 日又给瑞查孙写了一封信.他用另一种形式重复了对瑞查孙的计算的批评以及他关于肖特基的汤姆孙系数和珀耳帖系数表示式不能满足开耳文关系式的提法.他再次强调他不理解瑞查孙的一个基本方程的意义:

　　……在我看来,电子的任何释放会使金属带电而(5)式中的 v 则涉及的是对金属并未带电的一个状态,这一事实就从本质上打乱了和液体蒸发的类比,而且使得熵原理的简单应用的正确性成为可怀疑的了……

对于这封信,没有任何复信保留下来.瑞查孙没有发表他所提到的对肖特基的反驳.在后来的一些论文中,他用不同的符号表示了出现在他的两个基本方程中的 w,并且讨论了二者之间的关系以及必须对汤姆孙系数表示式进行的改正(例如参阅 Proc. Roy. Soc. **A105**(1924)387).

9.　在美国出版博士论文的最后尝试(1920)

在和瑞查孙进行了商榷的五年以后,而且无疑是由于瑞查孙已经接到论文英译本,又出现了在美国出版玻尔的博士论文的前景.在 1920 年 4 月 28 日,E·P·亚当斯从普林斯顿写信来说:

118　　　　　国家研究委员会因为你的金属导电的电子论的论文是这一领域中的基本论著,很希望出版该文的英译本,以广流传.我记得瑞查孙说你有一份从未发表过的英译本,不知你能否将该文副本寄给我们以供发表.你或许愿意修订原本而发表一篇较短的论文.这将是完全合适的.

尽管我不相信一种金属导电的自由电子论,但我认为对于这样一种理论将完成什么工作具备尽可能多的知识是重要的,而且你的论文似乎是迄今已有的最全面的研究;从而你的方法应该更广泛地为人所知……

玻尔于 1920 年 6 月 12 日发了复信(他这时已经有一位秘书,从而可以得到打字信件的复写纸副本了).在表示了他的欣慰并请亚当斯向委员会代致谢意以后,他写道:

……关于论文的可能改动问题,我可以说,对于你暂时难以相信以该文的计算所依据的假设为基础的金属导电理论,我是相当同意你这一观点的;而且我也理解,国家研究委员会的观点也正是认为,一份出版物的实际兴趣实质上也就在于它所用的方法.因此,我宁愿出版一个未经任何改动的译本,或许加一篇序文,简单地提到并讨论自原文发表以来已经出现的问题,以及这些问题所暗示的新观点.希望将委员会和你本人对这一问题的看法惠予见告.

我借给瑞查孙的译本是我所有的唯一的一本,而且我愿意仔细看看它的文字;那文字是我在第一次访英以前译成的,可能很不好.我即将同时致书瑞查孙,请他将译本寄来,以便在寄上之前再进行一次校阅……

玻尔在同一天寄给瑞查孙的信中说:

几天以前,我接到普林斯顿的亚当斯教授写来的一封盛意可感的信,通知我说国家研究委员会愿意出版我那篇关于金属导电的电子论的旧论文的译本.虽然出版此文在目前可能并无多大兴趣,但我对于有关委员会这一决定的通知还是深为欣幸和感谢的;我毫不怀疑,这一决定主要是由你对该文的可感的兴趣所促成的,亚当斯在信中告诉我说他曾经和你谈起这篇论文.至于译文本身,除了我在英国寄给你的那一份以外我并无其他副本,因此,如果方便的话,希望能将该文寄还给我,以便在寄交亚当斯以前再把它校阅一遍……

瑞查孙于 6 月 19 日从伦敦来了复信,信中说:

欣悉美国国家研究委员会即将出版你关于金属导电的电子论的计算的

译本……我回国后即当将你的译文寄还……

在收到译文之前，亚当斯又于 1920 年 7 月 8 日给玻尔写了信：

　　……我想，收到译文以后将可毫不拖延地出版.
　　我们也很高兴按照你的建议接受一篇序文，以论述自原文发表以来出现的新问题和新观点. 而且我也完全同意你出版原论文的全文的建议.
　　如果我在文字方面能够给予什么协助，我无不乐于效力.

这显然是玻尔所做的用一种外文发表他的博士论文的最后一次努力. 这次努力也失败了. 当时玻尔正忙于在哥本哈根建设一个理论物理学研究所和发展原子理论，特别是忙于一切化学元素中电子轨道的分类和周期系的解释，校阅英译本和撰写序文的任务对他来说是太重了. 在他的文件中，甚至没有关于所要写的序文初稿的证据，也没有关于任何修改译文的证据.

10. 保罗·苏特尔关于金属
电子论的一本书(1920)

大约就在这时，在瑞士出版了苏特尔写的一本书①，《金属电子论，特别论及玻尔的理论以及磁场电效应和热磁效应》(Paul Haupt, Akad. Buchhandlung vorm. Max Drechsel, Bern, 1920).

120　　玻尔并不知道这本书的问世. 他对此书的注意是由下列的一封信引起的：

　　　　　　　　　　　　　　　　　　　　　　4 月 14 日，1921
　　尊敬的教授阁下：通过苏特尔的《金属电子论》(伯尔尼，1920)一书，重新唤起了对您的有价值的 1911 年哥本哈根大学博士论文的注意；我希望更仔细地研读你的论述，但这本著作在此地很难找到，若能惠寄一册，不胜感激，并当永图后报. 顺致崇高的敬礼！

　　　　　　　　　　　　　　　　　　　您的忠诚的
　　　　　　　　　　　　　　　　　　　Fr·霍夫曼

---

　　①　保罗·苏特尔于 1881 年 7 月 24 日生于瑞士坎堂阿尔高的科利肯，他从 1901 年到 1910 年在阿尔高的库耳木作教师. 他于 1910 年进了伯尔尼大学，并从 1912 年到 1916 年在物理研究所任助教. 他按照 P·格汝恩纳的建议写了一篇金属电子论方面的应征论文，后来又扩充成一篇博士论文(Bern, 1917). 他从 1916 年到 1952 年在伯尔尼市立大学预科学校讲授物理学. 退休以后，他住在施瓦尔兹堡.

物理技术帝国学院Ⅲ
夏洛滕堡,维纳里宁斯大街 8/12

玻尔的复信如下(H·A·克喇摩斯的手抄草稿本,无日期):

尊敬的教授阁下:
　　我刚刚给您寄去一份我的哥本哈根大学博士论文.我应该感谢您通知我关于我还未有所闻的苏特尔先生的作品,请告知这是一篇论文或一本普通的书,这样我就可以设法弄到它.致以崇高的敬礼.
　　　　　　　　　　　　　　　　　　　　　　　　　　　　N·玻尔

　　不存在和霍夫曼进一步通信的记录,而且尽管看来很特别,也不存在苏特尔和玻尔之间的任何通信的记录.
　　苏特尔的 114 页的书包括三部分.在第一部分中,对金属电子论的历史发展作了一次回顾,从韦伯的早期工作直到更加晚近的雅非·维恩等人运用量子理论来说明金属的性质的尝试.第二部分处理了适用于金属中自由电子的运动的普遍统计方程的推导.这一部分实质上是玻尔博士论文第一章前三节的译文,几乎是逐段逐段地翻译出来的.博士论文中的大多数插话(通常是用小号字印成的)都被略去了,而玻尔的若干公式的中间推导步骤则都写了出来,这就使得论述很容易阅读.
　　但是,苏特尔在第 26—27 页上犯了一个严重的错误.在推导由外电场引起的电子的集体动量的改变量时,他显然没能弄懂玻尔的相当微妙的论点,而却用了首先由德拜用过的(而且是玻尔在博士论文第 18 页的一个底注中批评了的)步骤,结果,在他的某些公式中,包含电子电荷的项就有了错误的正负号.既然玻尔将这一电荷写成了 ε,而苏特尔则将它写成了 $-e$,他们的公式在表面上是一致的,而且苏特尔显然没有觉察到这种分歧.
　　苏特尔没有处理任何那样的问题,在那种问题中,金属原子的大小并没被假设为和原子间的距离相比可以忽略不计(玻尔,第Ⅰ章第 4 节),他也没有讨论在玻尔的博士论文的第二章和第三章中处理了的任何问题.
　　苏特尔书中的第三部分也是最长的一部分;这一部分研究了磁场电现象和热磁现象.首先讨论了建筑在洛伦兹的工作上的甘斯理论.这里导出的若干公式也可以在玻尔 1909 年的硕士论文中找到.书中写出了玻尔的博士论文的第四章第 2 节.此处又将 e 和〔论文中的〕ε 等同了起来而未加任何说明,而且又增加了公式推导中的一些中间步骤.其次讨论了里文斯的理论和考尔宾诺的理论,并将

121

各种理论中导出的公式列成了一个表.然后,将其他研究者们的实验数据列成了15 个表,并将这些数据和各种理论的预见进行了比较.最后给出了 9 页参考文献目录,作者相信这份目录基本上已经完备包括了理论方面的论文(到 1918 年为止).

11. 关于金属电子论的最后通信(1928)

在他了解到苏特尔的书的情况时,玻尔已经不再积极地关心金属电子论了.大约七年以后,出现了据信是他有关这一课题的最后的通信.他接到了下列的信:

敏地普邸,海丁顿山,牛津,

英国,2 月 19 日,1928

亲爱的先生:

今就下述问题冒昧致函,不恭之处,尚望原谅,但牛津林肯学院的 N·V·席德维克博士劝我写此一信,我想你是认得他的.

我正在做关于金属物质的性质的工作,而且联系到这一工作,我正在写一本关于金属及其终极结构的各种理论的书.在此书的一节中,我将讨论电子论以及推导电导率基本方程的不同方法.我发现许多文献上都提到你的一篇论文,题为"Studier over Metallernes Elektrontheori"(Copenhagen,1911).

我想此文是用丹麦文写成的,而可惜我看不懂丹麦文.G·H·里文斯先生在他发表在《哲学杂志》上的最有兴趣的一篇文章中提到该文的英译本,因此写此信请教,你是否能告诉我在何处可以找到这种英译本?如果你曾在别处用法文或德文发表过这篇论文,我也能读这两种语文.如果你凑巧知道英国什么人有这种英译本可以借给我用一个短时期,我将是最为感谢的,因为我认为我可以正确地说任何英国图书馆中都找不到这篇论文.

今寄上我自己的近期论文一篇,希望能够引起你的兴趣.

有扰清神,尚希见谅.

你的忠实的

W·休谟-若塞瑞

玻尔复信如下:

2 月 28 日,1928

亲爱的休谟-若塞瑞博士：

来信及惠寄尊作论文,甚为感谢.自从我积极从事金属问题以来,确实已经过了很久了;而且我虽然曾经费了不少力气准备了一篇从未发表过的英译本,但却无法知道此刻在何处可以找到一份这种译本.在此期间,在保罗•苏特尔博士的《Die Elektronentheorie der Metalle》(Bern, 1920)中曾用德文发表了某些计算的摘要.

时至今日,建筑在经典力学上的旧理论很难说有什么实际的物理兴趣了.事实上,它们已经完全落在刚刚发表在《物理时报》上的索末菲的著作*的后面了.索末菲的工作虽然还不完善,但却肯定意味着金属问题的适当量子理论处理方面的决定性的一步.

123

即致敬礼,并请向席德维克博士代为致意.

你的忠实的

N•玻尔

过了许多年以后,玻尔在有一次提到金属电子论时说:"我在这一课题方面确实做了大量的艰苦工作."

---

* 〔A. Sommerfeld, Z. Phys. **47**(1928)1.〕

Ⅰ．科学硕士论文^①

（1905—06？）

问　题：

试论述电子论在解释金属的物理性质方面的应用

N·玻尔所交的论文，1909 年 6 月 23 日

---

① ［参阅本编引言第 1 节.］

引　言

在各种导电物质中,金属占有特殊的地位;这不但是因为它们的电导率很高,而且也因为电在金属中的通过并不像在大多数其他良导体的情况下一样和可观测的化学反应相伴随着.

按照普遍承认的有关电的空间分布的观点,这是用某些小的带电粒子(所谓电子)在金属内部从一个化学原子运动到另一个化学原子的能力来解释的.事实上,人们已经尝试过用这种"自由电子"在金属内部的运动来解释所有使金属不同于电解质和绝缘体的各式各样的性质.除了电导率以外,这些性质中最重要的是对于不同金属都和它们的导电率有着显著关系的高热导率值、温差电性质、磁场电效应和热磁效应,而最后就是对于光和热射线的强吸收和强发射.

为了解释这些现象,已经提出了两种本质上不同的理论;它们可以通过指定给金属分子的任务来加以区分.按照前一种曾在瑞其、诸德和洛伦兹手中得到特别发展的理论,电子是被认为在分子中间沿着近似直线的路径而完全自由地运动的,而那些分子则除了提供电子路径的几何界限以外不起其他的重要作用.按照后一种曾经由 J・J・汤姆孙提出的理论,电子被认为只有在特殊情况下才从一个金属分子中逸出并立即运动到另一分子而被它所俘获.因此,在这种理论中,金属的分子就在各种现象的解释中起着主要的作用.但是,尽管前一种理论特别是通过洛伦兹的工作已经达到了高度的数学完备性,第二种理论却还只是被简略地叙述过.因此,下面将只研究前一种理论.

金属中电子运动的普遍理论

我们将假设电子在金属分子中间完全自由地运动,很像气体分子在一种多孔媒质的小孔中运动那样.在常温下有数目可忽略的一些电子离开金属而进入金属周围的空间中,这一事实可以通过假设分子对电子作用一些很强的吸引力来加以解释.这些力被认为在金属内部互相抵消,它们在金属表面上却被认为有

一个指向金属内部的合力,因此,电子必须具有某一动能才能逸出.

在金属内部,电子被想象为不断地碰撞着,一部分是和金属分子相碰撞,一部分是电子和电子互相碰撞;在这些碰撞过程中,它们的速度在量值和方向上都会发生突然的变化.在没有外力的情况下,电子的路径被认为完全是由一些很小的直线段组成的.这样,电子就被认为参加了金属内部的一般热运动,而金属的高热导率就是用它们的运动来解释的.

关于所考虑的这些电子的种类,人们曾经表示过不同的看法. 为了解释观测结果,早期的作者瑞其和诸德认为必须假设带负电的和带正电的电子的同时存在. J·J·汤姆孙是根据根本性的理由认为只有一种自由电子存在于金属中的第一个人(*Rapp. du Congrès* (Paris 1900) vol **3**, 138). 他把他的假设建筑在这样的情况上: 已经用许多很不相同的方法证实了一种确定的负电子的存在, 其质量比化学原子的质量小一千多倍, 但是, 除非和化学原子的质量同数量级的质量结合在一起, 却从来没有能够观察到正电荷. 而且, 洛伦兹近来已经证明(Proc. Acad. Amsterdam **7** (1905) 684), 对于一块非均匀金属中既有正电子又有负电子的稳定分布这一假设的进一步分析, 遇到了一些带根本性的相当大的困难. 因此, 在下面, 我们将假设只存在一种自由电子, 那就是通常称为电子的那些带负电的粒子.

在进行理论讨论之前, 我们将简略地提提不同的作者在他们的计算中所依据的假设*. 首先, 他们全都假设, 电子的线度以及金属分子的线度(或者说它们以可觉察的力相互作用的那一力程)都比电子在相继碰撞之间所经过的距离小得多. 此外还假设, 电子和电子之间的碰撞次数, 比起电子和分子之间的碰撞次数来是可以忽略不计的**. 对于这些碰撞来说, 瑞其(Ann. d. Phys. **66** (1898) 357)假设被看成固定的分子会沿着一个方向反射电子, 该方向完全不依赖于它们在碰撞之前的运动方向(无论如何, 这些假设是和他的计算相对应的). 而且, 电子是以一个确定的速度被反射的, 该速度被假设为正比于金属在该碰撞位置上的绝对温度的平方根(除了一个在计算中保持为未定的温度改正项以外).

如上所述, 诸德的关于碰撞的假设并没有明白地给出; 但是, 如果他的计算应该合乎逻辑, 这些假设就显得应该和瑞其的假设相同, 其附加条件是被反射的电子的动能被假设为等于同温度下气体分子的平均动能(Ann. d. Phys. **1** (1900) 571). 借助于这一附加假设, 诸德成功地在理论上计算了金属的电导率和热导率的比值, 所得结果和实验符合得很好; 按照气体分子运动论, 这一附加假设是必

---

* 最近以来, 金斯(Phil. Mag. 1909 年 6 月号)曾经进行了不引入任何特殊假设而发展金属电子论的尝试. 但是, 他是否取得了多大程度的成就却还不很清楚, 因为至今(刊出的只是金斯论文的第一部分)发表了的还只是那样的计算, 它们只处理了下面即将讨论的那些问题中的单独一个问题, 而且, 正如下面即将详细说明的, 那些计算似乎不十分正确.

** 瑞其(Jahrb. d. Rad. u. El. **3** (1906) 26)相信, 他的结果和诸德的结果之间的分歧起源于这样一件事实: 诸德只照顾到电子和电子的碰撞, 而他则只照顾到电子和金属分子的碰撞. 但是, 在这方面可以指出, 只有当所提到的(但并没有确切指明的)碰撞被看成电子和分子之间的碰撞时, 诸德的计算似乎才是合理的. 不然的话, 诸德公式中的有效平均自由程, 在热导率表示式和电导率表示式中就会是不相同的了. 事实上, 既然在两个相同电子的碰撞中质心的运动保持不变, 这样的碰撞就很容易影响热传导而不影响电传导(Lorentz, Proc. Acad. Amsterdam **7** (1905) 449). 正如即将详细讨论的那样, 这两位作者算出的电导率和热导率的比值表示式中的数字系数之间的微小差值, 似乎起源于这样一件事实: 两位作者的理论计算都不是在各方面足够严密, 以致这些数字系数不能说完全精确地取决于所作的假设.

要的,如果电子必须自由地运动并和周围环境处于热平衡的话. 密切地联系着诸德的概念,洛伦兹终于通过照顾到一件事实而扩展了理论 (Proc. Acad. Amsterdam **7**(1905)438);那事实就是,为了处于完全的热平衡,各电子在不受外来影响时必须被假设为具有按麦克斯韦定律分布着的一切大小的速度. 在下面,即将以洛伦兹的处理作为根据;这种处理和上述各作者的处理还有一点不同,就是它应用了在气体分子运动论中被应用的所谓统计方法. 这就有一个好处,即理论的计算可以更加严密地完成,而同时又变得更加易于理解.

为了照顾到电子的运动,应用了两个笛卡儿坐标系. 在其中一个坐标系中, 电子在给定时刻的位置是按照通常方式用坐标 (x, y, z) 来确定的. 在另一个坐标系中,每一电子的速度用一个点来表示,该点的坐标 (ξ, η, ζ) 等于所给时刻的电子速度在前一坐标系中各坐标轴上的分量. 在时刻 t 在体积元 $\mathrm{d}S$ 中找到的速度位于速度元 $\mathrm{d}\lambda$ 中的电子数(这一数目被假设为很大),将表示为

$$f(x, y, z, \xi, \eta, \zeta, t)\mathrm{d}S\mathrm{d}\lambda,$$

式中 (x, y, z) 是一个位于 $\mathrm{d}S$ 中的点,而 (ξ, η, ζ) 是一个位于 $\mathrm{d}\lambda$ 中的点.

为了求出确定 f 的方程,我们考虑 f 随时间的变化. 它将因好几种原因而发生变化;一方面,电子可以由于运动而进入或离开体积元 $\mathrm{d}S$;另外,速度点可以因为外力的作用并作为电子和金属中的分子相碰撞的结果而进入或离开 $\mathrm{d}\lambda$. 现在,在气体分子运动论中得出的将所有这些情况都考虑在内的基本公式可以写成(Boltzmann, *Gastheorie*, vol. **1**, p. 114)

$$\frac{\partial f}{\partial t} + \xi\frac{\partial f}{\partial x} + \eta\frac{\partial f}{\partial y} + \zeta\frac{\partial f}{\partial z} + X\frac{\partial f}{\partial \xi} + Y\frac{\partial f}{\partial \eta} + Z\frac{\partial f}{\partial \zeta} = Q.$$

此处 X、Y、Z 是作用在单位质量上的外力,而 $Q\mathrm{d}S\mathrm{d}\lambda\mathrm{d}t$ 则代表由于在时间 $\mathrm{d}t$ 内在体积元 $\mathrm{d}S$ 中发生碰撞而引起的速度在 $\mathrm{d}\lambda$ 中的电子数的增量.

洛伦兹于是根据一条假设来计算 Q,即认为在碰撞过程中电子和金属中的分子像弹性球一样地互相作用,而其中一个球(分子)是不运动的. 洛伦兹进一步假设,在一块没受到外界影响的金属中,各电子将和在相同温度 T 下处于热平衡的理想气体的分子具有相同的速度. 这就意味着,速度分布是由方程 $f = A_T\mathrm{e}^{-hr^2}$ 来表示的,式中 r 是电子速度的绝对值 $(r^2 = \xi^2 + \eta^2 + \zeta^2)$. 恒量 A_T 和 h 与单位体积中的电子数 N_T、速度平方的平均值 u^2 及绝对温度 T 之间的关系如下:

$$N_T = A_T\left(\frac{\pi}{h}\right)^{\frac{3}{2}}, \quad u^2 = \frac{3}{2h},$$

$$\frac{1}{2}mu^2 = \alpha T, \ h = \frac{3m}{4\alpha T},$$

式中 α 是对一切气体都相同的恒量(而 m 是电子质量).

当金属的温度和条件各点不同时,洛伦兹进一步假设速度分布和上述情况只有很小的偏差(这时 T 代表所考虑的点上的绝对温度),于是他就证明了怎样借助于上述基本公式来求出这一偏差.

但是,在开始进入这些计算以前,我们将更加仔细地考虑一下洛伦兹所作的假设.事实上,他的图景似乎有一些至少是形式上的缺点,那就是,他假设的那种电子和金属分子相互作用时所遵循的定律并不会造成任何的热平衡.例如人们可以问,电子怎么会按照各处温度的不同而在金属中不同的地方具有不同的速度;因为,它们只和分子互相碰撞,而按照全部计算所依据的定律,这些分子既不能传给电子以能量也不能从电子得到能量.因此,证明一个问题就可能是有兴趣的,那就是:在此处即将讨论的那些应用的情况下,即使采取稍为不同的、没有这些缺点的图景作为基础,也可以发展洛伦兹理论而不改变任何的计算.

我们将假设,金属分子具有那么一种复杂的结构(是许多粒子构成的体系),以致在碰撞以后,不但电子的运动方向而且它们的绝对速度也都和它们在碰撞以前的运动完全无关;电子被反射时的速度被假设为只依赖于分子的内在状态,即依赖于定义为所考虑之点的金属温度的那一分子温度.在一块没受外界影响的均匀金属中,如果电子是在和分子处于热平衡的情况下自由地运动的,那就似乎必须像洛伦兹那样假设各电子的速度是按照麦克斯韦定律来分布的.在时间 $\mathrm{d}t$ 内,这种金属中的每一个分子都会被具有一切可能速度的电子所击中,而且这些速度将按照这一完全确定的定律来分布;在同一时间间隔中,如果条件是稳定的,分子就将在同样的速度分布下反射电子.按照上面已有的假设,如果条件是不均匀的,则分子将在和上述情况完全相同的速度分布下反射那些击中它的分子,只要在所考虑的点上温度相同就行了.(如果这时分子给出的能量大于它所接收的能量,那不过是意味着此处的金属温度正在降低.)

我们现在将指明,Q 可以怎样根据这一假设确定出来.既然金属的分子并不运动,此处用 l 来表示的相继碰撞之间的平均自由程就将不依赖于电子的速度.速度介于 $\mathrm{d}\lambda$ 中的在时间 $\mathrm{d}t$ 内和体积元 $\mathrm{d}S$ 中的与分子相碰撞的电子数将是

$$(r/l)f\mathrm{d}S\mathrm{d}\lambda\mathrm{d}t.$$

如果 $f = A\mathrm{e}^{-hr^2}$,则在时间 $\mathrm{d}t$ 内发生在体积元 $\mathrm{d}S$ 中的总碰撞数 P 将是

$$P = \mathrm{d}S\mathrm{d}t\int\frac{r}{l}A\mathrm{e}^{-hr^2}\mathrm{d}\lambda = \mathrm{d}S\mathrm{d}t\,\frac{A}{l}\int_0^\infty r\mathrm{e}^{-hr^2}4\pi r^2\mathrm{d}r = \frac{2\pi A}{h^2 l}\mathrm{d}S\mathrm{d}t.$$

速度介于 dλ 中而且在同一时间内和 dS 中的分子相碰撞并从而被那些分子所反射的电子数是

$$(r/l)A\,\mathrm{e}^{-hr^2}\,\mathrm{d}S\mathrm{d}\lambda\,\mathrm{d}t = P(h^2/2\pi)r\,\mathrm{e}^{-hr^2}\mathrm{d}\lambda.$$

在另一种速度分布的情况下,我们有

$$P = \mathrm{d}S\mathrm{d}t\int \frac{r}{l}f\,\mathrm{d}\lambda.$$

现在,洛伦兹进一步假设一块均匀金属中单位体积中的电子数是温度的确定函数,即上面用 N_T 来代表的那个函数. 因此我们必须假设,当分子的温度改变时,它们就放出电子或吸收电子. 这一点可以通过令被分子抛回的电子数等于下式来简单地加以表示:

$$P + \frac{\partial N_T}{\partial T}\,\frac{\partial T}{\partial t}\mathrm{d}S\mathrm{d}t = \left(\frac{1}{l}\int rf\,\mathrm{d}\lambda + \frac{\partial N_T}{\partial T}\,\frac{\partial T}{\partial t}\right)\mathrm{d}S\mathrm{d}t.$$

于是我们得到

$$Q\mathrm{d}S\mathrm{d}t = \left\{\left(\frac{1}{l}\int rf\,\mathrm{d}\lambda + \frac{\partial N_T}{\partial T}\,\frac{\partial T}{\partial t}\right)\frac{h^2}{2\pi}r\,\mathrm{e}^{-hr^2} - \frac{r}{l}f\right\}\mathrm{d}S\mathrm{d}\lambda\,\mathrm{d}t^*$$

因此,基本公式变成

$$\frac{\partial f}{\partial t} + \xi\frac{\partial f}{\partial x} + \eta\frac{\partial f}{\partial y} + \zeta\frac{\partial f}{\partial z} + X\frac{\partial f}{\partial \xi} + Y\frac{\partial f}{\partial \eta} + Z\frac{\partial f}{\partial \zeta}$$

$$= \frac{r}{l}\left\{\left(\int rf\,\mathrm{d}\lambda + l\,\frac{\partial N_T}{\partial T}\,\frac{\partial T}{\partial t}\right)\frac{h^2}{2\pi}\mathrm{e}^{-hr^2} - f\right\},$$

138

---

* 〔此处显然有个小错. 玻尔显然假设被分子反射或碰回的电子具有麦克斯韦速度分布. 因此,此式右端圆括号后面的因子就应该是

$$A\,\mathrm{e}^{-hr^2}\Big/\int A\,\mathrm{e}^{-hr^2}\mathrm{d}\lambda = \left(\frac{h}{\pi}\right)^{\frac{3}{2}}\mathrm{e}^{-hr^2},$$

而不是 $(h^2/2\pi)r\,\mathrm{e}^{-hr^2}$,而且这就导致

$$f = \frac{2}{(\pi h)^{\frac{1}{2}}r}A\,\mathrm{e}^{-hr^2} + \frac{\xi l}{r}\left(2hAX - \frac{\partial A}{\partial x} + r^2A\,\frac{\partial h}{\partial x}\right)\mathrm{e}^{-hr^2},$$

而不是正文中所给出的和由洛伦兹根据碰撞与弹性球的碰撞相似的假设求出的表示式. 这种错误之所以出现,无疑是因为玻尔忽视了这样一件事实:关于速度介于 dλ 中并在时间 dt 内在体积元 dS 中发生碰撞的电子数,$P(h^2/2\pi)r\,\mathrm{e}^{-hr^2}\mathrm{d}\lambda$ 这个表示式只有在碰撞前的速度分布是麦克斯韦分布时才能成立.〕

式中右端的积分应对所有的速度点求出[*].

　　这一方程似乎是根据某些假设严密地导出的,其中最关紧要的假设就是,电子是完全自由地运动的而且外力并不影响金属分子的内在状态. 这两个假设的合理与否可能值得讨论,但是,如果它们得到保留,则不管采用什么附加的假设,结果似乎都将是相同的[**].

139　　根据这样导出的方程,现在可以确定 f. 在此处将要首先讨论的应用中,条件将是稳定的;而且,金属的条件将假设为在垂直于 x 轴的任一平面上到处相同,而电子则只受到平行于此轴的力的作用. 现在我们令 $f = Ae^{-hr^2} + \varphi$,式中 φ 被假设为比第一项小得多,以后即将证明这种假设是可以允许的. 于是,当把 f

---

　　[*]　由洛伦兹图景可以推得的 Q 的表示式,可以写成

$$Q = \frac{r}{l}\left(\frac{1}{4\pi}\int f\mathrm{d}\omega - f\right),$$

式中 $\mathrm{d}\omega$ 是一个元立体角,而积分则应在一个半径为 r 的球上求出. 洛伦兹所用的表示式和此处的表示式不同,那只是这一表示式的某种较简单的形式;这一表示式的正确性可以按下列方式看出. 既然如上所述,电子的速率在碰撞以后保持不变,而它们的运动方向则和碰撞前的方向完全无关,那么,碰撞的后果就将是:其速度点在碰撞前介于半径为 r 和 $r+\mathrm{d}r$ 的球壳中而其数目为

$$\frac{r}{l}\int fr^2\mathrm{d}r\mathrm{d}\omega \cdot \mathrm{d}S\mathrm{d}t = \frac{r^3}{l}\int f\mathrm{d}\omega \cdot \mathrm{d}S\mathrm{d}r\mathrm{d}t,$$

的那些电子,其速度点在碰撞以后将均匀地分布在这同一球壳中. 既然球壳的体积是 $4\pi r^2\mathrm{d}r$,其速度点在碰撞中进入 $\mathrm{d}\lambda$ 之内的电子数就将是

$$\frac{r}{l}\frac{1}{4\pi}\int f\mathrm{d}\omega \cdot \mathrm{d}S\mathrm{d}\lambda\mathrm{d}t.$$

　　[**]　但是我们在这儿必须提到格汝恩纳所作的推广洛伦兹理论的尝试(Ber. d. D. Phys. Ges. **10** (1908)509),他显然保留了前面讨论了的基本假设而却得到了稍有不同的结果. 事实上,通过假设电子在某些情况下可以暂时束缚在分子上而只有受到其他电子的碰撞才能重新解放,格汝恩纳企图解释观测到的对洛伦兹理论的偏差. 但是,可以立即看到,这些情况已经包括在洛伦兹理论中了(至少是包括在此处所给出的那种形式的洛伦兹理论中了),因为关于个体电子将在分子中停留多久并没有作出任何假设,只要自由电子的平均数目保持恒定就行了. 因此,不同的结果完全是由带有机械性的附加假设所引起的,引入这些假设是为了照顾到碰撞的效果. 格汝恩纳将分子分成两类;一类是不带束缚电子的(带正电的分子),另一类是束缚了一个电子的(中性分子). 其次格汝恩纳又假设,当和带正电的分子相碰撞时,速率超过某一定值 G 的一切电子都按照洛伦兹所假设的(弹性球之间的碰撞)定律而被反射,而速率低于 G 的一切电子则将受到束缚而使分子成为中性分子. 当和中性分子相碰撞时,速率低于 G 的电子将按照洛伦兹定律而被反射,而在和速率高于 G 的电子碰撞时则将有电子被释放. 所有这一切全都可以包括在此处所用的图景中. 但是,关于上述这种碰撞中的入射电子和被释电子的速度,所作的假设却有些不同. 事实上,格汝恩纳假设入射电子以不变的速率和方向沿着它的路径继续运动,而被释放的电子则是以这样一种方式被放出的:平均说来,有多少具有每种特定速率和方向的电子被释放,就有多少具有同样速率和方向的电子被束缚住. 可以立即看出,这些显得很不可能的假设的后果就是,按照基本概念必须认为最重要的那些碰撞,即慢电子和带正电分子的碰撞以及快电子和带负电分子的碰撞,其影响和恰恰不发生这些碰撞时相同(因为不论电子的速度还是电子的运动方向都未改变). 假如作者曾经(像他对另外那些更不剧烈的碰撞那样)假设在这些特别剧烈的碰撞以后电子是沿一切方向相等地放出的,他的所有公式就将和洛伦兹的公式完全相同.

代入基本公式时,左端由 φ 得来的各项和由 $A\mathrm{e}^{-hr^2}$ 得来的各项相比就可以略去. 后一些项就是

$$\xi\left(-2hAX+\frac{\partial A}{\partial x}-r^2A\,\frac{\partial h}{\partial x}\right)\mathrm{e}^{-hr^2}.$$

至于右端的各项,根据公式的推导就可以立即看出由 $A\mathrm{e}^{-hr^2}$ 得来的各项等于零, 而剩下的只有来自 φ 的那些项. 洛伦兹于是证明,方程可被 $\varphi=\xi\psi(r)$ 所满足. 事实上,如果把这一表示式代入方程的右端,则积分式由于对称而等于零,而剩 下的只有 $-(r/l)\varphi$. 于是我们就得到

$$f=A\mathrm{e}^{-hr^2}+l\left(2hAX-\frac{\partial A}{\partial x}+r^2A\,\frac{\partial h}{\partial x}\right)\frac{\xi}{r}\mathrm{e}^{-hr^2}.$$

洛伦兹接着考察了 φ 像所假设的那样果然远小于 $A\mathrm{e}^{-hr^2}$ 的条件. 结果发现, 如果各量 $2lXh$,$lA^{-1}(\partial A/\partial X)$ 和

$$lu^2(\partial h/\partial x)=\frac{3}{2}lh^{-1}(\partial h/\partial x)$$

都很小,则这一情况是成立的. 第一个量将很小,如果电子在外力的影响下通过 它们的自由程时所得到的能量远小于它们的动能 $\frac{1}{2}mu^2=3m/4h$. 后两个量将 很小,如果金属的情况在相距为 l 的两点之间变化很小. 在即将涉及的理论的应 用中,只要考虑的是一块均匀的金属,这些条件就永远可以认为是满足的. 当像 在温差电效应的情况下一样考虑的是互相接触的几块不同的金属时,各方程也 可以应用,如果假设金属的性质并不是从一种金属到另一种金属而不连续地变 化,而是认为发生着那样一种逐渐的过渡,以致各种性质在用电子平均自由程来 代表的甚小距离上变化很小.

现在,所要确定的量是在单位时间通过垂直于 x 轴的单位面积而被电子的 运动所运载的电量 i 和热量 W. 如果电子具有电荷 e 和质量 m,则这些量是

$$i=e\int\xi f\,\mathrm{d}\lambda\quad\text{和}\quad W=\frac{1}{2}m\int\xi r^2f\,\mathrm{d}\lambda.$$

在这些积分中,由 f 的表示式中的 $A\mathrm{e}^{-hr^2}$ 这一项得来的那些项将因为对称而等 于零. 由 φ 得来的各项将包含一个因子 ξ^2. 但是,既然 ξ^2 在半径为 r 的球上的平 均值是 $\frac{1}{3}r^2$,积分运算就可以通过将 ξ^2 换成 $\frac{1}{3}r^2$ 和将 $\mathrm{d}\lambda$ 换成 $4\pi r^2\mathrm{d}r$ 来完成. 完 成这些计算,就得到

140

$$i = \frac{2}{3}\pi el\left(\frac{1}{h}2AX - \frac{1}{h^2}\frac{\partial A}{\partial x} + \frac{2}{h^3}A\frac{\partial h}{\partial x}\right)$$

和
$$W = \frac{2}{3}\pi ml\left(\frac{1}{h^2}2AX - \frac{1}{h^3}\frac{\partial A}{\partial x} + \frac{3}{h^4}A\frac{\partial h}{\partial x}\right).$$

作用力 X 被假设为部分地来自由金属内部和外部的自由电荷所引起的电场 E，而且，各电子也被认为具有一种由金属分子的引力引起的对各该分子而言的电势 V. 但是，如上所述，既然这些力被认为在一块均匀金属的内部是互相抵消的，V 在这样一块金属中就是恒量. 另一方面，如果金属不是均匀的，则 V 被认为在每一点上都有一个确定的、取决于该点的金属种类和温度的值. 因此，作用在单位质量上的力将是

$$X = \frac{e}{m}E - \frac{1}{m}\frac{\partial V}{\partial x}.$$

141　　速度分布既经得出，单位体积的电子数就是

$$N = \int f\,\mathrm{d}\lambda = \left(\frac{\pi}{h}\right)^{\frac{3}{2}}A.$$

电场和自由电荷之间的关系式给出

$$\frac{\partial E}{\partial x} = 4\pi e(N - N_T) = 4\pi e\left(\frac{\pi}{h}\right)^{\frac{3}{2}}(A - A_T).$$

如果将 e 和 N 所必须取的值（$e \approx 3\times10^{-10}$ 绝对静电单位，$N \approx 10^{23}$）代入，就可以看到，在一切寻常情况下（当面电荷可以忽略时）$N - N_T$ 都可以认为和 N_T 相比是可忽略的；因此，在以后我们将假设 $N = N_T$，即各处的 N 和 A 都只依赖于金属的种类和温度.

　　如果将上面的 X 表示式代入所求得的 i 和 W 的表示式中，结果就是

$$i = \frac{2}{3}\pi el\left[\frac{2}{h}\left(\frac{e}{m}E - \frac{1}{m}\frac{\partial V}{\partial x}\right)A - \frac{1}{h^2}\frac{\partial A}{\partial x} + \frac{2}{h^2}A\frac{\partial h}{\partial x}\right]. \tag{a}$$

$$W = \frac{2}{3}\pi ml\left[\frac{2}{h^2}\left(\frac{e}{m}E - \frac{1}{m}\frac{\partial V}{\partial x}\right)A - \frac{1}{h^3}\frac{\partial A}{\partial x} + \frac{3}{h^4}A\frac{\partial h}{\partial x}\right]. \tag{b}$$

现在，洛伦兹已经证明，几乎所有已知的和金属的导电、导热以及温差电性质有关的事实，都可以根据这些方程来加以至少是定性的解释. 因此，洛伦兹（上引文 p. 444）倾向于赋予这些方程以普遍的、不依赖于推导方程所依据的那些基本假设的意义，只要给 l 指定一个依赖于金属的种类和温度的适当值就行了. 但是，

如果我们企图再前进一步并且在以上所有的计算中都引入 l 依赖于电子绝对速度的假设，我们就将得到下列的方程：

$$i = \frac{2}{3}\pi e\left[\frac{2L_1}{h}\left(\frac{e}{m}E - \frac{1}{m}\frac{\partial V}{\partial x}\right)A - \frac{L_1}{h^2}\frac{\partial A}{\partial x} + \frac{L_2}{h^3}A\frac{\partial h}{\partial x}\right]$$

和

$$W = \frac{1}{3}\pi m\left[\frac{2L_2}{h^2}\left(\frac{e}{m}E - \frac{1}{m}\frac{\partial V}{\partial x}\right)A - \frac{L_2}{h^3}\frac{\partial A}{\partial x} + \frac{L_3}{h^4}A\frac{\partial h}{\partial x}\right].$$

此处用 $L(hr^2)$ 代表平均自由程，就有

$$L_1 = \int_0^\infty xL(x)e^{-x}dx, \quad L_2 = \int_0^\infty x^2L(x)e^{-x}dx,$$

和

$$L_3 = \int_0^\infty x^3L(x)e^{-x}dx.$$

（赋予这一假设以确定的力学意义可能是困难的，但这一假设很可能和另一种做法相等价，即舍去电子完全自由运动的假设而允许分子和电子之间有任意的作用力.）

　　这些方程*可能引起某些兴趣；因为，即使 L_1、L_2 和 L_3 代表温度的任意函数，也可以证明这些方程像洛伦兹方程一样能够满足人们相信温差电效应所应满足的那些热力学方程. 现在我们开始讨论方程(a)和(b)的应用.

电传导和热传导

　　设各点温度都保持恒定的一块均匀金属受到一个恒定电场 E 的作用. 这时金属中就有一个电流，其单位面积的电流强度 i 可以根据方程(a)直接求出. 既然在这一情况下 V、A 和 h 的导数都等于零，我们就得到

$$i = \frac{4\pi lAe^2}{3hm}E.$$

于是，电导率就是 $\sigma = (4\pi lAe^2/3hm)$；借助于原第 135 页上的关系式，这一表示式又可以写成

---

　　* 这些方程作为特例包括了格汝恩纳所发现的那些方程. 这一点也可以根据上面的讨论来理解；因为格汝恩纳理论和洛伦兹理论的不同之处只在于给速率大于某值 G 的电子任意指定了一个确定的平均自由程，而给速率小于 G 的电子指定了另一个平均自由程（而且，在计算中略去了某些碰撞的影响）.

$$\sigma = \sqrt{\frac{2}{3\pi}} \frac{e^2 N l u}{\alpha T}.$$

按照方程(a)和(b),电流和热传导之间是有很密切联系的;例如,由方程(b)可以看出,在上面提到的即等温电传导的情况下,除了电流以外,还会发生沿相反方向的热流(因为这儿的 e 是负的). 因此,为了无歧义地定义导热率,必须说出发生热传导时所处的条件. 在大多数导热率的测定中,实验都是以这样一种方式进行的:所要研究的金属棒被一种电绝缘体所包围,至少是其一端被绝缘体所包围. 在这样一根棒中,将很快地建立起一种电平衡,使得电流等于零. 在这种情况下 $i = 0$,而且,如果将方程(a)乘以 m/eh 再把它从方程(b)中减去,我们就得到

$$W = \frac{2}{3} \pi m l \frac{A}{h^4} \frac{\partial h}{\partial x}.$$

借助于原第 135 页上给出的关系式,这一表示式可以写成

$$W = \frac{8}{9} \sqrt{\frac{2}{3\pi}} \alpha N l u \frac{\partial T}{\partial x}$$

因此,热导率 k 就是

$$k = \frac{8}{9} \sqrt{\frac{2}{3\pi}} \alpha N l u.$$

根据求得的 σ 和 k 的表示式,我们就得到[*]

---

[*]　瑞其和诸德曾经分别得到

$$\frac{k}{\sigma} = \frac{3}{2} \left(\frac{\alpha}{e}\right)^2 T \quad \text{和} \quad \frac{k}{\sigma} = \frac{4}{3} \left(\frac{\alpha}{e}\right)^2 T,$$

这些值比洛伦兹算出的值和实验符合得更好(Riecke, Jahrb. d. Rad. u. El. **3**(1906)33). 但是,既然瑞其和诸德的计算并不是十分严密地作出的,考察一下这种符合是计算方式的后果还是这些作者所作的基本假设的后果,就或许是有兴趣的了(见原第 133 页). 直接作出这些计算将是很困难的,因为函数 f 在这一情况下将不连续;但是,如果适应着瑞其和诸德的结果假设电导率和热导率的表示式可以写成

$$\sigma_c = K_1 N l (c\sqrt{T})^{-1} \text{ 和 } k_c = K_2 N l (c\sqrt{T})^3,$$

式中 $c\sqrt{T}$ 代表电子被金属分子放出时的速度,就能够按照下述方式由洛伦兹的结果定出恒量 K_1 和 K_2.
　　按照洛伦兹的理论,单位体积中的分子在每秒内发出的速率介于 r 和 $r+dr$ 之间的电子数是

$$\frac{r}{l} A e^{-hr^2} 4\pi r^2 dr = 4\pi^{-\frac{1}{2}} \frac{N}{l} e^{-hr^2} h^{\frac{3}{2}} r^3 dr.$$

令 $r = c\sqrt{T}$,此式就变成

（转下页）

$$\frac{k}{\sigma} = \frac{8}{9}\left(\frac{\alpha}{e}\right)^2 T.$$

这一方程表示了维德曼–夫兰兹定律,该定律是说所有金属的热导率和电导率之比都相同;它也表示了洛仑茨定律,该定律是说这一比值和绝对温度成正比. 出现在这一方程中的 α 和 e 这两个量的值,只是在颇低的精确度下为已知的. 但是,正如莱恩伽额慕(Ann. d. Phys. **2**(1900)398)曾经指出的,比值 α/e 却可以根据已知的量而很精确地定出. 例如,如果用 N 代表在温度 T 和压强 p(达因/平方厘米)下每立方厘米气体(例如氢)中的分子数,我们就有 $\frac{3}{2}N\alpha T = p$. 此外,如果为了在相同的温度和压强下释放一立方厘米的氢所必须在一种电解质中通过的电量是 E,则 $E = 2Ne$,从而就得到 $\alpha/e = 3p/ET$. 用这种办法,我们得到(既然 $T = 273°$,$p = 1.0133 \times 10^6 = 1$ 大气压,$E = 0.385 \times 10^{-10}$ 绝对静电单位)$\alpha/c = 0.428 \times 10^{-6}$,由此就得到

$$k/\sigma = 0.163 \times 10^{-12} T.$$

———————————

(接上页)
$$L_c dc = 4\pi^{-\frac{1}{2}} \frac{N}{l} e^{-hTc^2} h^{\frac{3}{2}} T^2 c^3 dc.$$

既然各电子被假设为并不互相碰撞,以不同速率被放出的电子就可以看成互相独立的. 现在,既然按照瑞其–诸德理论单位体积中分子在每秒之内以速率 $c\sqrt{T}$ 发出的电子数是 $(c\sqrt{T}/l)N$,既然这一数目和数目 $L_c dc$ 的比值在金属中不同的地方是相同的(而且 $hT = 3m/4\alpha$),我们就得到

$$\sigma = \int_0^\infty \frac{\sigma_c}{(cT^{\frac{1}{2}}/l)N} L_c dc = 2\pi^{-\frac{1}{2}} K_1 Nlh^{\frac{1}{2}} = \sqrt{\frac{2}{3\pi}} \frac{e^2 Nlu}{\alpha T},$$

$$K_1 = \frac{e^2 u^2}{3\alpha T}, \quad K_2 = \frac{\alpha}{3u^2},$$

$$k = \int_0^\infty \frac{k_c}{(cT^{\frac{1}{2}}/l)N} L_c dc = 4\pi^{-\frac{1}{2}} K_2 Nlh^{-\frac{3}{2}} = \frac{8}{9}\sqrt{\frac{2}{3\pi}} \alpha Nlu.$$

将 K_1、K_2 的值代入 σ_c 和 k_c 的表示式中并令 $c\sqrt{T} = u$,我们就得到

$$[\sigma] = \frac{e^2 Nlu}{3\alpha T} \quad 和 \quad [k] = \frac{1}{3}\alpha Nlu.$$

这样求出的电导率公式和瑞其的公式一致而和诸德的公式不一致;另一方面,热导率的表示式却和诸德的公式一致而和瑞其的公式不一致. 关于这两种传导率之比,我们得到 $[k]/[\sigma] = (\alpha/e)^2 T$,这一比值并不比洛伦兹求得的比值和经验符合得更好.

在此可以指出,洛伦兹(Proc. Acad. Amsterdam **5**(1903)666)曾经在所有电子都以相同速率运动的假设下计算了热从金属的发射. 其次,依据诸德的电导率表示式来计算吸收,他求得了一个辐射公式,这公式对于所考虑的波来说是和普朗克用完全不同的方式求得的公式完全一致的. 但是,既然诸德的表示式是不正确的,那么就可以看出,电子以相同速度运动的假设并不会导致普朗克公式. 因此,指出一点可能是有兴趣的,那就是:如果我们依据麦克斯韦分布定律来计算发射率(这可以根据洛伦兹的结果而很简单地做到),并借助于在正文中推导了的洛伦兹的电导率公式来计算吸收,我们就又得到普朗克公式.

145　　　为了将这一结果和经验相比较,所用的数据主要取自 L·洛伦茨(Wied. Ann. **13**(1881)598)以及耶格尔和狄塞耳豪斯特(Berl. Ber. (1889)726)的研究. 这些作者的结果列在下面的表中. 虽然计算值和观测值在数量级上符合得惊人地好,但是可以看到,还是存在相当大的〔数值上的〕分歧的. 人们可以想到几种解释这一问题的方法. 首先,热可以直接在金属的分子之间传导,因为非金属也在一定程度上是导热的. 这将可以解释观测值高于计算值的事实,特别是解释较差的金属导体具有最高的 k/σ 值的事实. 但是,依据这种假设进行了计算的肯尼斯伯格(Phys. Zeitschr. **8**(1907)237)却发现,如果赋予金属一个适当的、和绝缘体的热导率同数量级的"非金属热导率",就有可能假设比值 k/σ 将对各种

146　不同的金属是相同的,但是它的值仍将颇大于洛伦兹的计算值;事实上,它在 18℃ 时大约将是 0.70×10^{-10}. (肯尼斯伯格总结说,这种分歧是由洛伦兹的错误假设引起的,其中他提到认为平均自由程不依赖于温度的假设. 但是,关于这一点应该指出,洛伦兹的计算表明,不论平均自由程是否依赖于温度,它在 k/σ 这一表示式中是根本不出现的.)在这方面可以提到,莱恩伽额姆(Phys. Zeitschr. **7**(1906)787)曾经指出,在 k/σ 值和金属的原子量及磁学性质之间似乎存在着确定的相关性.

　　　最后可以提到,如果应用原第 141 页上的普遍公式,则结果是

$$\frac{k}{\sigma} = \frac{4(L_1 L_3 - L_2^2)}{9L_1^2}\left(\frac{\alpha}{e}\right)^2 T,$$

如果关于平均自由程对电子速率的依赖关系并没作出确定的假设,这一表示式就会对 k/σ 值以及此值对个别金属的温度依赖关系提供相当大的变动范围. 但是,如果假设有效平均自由程是随着电子速率而增大的(相反的情况似乎无论如何难以想象),则这一表示式将永远给出比洛伦兹的计算值更大的 k/σ 值. 例如,假若平均自由程和速率成正比,$l = rf(T)$,则结果将是

$$\frac{k}{\sigma} = \frac{10}{9}\left(\frac{\alpha}{e}\right)^2 T, \quad \left(\frac{k}{\sigma}\right)_{18°} = 0.59 \times 10^{-10};$$

如果假设它和速率平方成正比,$l = r^2 f(T)$,则将得到

$$\frac{k}{\sigma} = \frac{4}{3}\left(\frac{\alpha}{e}\right)^2 T, \quad \left(\frac{k}{\sigma}\right)_{18°} = 0.71 \times 10^{-10}.$$

　　　假若有效平均自由程被假设为和电子速率的 n 次方成正比,$l = r^n f(T)$ 而 n 是一个整数,则结果将是

$$\frac{k}{\sigma} = \frac{2(4+n)}{9}\left(\frac{\alpha}{e}\right)^2 T.$$

	洛 仑 茨		耶格尔和狄塞耳豪斯特	
	$\left(\frac{k}{\sigma}\right)_{0°}\times 10^{10}$	$\left(\frac{k}{\sigma}\right)_{100°}\bigg/\left(\frac{k}{\sigma}\right)_{0°}$	$\left(\frac{k}{\sigma}\right)_{18°}\times 10^{10}$	$\left(\frac{k}{\sigma}\right)_{100°}\bigg/\left(\frac{k}{\sigma}\right)_{18°}$
计算值（洛仑茨）	0.445	1.366	0.474	1.282
铝	0.714	1.307	0.707	1.327
镁	0.717	1.398		
铜	0.735	1.358	0.750	1.297
银			0.762	1.284
镍			0.777	1.296
金			0.808	1.272
锌			0.760	1.290
镉	0.755	1.315	0.784	1.282
铅	0.759	1.304	0.794	1.308
锡	0.763	1.334	0.817	1.259
铂			0.845	1.345
钯			0.828	1.349
铁	0.749	1.530 *	0.911	1.326
铋	0.887	1.372	1.069	1.120
锑	0.939	1.294		
红铜	0.729	1.360	0.841	1.262
黄铜	0.749	1.428		
德银	0.867	1.314		
锰铜			1.017	1.214
康铜			1.229	1.184

由表中可以看出,合金和维德曼-夫兰兹定律及洛仑茨定律之间的偏差并不比纯金属的偏差大多少. 另一方面,如果只考虑电导率,则合金和纯金属之间的差别是相当大的;首先,合金的电导率往往比组成该合金的那些纯金属的电导率低得多;其次,合金电导率随温度的变化方式也颇不相同. 纯金属的电导率相当普遍地和绝对温度成反比,从而在很低的温度下电导率是很高的,而许多合金的电导率却在研究所及的温度范围内变化很小. 为了解释这些情况,瑞利勋爵(Nature **54**(1896)145)** 曾经提出了一种理论;这种理论假设合金的导电和纯金

---

* ［这显然应该是 1.350］

** 附带提到,L. 洛仑茨(Wied. Ann. **13**(1881)600)曾经进行了和瑞利勋爵的计算完全相同的计算. 但是他并没有特别论及合金,而是利用他的计算来普遍地对金属的洛仑茨定律提供一种很有兴趣的证实.

属的导电之间有着本质的不同,就是说,合金不能看成是物理上均匀的,而却可能是组成合金的那些纯金属的晶体混合物. 于是,在合金中,除了普通的电阻以外,还应该存在由晶体分界面上的珀耳帖效应造成的温度差所引起的表观电阻——温差电极化. 但是,这种理论并不能解释电导率对温度的奇特的无关性,而且似乎和经验并不一致 *. 例如,如果电阻是由极化引起的,那就应该预料它对恒稳电流和迅变电流将有不同的值. 但是,研究了这一问题的威娄斯(Phys. Zeitschr. **8**(1907)173)却不能发现任何这样的差别. 虽然也可能设想所用的频率太低(到每秒 1 000 周为止),但是,哈根和汝本斯(Ann. d. Phys. **11**(1903)873 和 Ber. d. D. Phys. Ges. (1904)128)关于金属对热射线的吸收的实验却似乎确定地证明了电传导在合金中和在纯金属中是以相同的方式进行的. 事实上,这些作者已经证明,如果利用麦克斯韦的光理论并根据他们的热射线吸收(或发射)来计算金属的电导率,就会得到和利用恒稳电流测出的值完全一致的值. 这一点对于合金和对于纯金属同样正确. 按照居特勒(Jahrb. d. Rad. u. El. **5**(1908)17)的研究,所讨论的情况是特别出现在能够以任意比例形成混合晶体的那些金属所组成的合金中的,就是说,这些情况恰恰是出现在必须看成物理地均匀的那些合金中的. 但是,在普通的金属电子论的基础上解释那些情况却似乎是可能的**. 如上所述,必须假设金属的原子对电子作用很强的引力. 如果所有的分子都是相似的,这些力就会在很大的程度上在金属内部互相抵消,而电子则会在一定的程度上变成自由的. 另一方面,如果金属是一些用不同的力吸引电子的分子的混合物,这些力就不能在近似相同的程度上互相抵消,而电子也就更不自由,即具有更加依赖于电子速率的较短的平均自由程.

　　这种观点似乎可以解释当加入极少量的另一种金属时电导率的极显著的降低;根据这种观点,合金的电导率和热导率之间的密切关系可以立即得到理解. (舒耳茨(Ann. d. Phys. **9**(1902)555)已经证明,在表示着电导率和热导率对混合比的依赖关系的曲线上,可以发现非常类似的不规则性.)

---

　　* 这似乎并不是瑞利勋爵的看法. 但是,既然纯金属的热导率并不怎么依赖于温度,那么按照他的计算,这种表观电阻就应该和绝对温度成正比,就像纯金属的电阻那样(Rayleigh,上引文 p. 154;Lorentz,上引文 p. 601).

　　** 申克(Phys. Zeitschr. **8**(1907)234)曾经企图通过假设和在纯金属中不同,合金中的分子具有和以上所赋予电子的相似的一种动率,来解释这些情况. 但是(Guetler,上引文 p. 72),这似乎和合金中分子的极慢的扩散很难相容. 而且,很难看出这一假设怎样解释很低的电导率及其奇特的温度系数. (申克提到一件事实,即两种气体(在此为分子和电子)的黏滞性在某些情况下可以超过其中每一种气体(在此为电子)的黏滞性;但是,看来很难理解这怎能有助于解释现象.)

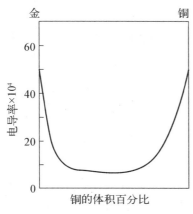

左图表示了电导率对混合比的依赖关系的一个典型事例（Guertler，上引文 p. 47）

可以进一步指出，根据这种观点也可以理解合金的比值 k/σ 比纯金属的为高；因为，按照原第 146 页上所讲的，这就是合金中的平均自由程更加依赖于电子速率这一假设的一个后果. 这种平均自由程对速率的较大依赖性也可以解释合金的电导率在很低温度下的特别低的值.（如果人们假设个体分子的解离度即自由电子的数目和个体分子的其他条件在合金和纯金属中是按照相同方式随温度而变的，并进一步假设有效平均自由程在纯金属中是正比于电子速率的平方（和 k/σ 的值相对应）的，那么，似乎就可以预料，在其电导率依赖于温度的那些合金中，平均自由程将和速率的四次方成正比——因为，在纯金属中，电导率是和温度成反比的，而速率的平方是和温度成正比的. 这样就会给出 $k/\sigma = (16/9)(\alpha/e)^2 T$，或者说 $(k/\sigma)_{18°} = 0.95 \times 10^{-10}$ [*]，此值和在锰铜及康铜的情况下得出的值相近. 差值或许可以用一个"非金属性的"热导率来加以解释（参阅原第 145 页）；在这样的导电性很差的金属中，必须假设这种热导率起着很大的作用.）

但是，在寻求上述这些现象的更充分的理解时我们必须认识到，目前这种形式的电子论并不能给出纯金属电导率对温度的依赖关系的任何解释. 例如，按照在原第 142 页上导出的公式，电导率是和 $NlT^{-\frac{1}{2}}$ 成正比的，因此，为了解释实际发现它和 T^{-1} 成正比，我们就必须假设 Nl 这个量和绝对温度的平方根成反比.（假如平均自由程不是被看成恒量而是被看成随电子速度而增加，那就必须作出相应的假设.）但是，根据普通的电子论，人们倒宁肯倾向于假设 Nl 将随温度而增加，这一部分是由于金属分子的增大着的解离度，一部分是由于电子的自由运动将有更多的可用空间. 因此，这一情况以及多少类似的一种现象（即对于铅、锡和锌之类当熔化时将膨胀的金属来说，电导率在熔化过程中将显著地减小），就

149

---

[*] ［参阅在原第 145 页上给出的结果.］

被 J·J·汤姆孙(*Korpuskulartheorie der Materie*，1908)用来攻击整个的自由电子的理论了.(J·J·汤姆孙指出，电导率在这种情况下的减低，不能认为是起源于自由电子数的相应减少，因为这会在固态金属和液态金属之间引起一种其量值完全无法和经验相容的珀耳帖效应.)但是，依据和联系到合金而提出的那些相类似的看法，上述各现象在一定程度上是可以理解的. 例如，在金属蒸气(例如导电性很差的汞蒸气(J. J. Thomson，上引文 p. 48))中，我们处理的是以很大的力保持着它们的电子的单独运动着的分子，但是我们却可以设想，在固态金态这一相反的极端情况下，各个分子被挤得如此接近，以致那些束缚得最松的电子(而金属在许多方面就是以其束缚得颇松的电子而与众不同的)几乎不能确定是

150　属于哪个分子的了. 从这样一种观点看来，纯金属的电导率随外压强而增加的事实也是可以理解的.(唯一的例外是铋，但是这或许可以认为是某些特殊情况例如特殊的晶体结构所造成的一种事实，因为铋在其他方面也和别的金属有所不同;例如，除了其他情况以外，在哈根和汝本斯用大波长的热射线所做的实验中(Ber. d. D. Phys. Ges. (1904)128)，固态铋是唯一显示显著的不规则性的一种金属.)合金被压缩时显示很不相同的行为(电导率的变化小得多，而且并不总是增加)，这也不是不能理解的，因为当分子并不全都相像时情况必然有本质的不同.

最后可以指出，即使电子并不被认为是完全自由的，这里处理的电子论和 J·J·汤姆孙所发展的电子论也还有很大的区别. 这种区别也许可以用下述说法来表征：在此处的理论中，电子基本上是自由的，而在汤姆孙的理论中它们则基本上是束缚的. 这样，外力的影响在这里被解释为对电子本身的一种作用，而在汤姆孙的理论中则被描述为对作为一个单位的每一分子的作用(例如转动).

接触电和温差电

这里将简略地论述一下，洛伦兹曾经怎样证明可以根据原第 141 页上的方程(a)和(b)导出关于温差电和接触电的一种完整的理论. 我们首先考虑由保持在不同温度下的两种不同金属构成的一个温差电链，链中没有通上电流(开链). 令 $E=-\partial\varphi/\partial x$ 并将 $h=(3m/4\alpha T)$ 代入，我们在此情况下就得到

$$\frac{\partial\varphi}{\partial x}=-\frac{1}{e}\frac{\partial V}{\partial x}-\frac{4\alpha}{3e}\frac{\partial T}{\partial x}-\frac{2\alpha}{3e}T\frac{\partial\ln A}{\partial x},$$

由此得到

$$\varphi_{\mathrm{Q}}-\varphi_{\mathrm{P}}=-\frac{1}{e}(V_{\mathrm{Q}}-V_{\mathrm{P}})-\frac{4\alpha}{3e}(T_{\mathrm{Q}}-T_{\mathrm{P}})-\frac{2\alpha}{3e}\int_{\mathrm{P}}^{\mathrm{Q}}T\frac{\partial\ln A}{\partial x}\mathrm{d}x.$$

由这一方程可以得出几个结论.

（ⅰ）如果整个链的温度到处相同,我们就得到

$$\varphi_Q - \varphi_P = -\frac{1}{e}(V_Q - V_P) - \frac{2\alpha}{3e}T(\ln A_Q - \ln A_P),$$

这一方程表明,电势差只依赖于两端金属的种类,而且如果链的两端是同一种金属则电势差等于零.（这是在伏打的电动势序列中表现出来的规律.）

（ⅱ）如果整个链是由相同的金属构成的,则电势差只依赖于两端的温度（因为在这种情况下 A 只是温度的函数）,而且如果两端具有相同的温度则电势差将是零.

（ⅲ）当链由几种金属构成而各处的温度也不同时,如果链的两端由相同金属构成并具有相同的温度,则电势差将只依赖于不同金属接触处的温度.（在从一种金属到另一种金属发生过渡的很短距离上,温度被假设为均匀的.）例如,如果链是由如图所示地排列着的两种金属 I 和 II 构成的,如果 I 和 II 的接触点处的温度是 T_1 而 II 和 I 的接触点处的温度是 T_2,而假设为由金属 I 构成的两端点处的温度是 $T_0 = T_Q = T_P$,则经过分部积分就得到

$$F = \varphi_Q - \varphi_P = \frac{2\alpha}{3e}\int_P^Q \ln A\,\frac{\partial T}{\partial x}\mathrm{d}x$$

$$= \frac{2\alpha}{3e}\left[\int_{T_0}^{T_1}\ln A_I\,\mathrm{d}T + \int_{T_1}^{T_2}\ln A_{II}\,\mathrm{d}T + \int_{T_2}^{T_0}\ln A_I\,\mathrm{d}T\right]$$

或者写成
$$F = \frac{2\alpha}{3e}\int_{T_1}^{T_2}\ln\left(\frac{A_{II}}{A_I}\right)\mathrm{d}T = \frac{2\alpha}{3e}\int_{T_1}^{T_2}\ln\left(\frac{N_{II}}{N_I}\right)\mathrm{d}T.$$

现在我们将研究当一个电流通过这样一个温差电链时即将发生的热效应.假设通过由外界加热或吸热而使各点的温度保持不变.（如果像假设的那样,温度在垂直于 x 轴的平面上应该到处相同,则这样的加热或吸热是严格地不可能的;但是,如果链是一条细金属线而且电流不是太强,则必要的热量可以被加进去而不引起截面上各点温度的可觉察的变化.）为了简单,假设链的截面积为一.现在我们将考虑位于由坐标 x 和 $x+\mathrm{d}x$ 来确定的两个位置之间的一小段链元.为了使温度保持不变而必须在单位时间之内从这一链元减去的热量 q,将等于外力给予电子的能量和由于电子的运动而沿链的方向传走的能量之差.

于是我们得到

$$q = \left(iE - \frac{\partial}{\partial x}\left(W + \frac{i}{e}V \right) \right)\mathrm{d}x.$$

利用方程(a)和(b),消去 E 和 V 并将求得的电导率和热导率的表示式代入,我们就得到

$$q = \left(\frac{i^2}{\sigma} + i\,\frac{2\alpha}{3e}\,\frac{\partial \ln A}{\partial x} - \frac{\partial}{\partial x}\left(k\,\frac{\partial T}{\partial x} \right) \right)\mathrm{d}x.$$

正比于电流平方的第一项和不依赖于电流的最后一项分别代表焦耳热和普通传导所传走的热,而正比于电流且当电流反向时将变号的中间一项则代表所谓的珀耳帖效应和汤姆孙效应. 为了更加仔细地考察这些效应,我们将考虑两种情况.

我们将首先考虑两种金属 I 和 II 之间的结,并假设链的这一部分的温度被保持为恒定. 计算积分,我们就发现由所考虑的这一项所引起的并发生在两种金属之间的结那儿的热量是

$$i\,\frac{2\alpha}{3e}\,T \ln\left(\frac{A_{II}}{A_I} \right).$$

于是,如果用 $\Pi_{I,\,II}$ 代表"珀耳帖系数"(作为热吸收系数而被测出),我们就得到

$$\Pi_{I,\,II} = \frac{2\alpha}{3e}\,T \ln\left(\frac{A_I}{A_{II}} \right) = \frac{2\alpha}{3e}\,T \ln\left(\frac{N_I}{N_{II}} \right).$$

另一方面,如果我们考虑链的一个均匀部分,则由所考虑的项所引起的并发生在两端温度从 T 变到 $T+\mathrm{d}T$ 的一段链元中的热量将是

$$i\,\frac{2\alpha}{3e}\,T\,\frac{\mathrm{d}\ln A}{\mathrm{d}T}\,\mathrm{d}T.$$

于是,我们就得到"汤姆孙系数" μ

$$\mu = -\frac{2\alpha}{3e}\,T\,\frac{\mathrm{d}\ln A}{\mathrm{d}T}.$$

可以看到,F、Π 和 μ 的表示式满足下列关系式:

$$\mu_{II} - \mu_I = T\,\frac{\partial}{\partial T}\left(\frac{\Pi_{I,\,II}}{T} \right) \text{和} \quad F = -\int_{T_1}^{T_2} \frac{\Pi_{I,\,II}}{T}\,\mathrm{d}T$$

153　　这些关系式是由开耳文勋爵根据热力学的考虑导出的.

在这儿可以指出,假如我们在以上的计算中曾经应用了在原第 141 页上给出的方程,我们就会得到

$$F = \frac{2\alpha}{3e} \int_{T_1}^{T_2} \left[\ln\left(\frac{A_{II}}{A_I}\right) + \left(\frac{L_2}{L_1}\right)_I - \left(\frac{L_2}{L_1}\right)_{II} \right] dT,$$

$$\Pi_{I,\,II} = \frac{2\alpha}{3e} T \left[\ln\left(\frac{A_{II}}{A_I}\right) - \left(\frac{L_2}{L_1}\right)_I + \left(\frac{L_2}{L_1}\right)_{II} \right],$$

$$\mu = -\frac{2\alpha}{3e} T \frac{\partial}{\partial T} \left(\ln A - \frac{L_2}{L_1} \right).$$

可以看出,这些表示式也满足上述各关系式[*].

周期力作用下的电传导

直到现在,我们只考虑了稳定条件下的电传导;在所讨论的理论中,这就意味着电场被假设为在比电子通过两次碰撞之间的自由程所需要的时间长得多的时间内变化很小. 但是,不能假设我们在光的电磁理论中所对付的那种变化极快的电场能够满足这个条件. 不过,我们现在即将说明怎样依据在原第 138 页上导出的基本公式来处理这一情况,其方式和以上所讨论的情况完全相同.

我们假设温度是恒定的,而且电力只是沿着 x 轴的方向作用的. 于是公式变成

$$\frac{\partial f}{\partial t} + X \frac{\partial f}{\partial \xi} + \xi \frac{\partial f}{\partial x} + \eta \frac{\partial f}{\partial y} + \zeta \frac{\partial f}{\partial z} = \frac{r}{l} \left[\int rf \, d\lambda \cdot \frac{h^2}{2\pi} e^{-hr^2} - f \right].$$

如果我们假设光是沿着 z 轴运动的平面波,则 $\partial f/\partial x$ 和 $\partial f/\partial y$ 将等于零;此外还有 $\zeta(\partial f/\partial z) = (\zeta/v)(\partial f/\partial t)$(式中 v 是光的速率),而且,既然电子速率比光速率小得多,这一表示式和 $\partial f/\partial t$ 相比就将是可以忽略的. 现在我们将假设 $f = A e^{-hr^2} + \varphi$,式中 A 和 h 是恒量而 φ 和 $A e^{-hr^2}$ 相比是很小的.

将此式代入公式中并令 $X = (e/m)E \cos pt$,我们就得到

154

$$\frac{\partial \varphi}{\partial t} - \xi 2hA e^{-hr^2} \frac{e}{m} E \cos pt = \frac{r}{l} \left[\int r\varphi \, d\lambda \cdot \frac{h^2}{2\pi} e^{-hr^2} - \varphi \right].$$

如果我们试着用 $\varphi = \xi \psi(r)$ 来满足这一方程,那么,既然积分由于对称而等于零,我们就得到

$$\frac{\partial \psi}{\partial t} - 2hA e^{-hr^2} \frac{e}{m} E \cos pt = -\frac{r}{l} \psi;$$

---

[*] 如果令 L_2/L_1 等于 U,这些关系式就在形式上和格汝恩纳所导出的关系式相同(在上引文 p. 533 的格汝恩纳的公式(19)和(26)中,由于印刷误差而交换了两个正负号).

这是一个包含 ψ 和 t 的一阶常微分方程,其解是

$$\psi = \frac{2hA(e/m)El}{r(1+p^2l^2/r^2)}\mathrm{e}^{-hr^2}\left(\cos pt + p\frac{l}{r}\sin pt\right)+C\mathrm{e}^{-(r/D)t}.$$

既然 ψ 被假设为时间的周期函数,那就有 $C=0$,从而

$$f = A\mathrm{e}^{-hr^2}+\xi\frac{2hA(e/m)El}{r(1+p^2l^2/r^2)}\mathrm{e}^{-hr^2}\left(\cos pt + p\frac{l}{r}\sin pt\right).$$

那么,通过单位面积的电流就是

$$i = e\int\xi f\,\mathrm{d}\lambda = e\int\xi^2\psi\,\mathrm{d}\lambda = \frac{4\pi e}{3}\int_0^\infty r^4\psi\,\mathrm{d}r$$

$$= \frac{8\pi e^2 ElAh}{3m}\left[\int_0^\infty\frac{r^3\mathrm{e}^{-hr^2}\,\mathrm{d}r}{(1+p^2l^2/r^2)}\cos pt + \int_0^\infty\frac{plr^2\mathrm{e}^{-hr^2}\,\mathrm{d}r}{(1+p^2l^2/r^2)}\sin pt\right].$$

在时间 $\mathrm{d}t$ 内在单位体积中做的功将是 $iE\cos pt$,如果我们现在来求单位时间内放出的平均能量,那么,既然 $\cos x\sin x$ 的平均值为零而 $\cos^2 x$ 的平均值为 $1/2$,我们就得到

$$U = \frac{4\pi e^2 E^2 lhA}{3m}\int_0^\infty\frac{r^3\mathrm{e}^{-hr^2}\,\mathrm{d}r}{(1+p^2l^2/r^2)} = \frac{2\pi eE^2 lA}{3mh}\int_0^\infty\frac{x^2\mathrm{e}^{-x}\,\mathrm{d}x}{x+p^2l^2h}$$

$$= \frac{2\pi e^2 E^2 lA}{3mh}\left[\int_0^\infty(x-p^2l^2h)\mathrm{e}^{-x}\,\mathrm{d}x + \int_0^\infty\frac{(p^2l^2h)^2\mathrm{e}^{-x}\,\mathrm{d}x}{x+p^2l^2h}\right]$$

$$= \frac{2\pi e^2 E^2 lA}{3mh}\left[1-p^2l^2h+(p^2l^2h)^2\int_0^\infty\frac{\mathrm{e}^{-x}\,\mathrm{d}x}{x+p^2l^2h}\right].$$

现在,如果 p^2l^2h 是很小的,则数量级为 $(p^2l^2h)^2\ln(p^2l^2h)$ 的包含着积分的那一项和 p^2l^2h 相比可以略去,于是我们就得到

$$U = \frac{2\pi e^2 E^2 lA}{3mh}(1-p^2l^2h).$$

155　给金属指定一个确定的电导率 σ_1,就将得到 $U=\frac{1}{2}\sigma_1 E^2$. 此外,既然在恒稳条件下金属的电导率是

$$\sigma = \frac{4\pi e^2 lA}{3mh} = \frac{4e^2 lN}{3m}\left(\frac{h}{\pi}\right)^{\frac{1}{2}},$$

我们就得到　　　　　　　　　$\sigma_1 = \sigma\left(1-\sigma^2\frac{9\pi p^2 m^2}{16N^2 e^4}\right).$

关于恒稳电场下和周期电场下的电导率之间的关系,J·J·汤姆孙(Phil. Mag. **14**(1907)224)曾经给出了下列公式(换成我们的表示符号)

$$\sigma_1 = \sigma \left[\sin \frac{pm\sigma}{Ne^2} \middle/ \frac{pm\sigma}{Ne^2} \right] = \sigma \left(1 - \sigma^2 \frac{p^2 m^2}{3N^2 e^4} + \cdots \right).$$

可以看到,表示着电导率对频率的依赖关系的那一项比上面所得公式中的项要小得多(大约小六倍). 但是,完全撇开汤姆孙假设所有的电子都以相同速率被放出这一情况不谈,他的计算中似乎存在着本质的缺点(Jeans, Phil. Mag., June 1909, p. 778),那就是,电子通过它们的自由程所需的时间被认为相等,完全不依赖于它们在场的影响下得到的速率.

此外,金斯曾经给出下列的公式(上引文 p. 778)

$$\sigma_1 = \frac{\sigma}{1 + \sigma^2 p^2 m^2 / N^2 e^4} = \sigma \left(1 - \sigma^2 \frac{p^2 m^2}{N^2 e^4} + \cdots \right).$$

按照他的意见,这是在没有对电子和金属分子之间的碰撞性质作什么特殊假设的情况下推导出来的;事实上,即使电子没有任何"自由程",这一公式也被假设为成立. 但是,这似乎是不正确的. 首先,这一公式和我们以上根据包括在金斯假设中的特殊假设而导出的公式并不等同;再者,金斯的推导中的错误也似乎是很明显的. 事实上,金斯假设因电子和金属分子相碰撞而造成的沿给定方向的电子总动量的损失,等于沿这一方向的电子平均速度乘以一个恒量,该恒量只依赖于电子和分子的本性,而且也依赖于温度. 他将这种看法建筑在一个假设上,即由外力引起的离开正常的(麦克斯韦)分布定律的偏差非常小,以致电子沿一个给定方向的平均速度 u_0 比分子的平均速率 u 小得多,从而数量级和 $(u_0/u)^2$ 相同的量可以忽略不计,而且特别说来可以假设一切乘以 u_0 的量都只依赖于正态分布. 虽然这在一般情况下是正确的,但对于沿一个给定方向的电子总动量的改变来说却不可能是对的;因为,既然正态分布对此量毫无贡献,它就只可能取决于离开正态分布的偏差,而这种偏差在恒稳外力和周期外力下将是不同的.

上面导出的关于电导率、热导率和温差电效应的公式,并不能起到确定式中所包含的 N 和 l 这两个量的作用.(例如,出现在电导率和热导率中的只是乘积 Nl,而出现在汤姆孙系数和珀耳帖系数中的则只是同一种金属在不同温度下的自由电子数之比以及不同金属在相同温度下的自由电子数之比.)

但是,正如 J·J·汤姆孙所指出的,却可以根据金属的比热来确定 N 的上限. 事实上,为了加热一块金属,人们至少要加进一个和自由电子的动能增量相对应的热量. 于是,如果用 q 代表比热而用 d 代表密度,则有 $N < qd/\alpha$,因为单位体积中自由电子的能量是 $N\alpha T$. 对于铜和银这样的金属,这就给出 $N < 2 \times 10^{23}$.

156

现在,在关于电导率对频率的依赖关系的公式中,N 这个数是唯一的未知量,因此人们可能想到利用这一公式来确定 N. 但是,如果我们企图依据哈根和汝本斯(Ann. d. Phys. **11**(1903)484,表 2)关于金属对波长为 4 微米的热射线的吸收的实验来计算 N,我们就会发现,几乎对于所有研究过的纯金属来说,N 都会超过上述的上限;而且,对于所有研究过的合金和对于一种纯金属(银),公式对于任何的 N 都不能得到满足,因为适用于周期场的表观电导率大于恒稳电导率. 后一情况证明,在这种迅变的电振动中,金属还通过不同于自由电子碰撞的方式来转换能量,例如通过分子中的束缚电子的振动. 这样一种能量吸收过程在合金中比在纯金属中起着更大的作用,这一点可以理解为合金的较低电导率的结果,如果假设个体分子在合金中和在有关的纯金属中将吸收同样多少的能量的话.(或许有人认为有可能根据这样的假设来确定这种分子吸收在整个吸收中占多大百分比;但是,事实是哈根和汝本斯的数据不够正规,不足以进行这样的计算.)

157 　　我们在这儿将再提到在原第 141 页上导出的方程的另一种应用,即对静电问题的应用. 尽管在普通的静电学中人们假设电是分布在良导体表面上一个无限薄的层中的,这样的分布却是和自由电子的理论不能相容的,因为这些自由电子将从这样一个表面层向金属内部扩散. 令 $i = 0$ 并假设温度为恒定,我们就得到

$$2hA\,\frac{e}{m}E - \frac{\partial A}{\partial x} = 0,$$

由此得到

$$\frac{3e}{2\alpha T}NE - \frac{\partial N}{\partial x} = 0 \quad \text{和} \quad \frac{\partial E}{\partial x} = 4\pi e(N - N_T).$$

J·J·汤姆孙(*Die Korpuskulartheorie der Materie*(1908),p. 80)曾经证明,人们可以根据这些方程来估计当从表面进入金属中时自由电荷 $e(N - N_T)$ 将变化得多快. 如果假设自由电荷的增量比单位体积中自由电子的总电荷少得多,第一个方程就可以写成

$$\frac{3e}{2\alpha T}N_T E - \frac{\partial N}{\partial x} = 0.$$

将此式和第二个方程结合起来,并令 $e(N - N_T) = \xi$,我们就得到 $\partial^2\xi/\partial x^2 = (6\pi e^2/\alpha T)N_T\xi$;此式可被 $\xi = Be^{-px}$ 所满足,式中 $p^2 = (6\pi e^2/\alpha T)N_T$. 现在,如果单位表面面积上的电荷是 Q,我们就有

$$Q = \int_0^\infty \xi\,\mathrm{d}x = B/p,$$

从而就有 $\xi = Qp\,\mathrm{e}^{-px}$. 既然 $\partial E/\partial x = 4\pi\xi$, $E = -4\pi Q\mathrm{e}^{-px}$, 那么, 如果用 V 代表金属表面和金属内部之间的电势差, 我们最后就得到

$$V = -\int_0^\infty E\,\mathrm{d}x = 4\pi Q/p.$$

上面提到的 N 的最大可能值 (约为 10^{23}), 对应于自由电荷的最速减小和电势差的最小可能值; 这样, 按照 J·J·汤姆孙的看法, 由此就得到 $p \approx 10^8$. 可以看到, 这样的 p 值对应于实质上自由的电荷的极薄的层. 另一方面, 关于金属表面和金属内部之间的电势差, 汤姆孙针对所能给予金属表面的最大电荷算出的值是 $V \approx 3 \times 10^{-3}$ 伏; 因此他相信, 观测这一电势差或许并不是不可能的, 例如在表面电势为零的带电球的内部来观测它. (但是, 看来这似乎会有根本性的困难, 因为, 按照这里所讨论的理论, 似乎不可能使一个金属表面得到确定的电势而不影响其内部.)

　　和这些考虑密切相关的是玻色 (Phys. Zeitschr. **7**(1906)373, 462) 和泡耳 (Phys. Zeitschr. **7**(1906)500) 所做的实验, 他们试图通过使很薄的金属板带负电或正电来人为地增加或减少其自由电子数并考察其电导率的值是否改变. 和预料的情况相反, 没有观察到任何改变. 但是, J·J·汤姆孙 (上引书 p. 80) 曾经指出, 这或许是因为金属板不能在普通意义上被认为是平滑的, 而必须认为它和分子线度相比是非常不平的, 结果, 加上去的电子就聚集在一些尖端或高台上而并不参加导电了.

磁场对自由电子的运动的影响

　　我们首先将只研究磁场对自由电子在里面运动着的一块金属的影响. 在这样一个场的影响下, 电子的路径将发生弯曲, 而且电子将沿着一些螺旋线运动, 螺旋线的轴线平行于场的轴线. J·J·汤姆孙 (*Rapp. du Congrès de Paris* (1900) vol. **3**, p. 148) 相信, 路径的这种弯曲将沿着和外场相反的方向引起磁场, 从而包含着自由电子的那块金属就将像抗磁体一样地起作用. 汤姆孙提到, 在这种基础上, 他曾经计算了电子的自由运动所将赋予铋的那一部分抗磁性 (他认为铋这种金属中的电子的自由程特别长), 而所得的结果虽然大得太多, 但对观测到的抗磁性的偏差并不超过能够指定给所用各数值的误差. 但是, 这种似乎得到普遍承认的观点*, 在我看来却是不对的. 事实上, 看来自由电子完全不可

---

　　* 例如, 朗之万 (Ann. Chim. et Phys. **5**(1905)90) 相信这就可以解释一件事实, 即铋的抗磁性随温度变化得很快而与其他物质的抗磁性不同.

158

能引起任何磁效应；路径弯曲这一情况本身是不够说明问题的，因为每一时刻都沿着弯曲路径运动的一个粒子（如果它的速率不能和光速率相比）将和它以相同的速率和方向沿着直线运动时产生同样的磁效应. 现在，考虑受到一个恒定磁场的作用的一块金属内部的一个小体积元. 由于对称性，电子将沿着对称于场轴线的一切方向而同样频繁地通过这一体积元. 因此，这样一个体积元将并不引起任何磁效应，从而整块金属也不会引起磁效应.（这一结论的合理性建筑在一个假设上，即电子是完全自由的，从而金属可以被一些数学曲面分成许多完全相同的体积元. 另一方面，在电子被假设为沿着个体化学原子中的闭合轨道在运动，并被应用在朗之万理论中以解释磁效应的那种情况下，那就只有当每一体积元中包含整数个原子时才能将物体分成相等的体积元了.）

　　另一方面，当有一个电场在和磁场同时起作用时，或是当金属并不具有到处相同的温度，从而对于磁场轴线的对称性受到了扰乱时，磁场对电子运动的影响就会表现出来并引起所谓的回转磁效应和热磁效应了.

　　这些现象的理论处理在不同的作者手中曾经是很不相同的. 例如，最早的作者瑞其和诸德假设所有的电子在电场的影响下将有一个沿着确定方向的平均速度，而且他们用一种直截了当的方式计算了磁场的影响，就好像这一速度是平均分配给各个电子一样. 但是，后来有人对这种观点的可容许性发生了怀疑，而且凡·厄沃丁根（Arch. Néerl. **6**(1901)274）甚至进行了计算来证明，当把个体电子的运动考虑在内时，根本得不到任何的霍耳效应[*]. 但是，甘斯（Ann. d. Phys. **20**(1906)293）最近曾经在洛伦兹理论的基础上给出了所述现象的完备的理论处理并且得到那样的结果，它们至少在霍耳效应的情况下与瑞其和诸德的结果只在所包含的数字常数方面有一点小小的不同.

　　我们在这里将只讨论甘斯所处理的一个简单情况，即温度保持为到处相同的一块金属中的回转磁效应的计算. 假设条件是恒稳的，原第 138 页上给出的基本公式在这一情况下就变成

$$X\frac{\partial f}{\partial \xi} + Y\frac{\partial f}{\partial \eta} + Z\frac{\partial f}{\partial \zeta} = \frac{r}{l}\left[\int rf\,\mathrm{d}\lambda \cdot \frac{h^2}{2\pi}\mathrm{e}^{-hr^2} - f\right].$$

如果我们现在假设有一个磁场 H 沿 z 轴作用着，而电场则具有沿 x 轴和 y 轴的分量 E_x 和 E_y，那么作用在单位质量上的力就将是

$$X = \frac{e}{m}E_x + \frac{e}{m}H\eta, \quad Y = \frac{e}{m}E_y - \frac{e}{m}H\xi, \quad Z = 0.$$

---

　　[*]　这种已被甘斯的计算证明为不正确的结果起源于一件事实，即凡·厄沃丁根在自己的计算（上引文 p. 297）中引入了一个他以为是恒量的辅助量 p，但是，这个量并不是完全不依赖于电子的运动方向的.

现在,令 $f = A\mathrm{e}^{-hr^2} + \varphi$,我们就得到

$$-(\xi E_x + \eta E_y)2\frac{e}{m}hA\mathrm{e}^{-hr^2} + \frac{e}{m}\left(E_x\frac{\partial\varphi}{\partial\xi} + E_y\frac{\partial\varphi}{\partial\eta}\right)$$

$$+ \frac{e}{m}H\left(\eta\frac{\partial\varphi}{\partial\xi} - \xi\frac{\partial\varphi}{\partial\eta}\right) = \frac{r}{l}\left[\int r\varphi\,\mathrm{d}\lambda\cdot\frac{h^2}{2\pi}\mathrm{e}^{-hr^2} - \varphi\right].$$

既然 φ 比 $A\mathrm{e}^{-hr^2}$ 小得多,第二项就比第一项小得多,从而如果我们试着用

$$\xi\psi_1(r) + \eta\psi_2(r),$$

来满足这一方程,那么,既然积分等于零,我们就得到

$$\xi\left(2\frac{e}{m}E_xhA\mathrm{e}^{-hr^2} + \frac{e}{m}H\psi_2 - \frac{r}{l}\psi_1\right)$$

$$+ \eta\left(2\frac{e}{m}E_yhA\mathrm{e}^{-hr^2} - \frac{e}{m}H\psi_1 - \frac{r}{l}\psi_2\right) = 0,$$

此式就给出

$$\psi_1 = \left(E_x + \frac{e}{m}H\frac{l}{r}E_y\right)2\frac{l}{r}\frac{e}{m}hA\mathrm{e}^{-hr^2}\bigg/\left[1 + \left(\frac{e}{m}H\frac{l}{r}\right)^2\right]$$

$$\psi_2 = \left(E_y - \frac{e}{m}H\frac{l}{r}E_x\right)2\frac{l}{r}\frac{e}{m}hA\mathrm{e}^{-hr^2}\bigg/\left[1 + \left(\frac{e}{m}H\frac{l}{r}\right)^2\right].$$

关于沿 x 轴方向和 y 轴方向的电流密度,我们现在就得到

$$i_x = e\int\xi f\,\mathrm{d}\lambda \quad \text{和} \quad i_y = \int\eta f\,\mathrm{d}\lambda.$$

这些积分不能完全求出;但是,如果假设 $(e/m)H(l/u)$ 很小而略去数量级高于 $((e/m)H(l/u))^2$ 的量,我们就得到

$$i_x = \frac{4\pi e^2 Al}{3mh}\left[E_x\left(1 - \frac{e^2}{m^2}l^2hH^2\right) + E_y\frac{\sqrt{\pi h}}{2}l\frac{e}{m}H\right]$$

$$i_y = \frac{4\pi e^2 Al}{3mh}\left[E_y\left(1 + \frac{e^2}{m^2}l^2hH^2\right) - E_x\frac{\sqrt{\pi h}}{2}l\frac{e}{m}H\right].$$

现在如果假设所考虑的那块金属中沿 x 轴方向通有电流,则在对应于相同的 x 和不同的 y 的任意两点之间将在磁场的作用下出现一个电势差(霍耳效应). 对应的电场 E_y 通过在所导出的方程中令 $i_y = 0$ 来求出;略去数量级高于 $(e/m)H(l/u)$ 的量,我们就得到

$$E_y = \frac{1}{2}\sqrt{\pi hl}\,\frac{e}{m}HE_x = \frac{3}{8}\pi^{-\frac{1}{2}}h^{\frac{3}{2}}A^{-1}e^{-1}Hi_x = \frac{3\pi H}{8Ne}i_x.$$

将 E_y 的这一表示式代入 i_x 的表示式中,就得到

$$i_x = \frac{4\pi e A l}{3mh} E_x \left(1 - \frac{4-\pi}{4} h l^2 \frac{e^2}{m^2} H^2\right)$$

$$= E_x \sigma \left(1 - \frac{3(4-\pi) l^2 e^2}{16\alpha T m} H^2\right).$$

可以看到,场的效应在于沿着相对于电场和磁场为确定的一个方向造成一个横向电势差,并造成电导率的一个减量.

但是,计算的结果和实验上求得的结果并不一致;事实上,有一些金属具有和计算值方向相同的霍耳效应,而且它们的电导率在磁场中是减小的,例如铋;但是也有另一些金属具有沿相反方向的霍耳效应,而且它们的电导率在磁场中是增大的,例如铁.

在磁场电现象方面,也发现了理论和经验之间的颇为相似的分歧. 由此可见,看来至少所考虑效应的一部分并不是由自由电子的运动所引起,而必须是由束缚在金属分子中的电子的运动所引起的.

Ⅱ·博 士 论 文[*]

_____

* ［见本编引言第 2 节.］

STUDIER OVER

METALLERNES ELEKTRONTHEORI

AFHANDLING FOR DEN FILOSOFISKE

DOKTORGRAD

AF

NIELS BOHR

―――――――

KØBENHAVN

I KOMMISSION HOS V. THANING & APPEL

TRYKT HOS J. JØRGENSEN & CO. (M. A. HANNOVER)

1911

金属电子论的研究

（哲学博士学位论文）

N·玻尔　原著

J·汝德·尼耳森　英译

英译本序言

当他的博士论文《Studier over Metallernes Elektrontheori》已于 1911 年春季印出并通过了答辩时，玻尔用一个半皮质的封面装订了一份论文，在各页之间夹了白纸. 后来他在这些白纸上用钢笔或铅笔记下了正文的一些准备修订或考虑修订之处. 某些句子或段落需要重写，有少数几段需要加进去，而另外几段则作了记号，准备删去. 这些记录大多是在 1911 年夏季作出的，当时，玻尔正在一位友人卡耳·克瑞斯先·劳楚普的协助下准备一份英译本，以便在同年 9 月间带往剑桥. 用钢笔作的记录，大多已纳入这份译本中，而且在论证和重点方面也作了另外一些改动. 但是，正如在本编引言（原第 103 页）中所指出的，这份译本在语文方面是很不完善的.

此处给出的译本主要依据丹麦原文本，但引入了皮面本中的钢笔作出的修订. 大多数铅笔字迹现在已无法辨认，这份译文一般没有考虑铅笔写的批注. 当 1911 年英译本中的较小改动显得是意在改进内容而不是由于语文困难的原因时，那些改动在此都已照顾到了.

我们的目的是准备一份玻尔在 1911 年所希望有的译本. 曾经注意不要引入那时以后发展起来的概念和名词. 但是，玻尔除了在博士论文的第一段以外从头到尾都使用了的"Metalmolekyle"一词却译成了"金属原子"或简单地译成了"原子"而没有译成"金属分子". 在丹麦原本中，公式是分章编号的；在翻译过程中发现从头到尾编号更加方便，因为这样当引用公式时将会简单一些.

和丹麦原本有较大出入的地方都加了星号，并用小注说明了那些改动的性质*.

---

* 在这些小注中，用 I 表示丹麦原本，用 II 表示皮面本中用钢笔在白纸上写的批注，而用 III 表示玻尔和劳楚普在 1911 年准备的英译本. 现在这一译本中的星号标在经过修订的段落的末尾，或标在曾经删去或加进一些段落的地方.

数学和自然科学系接受此文作为哲学博士学位答辩之用.

哥本哈根,1911 年 4 月 12 日

艾里斯·斯绰姆格伦

院长

谨以最深切的感恩心情
用此文纪念先父

目 录[*]

---

* 〔中译者按：目录中的各项和正文中的标题不尽相同，原文就是如此，中译本不加改动．〕

引　论

金属在导电物质中占有特殊地位，这不仅由于它们具有高电导率，而且由于电在金属中通过时并不像在大多数别的良导体中那样和化学物质的可观测的输运相伴随. 按照得到普遍接受的观点，这可以通过一种假设来解释，即某些很小的带电粒子——电子——可以在金属内部从一个化学原子运动到另一个化学原子.

关于金属导电的这样一种概念的最初详细处理是由韦伯作出的[①]. 按照韦伯的理论，每一个金属原子是一个带电粒子系，各粒子在彼此周围沿着弯曲路径而运动着. 但是，这些体系并没被假设为稳定的，而是认为某些粒子可以在短时间内离开体系并沿着近似直线的路径通过金属而运动，直到它们再被其他金属原子所俘获时为止；然后，它们就将在这些原子中参加一段时间的原子内部运动，然后又被放出；余类推. 既然韦伯进一步假设这些粒子的动能形成金属的热能含量的一个重要部分，他的理论就提供了解释金属的热导率和电导率之间的密切关系的可能性. 它也可以给 F·考耳若什[②]所提出的温差电现象的输运理论提供一个力学基础，按照这种理论，这些现象是依据一个假设来解释的，即任何电流都由某一个正比于电流并依赖于金属的种类及温度的热流伴随着，而且反过来，任何热流也由某一个电流伴随着.

根据和韦伯关于金属内部条件的想法相对应的一些假设，E·瑞其[③]后来发展了一种详细的金属导电理论，理论中推导了电导率和热导率的明确表示式，也推导了温差电系数、磁场电系数和热磁系数的明确表示式. 这些表示式中包含着单位体积中的金属原子在单位时间内发出的粒子数、这些粒子的电荷、它们的质量、它们被发出时的速度，而且最后还包含着它们在被另一个原子所俘获以前所经过的平均自由程；但是，既然没有引入关于这些量的值的任何假设，瑞其的理论只能在相当小的程度上和实验结果相比较.

---

①　例如，参阅 W. Weber：Pogg. Ann. **156**(1875)1.
②　F. Kohlrausch：Nachr. d. Kgl. Ges. d. Wiss. zu Göttingen (1874)65.
③　E. Riecke：Wied. Ann. **66**(1898)353,545,1199.

金属电子论中的一个重大进展是由 P·诸德[①]得出的,他把气体分子运动论 298
的主要结果应用到了金属中自由带电粒子的运动上面. 例如,在气体分子运动论
中已经证明,和周围环境处于力学平衡的粒子集体将具有那样一些速度,使得一
个粒子的平动动能平均说来等于相同温度下任何气体的一个分子的平均平动动
能. 利用这一关于粒子平均能量的定理,并假设粒子的电荷等于电解质中的一价
离子的电荷,诸德算出了和实验值密切符合的各种金属的热导率和电导率
之比[②].

但是,诸德的计算并不是完全严密的. 例如,为了简单化,他假设所有的粒子
具有相同的绝对速度,而按照气体分子运动论却必须假设任何诸德所设想的处
于力学平衡和热平衡的那种系集的粒子将具有按照所谓麦克斯韦分布定律而分
布着的不同的绝对速度. 建筑在明白叙述了的假设上的精确理论是由 H·A·
洛伦兹给出的[③].

瑞其和诸德假设不同种类的、带正电的和带负电的自由粒子同时出现于金
属中,而洛伦兹却假设只存在一种类型的在一切金属中都相同的自由粒子. 这样
一个假设是由 J·J·汤姆孙[④]首先引入金属电子论中的. 对于电子论的实验基
础贡献甚大的这位作者把他的假设建筑到了一种情况上:很明确的一种带负电
的粒子——其质量远小于化学原子的质量的所谓的电子——的存在已经通过各
种很不相同的方式得到证实,而正电却被观察到仅仅是和数量级与化学原子的
质量相同的质量联系着的. 另外,洛伦兹也曾证明,如果假设在状态(即温度和化
学成分)并不到处相同的一块金属中存在几种自由粒子的稳定分布,那就会出现
一些带根本性的困难[⑤].

洛伦兹的理论是建筑在下述力学图景上的. 在金属内部,假设既存在原子又
存在自由电子. 原子和电子的线度,即它们显著地发生相互作用的范围,被假设
为远小于它们相互之间的平均距离;这样,它们就被设想为只在分立的碰撞中发 299
生相互作用,而在碰撞中则表现得像坚硬的弹性球一样. 而且,电子的线度和质
量被认为远小于原子的线度和质量,从而比起电子和原子之间的碰撞来,自由电
子彼此之间的碰撞可以忽略不计,而且原子和电子相比可以看成是不动的.

根据这些假设,洛伦兹不但计算了金属的电导率和热导率的表示式,以及温
差电现象的表示式,而且计算了长振动周期的热射线的发射率和吸收率. 作为洛

① P. Drude: Ann. d. Phys. **1**(1900)566;**3**(1900)369.
② 见 M. Reinganum: Ann. d. Phys. **2**(1900)398.
③ H. A. Lorentz: Proc. Acad. Amsterdam **7**(1905)438,585,684.
④ J. J. Thomson: *Rapp. du Congrès de Physique* (Paris 1900), vol. **3**, p. 138.
⑤ H. A. Lorentz: Proc. Acad. Amsterdam **7**(1905)684;Jahrb. d. Rad. u. El. **4**(1907)125.

伦兹理论的一些最有兴趣的结果,除了由诸德首先发现的金属的热导率和电导率之比的计算值和观测值近似符合以外,还可以提到关于温差电现象的结果以及关于热辐射的结果和分别由开耳文勋爵及普朗克给出的这些现象的热力学理论完全一致. 只有当计算是严密的而且照顾到了麦克斯韦分布定律时才能得到的这种一致性是特别惊人的,因为这并不能事先料到,既然后一些理论所依据的是一些可疑的假设.

但是,尽管洛伦兹理论在数学上是很完美的,它所依据的物理假设却很难被指望对实际的金属能够成立,即使是近似地成立. 另外,在许多实质性的问题上,理论和实验结果之间的一致性也是不能令人满意的. 因此,依据更普遍的假设来发展理论,并考察理论的哪些结果和特殊的假设联系着,而哪些结果当采用更普遍的假设时仍然成立,就将是有兴趣的了. 特别说来,看看关于和热力学理论的一致性将出现什么情况将是有兴趣的.

发展关于热辐射问题的这样一种理论,曾由 J・H・金斯[1]尝试过. 但是,我们即将看到,他的计算一般是不正确的,因为他应用了一些只在某些很特殊的情况下才能成立的,甚至在洛伦兹所处理的那些情况下也不能成立的假设[2].

300　　　本文的目的就是试图针对那些用金属中自由电子的存在来解释的各种现象作出尽可能普遍的计算,而仍然保留洛伦兹理论所依据的基本观点.

这样,我们在下面将假设:任何一块金属中都存在自由电子,它们的数目依赖于金属的种类和温度,但是它们的种类在一切金属中都是相同的.

我们将进一步假设,在一块温度均匀的没受外力作用的均匀金属中,自由电子和原子之间存在机械热平衡. 在这里,所谓机械热平衡是指那样一种动态统计平衡,这种平衡将出现,如果原子和电子之间的相互作用力和普通力学中所考虑的那种力相同,就是说,如果运动满足汉密尔顿方程.

这一假设不能预先就被认为是显然的;事实上,关于物体比热的实验已经证明,上述这种热平衡不能出现于任意地方,特别说来,也不能出现在那些被假设为大量地束缚在个体原子内的电子中间. 此外,必须假设关于　　　现象的麦克斯韦-洛伦兹方程并不是严格地满足的,因为瑞利勋爵和金斯关于　　　的研究已经证明(参阅第三章),在这些方程能够严格成立的一个电磁体系中　　　电子具有动能的那种统计平衡是不能存在的. 我们将不再进一步讨论这些问　　　只是

————————

[1]　J. H. Jeans: Phil. Mag. **17**(1909)773;**18**(1909)209.

[2]　H・A・威耳孙在近来发表的一篇论文(Phil. Mag. **20**(1910)835)中曾经指出金斯计算的不确定性,并且曾经试图针对单独一个特例来作出更正确的计算.(但是,我们以后即将看到,威耳孙的计算也是不正确的).

简单地假设,在那些速度远小于光速的自由电子(不同于束缚在原子中的电子)中间,上面所设想的那种统计平衡是存在的. 我们也假设,平均说来,这些电子的运动可以作为一些质点的运动来计算,那些质点具有恒定的质量,并受到服从普通电磁学定律的力的作用*.

除了这些普遍假设以外,我们在以下还将假设,平均说来,个体金属原子的性质在一切方向上都相同,而且这种各向同性将得到保持,而不以外力的存在为转移,因此,外力的效应是通过它们对自由电子的运动的直接影响来加以解释的. 这一假设在诸德理论和洛伦兹理论中是根本性的假设,它使此处的处理与W·苏塞兰德①和 J·J·汤姆孙②所提出的那些金属理论有了实质的区别. 事实上,按照并没有像洛伦兹理论那样假设自由电子在金属中的持续存在的这些理论,外力的效应是通过它们对看成一个完整体系的包括束缚电子在内的个体原子的影响来加以解释的,而且电子通过金属的运动之所以发生,是因为作为整个原子的运动的结果而沿着一些方向发射了自由电子,那些方向平均说来是依赖于外力的方向的.

在下面的研究中,考虑了两种不同的情况. 我们或是像在洛伦兹所处理的那种特例中一样地假设,电子的运动包括自由程运动和对金属原子的碰撞,或是假设原子相距如此之近,以致电子在它们的大部分运动中都受到来自原子的很强的力. 在前一种情况下,已经能够在以上所述的基本假设的基础上完全普遍地对某些问题作出考察. 另一方面,在第二种情况下,处理要困难得多,而且没有能够同样普遍地作出考察;不过已经能够通过引入似乎和金属中的实际情况近似对应的假设来处理问题了.

这一工作的主要目的曾经是从以上述那些普遍假设为基础的一种金属理论中得出尽可能广泛的推论. 因此,只有当实验结果对于所考虑的理论观点具有特殊重要性时,我们才提到那些实验结果.

最后,我愿意请求我的老师,本大学的克瑞斯先森教授接受我最大的谢意,感谢他在我的学习过程中给予的可贵指导以及他一直对我的好意看承.

哥本哈根,1911 年 4 月,

尼耳斯·玻尔

---

* 〔此段据Ⅱ译出,它代替了Ⅰ中的一段,即"Den omtalte Antagelse … Legemernes magnetiske Forhold".〕

① W. Sutherland: Phil. Mag. **7**(1904)423.

② J. J. Thomson: *The corpuscular theory of matter* (London 1907), p. 86.

第一章 适用于金属中电子的集体运动的方程的推导

§1 关于金属内部的情况的电子论普遍假设

在一块金属的内部,我们将假设存在很大数目的以很大速度沿一切方向运动着的自由电子. 由于原子和其他电子对它们的作用力,这些电子被设想为不断地改变它们的运动方向和速率. 在一块温度均匀的没有受到外力作用的均匀金属中,电子的速度将沿一切方向平均分布. 另一方面,当出现外力时,电子的运动就会改变,每一个电子的路径都在力的方向上受到影响. 但是,既然外力被认为比起金属原子对电子的作用力来是很小的,外力对个体电子路径的特征也就只能有很小的影响,从而每一地点处的电子的速度分布也将和正常分布相差很小,即和没有外力时所将存在的分布相差很小. 而且,外力也不能引起金属内部的电子浓度的可觉察的变化(就像重力在一个装有气体的容器中引起的那种浓度梯度一样). 因为,由于电子的数目甚大,足以对电子的运动发生可觉察效应的浓度变化将产生大量的自由电荷,这就会引起倾向于破坏这种浓度差的力,这些力和原来的外力相比将是很大的 *.

但是,作为外力作用的一种后果,平均说来沿着力的方向运动的电子将多于沿相反方向运动的电子;既然电子是带电的,沿着力的方向就出现一个电流**. 而且,既然电子由于它们的无规则运动而具有动能,外力在引起电流的同时也将引起通过金属的能流,也就是热流***.

如果一块金属的温度并不是到处相同的,则电子的平均速率也会到处不同,在温度较高处平均速率也较大,于是就将出现快电子沿温度降低方向的流动和慢电子沿相反方向的流动. 既然较快的电子比较慢的电子携带着较多的动能,温度差就会引起从高温处向低温处的能量流动,而且当没有电流通过金属时也是

---

    * 〔根据 II,增加了这样一句.〕
  ** 〔中译者按: 此处将负电的流动方向理解为电流的方向,但这并不影响理论的讨论.〕
*** 〔根据 II,删去了 I 中用小字印的一段.〕

这样. 另外,即使外力不存在,温度差也会引起电流;这部分地是由于速率不同的电子是以不同的快慢通过金属的,部分地是由于单位体积中的自由电子数必须被假设为依赖于温度*. 正如当存在外力时一样,电子的运动在这一情况下也将和它们的正常分布相差很小,因为电子的平均速率和浓度由于温度改变而在那里出现可觉察的变化的那些距离,比起个体电子的速度由于金属原子和其他电子对它们作用力而发生很大变化的那些距离来将是很大的**.

最后,当金属并非均匀时,即当它的化学成分并不是各点相同时,我们仍将假设电子的平均速率到处相同,如果温度相同的话;但是,在这种情况下,单位体积中的电子数一般说来在不同的地方将不相同. 于是,在这种情况下,也将出现电子的定向流动,从而就得到电流和能流***. 正如在前一情况下一样,我们在这儿也将假设,在个体电子的运动发生很大变化的那种小距离之内,金属的状态(例如单位体积中的自由电子数)也是变化很小的.

在这一章中,我们将导出一些方程,用来在所加外力和各点的温度及化学成分都为已知时,确定通过金属内部的一个面积元由电子的运动所带过去的电量和能量. 然后,在下一章中,我们将借助于这些方程来讨论金属的电导率和热导率问题以及温差电现象等等.

在建立这些方程时,我们将利用气体分子运动中所普遍采用的所谓统计方法. 这种方法是由 H·A·洛伦兹[①]首次应用于电子论问题的,他已证明可以怎样利用这种方法在一种严密的和颇为简单的方式下考察金属中电子的复杂运动的效应.

304

为了描述电子的运动,我们将应用两个三维直角坐标系. 在其中一个坐标系中,一个电子在所考虑时刻的位置按照通常的方法用坐标(x, y, z)来给定. 在另一个坐标系中,任一电子的速度用一个坐标为(ξ, η, ζ)的点来表示,这几个坐标等于该电子在所考虑时刻的速度在前一坐标系的三个轴上的分量. 在时刻 t 位于体积元 dv 中而其速度位于速度元 $d\sigma$ 中的电子数,将表示为

$$f(x, y, z, \xi, \eta, \zeta, t)d\sigma dv$$

(或者,当不致引起误会时,写成 $f d\sigma dv$),式中(x, y, z)表示 dv 中的一个点,而(ξ, η, ζ)表示 $d\sigma$ 中的一个点****.

---

　　* ［根据 II,增加了"这部分地是由于……"这个副句.］
　　** ［根据 II,在此句中增加了"浓度"一词.］
　　*** ［根据 II,删去了"Et lignende Forhold … variere med Temperaturen"这一句.］
　　① 　H. A. Lorentz:Proc. Acad. Amsterdam **7**(1905)440.
　　**** ［从此处开始,II 中的两页半被叉掉并换成了部分地无法辨论的铅笔字. 此处的译文和 I 及 III 相一致.］

我们在下面将一般地假设 $\mathrm{d}v$ 和 $\mathrm{d}\sigma$ 如此地大,以致 $\mathrm{d}v\mathrm{d}\sigma$ 中的电子数是很大的;但是,如果像在所考虑的某些问题中那样不可能选取大得足以满足所述条件的元,我们就把元中的电子数简单地理解为在一个短的时间间隔中求出的平均数.

在一开始,我们将考虑一块均匀金属中的自由电子的分布,这块金属没有受到外力的作用,而且它的温度是到处相同的.

说这些电子是"自由的"并不意味着它们没有受到金属原子的作用力,而只是表明它们在和原子相互作用时可以看成能够适用统计力学定律的独立的力学体系.

这里应该指出,对存在于金属中的所有电子作出这样的假设将是不能允许的,就是说不能对被假设为大量束缚在个体原子中的电子作出这样的假设;因为,不然的话,金属的比热就将比实验上求得的大得多. 因此,从力学观点看来,必须明确区分自由电子和原子中的束缚电子:后者在表观上被以某种方式和其他原子或电子割断了联系,而这种方式是和普通力学中任何已知的东西都不相对应的.

现在,根据统计力学的定理就可以得出,在上面指定的状态下,一块金属中的自由电子的分布就可以表示成[①]

305

$$f = A\int \mathrm{e}^{-U/kT}\mathrm{d}x_2\mathrm{d}y_2\mathrm{d}z_2\mathrm{d}\xi_2\mathrm{d}\eta_2\mathrm{d}\zeta_2\cdots$$

$$\mathrm{d}x_N\mathrm{d}y_N\mathrm{d}z_N\mathrm{d}\xi_N\mathrm{d}\eta_N\mathrm{d}\zeta_N\mathrm{d}q_1\mathrm{d}q_2\cdots\mathrm{d}q_n\mathrm{d}p_1\cdots\mathrm{d}p_n, \tag{1}$$

式中 N 是金属的单位体积中的自由电子数,q_1,q_2,$\cdots$,q_n 是若干个广义位置坐标,而 p_1,p_2,$\cdots$,p_n 是对应的广义动量($p_r = \partial E_p/\partial \dot{q}_r$,式中 $\dot{q}_r = \partial q_r/\partial t$,而 E_p 是各原子的总动能),它们确定着各个原子的瞬时运动状态,而 U 是由一切电子和原子组成的单位体积金属这一整个体系的总能量,该体系的状态由 N 个电子的位置坐标和速度坐标

$$x,\ x_2,\ x_3,\ \cdots,\ x_N,\ y,\ y_2,\ \cdots,\ \eta_N,\ \zeta,\ \zeta_2,\ \cdots\zeta_N$$

以及关于原子的参量 q_1,q_2,$\cdots$,q_n,p_1,$\cdots$,p_n 来确定. 另外,T 是绝对温度,k 是出现在理想气体物态方程

$$pv = kNT$$

---

① 参阅 P. Debye: Ann. d. Phys. **33**(1910)455.

中的普适恒量(此处 p 是压强, v 是体积而 N 是分子数). 最后, A 是依赖于金属的种类和温度的一个恒量. (1)式中的积分是对所有的速度分量值求出的, 而且对于每一个位置坐标是在金属的单位体积中求出的.

如果像在(1)式的以下应用中那样假设各个电子是相互独立地运动的, 就是说, 如果它们的相互势能只在运动的一个可忽略的部分中具有可觉察的值, 那么, 在一个恒稳力场中, 我们由(1)式就得到

$$f = K e^{-\left(\frac{1}{2}mr^2 + P\right)/kT},\tag{2}$$

式中 K 是依赖于金属的种类和温度的一个恒量, m 是电子的质量, $r = \sqrt{\xi^2 + \eta^2 + \zeta^2}$ 是电子的速率[①], 而 P 是点 (x, y, z) 处的势能. 这一结果是对的, 因为在此情况下有

$$U = \left[\frac{1}{2}mr^2 + P(x, y, z)\right] + \left[\frac{1}{2}mr_2^2 + P(x_2, y_2, z_2)\right]$$
$$+ \cdots + \left[\frac{1}{2}mr_N^2 + P(x_N, y_N, z_N)\right]$$
$$+ Q(q_1, q_2, \cdots, q_n, p_1 \cdots p_n).$$

(1)式及其特例(2)式表明: 第一, 在金属的任何一个任意小的体积元中, 电子都是沿着一切方向而均等地运动的; 其次, 电子动能的平均值在任一小体积元中都相同, 并等于相同温度下一个气体分子的平均平动动能.

在推导适用于粒子集体的统计分布的(1)式这样的关系式时, 通常假设粒子只受到不依赖于它们的速度而只依赖于它们的位置坐标的力的作用; 但是, 很容易证明, 当存在类似电子在磁场中运动时作用在它们上面的那种力时, (1)式对电子的分布也是适用的[②]. 但是, 既然和电子的运动方向相垂直, 这些力就将不

306

---

① 这里像在以下一切地方一样, 假设电子速度和光速相比是小得可以忽略的. (在常温下, 电子的平均速率约为光速的 $1/3\,000$(例如参阅 J. J. Thomson: *The Corpuscular Theory of Matter*, p. 52)). 因此, 电子的动能可以写成 $\frac{1}{2}mr^2$, 式中 m 是一个不依赖于电子速率的恒量.

② 事实上, (1)式是根据一条定理而通过普遍的统计考虑导出的(例如参阅 P. Debye, 前引论文 p. 445—455); 其定理是(例如参阅 W. Gibbs: *Elementary Principles in Statistical Mechanics* (New York, 1902)p. 3—11), 设有由若干等同的力学体系构成的一个集合, 其中每一个体体系都由 n 个广义位置坐标 $q_1, q_2, \cdots, q_n$ 和 n 个对应的广义动量 $p_1, p_2, \cdots, p_n$ 来确定, 则此集合将随时间而这样地变化: 如果我们用 $2n$ 维正交坐标系中其坐标为 $q_1, q_2, \cdots, q_n, p_1, p_2, \cdots, p_n$ 的一点来表示单个体系的运动状态, 并考虑其代表点在时刻 t 出现于一个小"体积元" $\mathrm{d}v$ 中的那些体系($\mathrm{d}v = \mathrm{d}q_1\mathrm{d}q_2\cdots\mathrm{d}q_n\mathrm{d}p_1\mathrm{d}p_2\cdots\mathrm{d}p_n$), 则这些体系的代表点在一个任意的后来时刻 t_1 将出现在一个和 $\mathrm{d}v$ 值值相等的体积元 $\mathrm{d}v_1$ 中. (体系的总数假设为如此之大, 以致它们的代表点在任何时刻都可以看成是连续地分布在 $2n$ 维空间中的.)

这一定理将成立, 如果所考虑的体系满足下列条件(见前引 Gibbs 的书 p. 11 底注) (转下页)

做任何的功,从而电子并不具有相对于磁场的任何势能. 因此可以看到,在统计平衡的情况下,磁力对电子的统计分布将没有任何影响(进一步的讨论见第IV章).

307

我们在这儿将把电子看成质点,其全部运动由六个坐标 x, y, z, ξ, η, ζ 来确定. 另一方面,如果电子被看成具有某种空间广延的力学体系,那么,为了完全地确定它们的运动,我们就必须将电子绕它们的质心的转动也考虑在内并引入适当的坐标来描述这种类型的运动. 按照统计力学,在统计平衡的情况下,对应于这种转动的动能将和对应于平动的动能具有相同的值. 但是,几乎不可能认为电子具有上述这样一种转动动能;因为,根据定压比热和定体积比热的比值已经清楚地知道,甚至单原子气体的分子都并不具有这样的动能,虽然它们必须被看成比个体自由电子有着大得多的广延的

(接上页) $$\frac{\partial \dot{q}_1}{\partial q_1} + \frac{\partial \dot{p}_1}{\partial p_1} + \frac{\partial \dot{q}_2}{\partial q_2} + \frac{\partial \dot{p}_2}{\partial p_2} + \cdots + \frac{\partial \dot{q}_n}{\partial q_n} + \frac{\partial \dot{p}_n}{\partial p_n} = 0, \tag{1'}$$

式中仍有 $\dot{q}_1 = \partial q_1 / \partial t$ 等等.

如果作用在体系中各粒子上的力并不依赖于粒子速度,则(1′)式可以由哈密顿方程

$$\dot{q}_r = \frac{\partial E_p}{\partial p_r} \quad \text{和} \quad \dot{p}_r = -\frac{\partial E_p}{\partial q_r} + F_r, \tag{2'}$$

直接推得(见前引 Gibbs 的书 p. 4),此处 E_p 是体系的动能,而 F_1, F_2, $\cdots$, F_n 是广义力的分量(在所考虑的情况下它们是 q_1, q_2, $\cdots$, q_n 的函数).

如果各粒子也受到有如作用在磁场中运动着的电子上的那种作用力,F_1, F_2, $\cdots$, F_n 就将不再是不依赖于广义速度分量 $\dot{q}_1$, $\dot{q}_2$, $\cdots$, $\dot{q}_n$ 的,而将是它们的线性函数. 但是,既然各力垂直于个体粒子的瞬时运动方向,由磁场引起的力就将不做任何的功,从而就不会出现于作用在体系上的力在时间间隔 $\mathrm{d}t$ 中所做的功的下列表示式中:

$$\mathrm{d}A = F_1 \mathrm{d}q_1 + F_2 \mathrm{d}q_2 + \cdots + F_n \mathrm{d}q_n = (F_1 \dot{q}_1 + F_2 \dot{q}_2 + \cdots + F_n \dot{q}_n)\mathrm{d}t = B\mathrm{d}t$$

于是,在这种情况下,B 也将是广义速度分量 $\dot{q}_1$, $\dot{q}_2$, $\cdots$, $\dot{q}_n$ 的线性函数,因此就有

$$\frac{\partial^2 B}{\partial \dot{q}_r \partial \dot{q}_s} = 0 \quad (r = 1, 2, \cdots, n; s = 1, 2, \cdots, n).$$

由此即得

$$\frac{\partial F_r}{\partial \dot{q}_s} + \frac{\partial F_s}{\partial \dot{q}_r} = 0 \tag{3'}$$

现在我们借助于(2′)和(3′)就得到

$$\sum_{r=1}^{r=n} \frac{\partial F_r}{\partial p_r} = \sum_{r=1}^{r=n} \sum_{s=1}^{s=n} \frac{\partial F_r}{\partial \dot{q}_s} \frac{\partial \dot{q}_s}{\partial p_r} = \sum_{r=1}^{r=n} \sum_{s=1}^{s=n} \frac{\partial F_r}{\partial \dot{q}_s} \frac{\partial^2 E_p}{\partial p_r \partial p_s} = 0. \tag{4'}$$

由(2′)和(4′),我们最后就得到(1′),证毕.

体系*.

　　我们将用
$$f = f_0$$
来表示不受外力作用的和温度均匀的一块均匀金属中的自由电子的速度分布.
当存在外力时,以及当温度和化学成分并非各点相同时,按照上面提到的假设,
一个给定点处的分布将用

$$f = f_0 + \psi \tag{3}$$

来表示,式中 f_0 是将会属于具有所给点的温度和成分的不受力的均匀金属的那
一 $x, y, z, \xi, \eta, \zeta$ 的函数,而 ψ 是比 f_0 小得多的函数.

　　在下面的一切计算中,我们将略去那样的项,它们和主要项相比具有 ψ 和 f
相比的数量级;这样一来,理论就得到了颇为简单的性质,而所求的电量传递和
能量传递的表示式就将线性地依赖于外力、温度改变量等等.从电子论所依据的
那一图景的本性直接得出的这些结果,和实验上求得的结果精确地相对应.例
如,在已做过实验的很广阔的范围内,在所能测到的精确度下,电流已被证实为
和电场成正比①.

　　现在,当开始进行详细计算时,我们将考虑两种不同的情况.首先考虑比较简
单的情况,这时自由电子在它们绝大部分运动过程中并不受到金属原子或其他电
子的可觉察的力的作用,从而电子和原子之间以及电子和电子之间的全部相互作
用就表现为明确的、分立的碰撞.其次我们将考虑更加复杂的情况,这时电子在它
们很大部分的运动过程中被假设为受到来自金属原子的很强的力的作用.

§2　在假设发生分立碰撞的情况下推导
适用于电子的集体运动的方程

　　我们将假设,电子和金属原子在里边发生显著相互作用的那些区域(也就是
碰撞被认为在那里发生的那些区域)的线度,和电子在两次碰撞之间所经过的平
均距离相比是很小的.
　　我们将暂时不作出有关电子和原子间的作用力的任何特殊假设;我们只将
假设个体金属原子的性质在一切方向上是相同的,而且这种对称性在金属中的
每一点上都存在,当存在外力时以及当温度并非均匀时也如此.按照我们在引论

---

　　*　〔这一节根据Ⅱ作了三点修改:(a)第一句换成了Ⅱ中表示着相同概念的一句;(b)删去了"Det
maa dog … uafhængige af hinanden"一句;(c)增加了"甚至"二字.〕
　　①　例如参阅 E. Lecher:Sitzungsber. d. Wiener Akad. d. Wiss. , math. -nat. Kl. **116**, Abt. Ⅱa
(1907)49.

308

中已经说过的,这一假设是我们在这儿所要处理的那种电子论的特征;在这种电子论中,金属的性质是用外力对电子本身的作用,而不是用外力对原子的作用来解释的[*].

由于上述这种关于电子的平均自由程和金属原子及电子的线度之间的比值的假设,在计算电子的集体运动的效应(电和热的流动)时,我们只要在它们没有遭受碰撞时考虑电子就行了.既然电子像在引论中所叙述的那样是和它们的环境处于力学平衡和热平衡中的,由气体分子运动论就得到一块温度均匀而未受外力的均匀金属中的自由电子的分布

$$f = K e^{-\frac{1}{2}mr^2/kT},\tag{4}$$

式中 m 是电子的质量而 $r = \sqrt{\xi^2 + \eta^2 + \zeta^2}$ 是电子的速率;T 是绝对温度,K 是依赖于金属的种类及温度的一个恒量,k 是理想气体状态方程 $pv = NkT$ 中的普适恒量,p 表示压强,v 表示体积而 N 表示分子数.

用 N 代表单位体积中的自由电子数,我们就得到

$$N = K\int_0^\infty e^{-\frac{1}{2}mr^2/kT} 4\pi r^2 \, \mathrm{d}r = K\left(\frac{2\pi kT}{m}\right)^{\frac{3}{2}}.^{**}\tag{5}$$

如果平衡被扰乱了,就是说,如果出现了外力,或是金属的温度和化学成分并不均匀,我们就有

$$f = K e^{-\frac{1}{2}mr^2/kT} + \psi,\tag{6}$$

式中如上所述,ψ 和第一项相比是很小的[①].

所要计算的量是在单位时间内通过金属内部的一个面积元而被电子的运动所传递过去的电量和能量;为了简单起见,我们将把这个面积元取为垂直于 x 轴.这些量可以被定出,如果我们对于每一个速率值 r 都知道由具有这种特定速

---

[*] [根据 II 和 III,删去了短短的一段,即"Bortset fra … symmetrisk byggede o. s. v. ".]

[**] [以上两段已经修改得和 II 一致.在第一段中,从"既然电子"开始的那一部分代替了 I 中的"Af Ligningen(2)…$f = K e^{-mr^2/2kT}$"这一句.在第二段中,删去了"følgende Relation … Hastighedselementer"这两行以及(5)中的第二项.]

① P·德拜(前引文 p. 476)曾经企图和洛伦兹依据相同的物理假设但却用稍许不同的手续来计算金属的电导率和热导率;他在计算中假设(前引文 p. 477),当存在外力时,电子的分布将和恒稳分布 $f = K e^{-\frac{1}{2}(mr^2 + e\varphi)/kT}$ 相差很小,此处 ε 是电子电荷而 φ 是外力的势.这是和一件事实相矛盾的,那就是正如我们已经看到的,按照电子论,电子的分布将和存在于没受外力作用的一块金属中的那种分布相差很小.此外,在计算电子在金属原子中间的运动时(前引文 p. 478—480),德拜也忽略了外力的影响——假如他考虑了这种影响,则他所假设的分布既然是恒稳的,那假设也就根本不会引起电子的任何集体运动了.正因如此,德拜求得的电导率的值和洛伦兹所求得的量值相同(前引文 p. 481 的(75)式),但他没有注意到二者符号相反;就是说,按照德拜的计算,电将沿着和外力相反的方向而运动.

率的电子所携带的沿 x 轴方向的总动量.

我们将用 $G_x(r)\mathrm{d}r\mathrm{d}V$ 代表体积元 $\mathrm{d}V$(取得如此之大,以致包含很大数目的金属原子)中速度点位于半径为 r 到 $r+\mathrm{d}r$ 的球壳中的那些电子的沿 x 轴方向的动量. 为了求得确定 $G_x(r)$ 的一个方程,我们现在来考虑这个量随时间的变化.

310

$G_x(r)\mathrm{d}r\mathrm{d}V$ 在时间 $\mathrm{d}t$ 中的增量,一部分起源于使电子带着它们的动量进入和离开体积元 $\mathrm{d}V$ 的那种电子运动,一部分起源于使电子进入和离开所考虑的速率范围的那些外力的作用,而最后还起源于发生在体积元 $\mathrm{d}V$ 中的电子和原子之间的以及电子和电子之间的碰撞.

在计算由前两种原因引起的所考虑的动量增量时,按照以上所述略去对主要项来说的数量级等于 ψ 对 f 的数量级的那些项,我们就只须考虑对于那些电子所发生的影响,各该电子在所给的时刻属于由(6)式右端第一项来表示的分布[*].(如果作用在电子上的力是由磁场引起的,这些力对由(6)式第一项来确定的那种分布的影响就将等于零;因此,为了研究磁场的影响(霍耳效应),就必须考虑由 ψ 引起的各项. 但是,在目前,我们将只考虑外电力(这种力被假设为可以在所考虑的点的邻域中由一个势函数导出);以后我们在第 Ⅳ 章中将讨论磁力的影响.)

另一方面,由碰撞引起的动量增量却将只依赖于 ψ,即依赖于对正常分布的偏差[**].

为了计算前两种原因对在给定时刻按照(6)式右端第一项分布的那些电子的影响所引起的动量 $G_x(r)\mathrm{d}r\mathrm{d}V$ 的增量,我们将设想这种分布被分成两部分 f_1 和 f_2,其中

$$f_1 = K_0 \mathrm{e}^{-\left(\frac{1}{2}mr^2+\varepsilon\varphi\right)/kT_0}, \tag{7}$$

式中 K_0 和 T_0 代表位于体积元 $\mathrm{d}V$ 中的一个点 (x_0, y_0, z_0) 处的 K 和 T 的值,而且 ε 是电子的电荷而 φ 是外力的势. 如果 φ 的取法使它在 (x_0, y_0, z_0) 上为零,则分布函数

311

$$f_2 = K \mathrm{e}^{-\frac{1}{2}mr^2/kT} - K_0 \mathrm{e}^{-\left(\frac{1}{2}mr^2+\varepsilon\varphi\right)/kT_0} \tag{8}$$

将在这一点上等于零,而且在 $\mathrm{d}V$ 中的任意一点上都为无限小.

由(2)式可见,如果 φ 不依赖于时间,则 f_1 代表一种统计平衡分布. 这就意味着,对于在所给时刻属于分布 f_1 的那些电子来说,在时间 $\mathrm{d}t$ 内由于电子的瞬时运

---

　　[*] 〔在第 17 页对面的白纸上给出了 19 页上的(9)式的另一种推导. 但是它导致一个正负号的错误,从而在 Ⅲ 中没被采用. 此处的发展比 Ⅰ 中清楚,从而被采用为这一译本的基础. 包含着(7)式和(8)式的一节代替了 Ⅰ 中对应的一节,而 Ⅰ 中第 19 页上紧接在(9)式前面的以 "Idet vi nu…" 开始的一句已稍加修改,以便和(8)式的改动相一致.〕

　　[**] 〔根据 Ⅲ,删去了 "at denne Tilvækst … deydre Kræfter" 这一句.〕

动而引起的电子分布的变化(从而还有动量的变化)将恰恰被外力的影响所抵消；于是我们只要计算来自分布 f_2 的 $G_x(r)\mathrm{d}r\mathrm{d}V$ 的增量就行了. 而且, 在这种计算中我们可以略去外力的影响, 因为 f_2 及其对速度分量 ξ、η、ζ 的导数在体积元 $\mathrm{d}V$ 中都是无限地小的. 另一方面, 由电子的运动引起的 $G_x(r)$ 的增量却是有限的, 因为 f_2 对坐标 x、y、z 的导数是有限的. 既然分布函数 f_2 在任一点 (x, y, z) 上都不依赖于电子的运动方向(而只依赖于 r), 通过一个给定的面积元而被带过去的动量就将是沿着面积元的法线方向的. 于是, 被所考虑的速率范围中的电子在时间 $\mathrm{d}t$ 内携带着通过面积元 $\mathrm{d}S = \mathrm{d}y\mathrm{d}z$ 的沿 x 方向的动量, 就将是

$$\mathrm{d}y\mathrm{d}z\mathrm{d}t\int m\xi \cdot \xi f_2\mathrm{d}\sigma = \frac{4}{3}\pi m r^4 f_2\mathrm{d}r\mathrm{d}y\mathrm{d}z\mathrm{d}t,$$

此处的积分是在速度空间的一个域中求出的, 该域的边界面是以原点为心而分别以 r 和 $r+\mathrm{d}r$ 为半径的球面. 因此, 所求的体积元 $\mathrm{d}V = \mathrm{d}x\mathrm{d}y\mathrm{d}z$ 中的动量增量就是

$$-\mathrm{d}x\frac{\partial}{\partial x}\left(\frac{4}{3}\pi m r^4 f_2\mathrm{d}r\mathrm{d}y\mathrm{d}z\mathrm{d}t\right)=-\frac{4}{3}\pi m r^4\frac{\partial f_2}{\partial x}\mathrm{d}r\mathrm{d}V\mathrm{d}t.$$

利用(8)式并注意到右端两项在 $\mathrm{d}V$ 中的 (x_0, y_0, z_0) 点上相等, 我们就得到由电子的运动和外力的影响而在时间 $\mathrm{d}t$ 内引起的 $G_x(r)\mathrm{d}r\mathrm{d}V$ 的增量[①]

$$-\frac{4}{3}\pi m K\left(\frac{\varepsilon}{kT}\frac{\partial\varphi}{\partial x} + \frac{1}{K}\frac{\partial K}{\partial x} + \frac{mr^2}{2kT^2}\frac{\partial T}{\partial x}\right)r^4\mathrm{e}^{-\frac{1}{2}mr^2/kT}\mathrm{d}r\mathrm{d}V\mathrm{d}t. \quad (9)$$

312　　　现在我们将研究由电子和金属原子之间以及电子和电子之间的碰撞引起的所考虑的动量的增量. 由于有在原第 308 页上提到的关于电子平均自由程和电子及原子的线度之比的假设, 一个电子在一个短时间 $\mathrm{d}t$(比碰撞时间长得多而比电子在两次碰撞之间所经过的时间短得多)内将以指定方式和一个原子或另一电子相碰撞的几率将只依赖于该电子的瞬时速度, 而不依赖它在最近一次碰撞以后已经走过的路程.

我们将首先考虑电子和金属原子之间的碰撞的效应. 既然原子的性质平均说来在一切方向上是相同的, 在碰撞之前具有确定的方向和速率的那些电子的

---

① H·A·威耳孙(前引文 p. 836)在上面提到的他的计算(原第 299 页的注)中假设, 由外力引起的 $G_x(r)\mathrm{d}r\mathrm{d}V$ 的增量等于 $-\varepsilon(\partial\varphi/\partial x)\mathrm{d}N\mathrm{d}t$, 此处 $\mathrm{d}N$ 是体积元 $\mathrm{d}V$ 中速率介于 r 和 $r+\mathrm{d}r$ 之间的电子数. 既然 $\mathrm{d}N = 4\pi r^2 K\mathrm{e}^{-\frac{1}{2}mr^2/kT}\mathrm{d}r\mathrm{d}V$, 威耳孙所用的动量增量表示式就等于 $-4\pi K\varepsilon(\partial\varphi/\partial x)r^2\mathrm{e}^{-\frac{1}{2}mr^2/kT}\mathrm{d}r\mathrm{d}V\mathrm{d}t$. 但是通过和上面的(9)式比较, 可以看出这是不对的. 错误的根源在于使所要计算的增量等于在所考虑的时刻属于指定速率范围的那些电子的动量增量, 而没有照顾到外力将使电子在时间 $\mathrm{d}t$ 内进入或离开这一范围.

速度点,在碰撞之后将对于这一方向为对称地进行分布. 因此,由于体积元 dV 中在碰撞之前其速度点位于 $(\xi',\ \eta',\ \zeta')$ 周围的一个小元 $d\sigma'$ 中的那些电子的碰撞,而在时间 dt 中被纳入以原点为心以 r 和 $r+dr$ 为半径的球面所限定的速度域中的动量,就将和画到 $(\xi',\ \eta',\ \zeta')$ 点的矢径具有相同的方向. 令 $\sqrt{\xi'^2+\eta'^2+\zeta'^2}=\rho$,我们就可以将这一动量的量值写成

$$m\rho f(\xi',\ \eta',\ \zeta')d\sigma'Q(\rho,\ r)drdVdt,$$

式中 $Q(\rho,\ r)$ 是 ρ 和 r 的某一函数.

这一动量的 x 分量是

$$m\xi'f(\xi',\ \eta',\ \zeta')d\sigma'Q(\rho,\ r)drdVdt,$$

于是,由于其速度在碰撞之前位于半径为 ρ 和 $\rho+d\rho$ 的两个球面所限的域中的那些电子的碰撞,而被纳入所考虑的速度域中的总动量的 x 分量就是

$$G_x(\rho)d\rho Q(\rho,\ r)drdVdt.$$

因此,由于碰撞而被纳入半径为 r 和 $r+dr$ 的球面所限定的速度域中的总动量的 x 分量就是

$$drdVdt\int_0^\infty G_x(\rho)Q(\rho,\ r)d\rho.$$

同样,我们得到结论,由于 dV 中的碰撞而离开半径为 r 和 $r+dr$ 的球面所限定的速度域的动量的 x 分量可以写成

$$drdVdtG_x(r)F(r),$$

式中 $F(r)$ 只是 r 的一个函数. 因此在时间 dt 内,由于电子和金属原子之间的碰撞而引起的 $G_x(r)drdV$ 的增量就是[①]

313

[①]　在上面提到的(原第 399 页)企图给出和金属对热射线的吸收及发射有关的那些现象的一种普遍理论时,J·H·金斯(Phil. Mag. **17**(1909)775)将他的计算建筑在这样一条假设上: 在单位时间内,电子由于和原子碰撞而遭受的沿给定方向的总的动量损失,等于电子沿这一方向的总动量乘以一个只依赖于金属的种类和温度的恒量. 但是,这个假设是不正确的(参阅前引 H. A. Wilson 的论文,p.836). 事实上,按照(10)式,用我们的符号表示出的这一动量损失是

$$\int_0^\infty\left[G_x(r)F(r)-\int_0^\infty G_x(\rho)Q(\rho,\ r)d\rho\right]dr,$$

而且,既然在不同问题中电子动量并不是以相同的分式在不同速率的电子中间分布着的,一般说来这个表示式就并不正比于总动量的 x 分量

$$\int_0^\infty G_x(r)dr.$$

因此,金斯的方法只有在某些特例中才能给出正确结果,例如当 $F(r)=$ 恒量而 $Q(\rho,\ r)=0$ 时(参阅原第 321 页).

$$-\left[G_x(r)F(r)-\int_0^\infty G_x(\rho)Q(\rho,\,r)\mathrm{d}\rho\right]\mathrm{d}r\mathrm{d}V\mathrm{d}t. \tag{10}$$

不对作用于电子和金属原子之间的力作出更加详细的假设,就不可能完全确定函数 $F(r)$ 和 $Q(\rho,\,r)$. 但是可以证明,如果这些力像这儿所假设的一样服从普通的力学定律,则 $Q(\rho,\,r)$ 必须满足某一条件,这个条件在下面即将用到.

我们将用

$$\lambda(\xi',\,\eta',\,\zeta',\xi,\,\eta,\,\zeta)f(\xi',\,\eta',\,\zeta')\mathrm{d}\sigma\mathrm{d}\sigma'\mathrm{d}V\mathrm{d}t \tag{11}$$

代表速度点位于 $(\xi',\,\eta',\,\zeta')$ 周围一个小的速度元 $\mathrm{d}\sigma'$ 中的那样一些电子的平均数,这些电子是由于在时间 $\mathrm{d}t$ 内在体积元 $\mathrm{d}V$ 中和原子相碰撞而被带到 $(\xi,\,\eta,\,\zeta)$ 周围一个小的速度元 $\mathrm{d}\sigma$ 中来的. 既然金属原子的性质被假设为在一切方向上都相同, λ 这个不依赖于电子分布函数 f 的函数就将只依赖于点 $(\xi',\,\eta',\,\zeta')$、$(\xi,\,\eta,\,\zeta)$ 和原点的相对位置. 于是,$\lambda(\xi',\,\eta',\,\zeta',\,\xi,\,\eta,\,\zeta)$ 就可以写成 $\chi(\rho,\,r,\,\theta)$, 此处 ρ 和 r 分别是画到点 $(\xi',\,\eta',\,\zeta')$ 和点 $(\xi,\,\eta,\,\zeta)$ 的矢径的长度,而 θ 是这些矢径之间的夹角*.

如果我们设想个体电子和个体原子的位置坐标和速度坐标的一种确定的分布(如果原子不被假设为简单粒子并在一切方向上具有相同的性质,则一般需要多于六个的坐标来确定原子的状态),然后考虑另一种分布,其位置坐标具有相同的值,而其速度分量却具有相同的量值和相反的符号,那么,既然服从普通力学定律的碰撞是可逆的,金属中适合第二种分布的全部运动就将恰恰是适合第一种分布的运动的逆运动,就是说,同样的状态将发生在相同的时间间隔中,但其顺序则相反. 现在,既然个体电子和原子的空间坐标和速度坐标的这样两个"相反的"分布在一块温度均匀的和没受外力影响的均匀金属中是等几率的,那么,在这种情况下,(11)式所给出的电子数平均说来就等于在时间 $\mathrm{d}t$ 内其速度点通过碰撞从一个对于原点来说对 $\mathrm{d}\sigma$ 为对称的速度元 $\mathrm{d}\sigma_1$ 被纳入一个对 $\mathrm{d}\sigma'$ 为对称的速度元 $\mathrm{d}\sigma_1'$ 中的电子数. 用我们前面所用的符号表示出来,这后一电子数就是

$$\chi(r,\,\rho,\,\theta)f(-\xi,\,-\eta,\,-\zeta)\mathrm{d}\sigma_1'\mathrm{d}\sigma_1\,\mathrm{d}V\mathrm{d}t,$$

因此,我们借助于(4)式就得到

$$\chi(\rho,\,r,\,\theta)\mathrm{e}^{-\frac{1}{2}m\rho^2/kT}=\chi(r,\,\rho,\,\theta)\mathrm{e}^{-\frac{1}{2}mr^2/kT},$$

由此得到

---

　* [为了和 II、III 一致,删去了一句"Vi skal nu … Formlen (4) Side 16".]

$$\chi(\rho,\, r,\, \theta) = \mathrm{e}^{-\frac{1}{2}mr^2/kT}s(\rho,\, r,\, \theta), \tag{12}$$

式中 $s(\rho,\, r,\, \theta)$ 是对 ρ 和 r 为对称的一个函数.

现在,作为 $\mathrm{d}V$ 中其速度点在碰撞以前位于 $(\xi',\, \eta',\, \zeta')$ 周围一个元 $\mathrm{d}\sigma'$ 中的那些电子的碰撞的结果,在时间 $\mathrm{d}t$ 内被带入由半径为 r 和 $r+\mathrm{d}r$ 的两个球面所限定的速度域中的动量将是

$$\mathrm{d}V\mathrm{d}tf(\xi',\, \eta',\, \zeta')\mathrm{d}\sigma'\int_{\varphi=0}^{\varphi=2\pi}\int_{\theta=0}^{\theta=\pi}mr\cos\theta\times\chi(\rho,\, r,\, \theta)r^2\sin\theta\,\mathrm{d}r\mathrm{d}\theta\mathrm{d}\varphi$$

$$= \mathrm{d}V\mathrm{d}tf(\xi',\, \eta',\, \zeta')\mathrm{d}\sigma'\times2\pi mr^3\mathrm{e}^{-\frac{1}{2}mr^2/kT}\mathrm{d}r\int_0^\pi s(\rho,\, r,\, \theta)\cos\theta\sin\theta\,\mathrm{d}\theta.$$

但是,如上所述,这一动量的方向将和画到 $(\xi',\, \eta',\, \zeta')$ 的矢径相重合,从而它的量值用原第 312 页上的符号表示出来就是

$$m\rho f(\xi',\, \eta',\, \zeta')\mathrm{d}\sigma'Q(\rho,\, r)\mathrm{d}r\mathrm{d}V\mathrm{d}t.$$

由此即得

315

$$Q(\rho,\, r) = r^4\mathrm{e}^{-\frac{1}{2}mr^2/kT}S(\rho,\, r), \tag{13}$$

式中

$$S(\rho,\, r) = \frac{2\pi}{r\rho}\int_0^\pi s(\rho,\, r,\, \theta)\cos\theta\sin\theta\,\mathrm{d}\theta$$

是 ρ 和 r 的对称函数.

我们现在来考虑电子之间的相互碰撞的效应. 既然和一个给定电子相碰撞的那些电子的速度并不是沿一切方向均等分布的,该电子在碰撞后的速度平均说来就将不是相对于碰撞前的速度为对称地分布的,这和以前所考虑的情况相反. 不过,如果像我们即将假设的一样对于正常分布的偏差是很小的,就可以按照颇为相同的方法计算碰撞的效应.

我们将设想电子在任何时刻都分为两组,A 组和 B 组;其中 A 组具有正态分布 $f = K\mathrm{e}^{-\frac{1}{2}mr^2/kT}$,而 B 组比 A 组小得多,并具有一个分布函数 $f = \psi$(参阅(6)式). 在计算碰撞的效应时,我们将分别考虑属于同组的电子的碰撞和属于不同组的电子的碰撞. 现在我们就有:

(i) 既然 A 组中的速度分布是正态的,这一组中的电子之间的碰撞将不会引起分布的任何改变.

(ii) 由于 A 组的对称性,B 组电子和 A 组电子的碰撞效应可以按照和应用于电子和金属原子之间的碰撞时颇为相似的方法来计算. 事实上,如果把 B 组中的电子看成碰撞中的入射粒子,则在碰撞以后入射电子以及被碰电子的速度都将平均说来相对于碰撞以前入射电子的方向而对称地进行分布. 于是,这些碰

撞就造成 $G_x(r)\mathrm{d}r\mathrm{d}V$ 的一个增量,此增量可以写成和表示式(10)完全相同的形式.

(iii) B 组电子之间相互碰撞的效应将可忽略不计,因为相比之下这种碰撞为数很少.

我们可以进一步证明,函数 $Q(\rho, r)$ 在这种情况下也满足(11)式所给出的条件. 由这种讨论可以看出,自由电子之间相互碰撞的效应,将与这些电子(我们把它们看成入射粒子)和具有分布函数 $f_0 = K\mathrm{e}^{-\frac{1}{2}mr^2/kT}$ 的一组电子之间的碰撞效应相同.

和以前的情况相类似,我们将用

$$\chi_1(\rho, r, \theta)f(\xi', \eta', \zeta')\mathrm{d}\sigma'\mathrm{d}\sigma\mathrm{d}V\mathrm{d}t$$

316　表示电子总数,即作为体积元 $\mathrm{d}V$ 中入射电子的速度位于元 $\mathrm{d}\sigma'$ 内的这种碰撞的结果,而在时间 $\mathrm{d}t$ 内被纳入小速度元 $\mathrm{d}\sigma$ 中的电子总数. 在计算只依赖于分布函数 f_0 的 $\chi_1(\rho, r, \theta)$ 时,我们不但必须考虑入射电子被从速度元 $\mathrm{d}\sigma'$ 纳入速度元 $\mathrm{d}\sigma$ 中的那些碰撞,而且必须考虑被撞电子被纳入 $\mathrm{d}\sigma$ 中的那些碰撞,以及被撞电子在碰撞前位于 $\mathrm{d}\sigma$ 中并在被碰撞时从这一速度域离去的那些碰撞. 第一种碰撞和以前考虑的那种碰撞颇为相同,那时计算的是自由电子和金属原子之间的碰撞效应;因此,这些碰撞将对 $\chi_1(\rho, r, \theta)$ 有一个贡献,其形式和(12)式右端的表示式相同. 对于第二种碰撞也得到相同的结果,因为在这些碰撞中间,对应于"正向"碰撞对 $\chi_1(\rho, r, \theta)$ 的贡献,"反向"碰撞也对 $\chi_1(r, \rho, \theta)$ 有一个贡献. 这种情况对于第三种碰撞是不成立的;但是,我们立即看到,这些碰撞分别对 $\chi_1(\rho, r, \theta)$ 和 $\chi_1(r, \rho, \theta)$ 的贡献将有下列的比例关系:

$$f_0(\xi, \eta, \zeta)/f_0(\xi', \eta', \zeta') = \mathrm{e}^{-\frac{1}{2}mr^2/kT}/\mathrm{e}^{-\frac{1}{2}m\rho^2/kT}.$$

于是我们看到,$\chi_1(\rho, r, \theta)$ 这个量可以写成和(12)式右端相同的形式,从而就看到,对于自由电子之间的相互碰撞来说,$Q(\rho, r)$ 也将具有(13)式所给出的形式.

用 $\mathrm{d}G_x(r)/\mathrm{d}t$ 代表 $G_x(r)$ 在时间 $\mathrm{d}t$ 中的总增量,我们借助于表示式(9)和(10)就得到

$$\left[\frac{\mathrm{d}G_x(r)}{\mathrm{d}t}\right] = -\frac{4}{3}\pi mK\left(\frac{\varepsilon}{kT}\frac{\partial\varphi}{\partial x} + \frac{1}{K}\frac{\partial K}{\partial x} + \frac{mr^2}{2kT^2}\frac{\partial T}{\partial x}\right)r^4\mathrm{e}^{-\frac{1}{2}mr^2/kT}$$

$$-G_x(r)F(r) + \int_0^\infty G_x(\rho)Q(\rho, r)\mathrm{d}\rho, \tag{14}$$

式中左端的方括号表示导数应该理解为在所述情况下求出的平均值,即在外力、

温度改变等等以及各个量 $G_x(\rho)$ 的给定值下求出的平均值.

严格说来,谈论这样的平均值是不对的,因为 $G_x(r)$ 的改变量以一种系统的方式依赖于一个时间间隔中的以前的 $G_x(\rho)$ 值,该间隔的数量级和单次碰撞时间的数量级相同(参阅原第 312 页). 但是,我们可以不考虑这种情况,因为在(14)式的一切应用中我们都将假设 dt 可以看成比上述那段时间长得多;该段时间将被假设为和平均说来个体电子失去其原有动量之一大部分所需的时间相比是很短的*.

在(14)式的大多数应用中,我们将只在指定的外在条件下即在外力、温度改变等等的给定值下求 $G_x(r)$ 的一个平均值. 既然在这样的应用中 $F(r)$ 和 $Q(\rho, r)$ 的值是很大的(这可以由上面提到的有关电子原有动量在碰撞中损失得很快的假设推出),左端一项和右端的最后几项相比将是非常小的,只有某些特例除外;在那些特例中,$G_x(r)$ 的平均值随时间而很快地变化,即变化得如此之快,以致在个体电子损失其大部分原有动量的很短的时间间隔中就发生了显著的变化. 这种情况只有当右端第一项随时间而很快地变化时才会出现;在这一项中,只有外力才可能迅速变化,而在计算金属对热射线的吸收时就将假设外力是这样变化的.

(但是,正如在第三章中即将详细讨论的,由于导出(13)式时的那种方式,该式只能用来计算周期如此长的热射线的吸收,这时外力在单次碰撞的时间间隔内变化很小,那些时间间隔被假设为比个体电子损失其大部分原有动量的平均时间短得多.)

在此处所考虑的那些情况的一切其他情况下,我们都可以忽略(14)式左端的项而令该式等于零. 上面刚刚提到的状态随时间而变但却变得如此之慢,以致每一瞬时状态都可以看成平衡状态的那种问题,以后将被称为"准平衡问题".

除了用来在给定的外在条件下确定 $G_x(r)$ 的平均值的那些应用以外,(14)式也将被用来研究由电子的无规则运动引起的 $G_x(r)$ 的很迅速的微小变化,这种变化被假设为将引起金属对热射线的发射. 在这样的应用中,左端一项将起主要作用,它给出适用于电子总动量在速率不同的电子中间的特定分布的 $dG_x(r)/dt$ 平均值.

317

* [为了和 Ⅲ 相一致,Ⅰ 中以"Vi skal her"开头的一句已经删去,而根据 Ⅲ 加进了此处的一段,并按照 Ⅲ 的指定用小字印出.]

§3　假设存在分立碰撞的情况下的计算特例

当发生着分立碰撞时,(14)式就是确定电子的集体动量的一个完全普遍的方程. 我们即将看到,和(13)式一起,只根据(14)式的形式就可以考察金属的某些性质之间的关系. 但是,为了确定求得定量结果所必需的 $F(r)$ 和 $Q(\rho, r)$ 这两个量,我们却必须作出关于电子和金属原子之间以及电子和电子之间的碰撞效应的特殊假设. 因此,在进一步发展之前,我们将提到引入这种假设的一些例子.

在 H·A·洛伦兹的理论[①]中,正如前面已经提到的那样(见原第 298 页),碰撞的效应是根据电子和金属原子将像完全硬的弹性球体一样地相互作用的假设来加以计算的. 而且,电子的线度和质量被假设为远小于金属原子的线度和质量,从而比起电子和原子的碰撞来,自由电子之间的相互碰撞可以忽略不计,而金属原子和电子相比则可以看成不运动的. 不难看出,在这些条件下,碰撞的效应将是电子以不变的速率离开原子,而其碰撞后的运动方向则完全不依赖于碰撞前的方向,即沿空间中的一切方向而均等分布[②];因此,电子将在一次碰撞中完全失去其沿一给定方向的动量.

既然电子的速率在碰撞中是不改变的, $Q(r, p)$ 在这一情况下就将为零,而 $F(r)$ 则可以按下述方式来确定. 因为原子被假设为不运动的,电子在相继碰撞之间所经过的自由程就将不依赖于它们的速度. 如果用 l 代表平均自由程,则体积元 dV 中速率介于 r 和 $r+dr$ 之间的 $N(r)drdV$ 个电子在时间 dt 内受到的碰撞数就将是

$$\frac{r\,dt}{l}N(r)drdV.$$

现在,一个速率为 r 的电子所具有的沿 x 方向的动量,平均说来(从而正如前面(原第 312 页)说过的,也就是刚刚在碰撞之前)将是 $G_x(r)/N(r)$,从而在所考虑的那些碰撞中失去的总的动量 x 分量就是

$$\frac{r}{l}G_x(r)drdVdt.$$

于是由(10)式就得到

$$F(r) = \frac{r}{l}. \tag{15}$$

①　H. A. Lorentz: Proc. Acad. Amsterdam **7**(1905) 439.
②　参阅 Maxwell: *Scientific Papers*, vol. I, p. 379.

P·格汝恩纳[①]曾经企图通过引入他所说的金属原子的"电离"和"电子束缚"来推广洛伦兹理论. 于是,格汝恩纳就假设自由电子在某些情况下将暂时地被原子所束缚,而只有当原子被其他自由电子所击中时才会重新被释放. 因此,他的理论区分了两种原子:没有束缚任何电子的(带正电的)原子和束缚了一个或几个电子的(中性的)原子. 在这方面,曾经作出了有关电子和金属原子碰撞的某些假设. 例如,曾经假设,如果电子在碰撞之前的速率小于某一确定的速率 G,则当它们和带正电的原子相碰时就会被束缚住,而另一方面,当速率大于 G 的电子和金属原子相碰时,就会有一个电子被释放出来. 此外,关于入射电子和被释放电子在碰撞以后的速率,还作了几条附加的假设. 但是,这些假设带有那样一种性质,使得人们可以对它们提出严重的反驳. 格汝恩纳[②]承认这一点,但却企图保留理论的实质性部分;后来他修订了理论,使得它不再对电离和电子束缚的机制作出任何特殊假设,而在计算中对这些过程所加的注意只是既存在带正电的又存在电中性的金属原子这一假设. 格汝恩纳于是假设,所有和带正电的原子相碰撞的电子都像在弹性球上一样地被反射,而当和中性原子(这种原子被假设为对电子作用得不那么强烈)相碰撞时,则只有速率小于 G 的那些电子才像在弹性球上一样地受到反射,而速率较大的电子则完全不受到影响.

很容易看出,洛伦兹理论和格汝恩纳理论之间的唯一区别就在于,在后一种理论中,平均自由程并不是对所有的电子都相同,而是对速率小于 G 的电子有一个值 l_1,而对速率大于 G 的电子有另一个值 $l_2(l_2>l_1)$. 于是,我们在这一情况下就得到

$$F(r) = \frac{r}{l_1} \text{ 对于 } r<G, \text{而 } F(r) = \frac{r}{l_2} \text{ 对于 } r>G. \tag{16}$$

但是,可以指出,只有当进一步假设 G 和电子在所考虑的温度下的平均速率差别不很大时,格汝恩纳的假设才会在洛伦兹的计算中引起重大的变化.

看来可以认为,格汝恩纳理论,特别是在后一种形式下,就是在一级的粗略近似下来考察一个问题的一种企图;问题就是,如果碰撞的性质被假设为依赖于电子的速率,理论的结果将会受到什么影响? 为了更仔细地考察这一问题,我们现在将开始把原子看成吸引电子或推斥电子的力心.

我们将把原子看成固定的力心,它们以和距离 n 次方成反比的力推斥或吸引电子. 原子对电子的运动发生可觉察影响的力程,仍然假设为远小于分子之间的相互距离. 但是,既然这一力程并无明确的界限,我们就不能像在前一情况下

---

① P. Gruner: Verh. d. Deutsch. Phys. Ges. **10**(1908)509.
② P. Gruner: Phys. Zeitschr. **10**(1909)48.

一样谈到什么平均自由程. 我们可以用一种和麦克斯韦[①]在气体分子运动论中所用的相类似的方式来处理问题；麦克斯韦针对和距离的五次方成反比的力彻底地使用了这种方法，这一情况已经证实为特别简单的. 既然我们把原子看成不运动的并略去电子之间的相互碰撞，这样的计算就将比麦克斯韦的计算简单得多，从而对于 n 次方的情况（n 大于 2）将和对于五次方的情况同样容易地得出结果. 但是，所要的结果也可以通过量纲分析而很快地得出 *.

既然当来自金属原子的力有一个固定的势时电子的速率在"碰撞"中是不改变的，$Q(\rho, r)$ 就将像在洛伦兹理论中一样地等于零. 我们进一步看到，在碰撞几率只依赖于电子速率的这一情况下，$F(r)$ 必将正比于单位体积中的金属原子数 N. 如果用 $\mu \rho^{-n}$ 代表一个原子对一个电子作用的每单位质量的力，此处 ρ 是从原子到电子的距离，则 $F(r)/N$ 这个量除了一个无量纲的因子以外将只依赖于 μ 和电子速率 r，由（14）式可以看到，$F(r)$ 具有时间倒数的量纲. 用 T 表示时间而用 L 表示长度，我们于是就有 $F(r)/N \sim L^3 T^{-1}$；此外还有 $r \sim LT^{-1}$ 以及 $\mu \rho^{-n} \sim LT^{-2}$ 或 $\mu \sim L^{n+1} T^{-2}$. 由此可见，$F(r)/N$ 和 $\mu^{2/(n-1)} r^{(n-5)/(n-1)}$ 具有相同的量纲. 于是就有

$$F(r)/N = Cr^{(n-5)/(n-1)}, \tag{17}$$

式中 C 是只依赖于金属的种类和温度的一个恒量.

必须指出，更详细的研究证明，上面提到的 $n > 2$ 这一要求是必要的；不然的话，就不能满足这样一个假设：原子对电子运动的显著影响只发生在一个远小于原子间相互距离的力程之内.

如果原子对电子作用的是吸引力，则对于 $n > 3$ 将出现一种特殊的复杂性，因为这时电子将在碰撞时间的某一有限分数之内到达力心，而且是以无限大的速度到达那里，在此以后，运动就是不确定的了. 但是，正如玻耳兹曼[②]所指出的，这种困难可以通过一种假设来避免，即在非常靠近力心处（即当离力心的距离远小于碰撞被认为已经开始的那一距离时）力不是由 $\mu \rho^{-n}$ 给出，而是由一个使速度成为有限的表示式给出的. 这样一个只涉及碰撞的定性特点的假设不会影响量纲分析，从而也不影响以上给出的 $F(r)$ 表示式.

---

① Maxwell：Phil. Mag. **35**(1868)129,185.

* ［从这一星号到下一星号之间的正文以 III 为依据. I 中已经修改的部分从 p. 30 上的 "onernes absolute"开始到 p. 33 上的表示式 $F(r) = \sum C_n r^{(n-5)/(n-1)}$ 为止. ］

Boltzmann：Sitzungsb. d. Wiener Akad. d. Wiss. ，math. -nat. Kl. **89**，Abt. 2(1884)720. 并 723 上 P. Czermak 的文章.

321

既然根据前面所作的关于碰撞几率的假设,个体原子的贡献是互相独立的,那么,上面的 $F(r)$ 表示式当各原子并非完全等同时也是成立的,只要各原子对电子的作用力都按距离的同次方而变就行了. 另一方面,如果我们假设存在一些原子,它们对电子的作用力是按距离的不同方次而变的,则我们得到

$$F(r) = \sum C_n r^{(n-5)/(n-1)}.$$

(但是,在这一情况下也像在前一情况下一样,金属原子必须"混合"得很好,以致可以认为在线度可以和电子的平均自由程相比的每一个体积元中,每一种类型的原子的数目是相同的.)

在(17)式中令 $n = \infty$,我们就得到 $F = Cr$;取 $C = 1/l$,这就是当讨论洛伦兹理论时在原第 318 页上求得的表示式. 这正是所应预料的;因为,将原子对电子作用的每单位质量的力写成 $\mu\rho^{-n} = a(b/\rho)^n$ 的形式,我们就看到,当 n 很大时,力对于 $\rho > b$ 将非常地小,而对于 $\rho < b$ 则非常地大;这就是说,力将表现得就像原子和电子是半径之和等于 b 的一些硬弹性球那样(参阅 Jean:*Dynamical Theory of Gases*,p. 276).

比较一下(15)和(17)我们就看到,两种情况之间的区别可以这样来叙述:"有效平均自由程"在后一情况下随 r 的增加而增加,而在前一情况下则为恒定. (不论假设的是什么样的力作用在原子和电子之间,有效平均自由程是绝不可能随 r 的增加而减小的;参阅原第 329 页.)

令 $n = 5$,我们就得到 $F(r) = C$. 在这一情况下(参阅原第 313 页的注),单位时间内由电子传递给原子的沿某一给定方向的总动量,将正比于电子总动量的对应分量,从而在许多问题中,这时的计算将比在大多数其他 n 值下的计算简单得多.

按照和在所考虑的这些情况中应用的方式颇为相同的方式,当原子被假设为由两个带有等量异电荷的粒子组成的电偶极子时[①],以及当原子被假设为基元磁体[②]时,我们也能够确定函数 $F(r)$.

322

这些偶极子或磁体的线度,即电荷之间或磁极之间的距离,在这里被认为和原子对电子运动发生显著作用的力程相比是小得可以忽略的,而这力程又被认为是远小于原子之间的相互距离的.

---

① 物体内部存在这样的电偶极子,这一假设曾被 J·J·汤姆孙(Phil. Mag. **20**(1910)238)用来解释物体的某些光学性质. 也可以指出,J·H·金斯(Phil. Mag. **20**(1910)380)已经成功地对电子在这样一个偶极子的场中的路程进行了完备的数学计算.

② 关于电子在一个基元磁体的场中的运动,曾由 C·斯托莫尔(Arch. d. Sciences phys. et nat. **24**(1907)5, 113, 221, 317)通过对有关这一问题的微分方程进行数字积分而作出了详细的计算. 并参阅 P. Gruner:Jahrb. d. Rad. u. El. **6**(1909)149.

在这些情况下,也像在前面考虑过的情况下一样,电子的速率在"碰撞"中是不变的,从而 $Q(\rho, r)$ 在这里也将等于零.

如果金属原子被假设为电偶极子,则原子对电子作用的每单位质量的力的量值是 $(\mu/\rho^3)\psi_1(\theta)$,此处 ρ 是从原子到电子的矢量的长度,而 θ 是这一矢量和原子偶极子轴线之间的夹角.如果原子是一个磁体,力就将是 $(\mu r/\rho^3)\psi_2(\theta, \tau, \nu)$,此处 r 照例代表电子的速率(r 在碰撞中为恒定),而且 ρ 及 θ 和在上一情况下具有相同的意义,而 τ 则代表电子的瞬时速度和从原子到电子的矢径之间的夹角,ν 代表电子速度和通过原子轴线及电子瞬时位置的平面之间的夹角.现在,如果原子轴线是沿着一切方向而均等分布的,则 $F(r)$ 的量纲在这些情况下也将只依赖于 μ 和 r(ψ_1 和 ψ_2 被假设为没有量纲).于是,我们在这些情况下就分别得到 $(\mu/\rho^3)\psi_1(\theta) \sim LT^{-2}$,$\mu \sim L^4 T^{-2}$ 和 $(\mu r/\rho^3)\psi_2(\theta, \phi, \nu) \sim LT^{-2}$,$\mu \sim L^3 T^{-1}$.按照和以上相同的方式,由此就分别得到 $F(r) = Cr^{-1}$ 和 $F(r) = C.$ *

因此,如果金属原子被假设成电偶极子,得到的 $F(r)$ 的形式就和把它们假设成对电子的作用力反比于距离三次方的力心时所得到的相同,而如果原子被假设成基元磁体,$F(r)$ 的形式就和原子是对电子的作用力反比于距离五次方的力心时得到的相同.

323　　在此处所处理的一切情况下,曾经假设电子的速率在碰撞中并不改变,从而 $Q(\rho, r) = 0$;这一假设也可以这样叙述:在所考虑的这些情况下,被传递的是动量而不是能量.但是,假若这一假设是严格地成立的,则当存在外力或不均匀的温度时碰撞将不能使电子的分布只和正态分布 $f = K e^{-\frac{1}{2}mr^2/kT}$ 相差很小;相反地,碰撞将使具有相同速率 r 的每一电子组中的分布相对于速度坐标原点来说很接近于对称.因此,为了使力学图景成为完备的,我们必须假设存在电子在碰撞中改变其速率的某一几率,于是,当电子经过如此小的一段距离以致由外力引起的势能以及温度都变化很小时,电子的动能也发生很大的改变;在以上讨论的那些情况下,我们只将假设,平均说来,运动电子的动量发生很大改变的那一时间间隔远小于其动能发生显著变化的那一时间间隔.

在电子的速率在碰撞中发生改变的情况下,也就是说,在动能的传递和动量的传递相比并非小得可以忽略不计的情况下,一般说来,$F(r)$ 和 $Q(\rho, r)$ 的确定是比在前一些情况下困难得多的.我曾经针对最简单的例子之一完成了 $Q(\rho, r)$ 的计算,那就是当电子可以认为是像硬弹性球一样地相互作用时的自由电子之间的相互碰撞;而且,在这一情况下,函数 $F(r)$ 可以根据麦克斯韦关于气体中平

---

　* ［I 中的两段"I de her … $F(r) = Cr^{-1}$ og $F(r) = C$"已经换成了出现在 II 中和 III 中的以上两段.］

均自由程的计算来求得,该气体的分子是被假设成弹性球的(例如参阅 Jeans: *Dynamical Theory of Gases*, p. 231). 既然这种计算相当冗长,而且在以后根本不会用到,我在这里将只叙述结果:

$$F(r) = \frac{1}{l}\left(\frac{kT}{\pi m}\right)^{\frac{1}{2}}\left\{e^{-\frac{1}{2}mr^2/kT} + \left(\frac{mr}{kT} + \frac{1}{r}\right)\int_0^r e^{-\frac{1}{2}mz^2/kT}\,\mathrm{d}z\right\},$$

$$Q(\rho, r) = \frac{1}{l}\left(\frac{kT}{\pi m}\right)^{\frac{1}{2}}\frac{r}{\rho^3}e^{-\frac{1}{2}mr^2/kT}\left\{8x + \left(\frac{m}{kT}\right)^2 \times \left(\frac{1}{3}x^3y^2 - \frac{1}{15}x^5\right)\right.$$

$$\left. + \left(\frac{4m}{kT}x^2 - 8\right)e^{-\frac{1}{2}mx^2/kT}\int_0^x e^{-\frac{1}{2}mz^2/kT}\,\mathrm{d}z\right\}, \tag{18}$$

式中对于 $\rho > r$ 有 $x = r$, $y = \rho$, 而对于 $\rho < r$ 有 $x = \rho$, $y = r$. 在这些表示式中, l 代表按照麦克斯韦方式(参阅前引 Jeans 书, p. 234)算出的相继碰撞之间的平均自由程.

可以看到, $Q(\rho, r)$ 的表示式满足(13)式所表示的条件. 我们可以进一步证明 $F(r)$ 和 $Q(\rho, r)$ 满足条件

$$F(r) = \int_0^\infty Q(r, \rho)\,\mathrm{d}\rho,$$

这是只考虑电子之间的相互碰撞的那些情况的特征;此式表明,电子在相互碰撞中所损失的沿给定方向的动量为零*.

§4 在假设金属原子的线度并不远小于它们的 相互距离的情况下推导适用于电子的 集体运动的方程

现在我们将考虑这样一种情况:金属原子被假设为相距如此之近,以致电子在大部分运动过程中都受到来自原子的力的影响. 一般说来,这一情况的处理比假设分立碰撞的那种情况的处理要困难得多. 在后一情况下问题之所以比较简单,是由于这样一件事实:碰撞的几率,从而还有在电子和金属原子之间传递动量的几率,都只依赖于电子的瞬时速率而不依赖于它们的路程;因此,就可以不太困难地建立起向原子传递动量的时间率(换句话说就是原子对电子集体运动的"阻力")和电子所具有的瞬时总动量之间的关系. 但是,在现在所考虑的这种更加复杂的情况下,这样的普遍关系是不存在的. 从一种统计观点来看,上述那种"阻力"起源于这样一件事实:电子在它们的集体运动过程中在原子的作用

---

* [这一段稍有补充,根据 Ⅱ 增入了最后一句;Ⅰ 中只有第一句.]

力方向是反对它们的运动的那些地方出现得较多,而在力和运动方向相同的地方出现得较少,就是说,由于它们的集体运动,电子仿佛挤到了原子面前. 和假设分立碰撞的情况相反,这种电子的"拥挤现象"一般说来依赖于引起电子集体运动的方式. 因此我们将只考虑可以不管动量传递机制而用简单方式处理的一个特例;但是,由于它满足在引论中叙述了的基本假设,这一特例却似乎和实在金属中的情况有着某些相似之处*.

325　　　　于是,我们将假设,自由电子之间不发生任何相互作用,而金属原子对电子作用的力则形成一个稳定的电磁场;另外,我们在计算中还将假设外力也是稳定的.

　　　　但是,我们将并不假设这些条件是严格满足的;因为在这样的稳定场中不会发生任何匀化性的能量传递(就是说,电子的动能在每一时刻都将决定于它的初始动能和瞬时位置(x, y, z)),因此,如果电子之间以及电子和原子之间都不发生能量交换,那就将没有充分的理由可以保证电子的速度分布在存在外力或不均匀的温度时将只和正态分布相差很小(对比类似的情况,原第 322 页). 可以设想发生了一种匀化性的能量传递,这部分地是通过在稳定场中运动着的自由电子之间的相互作用(碰撞),而部分地是通过场的涨落;但是,我们将只假设,比起金属原子和电子之间的相互作用来,电子之间的相互碰撞的效应平均说来是很小的,而且,在平均说来电子几乎完全损失其沿一给定方向的动量的那种时间间隔中,原子的力场(以及外力场)也变化很小.

如上所述,这些假设似乎是和实在金属中的情况近似一致的. 为了支持这种说法,我们可以首先提到原子和电子相比的很大的质量和很大的广延(原子质量约为电子质量的 10^5 倍,而且原子被假设为包含很多束缚电子的体系),其次我们可以提到这样一些情况:自由电子的数目最多和原子的数目具有相同的数量级(更大的数目不能和金属比热的实验值相容[①]),而且,比起自由电子和被看成闭合体系的原子之间的相互作用来,自由电子和原子中束缚电子之间的相互作用必然是非常小的(相反的假设将导致和经验不相容的束缚电子之间的能量分布,见原第 304 页)**.

现在我们将考虑在这样的稳定力场中相互独立地运动着的那些自由电子的

---

　　*　[此段从"就可以"开始的部分取自 II. I 中的对应部分自"man kunde derfor"处开始.]

　　①　例如参阅 J. H. Jeans:Phil. Mag. 17(1909)793.

　　**　[此段经过修订,以求和 III 相一致. 它代替了原本中的一段,即"Disse Antagelser … Elektronernes Bevægelse".]

运动. 如果用 λ 代表金属内部 (x, y, z) 点处由原子所引起的场的电势, 则按照 (2) 式, 一块没受外力作用的、温度均匀的均匀金属中的电子的统计分布将可以表示成

$$f = K e^{-(\frac{1}{2}mr^2 + \epsilon\lambda)/kT}. \tag{19}$$

如果单位体积中的自由电子数用 N 来表示, 我们就有

$$N = \iint K e^{-(\frac{1}{2}mr^2 + \epsilon\lambda)/kT} \, d\sigma \, dv = K \int e^{-\frac{1}{2}mr^2/kT} \, d\sigma \int e^{-\epsilon\lambda/kT} \, dv$$

$$= K \left(\frac{2\pi kT}{m} \right)^{\frac{3}{2}} \int e^{-\epsilon\lambda/kT} \, dv, \tag{20}$$

式中对 $d\sigma$ 求的积分是按一切可能的速度计算的, 而对 dv 求的积分是在单位体积中计算的.

当存在外力时, 或者如果金属不均匀或其温度不均匀时, 平衡就会受到扰乱, 而电子的统计分布也会改变. 但是, 按照本章开头处的叙述, 我们永远可以写出

$$f = K e^{-(\frac{1}{2}mr^2 + \epsilon\lambda)/kT} + \psi, \tag{21}$$

式中 K 是所考虑点处的金属状态 (它的种类和温度) 的函数, 而 ψ 是比第一项小得多的一个量.

在考察电子的集体运动时, 我们将不像在分立碰撞的情况下那样同时考虑具有相同速率的那些电子, 而是考虑具有相同的动能和相对于金属原子的势能之和 $\frac{1}{2}mr^2 + \epsilon\lambda = a$ 的那些电子.

我们将用 $G_x(a) \, da \, dV$ 代表出现在体积元 dV 中 (假设 dV 够大, 以致包含很多金属原子) 并具有介于 a 和 $a+da$ 之间的能量的那些电子所具有的总动量沿 x 轴的分量.

为了计算 $G_x(a)$, 我们现在将像在以前的情况 (见原第 310 页) 下一样, 设想将 (21) 式右端第一项所表示的分布分成两部分 f_1 和 f_2, 其中

$$f_1 = K_0 e^{-(\frac{1}{2}mr^2 + \epsilon\lambda + \epsilon\varphi)/kT_0}, \tag{22}$$

式中 K_0 和 T_0 代表 K 和 T 在体积元 dV 中一点 (x_0, y_0, z_0) 上的值, 而 φ 是经过适当选择以致在 (x_0, y_0, z_0) 为零的外力的势; 于是, 分布函数 f_2 就将是

$$f_2 = K e^{-(\frac{1}{2}mr^2 + \epsilon\lambda)/kT} - K_0 e^{-(\frac{1}{2}mr^2 + \epsilon\lambda + \epsilon\varphi)/kT_0}; \tag{23}$$

此式在 (x_0, y_0, z_0) 上将为零, 而且在体积元 dV 中的任一点上都极为微小[*].

---

[*] 〔此段经过修订, 以期与 Ⅲ 一致, Ⅰ 中对应的一段是 p. 40 上以 (23) 式结尾的那一段.〕

327　　　　既然电子的势能 $\varepsilon\lambda + \varepsilon\varphi$ 在这儿被假设为 x、y 和 z 的稳定函数,分布函数 f_1 就将是一种统计平衡的分布(参阅原第 311 页),从而在某一给定时刻属于这一分布的那些电子就将继续属于这一分布. 因此,在某一给定时刻属于剩余分布

$$f_R = f_2 + \psi$$

的那些电子也将继续属于该剩余分布. 另外,既然分布函数 f_1 在任一点 (x, y, z) 上都对速度坐标的原点为对称,并从而不会引起电子的任何集体运动(或称漂移),那么,为了确定这种集体运动,我们就只须照顾剩余分布 f_R 了. 我们现在将分别考虑引起电子集体运动的不同原因.

我们首先考虑没有外力作用的情况,从而这时电子的集体运动就可以看成为起源于一种从金属中电子浓度较高处向电子浓度较低处的"自由扩散". 在这种情况下,每一电子的动能和相对于金属原子的势能之和都将为恒量.

我们将用 $N(a)\mathrm{d}a\mathrm{d}V$ 代表体积元 $\mathrm{d}V$ 中能量介于 a 和 $a+\mathrm{d}a$ 之间的电子数. 现在,单位时间内沿着正方向通过 (x_0, y_0, z_0) 点附近垂直于 x 轴而远远大于原子尺寸的一个面积元 $\mathrm{d}S$ 的、能量介于 a 和 $a+\mathrm{d}a$ 之间的超额电子数可以写成

$$\frac{1}{m}G_x(a)\mathrm{d}a\mathrm{d}S = -D(a)\frac{\mathrm{d}N(a)}{\mathrm{d}x}\mathrm{d}a\mathrm{d}S, \qquad (24)$$

式中"扩散系数" $D(a)$ 是 a 的函数,只依赖于所考虑点处的金属的种类和温度. 用 $N_R(a)\mathrm{d}a\mathrm{d}V$ 代表 $\mathrm{d}V$ 中属于剩余分布 f_R 并具有介于 a 和 $a+\mathrm{d}a$ 之间的能量的电子数,并且意识到单位体积中属于分布 f_1 的电子数在现有情况下在金属中是到处相同的,我们就可以将(24)式换成

$$\frac{1}{m}G_x(a)\mathrm{d}a\mathrm{d}S = -D(a)\frac{\mathrm{d}N_R(a)}{\mathrm{d}x}\mathrm{d}a\mathrm{d}S. \qquad (25)$$

当有外力作用时(此处将包括金属原子的场由于不均匀而在某一方向上造成一个合力的那种情况),一切电子的路程都会沿力的方向而受到影响这一事实
328　就会引起电子的集体运动. 但是,既然外力被假设为和来自金属原子的力相比是极其微小的,个体电子的运动就和上面考虑过的情况下的运动相差很小,而电子沿某一方向的可觉察的集体运动之所以出现只是因为电子数非常地大. 至于属于分布 f_1 的电子(这种分布的单位体积中的电子数并不是像在前一情况下一样在金属中到处相同的),由外力引起的和由浓度差引起的电子集体运动将完全地互相抵消. 另外,由于体积元 $\mathrm{d}V$ 中属于剩余分布的电子数比较小,我们可以忽略外力对这些电子的运动的效应,因此,在 $a+\varepsilon\varphi$ 在每一个电子的运动过程中都为恒量的这一情况下,也像在前面考虑过的情况下一样,我们可以写出

$$\frac{1}{m} G_x(a) \, \mathrm{d}a \, \mathrm{d}S = -D(a) \frac{\mathrm{d}N_R(a-\varepsilon\varphi)}{\mathrm{d}x} \mathrm{d}a \, \mathrm{d}S. \tag{26}$$

现在我们有

$$N_R(a-\varepsilon\varphi) \, \mathrm{d}a \, \mathrm{d}V = \iint f_R \, \mathrm{d}\sigma \, \mathrm{d}v, \tag{27}$$

式中在每一点上对 $\mathrm{d}\sigma$ 的积分是在和介于 $a-\varepsilon\lambda-\varepsilon\varphi$、$a-\varepsilon\lambda-\varepsilon\varphi+\mathrm{d}a$ 之间的动能相对应的那一部分速度空间中求的,而对 $\mathrm{d}v$ 的积分则是在体积元 $\mathrm{d}V$ 中求的.

在计算(26)式右端的值时,我们可以忽略分布函数 ψ,因为这一分布函数的单位体积中的电子数是总电子数的一个很小的分数(关于这些电子数对坐标 x、y 和 z 而言的改变量,也有相同的情况,参阅原第 315 页). 因此,我们只要考虑分布函数 f_2 就可以了. 在求(27)式右端的导数时,我们可以略去积分限的导数,因为 f_2 在体积元 $\mathrm{d}V$ 内是无限小量;于是我们就得到

$$\frac{\mathrm{d}N_R(a-\varepsilon\varphi)}{\mathrm{d}x} \mathrm{d}a \, \mathrm{d}V = \iint \frac{\partial f_2}{\partial x} \mathrm{d}\sigma \, \mathrm{d}v.$$

利用(23)式并注意到右端两项在 $\mathrm{d}V$ 中的 (x_0, y_0, z_0) 点上是相等的,我们就在和以前相同的近似下得到

$$\frac{\mathrm{d}N_R(a-\varepsilon\varphi)}{\mathrm{d}x} \mathrm{d}a \, \mathrm{d}V = \left(\frac{\varepsilon}{kT} \frac{\partial\varphi}{\partial x} + \frac{1}{K} \frac{\partial K}{\partial x} + \frac{a}{kT^2} \frac{\partial T}{\partial x} \right) N(a) \, \mathrm{d}a \, \mathrm{d}V.$$

将此式代入(26)式中,我们就得到确定 $G_x(a)$ 的方程如下:

$$G_x(a) = -m \left(\frac{\varepsilon}{kT} \frac{\partial\varphi}{\partial x} + \frac{1}{K} \frac{\partial K}{\partial x} + \frac{a}{kT^2} \frac{\partial T}{\partial x} \right) D(a) N(a). \tag{28}*$$

329

关于(28)式的应用必须指出,既然此式是在外力为稳定的假设下推出的,它就只能用于稳定(准稳定)问题的处理中(参阅原第 317 页).

作为本节所得结果的一次单独应用,我们将考虑金属原子和电子被假设为像硬弹性球一样地相互作用的那一情况,我们将不对金属原子的形状和相互距离作出任何的特殊假设.(这就使这一例子和本章 §3 中考虑的那些例子有所不同,那里曾经假设金属原子的线度远小于它们的相互距离.)我们只将假设,原子的线度和质量比电子的大得多,从而比起电子和原子的碰撞效应来,可以略去电子之间相互碰撞的效应,而且,在平均说来电子失去其沿某一给定方向的原有动量的那种很小的时间间隔中,原子可以认为是不运动的.

---

* [以上三段已经修改,以求和 Ⅲ 一致. 根据 Ⅱ,删去了用小字印成的五段.]

在所考虑的这一情况下,能量相同的电子组将对应于速率相同的电子组. 现在,考虑在没受外力影响的金属原子中间运动着的一个电子;根据关于原子所作的假设,电子的路程将完全不依赖于它的速率. 另外,既然电子在给定时间内经过的距离和它的速率成正比,扩散系数 $D(a)$ 在这一情况下就将和电子的速率成正比. 将这一事实引用到(28)式中,令 $a = \dfrac{1}{2}mr^2$,而且最后考虑到 λ 在这一情况下在某些空间域(即在原子外面)为零而在空间的其余部分(原子内部)为无限大,我们就得到一个确定动量的方程,它完全对应于我们在讨论 H·A·洛伦兹的理论时所求得的方程(即通过将(15)式所给出的 $F(r)$ 表示式代入(14)中并令 $Q(\rho, r) = 0$ 而得出的方程),唯一的不同是平均自由程 l 被换成了具有另一种物理意义的恒量.

由此可以看出,不论原子的形状和相互距离是怎样的,在金属原子被假设为像硬物体那样对电子发生作用(即对电子的作用力随距离而极端迅速地变化,参阅原第 321 页)的一切情况下,电导率和热导率之比都将相同,因此,它的值将和洛伦兹根据原子是半径远小于其相互距离的硬弹性球的假设而算出的值相同(参阅下一章原第 337 页).

最后我们可以指出,在一切其他情况下,$D(a)$ 都将比在前面考虑的情况下更迅速地随 a 的增加而增加;因为较快的电子不但沿着相同的路径运行得较快,而且能够比较慢的电子更好地扫清自己的道路(只有金属原子是完全的硬物体的那种情况是例外). 这一点的重要意义将在下一章中加以讨论.

330

第二章 恒 稳 问 题

§1 金属中电量传递和能量传递的表示式

应用上一章中导出的那些方程,我们现在将计算单位时间内通过一块金属内部的单位面积由电子的运动所传递的电量和能量. 在本章中的一切计算中,我们将假设外力和温度在金属的不同部分中是稳定的,至少是似稳的(参阅原第317页).

我们将首先考虑电子的运动是由自由程和分立碰撞构成的那一情况. 用 $i_x\mathrm{d}S\mathrm{d}t$ 代表在时间 $\mathrm{d}t$ 内通过垂直于 x 轴的面积元 $\mathrm{d}S$ 随着电子而传递过去的电量,同样,用 $W_x\mathrm{d}S\mathrm{d}t$ 代表在同一时间内通过同一面积元传导过去的动能,我们利用上一章的符号就得到

$$i_x = \frac{\varepsilon}{m}\int_0^\infty G_x(r)\mathrm{d}r \tag{29a}$$

和

$$W_x = \frac{1}{2}\int_0^\infty r^2 G_x(r)\mathrm{d}r. \tag{30a}$$

为了确定 $G_x(r)$,既然在现有情况下可以令(14)式的右端等于零,我们就有

$$-\frac{4}{3}\pi mK\left(\frac{\varepsilon}{kT}\frac{\partial\varphi}{\partial x} + \frac{1}{K}\frac{\partial K}{\partial x} + \frac{mr^2}{2kT^2}\frac{\partial T}{\partial x}\right)r^4\mathrm{e}^{-\frac{1}{2}mr^2/kT}$$

$$-G_x(r)F(r) + \int_0^\infty G_x(\rho)Q(\rho,\,r)\mathrm{d}\rho = 0. \tag{31a}$$

这是一个弗雷霍慕型的积分方程[①],

---

① 例如参阅 M. Bôcher: *Introduction to the Study of Integral Equations* (Cambridge 1909) p. 29—38. 在上面的(31a)式中,积分是在无限的上下限间求的,而在弗雷霍慕解的证明中则假设积分是在有限的上下限间求的. 但是,这在此处并不引起任何困难,因为,仅仅根据(31a)式的物理意义就可以看出,不论是对于问题的解,还是对于解的那些即将得到的应用,在 0 和∞间求积分或在两个积分限(一个远小于而另一个远大于所考虑温度下的电子平均速率)间求积分都是没有任何不同的.

332

$$\Psi(r) = \psi(r) + \int_a^b \Psi(\rho)\tau(r, \rho)\,\mathrm{d}\rho,$$

它的解可以写成下列形式：

$$\Psi(r) = \psi(r) + \int_a^b \psi(\rho)\pi(r, \rho)\,\mathrm{d}\rho,$$

式中函数 $\pi(r, \rho)$ 只依赖于 $\tau(r, \rho)$（即不依赖于 $\psi(r)$）. 而且，根据弗雷霍慕的 $\pi(r, \rho)$ 表示式可以看出，$\pi(r, \rho)$ 将是 r 和 ρ 的对称函数，如果 $\tau(r, \rho)$ 是这些变量的对称函数的话.

现在令 $G_x(r) = \Psi(r)g(r)$，此处

$$g(r) = F(r)^{-\frac{1}{2}}r^2 \mathrm{e}^{-\frac{1}{4}mr^2/kT},$$

并应用关于 $Q(\rho, r)$ 的方程（13），我们就由（31a）得到

$$\Psi(r) = -\frac{4}{3}\pi mK\left(\frac{\varepsilon}{kT}\frac{\partial\varphi}{\partial x} + \frac{1}{K}\frac{\partial K}{\partial x} + \frac{mr^2}{2kT^2}\frac{\partial T}{\partial x}\right)g(r)$$
$$+ \int_0^\infty \Psi(\rho)g(\rho)g(r)S(\rho, r)\,\mathrm{d}\rho.$$

既然对应于弗雷霍慕方程中的函数 $\tau(r, \rho)$ 的 $g(\rho)g(r)S(\rho, r)$ 这个函数对于 r 和 ρ 是对称的，我们根据前面的叙述就得到

$$\Psi(r) = -\frac{4}{3}\pi mK\left(\frac{\varepsilon}{kT}\frac{\partial\varphi}{\partial x} + \frac{1}{K}\frac{\partial K}{\partial x} + \frac{mr^2}{2kT^2}\frac{\partial T}{\partial x}\right)g(r)$$
$$- \int_0^\infty \frac{4}{3}\pi mK\left(\frac{\varepsilon}{kT}\frac{\partial\varphi}{\partial x} + \frac{1}{K}\frac{\partial K}{\partial x} + \frac{m\rho^2}{2kT^2}\frac{\partial T}{\partial x}\right)g(\rho)\mathscr{S}(\rho, r)\,\mathrm{d}\rho,$$

式中 $\mathscr{S}(\rho, r)$ 是 ρ 和 r 的对称函数，只依赖于 $g(r)$ 和 $S(\rho, r)$. 现在，由（29a）和（30a）二式就得到

$$i_x = -A_1\left(\frac{\partial\varphi}{\partial x} + \frac{kT}{\varepsilon K}\frac{\partial K}{\partial x}\right) - A_2\frac{\partial T}{\partial x} \tag{32a}$$

和

$$W_x = -A_2 T\left(\frac{\partial\varphi}{\partial x} + \frac{kT}{\varepsilon K}\frac{\partial K}{\partial x}\right) - A_3\frac{\partial T}{\partial x}, \tag{33a}$$

式中

$$A_1 = \frac{4\pi\varepsilon^2 K}{3kT}\left\{\int_0^\infty r^4 F(r)^{-1}\mathrm{e}^{-\frac{1}{2}mr^2/kT}\,\mathrm{d}r + \int_0^\infty g(r)\left[\int_0^\infty g(\rho)\mathscr{S}(\rho, r)\,\mathrm{d}\rho\right]\mathrm{d}r\right\},$$

$$A_2 = \frac{2\pi\varepsilon m K}{3kT^2}\left\{\int_0^\infty r^6 F(r)^{-1}\mathrm{e}^{-\frac{1}{2}mr^2/kT}\mathrm{d}r + \int_0^\infty g(r)\left[\int_0^\infty \rho^2 g(\rho)\mathscr{S}(\rho,r)\mathrm{d}\rho\right]\mathrm{d}r\right\}$$

$$= \frac{2\pi\varepsilon m K}{3kT^2}\left\{\int_0^\infty r^6 F(r)^{-1}\mathrm{e}^{-\frac{1}{2}mr^2/kT}\mathrm{d}r + \int_0^\infty r^2 g(r)\left[\int_0^\infty g(\rho)\mathscr{S}(\rho,r)\mathrm{d}\rho\right]\mathrm{d}r\right\}$$

$$A_3 = \frac{\pi m^2 K}{3kT^2}\left\{\int_0^\infty r^8 F(r)^{-1}\mathrm{e}^{-\frac{1}{2}mr^2/kT}\mathrm{d}r + \int_0^\infty r^2 g(r)\left[\int_0^\infty \rho^2 g(\rho)\mathscr{S}(\rho,r)\mathrm{d}\rho\right]\mathrm{d}r\right\}.$$

在假设发生分立的或明确的碰撞的一切情况下，(32a) 和 (33a) 都将成立，这样它们就作为特例包括了洛伦兹[1]和格汝恩纳[2]所给出的方程. 同一"恒量"（即所考虑点处金属的种类和温度的函数）A_2 出现在 i_x 和 W_x 的表示式中，这一事实表明，金属中电的流动和热的流动之间存在一种独特的普遍联系. 当以后考虑温差电现象时，即将讨论这一情况的物理意义.

作为确定 A_1、A_2 和 A_3 这些量的一个单独的例子，我们在此将考虑这样一个简单的情况：金属原子被假设为固定的力心，它们对电子的作用力和距离的 n 次方成反比，而电子彼此间的相互作用则忽略不计. 在这种情况下，我们有（参阅原第 321 页）$F(r) = Cr^{(n-5)/(n-1)}$ 和 $Q(\rho,r) = 0$，从而也有 $\mathscr{S}(\rho,r) = 0$. 因此，我们就得到

$$A_1 = \frac{4\pi\varepsilon^2 K}{3kT}\frac{1}{C}\int_0^\infty r^{(3n+1)/(n-1)}\mathrm{e}^{-\frac{1}{2}mr^2/kT}\mathrm{d}r = \frac{4\pi\varepsilon^2 K}{3mC}\left(\frac{2kT}{m}\right)^{(n+1)/(n-1)}\Gamma\left(\frac{2n}{n-1}\right),$$

$$A_2 = \frac{2\pi\varepsilon m K}{3kT^2}\frac{1}{C}\int_0^\infty r^{(5n-1)/(n-1)}\mathrm{e}^{-\frac{1}{2}mr^2/kT}\mathrm{d}r = \frac{2\pi\varepsilon K}{3TC}\left(\frac{2kT}{m}\right)^{2n/(n-1)}\Gamma\left(\frac{3n-1}{n-1}\right)$$

$$= A_1\frac{2n}{n-1}\frac{k}{\varepsilon},$$

$$A_3 = \frac{\pi m^2 K}{3kT^2}\frac{1}{C}\int_0^\infty r^{(7n-3)/(n-1)}\mathrm{e}^{-\frac{1}{2}mr^2/kT}\mathrm{d}r = \frac{\pi m K}{3TC}\left(\frac{2kT}{m}\right)^{(3n-1)/(n-1)}\Gamma\left(\frac{4n-2}{n-1}\right)$$

$$= A_1\frac{2n(3n-1)}{(n-1)^2}\frac{k^2}{\varepsilon^2}T. \tag{34}$$

现在我们考虑这样一种情况：金属原子被假设为相距如此之近，以致电子在其大部分运动过程中都受到原子的作用力的影响. 和以上所讨论的那种较简单的（分立碰撞）情况相反，正如在前一章中已经说明的，我们在这儿不能给出确定电子的集体动量的普遍方程，从而也无法得出电流和热流的表示式的普遍形式. 我们只导出了在某些极限条件下确定电子动量的方程；条件就是，金属原子

[1] H. A. Lorentz: Porc. Acad. Amsterdam **7**(1905)447.

[2] P. Gruner: Verh. d. Deutsch. Phys. Ges. **10**(1908)524.

引起的力场可以认为是稳定的,而且电子彼此间的相互作用可以认为比金属原子和电子之间的相互作用小得多. 因此,下面的计算只适用于这种情况.

现在我们将确定作为电子运动的结果而在时间 dt 内通过垂直于 x 轴的面积元 dS 被传递过去的电量以及动能和相对于金属原子的势能之和. 和在上一情况下一样用 $i_x dSdt$ 和 $W_x dSdt$ 来代表这些量并应用在第一章中引入的符号,我们就得到

$$i_x = \frac{\varepsilon}{m} \int_0^\infty G_x(a) \mathrm{d}a \tag{29b}$$

和

$$W_x = \frac{1}{m} \int_0^\infty a G_x(a) \mathrm{d}a, \tag{30b}$$

此处 $G_x(a)$ 由下式确定(参阅方程 (28)):

$$G_x(a) = -m \left(\frac{\varepsilon}{kT} \frac{\partial \varphi}{\partial x} + \frac{1}{K} \frac{\partial K}{\partial x} + \frac{a}{kT^2} \frac{\partial T}{\partial x} \right) D(a) N(a). \tag{31b}$$

现在我们由(29b)和(30b)就得到

$$i_x = -A_1 \left(\frac{\partial \varphi}{\partial x} + \frac{kT}{\varepsilon K} \frac{\partial K}{\partial x} \right) - A_2 \frac{\partial T}{\partial x}, \tag{32b}$$

$$W_x = -A_2 T \left(\frac{\partial \varphi}{\partial x} + \frac{kT}{\varepsilon K} \frac{\partial K}{\partial x} \right) - A_3 \frac{\partial T}{\partial x}, \tag{33b}$$

式中

$$A_1 = \frac{\varepsilon^2}{kT} \int_0^\infty D(a) N(a) \mathrm{d}a, \ A_2 = \frac{\varepsilon}{kT^2} \int_0^\infty a D(a) N(a) \mathrm{d}a,$$
$$A_3 = \frac{1}{kT^2} \int_0^\infty a^2 D(a) N(a) \mathrm{d}a. \tag{35}$$

335   可以看出,(32b)和(33b)同(32a)和(33a)具有完全相同的形式;因此,关于那些方程所作的说明对于此处得到的这些方程也是适用的.

方程(32)和(33)完全地确定了通过金属的电流和热流. 既然我们没有作出有关 x 轴方向的任何特殊假设,这些方程就表明,通过一个面积元的电流和能流,只依赖于外力的势、温度等等沿垂直于该面积元的方向的变化. 在以下几节中,我们将在这些方程的基础上考察金属的电导率和热导率,以及温差电现象.

§2 电传导和热传导

如果一块温度均匀的均匀金属受到一个恒定电场 $E = -\partial \varphi / \partial x$ 的作用,就

有一个电流在金属中通过,其单位面积的电流强度 i 可以直接由(32)式求出. 既然在这一情况下 K 和 T 的导数为零,我们就得到

$$i = A_1 E.$$

用 σ 代表电导率,我们由此就得到

$$\sigma = A_1. \tag{36}$$

特别地,如果我们假设发生的是分立的碰撞而且金属原子和电子之间的作用力和距离的 n 次方成反比,则借助于(34)和(5)将得到:

$$\sigma = \frac{4N\varepsilon^2}{3\sqrt{\pi m}C}\left(\frac{m}{2kT}\right)^{(n-5)/2(n-1)}\Gamma\left(\frac{2n}{n-1}\right). \tag{37}$$

如果我们令 n 变为无限大,这就等于假设原子和电子像硬弹性球一样地发生相互作用(参阅原第 321 页);这时,令 $C = \frac{1}{l}$,我们就得到

$$\sigma = \frac{4}{3}lN\varepsilon^2(2\pi mkT)^{-\frac{1}{2}},$$

这就是洛伦兹[①]求得的 σ 的表示式.

通过电子的运动,不但会在金属中传递电量,而且也会传递能量——即热量. 但是,一般说来,并不能给由电子运动通过一个给定面积元而传递的能量指定一个确定的值,因为电子的能量一部分是动能,一部分是相对于金属原子和相对于自由电量(外力场)的势能,而且一部分是"内能",从而这种能量只能确定到一个任意恒量为止. 只有在一种情况下,即当通过一个面积元的电子总数为零时,这种不确定性才不再存在. 在这种情况下,单位时间内通过垂直于 x 轴的单位面积而传递过去的能量将由上面提到的 W_x 来给出. 既然在这一情况下电流为零,我们在从方程 $i_x = 0$ 和 W_x 所适合的方程(见方程(32)和(33))中消去 $\partial\varphi/\partial x$ 以后就得到

$$W_x = -\frac{A_3 A_1 - A_2^2 T}{A_1}\frac{\partial T}{\partial x}.$$

我们将把这种唯一能够全面处理的情况下的能量流动叫做热传导,用 γ 代表热导率,于是我们就得到

$$\gamma = \frac{A_3 A_1 - A_2^2 T}{A_1}. \tag{38}$$

---

① H. A. Lorentz: Proc. Acad. Amsterdam **7**(1905)448. (洛伦兹的论文中所用的符号与此处不同.)

　　可以看到,利用这种方式,我们已经将热导率确定为只依赖于所考虑的位置处金属状态(它的种类和温度)的一个量;而且,这就是在研究热传导的实验中测定的那个量. 在大多数的这种研究(例如在 L·洛仑茨[①]的那些研究)中,所观测的是被电绝缘体包围着的金属棒中的温度变化. 在这样的金属棒中,电平衡将很迅速地建立起来,从而不会有什么电流;因此,金属棒中的条件是和上面讨论的情况完全适应的. 在其他一些研究(例如在耶格尔和狄塞耳豪斯特[②]的那些研究)中,所观测的是载有电流的金属棒中的温度分布和电势分布,而热导率则是借助于由 F·考耳若什[③]给出的棒中不同各点上的温度和电势之间的一个关系式来确定的. 在联系到温差电现象的讨论时即将看到,根据方程(32)和(33)以及此处给出的热导率的定义,可以得到发热率的一个表示式,这就对应于考耳若什关系式所依据的那个表示式.

337　　　特别地,如果我们假设存在分立碰撞并假设金属原子和电子之间的力和距离的 n 次方成反比,则由(38)、(34)和(37)各式可得

$$\gamma = A_1 \frac{2n}{n-1} \frac{k^2}{\varepsilon^2} T = \frac{8nNk^2 T}{3\sqrt{\pi}(n-1)mC} \left(\frac{m}{2kT}\right)^{(n-5)/2(n-1)} \Gamma\left(\frac{2n}{n-1}\right).$$

$$(39)$$

　　如果令 n 增大为无限大并令 $C = 1/l$, 我们就得到

$$\gamma = \frac{8}{3} lNk^2 T (2\pi mkT)^{-\frac{1}{2}},$$

这就是洛伦兹得到的值.

　　现在,根据(36)和(38)各式,我们就得到热导率和电导率之比的表示式

$$\kappa = \frac{\gamma}{\sigma} = \frac{A_3 A_1 - A_2^2 T}{A_1^2}.$$

$$(40)$$

　　在上面考虑的特例中,我们由(37)和(39)式就得到

$$\kappa = \frac{2n}{n-1} \frac{k^2}{\varepsilon^2} T,$$

$$(41)$$

于是,对于 $n = \infty$ 就有

$$\kappa = 2 \frac{k^2}{\varepsilon^2} T,$$

$$(42)$$

① L. Lorenz: Wied. Ann. **13**(1881)422.
② W. Jaeger u. H. Diesselhorst: Wiss. Abh. d. phys.-tech. Reichsanstalt **3**(1900)269.
③ F. Kohlrausch: Sitzungsber. d. Berliner Akad. d. Wiss. (1899)711.

这就是洛伦兹求得的表示式[①].

---

① H. A. Lorentz：Proc. Acad. Amsterdam **7**(1905) 449.

联系到洛伦兹的 κ 值，我们将提到 E·瑞其（Wied. Ann. **66**(1898)353,545,1199；Ann. d. Phys. **2**(1900)835；Jahrb. d. Rad. u. El. **3**(1906)24；Phys. Zeitschr. **10**(1909)508）和 P·诺德（Ann. d. Phys. **1**(1900)566，**3**(1900)369）在此以前曾经计算过这个量；用我们的符号表示出来，他们的结果分别是

$$\kappa = \frac{27}{8}\frac{k^2}{\epsilon^2}T\left(1+\frac{2}{3}\frac{T}{N}\frac{dN}{dT}\right) \quad \text{和} \quad \kappa = 3\frac{k^2}{\epsilon^2}T,$$

事实上，这些表示式比洛伦兹求得的表示式和实验符合得更好（例如参阅 E. Riecke：Phys. Zeitschr. **10**(1909)513).

这些作者作出了和洛伦兹的假设相同的关于电子和金属原子之间的碰撞效应的假设，就是说，他们假设平均说来一个原子在碰撞中将完全失去其原有的沿某一给定方向的动量. 他们还假设电子是和金属原子处于力学平衡和热平衡的，就是说，电子的动能平均值等于相同温度下气体分子的平动动能平均值；但是，和洛伦兹相反，他们为了简单而假设了一切电子都具有相同的速率. 然而，按照气体分子运动论，麦克斯韦的速度分布和热平衡的存在联系得那样紧密，以致我们几乎没有根据认为上述那种较好的符合具有任何重要性. 而且可以证明，这种较好的符合大部分不是起源于上述那些假设，而是起源于完成计算时的那种不怎么精确的方式.

对于电导率，瑞其通过计算个体电子的路程而求得了 $\sigma = \frac{2}{3}lN\epsilon^2(3mkT)^{-\frac{1}{2}}$. 另一方面，诺德却求得了 $\sigma = \frac{1}{2}lN\epsilon^2(3mkT)^{-\frac{1}{2}}$，这只是瑞其求得的值的 $\frac{3}{4}$. 这种差别起源于一件事实，即诺德根据电子沿自由程的平均速率计算了电子沿某一给定方向的平均速度，而没有照顾到运行时间对于不同的路程是不同的——取决于电子是沿着还是反着外电场而运动.

对于热导率，瑞其和诺德分别求得了下列的表示式

$$\gamma = \frac{9}{4}lNk^2T(3mkT)^{-\frac{1}{2}}\left(1+\frac{2}{3}\frac{T}{N}\frac{dN}{dT}\right)$$

和

$$\gamma = \frac{3}{2}lNk^2T(3mkT)^{-\frac{1}{2}}.$$

这两个表示式的差别起源于一件事实，即瑞其和诺德用不同的方式定义了热导率；诺德按照我们以上的做法把热传导定义为不存在外电流时的能量流动，而瑞其却把它定义为不存在外电场时的能量流动. （例如，瑞其公式中涉及电子数随温度的变化的那些改正项起源于和(33)中的 $\partial K/\partial x$ 相对应的那些项；当像瑞其那样定义热传导时，这些改正项就出现在计算中.）因此，正如在上面的正文中所提到的，瑞其求得的电导率的值不能用来和实验上求得的这个量的值相比较.

于是，根据瑞其理论和诺德理论所依据的那些假设，就发现所求得的热导率和电导率之比（即诺德的 γ 值和瑞其的 σ 值之比）应该是

$$\kappa = \frac{9}{4}\frac{k^2}{\epsilon^2}T.$$

这个值和洛伦兹求得的值相差甚少，从而和实验符合得并不更好多少.

联系到洛伦兹的计算，我们还可以提到 G·耶格尔（Sitzungsber. d. Wiener Akad. d. Wiss., math.-nat. Kl. **117**, Abt. Ⅱa (1908)869)进行过的一种尝试，即不用统计方法而通过考虑电子路程本身来根据洛伦兹的假设计算热导率和电导率之比. 耶格尔求得的 σ 值是洛伦兹的 σ 值的 $\frac{3}{4}$；这是由于他用和诺德方式相似的方式（参阅前面）计算了这个量. 而耶格尔却和洛伦兹求得了相同的 κ 值这一事实，是由于他在计算热导率时犯了个错误，使计算结果大了 $\frac{3}{4}$ 倍. 事实上，他假设通过一个面积元的电子平 （转下页）

338　　　可以看到,尽管所求得的电导率和热导率的表示式中包含着 N 和 l(或 C)这些起初并非已知或至少是知道得很不确切的量,而热导率和电导率之比的表示式(41)和(42)中却不包含这些量.因此,利用这些表示式是可以进行理论结果和实验结果的比较的.

　　　出现在表示式(41)和(42)中的 ε(基元电荷)和 k(每个分子的气体恒量)这两个量,只是在较低的精确度下为已知;但是,正如 M·莱恩伽额姆所指出的[1],比值 k/ε 却可以在很高的精确度下根据精确已知的量求出.例如,用 N 代表一种气体(例如氢)在绝对温度 T 和压强 p 下的单位体积中的分子数,我们就有(参阅原第 305 页)$p = NkT$;如果我们进一步假设为了在相同的温度和压强下分离 $1\ \mathrm{cm}^3$ 的氢而必须在一种电解质中通过的电量是 E,我们就有 $E = 2\varepsilon N$,从而就得到 $k/\varepsilon = 2p/ET$.既然在 $T = 273°$ 和 $p = 1.013$(1 大气压)时有 $E = 0.259 \times 10^{10}$(绝对静电单位),我们就得到 $k/\varepsilon = 0.287 \times 10^{-6}$.

339　　　原第 340 页上的表给出了在耶格尔和狄塞耳豪斯特[2]实验中所得结果的总结;σ、γ 和 κ 的值是在 $18℃$ 下取的,而在 $T\Delta\sigma/\sigma\Delta T$、$T\Delta\gamma/\gamma\Delta T$ 和 $T\Delta\kappa/\kappa\Delta T$ 各栏中列出的是

$$\frac{T_{18°}(\sigma_{100°} - \sigma_{18°})}{\sigma_{18°}(T_{100°} - T_{18°})}$$

以及类似表示式的值.

　　　和洛伦兹理论(方程(42))相对应的值是

————————

(接上页)　均说来曾在距离该面积元 $\frac{1}{2}l$(l 是平均自由程)处遭受最后一次碰撞,而这个距离实际上是 $\frac{2}{3}l$.(错误之所以出现,是由于他在计算这一平均距离时曾经假设沿任何方向通过面积元的电子数相同,而实际上通过面积元的电子数却正比于电子运动方向和面积法线之间的夹角的余弦.)

　　　在最近的一篇论著(Sitzungsber. d. Heidelberger Akad. d. Wiss., math.-nat. Kl. (1911) Abh. 10, p. 16)中,M·莱思伽额姆表示了这样一种见解:洛伦兹的热导率 γ 的值,从而还有他的 κ 值,是太小了,因为,作为存在于热传导中并消除了否则即将和能量流动相伴随的电流的那一电场的作用结果,穿过一个面积元的那些电子在从越过面积元到下一次碰撞的那段时间中将改变其动能.但是,在我看来,这种见解是不对的,因为通过金属而传递的能量必须认为等于由于电子通过一个给定的曲面而被传递过去的能量,而和这些电子的后来经历没有什么相干*.

　　*〔现将"在最近的一篇论著……什么相干"这一段补充在这一底注中,以求和 III 相一致.〕

　　[1]　M. Reinganum: Ann. d. Phys. **2**(1900)398.

　　[2]　W. Jaeger u. H. Diesselhorst: 前引论文 p. 424.(表中的数值依据他们的最后一表求出.当同一金属的不同样品都经过研究时,只采用了关于含杂质最少的金属样品的数据.)

$$\kappa = 0.479 \times 10^{-10} \quad \text{和} \quad \frac{T}{\kappa} \frac{\Delta \kappa}{\Delta T} = 1.$$

由表可见,虽然不同金属的热导率及电导率相差很大,但其二者之间的比值却几乎相同——维德曼-夫兰兹定律,而且每种金属的这一比值是近似地和绝对温度成正比的——洛仑兹定律. 此外,从数量级上看来,κ 的计算值和实验上求得的值是符合得很好的.

如上所述,这种符合是由诸德首先指出的;这是电子论最美好的结果之一,它似乎肯定地证明了金属中热流以及电流是以那样一些粒子作为载流子的,它们的电荷和电解质中的离子的电荷数量级相同,而且它们和金属原子处于热平衡中,即其平动动能和相同温度下气体分子的平动动能相等(参阅前引 Reinganum 文,p. 403).

	$\sigma \cdot 10^{-17}$	$-T\Delta\sigma/\sigma\Delta T$	$\gamma \cdot 10^{-7}$	$T\Delta\gamma/\gamma\Delta T$	$\kappa 10^{10}$	$T\Delta\kappa/\kappa\Delta T$
银	5.53	0.84	4.21	−0.05	0.762	1.03
铜	5.06	0.86	3.76	−0.06	0.742	1.07
金	3.72	0.79	2.93	+0.01	0.788	1.03
铝	2.84	0.82	2.01	+0.09	0.707	1.18
锌	1.486	0.84	1.110	−0.04	0.747	1.05
镉	1.182	0.88	0.927	−0.11	0.784	1.02
钯	0.840	0.78	0.704	+0.20	0.838	1.26
铂	0.832	0.81	0.696	−0.15	0.837	1.25
镍	0.765	0.89	0.594	−0.09	0.777	1.07
锡	0.745	0.93	0.608	−0.23	0.817	0.94
铁	0.699	0.97	0.636	−0.12	0.911	1.18
钢	0.452	0.98	0.453	−0.02	1.003	0.98
铅	0.436	0.88	0.346	−0.05	0.794	1.11
铋	0.075 6	0.91	0.081	−0.60	1.071	0.43
黄铜 85.7 Cu, 7.15 Zn, 6.39 Sn, 0.58 Ni	0.710	0.22	0.597	+0.67	0.841	0.95
锰铜 84 Cu, 4 Ni, 12 Mn	0.214	0.00	0.217	−0.77	1.016	0.76
康铜 60 Cu, 40 Ni	0.184	0.00	0.224	−0.66	1.229	0.67

但是,由此表可见,不同金属的 κ 值之间是存在着可观的差值的,而且这些

值比洛伦兹计算得到的值大了不少.

　　在继续进行理论和实验的这种对比之前,我们必须提到一个情况,它可能就是实验结果不能和此处所讨论的理论直接对比这一事实的起因.例如,可以设想金属中的热传导可能是按照不同于自由电子的运动的方式来进行的;因为导电程度极小的物体也具有一定的(虽然是很小的)热导率.这样一种非金属性的热导率的存在可能使比值 κ 比此处计算的为大.但是,按照 J·肯尼斯伯格[①]的计算,和在绝缘体中求得的热导率数量级相同的这样一种热导率,对于最良导金属的 κ 值只有很小的影响,而在最不良导金属的情况下则显然是可以注意到的,从而就可以解释一种情况,即总地说来最高的 κ 值是出现在不良导金属中的.因此,肯尼斯伯格提示了一种可能性,即热导率和电导率之比可能实际上在 18℃ 下对于一切纯金属都有 0.70×10^{-10} 这个值.(看来在合金中这个比值要高一些.)

　　但是,上面提到的这些差别恰恰是根据我们的以上的计算就可以预料到的.例如,方程(41)表明,热导率和电导率之比在一定程度上依赖于所引用的关于金属原子和电子之间的力的那些特殊假设.而且,这一方程又表明,在所考虑的那些情况下[②],这一比值将永远大于洛伦兹所算出的比值.(例如,可以指出,如果我们在(41)式中令 $n = 3$ ——和 J·J·汤姆孙所考虑的"电偶极子"相对应(参阅原第 322 页),我们就得到一个 κ 值,它和在实验上求得的最良导金属的 κ 值符合得很好,而且和肯尼斯伯格针对一切纯金属所提出的(参阅前面)那个假说性的值也很接近.)

　　按照上一章结尾处的叙述(参阅原第 329 页),如果我们忽略自由电子彼此之间的相互作用并且认为原子力场是稳定的,则在金属原子的线度和它们的相互距离相比不可忽略的情况下,我们也会得到洛伦兹的 κ 值,如果我们假设原子是一些硬弹性球的话(或者说,如果我们假设原子和电子之间的力随着距离而很

341

　　① J. Koenigsberger:Phys. Zeitschr. **8**(1907)237.(也可参阅 M. Reinganum:Phys. Zeitschr. **10**(1909)355,645;同刊 **11**(1910)673,那里曾经证明,金属中可能由内部热辐射引起的那一部分热导率和观测的热导率相比是微不足道的.)

　　② 对应于几乎一切电子的速率都介于其间的平均值附近的那一较小区间,在"有效"平均自由程(参阅原第 321 页)随 r 而规则地增大的一切情况下(例如在有效平均自由程在这一区间中可以足够准确地写成 $a + b(r - r_0)$ 的一切情况下,此处 r_0 是电子的平均速率,而 a 和 b 是恒量),κ 的值都高于洛伦兹的值.但是,在特殊的情况下,当有效平均自由程随 r 而很不规则地增大时,κ 在某些情况下可以变成小于洛伦兹算出的值.例如,在格汝恩纳的理论中就将有这种情况(参阅原第 318 页);在那种理论中,如果"临界"速率 G 和电子平均速率之比,以及两个平均自由程 l_1 和 l_2 之比介于某些确定的界限之间,则 κ 值会小于洛伦兹的值(参阅 P. Gruner:Phys. Zeitschr. **10**(1909)50).

快地变化的话）；在此处考虑的其他情况下（比较原第 330 页末尾处的说明），也像在上面提到的情况下一样，κ 值一般将大于洛伦兹的值[1].

342

　　另一方面，如果并不假设自由电子之间的相互碰撞效应远小于金属原子和电子之间的碰撞效应，κ 值就可以比洛伦兹求得的值小很多. 这是由于这样一件事实：自由电子之间的碰撞可以通过像电子和原子之间的碰撞那样强烈地阻滞电子在金属中从一个地方运动到另一个地方而引起热导率的颇大的降低，而这种碰撞对电导率却影响很小，因为电子在某一给定方向上的集体动量并不会因这种碰撞而有所改变[2]. 对于电导率的全部影响起源于这样一些事实：在这些碰撞中，将在具有不同速率的电子组之间交换动量，而且这些不同的电子组将通过和金属原子相碰撞而以不同的时间率损失其动量；因此，在特例，当这种情况并不出现时——例如在出现分立碰撞而且原子和电子之间的力和距离的五次方成反比的情况下（参阅原第 321 页），电子之间的相互碰撞就将对电导率毫无影响.

　　最后我们必须指出，按照前面的计算，我们并不能事先预期在对维德曼-夫兰兹定律的偏差和对洛仑茨定律的偏差之间有任何系统性的关系. 例如，方程 (41) 表明 κ 依赖于金属原子和电子之间的力随距离的变化方式，而它同时也表明，如果我们假设存在分立碰撞而且力反比于距离的某次方而变化，则任何金属的这一比值都和绝对温度成正比；因此，在这样的情况下，只有当我们假设金属原子对电子的作用力本身随温度而变（例如作为原子内部发生变化的结果）时，对洛仑茨定律的偏差才会出现.

　　电子论至少使我们可以近似地确定金属的热导率和电导率之比，因为我们已经看到，这一比值只在很小的程度上依赖于有关金属原子和电子之间的作用力的特殊假设；但是，当问题涉及的是个别传导率时，情况就很不相同了. 正如上面已经说过的，前面得出的那些传导率表示式并不能直接和实验进行任何比较，因为式中包含着一些未知量；而且，不作出特殊假设，也不可能解释这些传导率随温度的变化方式.

———————————

① 请见上页注②.

② 参阅 H. A. Lorentz：Proc. Acad. Amsterdam **7**(1905)449.（在这方面，我们可以提到 P·德拜（前引论文 p. 484）计算自由电子之间的碰撞对电导率和热导率的影响的那种企图. 作为他的计算结果，德拜发现这两种传导率之比并不会因这种碰撞而有多大变化，这是和我们上面的说法相反的. 但是，这种结论起源于一件事实，即德拜假设一个电子平均说来将在一次碰撞中完全损失其沿某一给定方向的动量；如上所述，这是不对的，因为自由电子之间的相互碰撞的一个特征性质就是电子的总动量（从而还有它们对电流的贡献）在碰撞中并不改变.）

343　　　　　在这方面可以指出,如果假设恒量 N 和 C(或 l)是不依赖于温度的,则前面根据特殊的简单假设导出的电导率的公式无法弄得和实验上发现的金属电导率随温度的变化方式相一致.(例如,(37)式表明,如果假设 N 和 C 不依赖于温度,则在考虑过的一切情况下(即对于 $n>2$ 的情况)电导率最多是按 $T^{-\frac{1}{2}}$ 而递减的,而实际上大多数纯金属的电导率却近似地随 T^{-1} 而递减.)但是,这却几乎不是出人意料的,因为电子在金属中运动时所处的条件肯定是非常复杂的,而且是按照复杂的方式随温度而变的[①].

　　　　实验结果在这里也是比上述的情况更加变化多端的;特别说来,合金和纯金属的行为之间存在着更大得多的分歧.例如,许多合金的传导率比组成合金的那些纯金属的传导率低得多,而且是按照很不相同的方式而随温度变化的(参阅原第 340 页上的表)[②].

　　　　　　我们在这儿必须提到,人们曾经企图利用一种理论来解释合金的这些性质;按照这种理论,在合金中的电传导和金属中的电传导之间是有本质区别的,这种区别起源于下述情况:合金并不能看成物理均匀的,而是要看成由组成合金的那些纯金属的许多小部分(晶体)构成的.因此,在合金中,除了普通的电阻以外还应该出现一种表观电阻,即一种温差电极化,起源于由上述各小部分的接触面上的一种珀耳帖效应所引起的温度差.这样的理论
344　　　　曾由洛仑茨、奥斯特瓦耳德、瑞利和里本诺夫[③]独立地提出.但是,后来的研究似乎表明,合金在常温下的性质并不能用这样一种有关物理非均匀性的假设来加以解释[④].

----

①　J·肯尼斯伯格(Jahrb. d. Rad. u. El. **4**(1907)158)以及 J·肯尼斯伯格和 K·席令(Ann. d. Phys. **32**(1910)179)曾经企图依据电子论来解释固体的电导率随温度的变化方式.他们认为金属中自由电子的出现是原子的一种离解过程的结果,从而假设自由电子数 N 随温度的变化可以根据普遍的热力学考虑来计算.根据这样一种假设,确实可以解释几乎所有研究过的物质的电导率都在某一温度处有极大值(虽然在任何情况下纯金属的这一温度必然很低);但是,为了和实验符合得更好,这些作者(例如参阅上引论文 Ann. d. Phys. p. 218)不得不对平均自由程随温度的变化作出适当的附加假设,他们对这些假设并没有进行理论的论证.(他们把自己的工作建筑在和洛仑兹理论相对应的一个电导率表示式上;但是,假若他们曾经从一个和(37)式相对应的 σ 表示式出发,和实验的符合也并不会更好,因为这时就必须对 C 随温度的变化作出类似的假设.)

②　关于合金电导率的实验结果,例如参阅 W. Guertler:Jahrb. d. Rad. u. El. **5**(1908)17.

③　L. Lorenz:Wied. Ann. **13**(1881)600;W. Ostwald:Zeitschr. f. Physik. Chem. **11**(1893)520;Lord Rayleigh:Nature **54**(1896)154;C. Liebenow:Zeitschr. f. Elektrochem. **4**(1897)201.

④　例如参阅 K. Baedeker:*Die elektrischen Erscheinungen in metallischen Leitern*(Braunschweig 1911),p. 47—48.(但是可以指出,E·L·雷德勒(Sitzungsber. d. Wiener Akad. d. Wiss., math.-nat. Kl. **117**,Abt. Ⅱa(1908)311)曾经企图在实验上证实合金中电流所发的热可以和在纯金属中完全同样地根据电阻和电流强度来计算,而以此来反证上述理论;在我看来这种企图是不对的,因为这一结果是能量守恒定理的一个直接推论.)

我们在结束这些问题的讨论以前还将提到,看来有可能利用电子论来解释合金的性质,而不必假设合金和纯金属之间有什么特殊的区别;我们只须假设(而这在我看来是不无可能的),合金中不同种类的原子的存在具有在合金内部造成一种比在纯金属中更强的力场的效应——在纯金属中,各力被假设为在较大的程度上互相抵消①. 因为这将不但能够作为对电子集体运动的较大阻力的结果来解释合金的低电导率,而且,既然所讨论的力场对较慢电子的运动比对较快电子作用的力更大,热导率也就将比电导率减小得更加厉害;最后,也可以预料电导率的温度系数(连同正负号一起考虑)比在纯金属情况下要大,因为有效平均自由程(假设原子的力场不依赖于温度)将比在纯金属中更快地随温度而增大(参阅(41)和(37)式所给出的 γ/σ 和 $\sigma^{-1}d\sigma/dT$ 随 n 的变化).

345

§3 温差电现象

以上我们曾经考虑了一块均匀金属内部电和热的传递的两个特例,即分别

---

① 我们在此必须提到 R·申克(Ann. d. Phys. 32(1910)261)依据电子论来解释合金和纯金属的区别的那种企图. 在申克的理论中,合金被设想为一种金属在另一种金属中的"固溶体",而被溶金属的原子被认为平均说来具有相同温度下气体分子的动能. 因为原子的运动被认为受到一种很大的"摩擦阻力"的作用,它们只能很慢地从一个地方运动到另一个地方,从而不能直接参与任何的热传导或电传导;但是,它们的运动被认为会影响自由电子的运动. 第一,原子的运动被认为增大了阻滞自由电子的运动的"摩擦力". 为了解释合金比纯金属显示较高的热导率和电导率的比值,申克(前引论文 p.273)进一步假设"原子能够在碰撞中把它们的动能传给自由电子,并从而对热平衡的建立有所贡献". 这一假设曾被更加充分地叙述如下(前引论文 p.273):"电子需要输送的动能在合金中比在纯金属中要大一些;在它们自己的能量上还加上了它们通过和被溶原子相碰撞而获得的能量. 电子在合金中传递的总动能是在纯金属中所传递的总动能的 $i = (N_e - N_\mu)/N_e$ 倍. (N_e 是单位体积中的自由电子数,N_μ 是单位体积中的被溶原子数.)按照这种叙述,申克用 ik 代替了诸德的热导率公式中的 $k\left(\dfrac{3}{2}kT\right.$ 是温度 T 下一个气体分子的平均平动动能$\bigg)$,因此就求得了合金的热导率和电导率的比值是纯金属的这一比值的 i^2 倍.

但是,这一理论中所作的各种各样的假设似乎是没有根据的. 第一,只有被溶原子被假设为具有动能,而没有考虑溶剂原子;这是相当难以想象的,——另一点是,在许多问题中,例如溶质的渗透压、扩散等等,并没有必要直接照顾到溶剂分子;——另一方面,如果认为溶剂金属的原子也有动能,那就可以很容易地看到申克理论中所假设的存在于合金和纯金属之间的一切区别将会完全消失. 除此以外,申克根据被溶原子的运动所得出的结论也似乎不很合理. 例如,电子和金属原子之间的碰撞几率,从而还有上面提到的"摩擦阻力",当原子被认为是在运动时无疑地会比原子不运动时要大一些,但是,由于电子速率比原子速率大得多,这种增量将是微不足道的. (例如,在气体分子运动论中(例如参阅 Jeans:*Dynamical Theory of Gases*,p.234)已经证明,质量分别为 m_1 和 m_2 的两种气体分子之间的碰撞几率是 $K\sqrt{1+m_1/m_2}$,式中 K 是质量为 m_2 的分子不能运动时的碰撞几率. 对于普通的金属,电子和原子的质量比约为 10^{-5},从而上述根号将和一相差很小.)另外,谈到申克关于自由电子的能量传递的假设,在我看来只能认为它们意味着在他的理论中自由电子的平均动能是 $i\dfrac{3}{2}kT$. (因为看来没有理由区分它们"自己的"能量和"通过和金属原子碰撞而接受的能量".)但是,这将和在气体分子运动论中已经确立的并从而形成金属电子论的基础的那些假设不能相容;按照那些假设,不管是哪一种分子,只要和同一种或另一种分子处于力学热平衡中,它的平均平动动能就等于 $\dfrac{3}{2}kT$.

考虑了电传导和热传导. 现在我们将借助于(32)式和(33)式来考虑金属中电和热的传递的更加普遍的情况, 并将看到这些方程怎样导致关于温差电现象的一种完备的理论. 在处理这些问题时, 我们大体上遵循 H·A·洛伦兹[①]所提出的那种优美的表述方式.

346

把由(36)式和(38)式定义的 σ 和 γ 这些量代入并令 $A_2 = A_1 \dfrac{\mu k}{\epsilon}$, 我们就可以将(32)式和(33)式写成

$$i_x = -\sigma\left(\frac{\partial \varphi}{\partial x} + \frac{k}{\epsilon}\frac{T}{K}\frac{\partial K}{\partial x} + \mu\frac{k}{\epsilon}\frac{\partial T}{\partial x}\right) \tag{43}$$

和

$$W_x = \mu\frac{k}{\epsilon}T i_x - \gamma\frac{\partial T}{\partial x}, \tag{44}$$

式中 K 这个量按照(20)式定义为

$$K = N\left(\frac{m}{2\pi kT}\right)^{\frac{3}{2}}\left|\int e^{-\epsilon\lambda/kT}\,\mathrm{d}v\right|^{-1} \tag{45}$$

(对于"分立碰撞"($\lambda = 0$), 此式给出 $K = N(m/2\pi kT)^{\frac{3}{2}}$ (参阅(5)式)).

方程(43)和(44)完全地确定了一块金属中的电和热的传递; 在这块金属中, 金属的种类和温度在垂直于 x 轴的平面上到处相同; 在金属种类和温度任意分布的普遍情况下, 我们也应该应用将 x 分别换成 y 和 z 而由(43)和(44)得出的方程. 但是, 既然在结果中并不会造成本质的区别, 我们为了简单在下面将假设所讨论的这块金属具有细线的形状, 即温差电路的形状, 其截面的线度远小于细线的曲率半径, 而且线中的金属种类和温度在一个截面的各点上很接近于相同. 可以立即看到, 在这种情况下, 应用方程(43)和(44)也就够了, 只要将 x 看成沿着通过金属线各截面的质心的那条曲线从线上某一固定点量起的距离就可以.

我们将首先考虑开断的温差电路, 也就是里面没有电流的电路. 在(43)式中令 $i_x = 0$, 我们在这种情况下就得到

$$\frac{\partial \varphi}{\partial x} = -\frac{k}{\epsilon}\left(\frac{T}{K}\frac{\mathrm{d}K}{\mathrm{d}x} + \mu\frac{\mathrm{d}T}{\mathrm{d}x}\right), \tag{46}$$

根据这一方程我们可以确定电路中任意两点之间的电势差.

---

① H. A. Lorentz: Proc. Acad. Amsterdam **7**(1905)451, 585.

　　但是必须指出,这一电势差是金属内部两点之间的电势差.因此,这个电势差并不能直接测量,因为必须假设在十分靠近金属表面处会发生相当大的电势降落.(事实上,在关于高温金属的电子发射的研究以及关于自由电子被金属"吸收"时所放出的热量的研究中(例如参阅 Richardson 和 Cooke:Phil. Mag. **20**(1910)173),这样的电势降落已经被揭示出来了.)因此,下面的计算并不能用来和实验直接进行对比,除非是在问题只涉及电路中金属种类和温度都相同的那样两点之间的电势差的情况. 347

　　根据方程(46),我们可以得出各式各样的结论.
　　(i) 如果电路具有均匀的温度,我们通过积分就得到

$$\varphi_{\mathrm{P}} - \varphi_{\mathrm{Q}} = -\frac{k}{\varepsilon} T \ln \frac{K_{\mathrm{P}}}{K_{\mathrm{Q}}}, \tag{47}$$

这就表明,电路中两点 P 和 Q 之间的电势差只依赖于这些点上的金属种类,而且如果金属种类相同则电势差为零.由此即得,关于这些电势差,金属可以在任一温度下排成所谓电动势序.

　　在所考虑的这一情况下,我们由(46)式和(45)式就得到

$$\frac{\mathrm{d}\varphi}{\mathrm{d}x} = -\frac{k}{\varepsilon}\frac{T}{N}\frac{\mathrm{d}N}{\mathrm{d}x} - \int \frac{\partial\lambda}{\partial x} \mathrm{e}^{-\varepsilon\lambda/kT}\,\mathrm{d}v \Big/ \int \mathrm{e}^{-\varepsilon\lambda/kT}\,\mathrm{d}v. \tag{48}$$

既然按照(19)式可知体积元 $\mathrm{d}v$ 中的电子数在统计平衡的情况下是和 $\mathrm{e}^{-\varepsilon\lambda/kT}$ 成正比的,那么,在这一情况下,(48)式右端的最后一项就将等于 $\partial\lambda/\partial x$ 按所有电子求出的平均值;用 $\overline{\partial\lambda/\partial x}$ 代表这一平均值,我们就由(48)式得到

$$-N\varepsilon\left(\frac{\partial\varphi}{\partial x} + \frac{\overline{\partial\lambda}}{\partial x}\right) - kT\frac{\mathrm{d}N}{\mathrm{d}x} = 0,$$

此式直接表示了作用在电子上的力和电子压强 $p = NkT$ 的变化相平衡的条件(参阅原第 305 页);因为,在此处所考虑的既存在均匀温度又存在电平衡的这种情况下,电子将不会有任何的集体定向运动,从而也不会出现金属原子前面的电子"拥挤现象"(参阅原第 324 页并和下述情况相比较).

　　(ii) 如果电路的所有部分是由同一种金属构成的,从而 K 和 μ 只是温度的函数,则 $\mathrm{d}\varphi$ 的表示式将是对 $\mathrm{d}T$ 而言的全微分,因此,电路中两点之间的电势差将只依赖于这两点的温度,而且如果温度相同则电势差为零.

　　方程(46)并不像在前一情况下一样具有那种简单的物理诠释,因为在这种情况下将有热量流过电路,而且,作为这种电子集体运动的后果,电子在原子前

348　面将有一种"拥挤现象",从而原子将对电子作用一种合阻力. 如果我们假设所考虑的一块金属中存在着分立的碰撞,就可以最为容易地看出这一点. 假设金属原子对电子作用的力和距离的 n 次方成反比,我们就由(34)式得到 $\mu = 2n/(n-1)$;借助于(45)式,令 $\lambda = 0$,我们就由(46)式得到

$$\frac{\mathrm{d}\varphi}{\mathrm{d}x} = -\frac{k}{\varepsilon}\left[\frac{T}{N}\frac{\mathrm{d}N}{\mathrm{d}T} + \frac{n+3}{2(n-1)}\right]\frac{\mathrm{d}T}{\mathrm{d}x}. \tag{49}$$

如果 $n = \infty$,则括号中的最后一项将是 $\frac{1}{2}$,这就等于洛伦兹的 $\mathrm{d}\varphi/\mathrm{d}x$ 表示式中对应项的系数. 如果 $n = 5$,这一项将等于 1,这就对应于 G·耶格尔[①]根据外电力和电子压强互相平衡的假设导出的一个 $\mathrm{d}\varphi/\mathrm{d}x$ 表示式;这种情况很容易理解,因为正如在原第 321 页上所指出的,当 $n = 5$ 时,单位时间内传给金属原子的动量——从而还有原子反抗电子运动的合力,是和电子的总动量成正比的,这一总动量在此情况下为零,因为不存在电流.

（iii）如果电路是由不同的金属构成的而且温度并非均匀,则由有关上面两种情况的论述可以得出,电路两端之间的电势差——电动势——将只依赖于不同金属互相接触处的温度,如果电路两端是由相同金属构成而且温度也相同的话.（在从一种金属逐渐过渡为另一种金属的那段很短的路径上,假设温度基本上是恒定的.）现在我们将计算由两种金属 P 和 Q 构成的电路两端的电势差 F;这时假设 P 和 Q 接触处的温度为 T_1,而 Q 和 P 接触处的温度为 T_2,而且由金属 P 构成的电路端点 x_1 和 x_2 处的温度为 T_0. 由(46)式,我们就得到电动势的表示式

$$F = \varphi_{x_2} - \varphi_{x_1} = -\frac{k}{\varepsilon}\int_{x_1}^{x_2}\left(\frac{T}{K}\frac{\mathrm{d}K}{\mathrm{d}x} + \mu\frac{\mathrm{d}T}{\mathrm{d}x}\right)\mathrm{d}x.$$

通过对积分号下的第一项进行分部积分,我们得到

349
$$F = \frac{k}{\varepsilon}\int_{x_1}^{x_2}(\ln K - \mu)\frac{\mathrm{d}T}{\mathrm{d}x}\mathrm{d}x = \frac{k}{\varepsilon}\int_{T_0}^{T_1}(\ln K_P - \mu_P)\mathrm{d}T$$
$$+ \frac{k}{\varepsilon}\int_{T_1}^{T_2}(\ln K_Q - \mu_Q)\mathrm{d}T + \frac{k}{\varepsilon}\int_{T_2}^{T_0}(\ln K_P - \mu_P)\mathrm{d}T$$

由此即得

---

① G. Jäger: Sitzungsber. d. Wiener Akad. d. Wiss. , math. -nat. Kl. **117**, Abt. IIa(1908)859.（耶格尔的计算并不是建筑在此处所提出的考虑上,而是建筑在电子和金属原子之间的碰撞和电子之间的相互碰撞相比可以忽略的假设上的;但是,正如在前面（原第 342 页）所指出的,这一假设并不能同热导率和电导率之比的实验值相协调,因为它将使这一比值变得太小. ）

$$F = \frac{k}{\varepsilon} \int_{T_1}^{T_2} \left[\ln\left(\frac{K_Q}{K_P} \right) - (\mu_Q - \mu_P) \right] \mathrm{d}T. \tag{50}$$

这一表示式和 H·A·洛伦兹[①]所给出的表示式的不同之处在于加入了积分号下的第二项;这一项在洛伦兹的计算中为零,因为按照他的理论 μ 对于所有的金属都取相同的值 $\mu = 2$(参阅原第 318 页). 另一方面,在格汝恩纳[②]的理论中,μ 对于两种金属将是不同的,如果临界速率 G 或两个平均自由程 l_1 和 l_2 之比对于该两种金属并不相同的话. 因此,格汝恩纳所给出的 F 的表示式和普遍表示式(50)形式相同.

现在我们将检查当一个电流通过温差电路时出现的发热过程. 我们将设想通过和外界交换热量而使电路中各点的温度保持不变,这样就可以假设电路的状态是恒稳的. 既然电路被假设为由细线构成,和外界之间的热传导就可以在单个表面上并无多大温度差异的条件下完成.

现在我们考虑位于由坐标 x 和 $x+\mathrm{d}x$ 来确定的两个截面之间的一小段电路元,并确定为了使它的温度保持不变而必须在单位时间内从这个电路元传走的热量 $\mathrm{d}Q$.

这一热量将等于外力的作用使这一电路元中的电子得到的能量和电子的集体运动沿纵向传走的能量之差. 既然状态被假设为恒稳的,进入这一电路元的电子就和离开它的电子一样多,从而上述能量就可以根据 W_x 的表示式来确定,该表示式代表电子的集体运动在单位时间内通过电路的单位截面而运载过去的动能和相对于金属原子的势能之和(参阅原第 335 页);因此,用 ω 代表截面积,我们就有

$$\mathrm{d}Q = -\left[\omega i_x \frac{\mathrm{d}\varphi}{\mathrm{d}x} + \frac{\mathrm{d}(\omega W_x)}{\mathrm{d}x} \right] \mathrm{d}x.$$

借助于(43)式和(44)式消去 $\mathrm{d}\varphi/\mathrm{d}x$ 并注意到 $\omega i_x = i$ 不依赖于 x,我们由此式就得到

$$\mathrm{d}Q = \left[\frac{i^2}{\omega\sigma} + i\frac{k}{\varepsilon}T \frac{\mathrm{d}(\ln K - \mu)}{\mathrm{d}x} - \frac{\mathrm{d}(\omega\gamma\,\mathrm{d}T/\mathrm{d}x)}{\mathrm{d}x} \right] \mathrm{d}x. \tag{51}$$

在这一 $\mathrm{d}Q$ 的表示式中,和电流的平方成正比的第一项代表焦耳热,而不依赖于电流的最后一项则代表由于普通的热传导而放出的热量;最后,中间一项对应于一个热量

① H. A. Lorentz: Proc. Acad. Amsterdam **7**(1905)453.
② P. Gruner: Phys. Zeitschr. **10**(1909)50.

$$\mathrm{d}Q_R = i\,\frac{k}{\varepsilon}\,T\,\frac{\mathrm{d}(\ln K - \mu)}{\mathrm{d}x} \tag{52}$$

的发生,这个热量和电流成正比而且当电流反向时将变号,这一项就代表所谓的珀耳帖效应和汤姆孙效应. 为了更仔细地检查这种发热过程,我们将考虑两个不同的事例.

首先考虑电路的一个部分,其温度是均匀的,而且它包含着一个从金属 P 到金属 Q 的结. 根据表示式(52),我们通过积分发现由(51)式的中间一项给出的单位时间内在这一部分电路中发生的热量将等于

$$i\,\frac{k}{\varepsilon}\,T\!\left[\ln\frac{K_Q}{K_P} - (\mu_Q - \mu_P)\right].$$

将珀耳帖系数 $\varPi_{P,Q}$ 定义为当单位电量从 P 到 Q 通过两种金属 P 和 Q 的结时在这一结上吸收的热量,我们就得到

$$\varPi_{P,Q} = \frac{k}{\varepsilon}\,T\!\left[\ln\frac{K_P}{K_Q} - (\mu_P - \mu_Q)\right]. \tag{53}$$

其次考虑由同一种金属构成的一部分电路;既然在这一情况下 K 和 μ 只是 T 的函数,我们由(52)式就得到,由(51)式中的第二项所代表的单位时间内在两端温度为 T 和 $T+\mathrm{d}T$ 的一小段电路中发出的热量将是

$$i\,\frac{k}{\varepsilon}\,T\,\frac{\mathrm{d}(\ln K - \mu)}{\mathrm{d}T}\,\mathrm{d}T.$$

将汤姆孙系数 ρ 定义为当单位电量沿温度升高的方向通过金属棒时在一段两端温度相差一度的棒中被吸收的热量,我们就得到

$$\rho = -\frac{k}{\varepsilon}\,T\,\frac{\mathrm{d}(\ln K - \mu)}{\mathrm{d}T} \tag{54}$$

351   如果我们假设发生的是分立碰撞并假设原子力场(即适用于碰撞的定律)在一切温度下在各种金属中是相同的,那么,将(45)式给出的 K 值(取 $\lambda = 0$)代入并注意到 μ 在这种情况下为恒量,我们就由(50)、(53)和(54)得到

$$F = \frac{k}{\varepsilon}\int_{T_1}^{T_2}\ln\!\left(\frac{N_Q}{N_P}\right)\mathrm{d}T,$$

$$\varPi_{P,Q} = \frac{k}{\varepsilon}\,T\ln\!\left(\frac{N_P}{N_Q}\right), \tag{55}$$

$$\rho = -\frac{k}{\varepsilon}\,T\,\frac{\mathrm{d}(\ln N)}{\mathrm{d}T} + \frac{3}{2}\,\frac{k}{\varepsilon},$$

这些就是洛伦兹所求得的表示式. 既然 $\frac{3}{2}kT$ 就是一个电子在温度 T 下的平均动能, 汤姆孙系数表示式中的最后一项 $\frac{3}{2}k/\varepsilon$ 就代表为了使温度升高一度而必须向总电荷为一个电量单位的一组自由电子供应的热量.

此处导出的温差电功率以及珀耳帖系数和汤姆孙系数的表示式并不能比较仔细地和实验直接对比, 因为它们都包含了未知量 K 和 μ. 但是, 我们在以下将考虑这三个量之间的关系. 在这儿, 我们将只提到一个情况, 即汤姆孙效应的表示式中包含着一项, 就是前面提到的那一项, 它比汤姆孙系数的观测值要大得多[①]. 因此, 如果我们承认分立碰撞以及适用于一切金属的同样的碰撞定律(参阅(55)式), 那么, 为了求得和实验一致的汤姆孙系数, 我们就必须假设单位体积中的自由电子数在一切金属中都近似地按照相同方式随温度而变, 即按照 $T^{3/2}$ 随 T 而变; 因为只有在这种情况下, 汤姆孙系数表示式中的两项才能够近似地互相抵消[②]. 但是, 由(54)式可以看出, 如果 μ 是随温度而变的, 则汤姆孙系数的表示式中将出现附加的项. 在这方面我们可以指出, 根据我们在上一节中所作的论述(参阅原第343页的注), 为了解释所观察到的电导率对温度的依赖关系, 关于这样一种变化的假设是必要的.

我们在此必须指出, 虽然求得的 Π 和 ρ 的表示式依赖于金属原子的力场, 但是, 只要考虑的是金属中任一指定地点的自由电子运动的效应, 它们却并不直接依赖于电子相对于金属原子的势能平均值从一处到另一处的变化, 因此, 并不存在例如珀耳帖系数值和互相接触的两种金属的上述那种平

[①] 例如参阅 J. Kunz：Phil. Mag. **16**(1908)781. (昆兹的看法是, 理论和实验之间的这种表观分歧可以用一个假设来加以解释, 即假设沿着温度升高的方向通过金属而运动着的电子, 当在外力作用下运动时和当作为温度梯度的结果而自由扩散时并不会从金属中吸收相同的能量. 但是, 这样一个假设将和金属电子论所依据的主要原理不能相容——昆兹在他的上述论文中也是假设了这些原理的正确性的, 那就是, 外力对个体电子的运动只能有很小的影响.)

[②] 例如参阅 J. J. Thomson：*The Corpuscular Theory of Matter*, p. 79. (但是, 在这本书中曾经谈到 N 必须按 $T^{\frac{1}{2}}$ 而变化, 而不是按 $T^{\frac{3}{2}}$ 而变化. 这是由于一种并不十分正确的计算而引起的. 由气体的运动携带着沿一给定方向通过一个面的动能, 并不等于分子的平均动能 $\frac{3}{2}kT$ 乘以通过该面的分子数, 而是像一种更详细计算所指出的那样为该乘积的 $\frac{5}{3}$ 倍. 如果我们考虑沿管子流动的气体并且假设某一部分气体是限制在两个随着气体一起运动的活塞之间的, 就可以很容易地看出这一点. 气体分子通过活塞之间的一个截面而传递的能量, 等于气体内能的移动 $\left(vN = \frac{3}{2}kT\right)$ 和对气体前面一个活塞所做的功 $(vp = vNkT)$ 之和. [*])

[*] [根据 Ⅲ 中的一个注, 在这个注中增加了几行.]

均电势差之间的直接联系. 于是,如果我们考虑两块金属 P 和 Q,在它们的内部一切条件都假设为相同,只除了电子的势能在 P 内部的每一点上比在 Q 内部的每一点上高出 λ_0,那么,由 K 的表示式(45)可见,由(47)给出的两种金属之间的电势差就将是 $\varphi_P - \varphi_Q = -\lambda_0$. 另一方面,在这种情况下珀耳帖系数等于零,因为由(35)式和(45)式可见,$\ln K - \mu$ 的值并不依赖于电子势能的恒值差. 这也正是可以事先预料的,因为接触地点的电势差在这种情况下将恰恰被来自金属原子的力的作用所抵消,从而电子将在金属中运动,就好像金属是均匀的那样[1].

现在我们来检查上面导出的结果和开耳文勋爵[2]所给出的温差电现象的热力学理论之间的关系. 在这种理论中,电量在一个闭合温差电路中的通过被看成一种可逆循环过程,在这种过程中热可以被转化为功,或者反之;这里所考虑的热量就是在珀耳帖效应和汤姆孙效应中被放出或被吸收的热量,而所讨论的功就是当电量通过电路时温差电动势所做的功. 将热力学第二定律应用于这一循环过程,我们就得到下列条件

353

$$\int \frac{\mathrm{d}Q_R}{T} = 0, \tag{56}$$

式中的积分应该遍及整个电路.

借助于这一方程并应用能量守恒定律,我们就得到由开耳文勋爵(前引论文 p. 135)所给出的下列关系式

$$\rho_Q - \rho_P - T\frac{\mathrm{d}(\Pi_{P,Q}/T)}{\mathrm{d}T} = 0 \quad \text{和} \quad E_{P,Q} - \frac{\Pi_{P,Q}}{T} = 0, \tag{57}$$

式中 $E_{P,Q}$ 代表由两种金属构成的、一个结的温度比另一结的温度高一度的电路中的温差电功率,在高温结处从 P 到 Q 的方向作为 $E_{P,Q}$ 的正方向.

已经知道,这些关系式至少近似地和实验上求得的结果相一致[3].

但是,正如开耳文勋爵(前引论文 p. 128)已经提到并由玻耳兹曼[4]特别强调过的,(56)式和(57)式的这种推导并不是很有根据的,因为所考虑的循环过程必然涉及不可逆过程,即焦耳热的发生和热传导,而且这种过程的方式使得由于它

---

① 例如参阅 R. Clausius: Pogg. Ann. **90**(1853)520.
② W. Thomson: Trans. Roy. Soc. Edinburgh (1854)123.
③ 例如参阅 Baedeker: *Die elektrischen Erscheinungen in metallischen Leitern*, p. 81—86.
④ L. Boltzmann: Sitzungsber. d. Wiener Akad. d. Wiss., math.-nat. Kl. **96**, Abt. II(1887)1258.

们而发生的热量并不能用任何方法弄得和温差电现象中发生的热量相比可以忽略不计.

正如玻耳兹曼所证明的,热力学第二定律永远可以得到满足,如果 E、Π 和 ρ 这些量不是服从关系式(57)而是只服从下列条件(前引论文 p. 1281)

$$\left| \rho_Q - \rho_P - T \frac{\mathrm{d}(\Pi_{P,Q}/T)}{\mathrm{d}T} \right| \leqslant \frac{2}{\sqrt{T}} \left[\sqrt{\left(\frac{\gamma}{\sigma}\right)_P} + \sqrt{\left(\frac{\gamma}{\sigma}\right)_Q} \right]$$

和

$$\left| E_{P,Q} - \frac{\Pi_{P,Q}}{T} \right| \leqslant \frac{2}{\sqrt{T}} \left[\sqrt{\left(\frac{\gamma}{\sigma}\right)_P} + \sqrt{\left(\frac{\gamma}{\sigma}\right)_Q} \right]. \tag{58}$$

因此,(56)式以及由它得出的关系式,并不能仅仅根据热力学的考虑来加以证明[①].

我们看到,由电子论推得的温差电发热量 $\mathrm{d}Q_R$ 的表示式(52)满足方程(56);因此,F、Π 和 ρ 的表示式也将满足条件式(57). 电子论结果和热力学理论之间的这种一致性,是由 H·A·洛伦兹首先针对一个严密处理了的例子证明了的[②],我们已经看到,这种一致性存在于此处考虑了的一切事例中;就是说,如果在引论中叙述了的那些基本假设成立,则这种一致性在出现分立碰撞的一切事例中,以及在电子可以看成互相独立地在稳定力场中运动的事例中都成立;正如在第一章原第 325 页上提到过的,后一事例可能近似地和金属中的实际情况相对应.

电子论和开耳文勋爵关于温差电现象的理论之间的一致性是特别引人注意的,因为这并不能事先料到;事实上,认为热的传递和电的传递都由相同的粒子来完成的电子论,在表观上对于可逆过程和不可逆过程之间的形式上的区分并没有提供任何依据[③].

---

① H·彭加勒(*Thermodynamique*,2nd ed. (Paris 1908) p.384)表示了一种见解,认为开耳文勋爵的温差电现象理论可以根据热力学原理而严密地推导出来,就是说问题可以用那么一种方式来处理,使得热传导可以忽略不计. 但是,这种和玻耳兹曼的计算相矛盾的见解在我看来是不正确的,因为,在彭加勒的计算中并没有照顾到和热传导有关而起源于一件事实的熵的增加,那事实就是,通过一个温差电路元而传递的热是在较高温度下供入该电路元而在较低温度下从它取走的*.

* 〔在 *III* 中加上的注.〕

② H. A. Lorentz:Proc. Acad. Amsterdam **7**(1905)589;并参阅 Jahrb. d. Rad. u. El. **2**(1905) 377.(假如没有将麦克斯韦速度分布考虑在内,这种一致性就将不可能达成(例如参阅 Riecke:Wied. Ann. **66**(1898)1200).)

③ J·昆兹(Phil. Mag. **16**(1908)767)企图通过根据在电量通过电路时电力对它所做的功算出温差电发热现象来解释这种一致性,那些电力和根据电子论而存在于两种互相接触的金属之间或一块温度不均匀的均匀金属的两点之间的电势差相对应. 昆兹有一种见解(前引论文 p.770),认为这种发热现象可以看成起源于一种可逆循环过程,因为在计算电势差时不必直接照顾到热传导. 但是,对于这种见解我们可以指出,像昆兹所用的这种考虑不过是表明这些发热现象只有在当电流反向时热量变号的 （转下页）

355　　　　曾经进行过一些尝试,想通过将电在温差电路中的通过和一个循环过程相比较来解释这种一致性;在该循环过程中,一种气体被带着经历一系列状态,各状态的压强和温度对应于电路不同地点处的电子压强和金属温度,于是就可以根据气体在这样一个循环过程中所将吸收或放出的热量以及它所能完成的功,来计算电路中的温差电发热量和电动势[①].

　　　　根据这样的考虑,得到了和洛伦兹所求得的表示式相对应的 F、Π 和 ρ 的表示式.这样得到的结果必然和开耳文勋爵的理论相一致,这是事先可以预料的,因为它们是通过考虑一个循环过程而求得的,在该循环中一种气体经历了一系列平衡状态,就是说,这是一个普通的可逆的热力学循环过程.但是,这种考虑只能看成开耳文勋爵理论的一种例证,因为在不经任何论证就忽略了电传导和热传导以后,我们事先并不能肯定算出的发热量将和实际出现在电路中的热量相一致.事实上,建筑在比洛伦兹的假设更加普遍的假设上的一种计算证明这种一致性并不能普遍存在,因为我们已经看到,在所讨论的发热量的表示式中,除了表征上述平衡状态的量(例如单位体积的自由电子数)以外,还包含表征当平衡受到扰乱时电子集体运动在速率不同的电子中间的分布方式的一些量(例如上面用 μ 表示的那个量),这些量显然是不会出现在由上述那样的考虑得出的结果中的.

356　　　　此处所讨论的问题和热力学第二定律的普通的(严密的)应用之间的不同,也可以通过根据电子论对关系式(56)所作的推导和利用气体分子运动论来对热力学结果所作的通常验证之间的不同来明显地显示出来.例如,在后一种问题

（接上页）　意义下才是形式上可逆的,而绝不表明它们起源于一种不依赖于不可逆现象的可逆循环过程,而只有对于这样的循环过程热力学第二定律才是能够直接应用的.此外也可以提到,昆兹的关于温差电发热现象的计算只有在他的考虑所依据的那种简单假设下才能给出正确结果.昆兹假设(和诸德一样)所有的电子都具有相同的速率,而且电流永远带有只依赖于温度的确定的能量;但是,如果将电子的不同速率考虑在内,那么就会发现,按照关于金属原子和电子之间的力的假设的不同,电流可以在不同程度上由速率不同的电子来运载;因此,当计算所发的热时,我们必须照顾到在不同的金属中和在不同的温度下由电子所运载的不同能量.再者,比较仔细的计算证明,在这种更加普遍的情况下,仅仅由和电势差联系着的功所引起的发热量并不满足条件式(56),而是这一方程只能由这一发热量和来自电流所运载的能量的那一热量之和来满足.

　　① 参阅 J. J. Thomson: *The Corpuscular Theory of Matter*, p. 73;并参阅 K. Baedeker: Phys. Zeitschr. **11**(1910)809, Ann. d. Phys. **35**(1911)75, F. Krüger: Phys. Zeitschr. **11**(1910)800;**12**(1911) 360.(贝代克尔曾经进一步企图借助于由高温金属的电子发射实验得出的结论,来阐明温差电现象的电子论处理.按照这些结论,在平衡状态下,金属中的一个空腔必须在单位体积中含有确定数目的电子,它们对腔壁作用一个依赖于金属的种类和温度的确定压强.于是贝代克尔考虑了一种可逆循环过程;在过程中,一组自由电子被带着经历一系列的状态,其压强和温度对应于将存在于电路不同部分处的空腔中的压强和温度.如果假设这些空腔中的电子浓度和金属本身中的电子浓度成比例,这样一种考虑就会给出和本文中所提的结果或者说是洛伦兹的结果相同的结果,而本文中的那些讨论也将适用于贝代克尔的理论.另一方面,如果关于电子浓度的这一条件并不满足(参阅前引 Baedeker 论文 p. 810),则贝代克尔所算出的发热量和出现在电路中的珀耳帖效应及汤姆孙效应之间将没有任何简单联系.)

中我们无例外地只考虑统计平衡状态和这种状态的变动,而在这里我们却只考虑离开统计平衡的系统偏差,即电子在金属原子中间的集体定向运动;而且,(56)式的正确性,在这儿是根据确定着电子沿一给定方向的集体动量的那些方程的特殊形式并根据由这些方程推得的通过金属的电流和热流的表示式直接推导出来的[①];那些方程的特殊形式就是 $\partial\varphi/\partial x$ 的系数和 $\partial T/\partial x$ 的系数之间的关系式,而在我们假设金属原子和电子之间或电子相互之间存在"能量交换"(分立碰撞)的那些情况下则是由(13)式给出的函数 $Q(\rho, r)$ 的特殊形式.

---

① 可以指出,W·佛格特(例如参阅 Wied. Ann. **67**(1899)717)已经证明,如果开耳文勋爵所给出的条件式(56)应该成立,则各向同性媒质中电流和热流的方程将必然具有和方程(43)及(44)相对应的形式.

第三章 非稳问题

金属对热射线的吸收和反射

一组与外界影响完全屏蔽开来的物体的温度平衡不会被彼此之间的热辐射所扰乱;从这一假设出发,基尔霍夫已经证明一切物体的吸收本领和发射本领之比都相同,而且只依赖于温度和所考虑的热射线的振动周期;他并且进一步证明,在一个由处于温度平衡的物体所包围着的空腔中,将存在一种单位体积的能量,这种能量只依赖于温度并分布在振动周期不同的射线中间,其分布方式可以根据上述的吸收本领和发射本领之比很容易地算出.因此,曾经有很大兴趣的是企图从理论上计算某一特定物体对热射线的吸收本领和发射本领,因为这样就可以得到上述辐射能量密度及其在振动周期不同的射线中间的分布的理论确定,或者按照通常的说法就是得到热辐射定律的理论确定.现在,在金属电子论中我们处理的正是这样一些物体,对于它们来说这种计算是可以实行的.H·A·洛伦兹[①]考虑了一块金属并对金属中原子和自由电子之间的相互作用作出了特别简单的假设;这样他就针对一些热射线进行了这种计算,各射线的振动周期远大于个体电子损失其大部分原有的沿一给定方向的动量的那种很短的时间.洛伦兹的计算和实验符合得很好,这一事实必须认为是电子论的最有兴趣的结果之一.

后来,J·J·汤姆孙[②]曾经企图将理论推广到振动周期较短的射线.也像洛伦兹一样,汤姆孙假设了分立碰撞的存在,并假设了一个电子平均说来将在碰撞中损失其全部原有的沿一给定方向的动量;但是,尽管对于长振动周期的射线的计算只依赖于碰撞的"结果",汤姆孙却证明,对于振动周期和碰撞时间数量级相同的那种射线,发射本领的计算将在最大程度上依赖于有关电子在各次碰撞中

---

① H. A. Lorentz:Proc. Acad. Amsterdam **5** (1903) 666;并参阅 H. A. Lorentz:*Theory of Electrons*(Leipzig 1909)第二章(在那里用更加严密的方式进行了计算).

② J. J. Thomson:Phil. Mag. **14** (1907) 217.

的运动的假设. 但是, 在我看来, 汤姆孙得到的用来确定热辐射定律并用来针对有关电子在碰撞过程中的运动的各种假设计算了该定律的表示式的那个最后的方程[1], 是不正确的; 因为, 和在发射本领的计算中相反, 在吸收本领的计算中并没有充分照顾到个体电子在碰撞过程中的运动. 我们在下面还将回到这一问题上来.

J·H·金斯[2]曾经企图不对自由电子在金属中的运动作出任何特殊假设而计算金属对热射线的吸收本领和发射本领之比. 但是, 正如前面提到过的, 他的计算并不能普遍地成立, 而是只有在某些很特殊的假设下才成立, 例如, 在洛伦兹所考虑的情况下那些假设就是得不到满足的. 曾经指出了金斯计算中的缺点的 H·A·威耳孙[3], 企图在和洛伦兹的假设相同的特殊假设下进行计算, 但却针对的是振动周期较短的热射线, 就是说, 振动周期只被假设为比各次碰撞的持续时间长得多. 但是, 正如已经提到而且在下面即将看出的, 威耳孙的计算也是不正确的.

在本章中, 我们将在以前各章所用的假设下针对"长"振动周期的热射线计算金属的吸收本领和发射本领之比. 在假设出现分立碰撞的情况下, 就可以不作进一步的特别假设而完成计算; 在这种情况下, 研究已被推进到那样一些热射线的情况, 其振动周期只被假设为比各次碰撞的持续时间长得多. 在其他的情况, 研究只限于那样一些射线, 它们的振动周期远远超过一个电子平均说来损失其原有的一大部分沿一给定方向的动量的时间.

§1　热射线的吸收

359

如果一块金属被暴露在一个恒定外电场的影响之下, 各自由电子就将得到一种沿电力方向的平均运动, 从而平均说来电子就将在电场的影响下通过和金属原子的相互作用(碰撞)而接收动能——换句话说就是电子将从外电场吸收能量; 这种能量将转化为热, 即转化为分布在无规运动中的动能. 现在, 如果一块金属被暴露在热射线中, 也会发生很相似的情况, 因为按照光的电磁理论热射线就是由迅速变化的电场和磁场构成的.

我们将首先考虑振动周期远远超过平均说来个体电子损失其一大部分原有的沿一给定方向的动量的那种时间间隔的热射线. 在这一情况下, 状态在每一单独时刻都可以看成稳定的——或者说"似稳的"(参阅原第 317 页).

①　J. J. Thomson: Phil. Mag. **14** (1907) 225; **20** (1910) 238.

②　J. H. Jeans: Phil. Mag. **17** (1909) 773.

③　H. A. Wilson: Phil. Mag. **20** (1910) 835.

用 E_x、E_y 和 E_z 代表金属中一点在时刻 t 的电场强度分量,通过垂直于 x 轴的面积元 $\mathrm{d}S$ 的电流在这种情况下就将是 $i_x \mathrm{d}S = \sigma E_x \mathrm{d}S$,式中 σ 是普通的电导率;而且,对于 y 轴和 z 轴方向上的电流,也将有类似的表示式. 因此,在时间 $\mathrm{d}t$ 内在金属的一个体积元 $\mathrm{d}V$ 中被吸收的能量将是

$$(i_x E_x + i_y E_y + i_z E_z)\mathrm{d}V\mathrm{d}t = \sigma(E_x^2 + E_y^2 + E_z^2)\mathrm{d}V\mathrm{d}t,$$

从而在单位时间内在单位体积的金属中被吸收的能量就将是

$$\sigma(\overline{E_x^2} + \overline{E_y^2} + \overline{E_z^2}),$$

式中各量上的横线表示各该量应该在空间和时间中求平均值.

在原子和电子之间的真空中,单位体积中的平均能量将是

$$2 \times \frac{1}{8\pi}(\overline{E_x^2} + \overline{E_y^2} + \overline{E_z^2}),$$

式中的因子 2 源于这样一件事实:在这儿所考虑的那种电磁振动中,平均说来磁能量等于电能量. 这个能量并不是由于辐射而出现在金属中的全部能量;因为还存在和自由电子的集体运动相联系着的能量(也许还有来自原子中束缚电子的共振的能量).(在计算吸收时我们没有照顾磁场的影响,因为既然电子的速率远小于光速(参阅原第 305 页的注),磁场对电子运动的影响和电场对电子运动的影响相比在这种情况下将可忽略不计.)

将吸收系数 α 定义为当(用上法计算的)辐射能量密度等于 1 时单位体积的金属所吸收的能量,我们就得到

$$\alpha = 4\pi\sigma. \tag{59}$$

根据这些计算,一般说来并不能直接求出一块暴露在热射线中的金属所吸收的能量,因为自由电子的集体运动(以及原子中束缚电子的共振)将对外电磁场发生反作用,并且除了吸收现象以外还引起称为反射和折射的那些现象. 但是,如果我们像在以后即将应用方程(59)时一样考虑如此小的一块金属,以致它的电子对外场的反作用可以忽略不计,我们就由方程(59)直接得到:当暴露在单位体积中的能量为 A(从而〔在单位时间内〕通过垂直于射线的单位面积的能量是 cA,c 是光速)的一束热射线中时,体积为 ΔV 的一块金属所吸收的能量将是

$$\alpha A \Delta V.$$

(但是这块金属必须含有很大数目的电子和原子,以便我们能够应用在前两章中求得的电导率等等的表示式. 这一要求是和以上所作的假设相容的,因为对外场的反作用非常地小;对于自由电子,这是对的,因为它们由于速率很高和频繁地受到碰撞而只能在很小的程度上追随外场的影响.)

哈根和汝本斯[①]关于金属对热射线的反射和发射的实验证明,长振动周期(例如超过 $10^{-13}\,\mathrm{sec}$)热射线的吸收确实可以根据适用于恒稳电流的电导率来计算,计算结果和实验相符. 但是,实验也证明,当振动周期较短时,用这种方法算出的电导率却和针对恒稳电流求出的电导率不一致.

我们现在就来计算具有这种短周期的热射线的吸收. 前面已经提到,我们只能处理发生着分立碰撞的那种情况,因为当在第一章中推导适用于其他情况的方程时,我们只考虑了稳定状态.

如果我们假设金属是均匀的而且具有均匀温度,则在分立碰撞的情况下,确定电子的集体运动的方程将是(方程(14))

$$\left[\frac{\mathrm{d}G_x(r)}{\mathrm{d}t}\right] = -\frac{4\pi m\varepsilon K}{3kT}\frac{\partial\varphi}{\partial x}r^4\mathrm{e}^{-\frac{1}{2}mr^2/kT} - G_x(r)F(r) + \int_0^\infty G_x(\rho)Q(\rho,r)\mathrm{d}\rho. \tag{60}$$

在这一方程中,左端表示对 $\partial\varphi/\partial x$ 和 $G_x(\rho)$ 的定值而言的 $\mathrm{d}G_x(r)/\mathrm{d}t$ 的平均值(参阅原第 316 页). 但是,当想求 $G_x(r)$ 在给定外界条件下的平均值并且假设 $\partial\varphi/\partial x$ 在单独一次碰撞的时间(这个时间间隔被认为比起一个电子损失其一大部分原有的沿一给定方向的动量所需的时间来是很小的)之内并不发生多大变化时,我们就可以略去左端方括号中的项,令 $G_x(r)$ 代表所求的平均值,并把方程(60)当作一个常微分方程来对待;事实上这是允许的,因为在这种情况下,在 $\mathrm{d}G_x(r)/\mathrm{d}t$ 和对应于显著不同的 $\partial\varphi/\partial x$ 值从而也就是对应于显著不同的 $G_x(r)$ 值的较前状态之间是不存在系统的相关性的(当然除了方程(60)所表示的相关性以外). 但是必须指出,对于周期短得使上述条件不能满足的热射线来说,这里的计算方法将是不正确的[*].

现在我们将假设有一个表示为

$$E_x = -\frac{\partial\varphi}{\partial x} = E\cos pt$$

的电场沿着 x 轴的方向发生作用. 很容易知道,方程(60)只能有一种周期性的解;这一方程可以有形式为

$$G_x(r) = \psi_1(r)\cos pt + \psi_2(r)\sin pt \tag{61}$$

的解的条件是

---

① E. Hagen and H. Rubens: Ann. d. Phys. **11** (1903) 873.

* 〔此段已略加修正,以求和Ⅲ相一致.〕

$$p\psi_2(r) = \frac{4\pi m\varepsilon K}{3kT}Er^4 e^{-\frac{1}{2}mr^2/kT} - \psi_1(r)F(r) + \int_0^\infty \psi_1(\rho)Q(\rho, r)\mathrm{d}\rho \quad (62)$$

和

$$-p\psi_1(r) = -\psi_2(r)F(r) + \int_0^\infty \psi_2(\rho)Q(\rho, r)\mathrm{d}\rho. \quad (63)$$

这两个积分方程有一个可以写成下列形式的解

362

$$\psi_1(r) = \frac{4\pi m\varepsilon K}{3kT}E\left(r^4 e^{-\frac{1}{2}mr^2/kT}F_1(r) + \int_0^\infty \rho^4 e^{-\frac{1}{2}mr^2/kT}Q_1(\rho, r)\mathrm{d}\rho\right), \quad (64)$$

式中 $F_1(r)$ 和 $Q_1(\rho, r)$ 只依赖于 $F(r)$、$Q(\rho, r)$ 和 p（即不依赖于方程(62)右端的第一项）；$\psi_2(r)$ 的表示式与此相似,可以通过将下标 1 和 2 互相交换而由上式求得. 这一点可以通过用弗雷霍慕公式对 $\psi_2(r)$ 求解(63)(参阅原第 332 页)而将所得结果代入(62)并用同样方法求解所得的方程而最容易地看出.

现在,令

$$P_1(r) = F_1(r) + \int_0^\infty Q_1(r, \rho)\mathrm{d}\rho \quad (65)$$

并令

$$\sigma_p = \frac{4\pi\varepsilon^2 K}{3kT}\int_0^\infty r^4 e^{-\frac{1}{2}mr^2/kT}P_1(r)\mathrm{d}r \quad (66)$$

式中 σ_p 是一个既依赖于金属的种类和温度又依赖于 p 的量,此外,用 δ_p 代表和下标 2 相对应的上述这样的量,我们就借助于(61)、(64)、(65)和(66)各式得到通过垂直于 x 轴的单位面积的电流的表示式

$$i_x = \frac{\varepsilon}{m}\int_0^\infty G_x(r)\mathrm{d}r = E(\sigma_p\cos pt + \delta_p\sin pt) \quad (67)$$

以及单位体积的金属在单位时间内吸收的能量的表示式

$$\frac{p}{2\pi}\int_0^{2\pi/p} i_x E\cos pt\,\mathrm{d}t = \frac{1}{2}E^2\sigma_p.$$

现在,既然出现在单位体积的金属中的平均能量是

$$\overline{E_x^2}/4\pi = E^2/8\pi,$$

我们就得到振动周期为 $2\pi/p$ 的热射线的吸收系数 α_p（参阅原第 360 页）

$$\alpha_p = 4\pi\sigma_p. \quad (68)$$

在关于 p 的上述限制下(原第 361 页),这一表示式在假设存在分立碰撞的一切情况下都成立;我们在以后将利用这一表示式来和发射本领相比较.

和导致方程(59)的考虑方法相类似,我们可以这样叙述方程(68):一种金属在一个按 $\cos pt$ 而变化的电场中有一个"有效电导率"σ_p,它和适用于恒稳电流的电导率 σ_0 不同(小于 σ_0).此外,由方程(67)可见,对于这种迅速振动的电场来说,电流和电场之间将有一个周相差.这种起源于自由电子的惯性并等于 $\tan^{-1}(\delta_p/\sigma_p)$ 的周相差使电流相对于电场有所推迟;这一周相差的出现对于金属光学性质的计算来说和一个有效介电恒量有着相同的作用.

我们现在将在一种简单情况下更仔细地检查 σ_p 和 δ_p 的表示式;在该种情况下,金属原子被假设为固定的力心,它们对电子的作用力和距离的 n 次方成反比,而且电子之间的相互碰撞被假设为可以忽略不计.在这种情况下,

$$F(r) = Cr^{(n-5)/(n-1)} \text{ 而 } Q(\rho, r) = 0.$$

因此我们得到

$$F_1(r) = \left(F(r) + \frac{p^2}{F(r)}\right)^{-1} = \frac{\dfrac{1}{C}r^{-(n-5)/(n-1)}}{1 + \dfrac{p^2}{C^2}r^{-2(n-5)/(n-1)}}$$

而
$$Q_1(\rho, r) = 0,$$

于是,借助于(65)和(66),就得到

$$\sigma_p = \frac{4\pi\varepsilon^2 K}{3kTC}\int_0^\infty \frac{r^{(3n+1)/(n-1)}e^{-\frac{1}{2}mr^2/kT}}{1 + \dfrac{p^2}{C^2}r^{-2(n-5)/(n-1)}}\,dr. \tag{69}$$

这一表示式和适用于恒稳电流的表示式的不同就在于被积函数的分母上增加了最后一项.一般说来,(69)中的积分并不能精确地求出;但是,假设 p 足够小,以致分母对于一切对积分有重要贡献的 r 值都很近似地等于一(我们假设 $n>2$),我们就近似地有

$$\sigma_p = \frac{4\pi\varepsilon^2 K}{3kTC}\int_0^\infty \left(r^{(3n+1)/(n-1)} - \frac{p^2}{C^2}r^{(n+1)/(n-1)}\right)e^{-\frac{1}{2}mr^2/kT}\,dr$$

$$= \frac{4\pi\varepsilon^2 K}{3kTC}\left[\frac{1}{2}\left(\frac{2kT}{m}\right)^{2n/(n-1)}\Gamma\left(\frac{2n}{n-1}\right) - \frac{p^2}{C^2}\frac{1}{2}\left(\frac{2kT}{m}\right)^{(n+5)/(n-1)}\Gamma\left(\frac{n+5}{n-1}\right)\right];$$

此式给出

$$\sigma_p = \sigma_0\left[1 - \frac{p^2}{C^2}\left(\frac{m}{2kT}\right)^{(n-5)/(n-1)}\Gamma\left(\frac{n+5}{n-1}\right)\Gamma^{-1}\left(\frac{2n}{n-1}\right)\right].$$

借助于(37)式,上式可以写成

$$\sigma_p = \sigma_0 \left[1 - \sigma_0^2 \frac{p^2 m^2}{N^2 \varepsilon^4} \frac{9\pi}{16} \Gamma\left(\frac{n+5}{n-1}\right) \Gamma^{-3}\left(\frac{2n}{n-1}\right) \right]. \tag{70}$$

同理我们得到

$$\delta_p = \frac{4\pi \varepsilon^2 K}{3 k T C} \int_0^\infty \frac{\dfrac{p}{C} r^{(2n+6)/(n-1)} e^{-\frac{1}{2} m r^2 / kT}}{1 + \dfrac{p^2}{C^2} r^{-2(n-5)/(n-1)}} dr,$$

而且,在和前面相同的近似程度下,有

$$\delta_p = \sigma_0^2 \frac{pm}{N\varepsilon^2} \frac{3\sqrt{\pi}}{4} \Gamma\left(\frac{3n+5}{2(n-1)}\right) \Gamma^{-2}\left(\frac{2n}{n-1}\right). \tag{71}$$

现在我们将考虑对应于不同 n 值的一些特例.

(i) 如果,$n = \infty$,我们由(70)和(71)就得到

$$\sigma_p = \sigma_0 \left(1 - \sigma_0^2 \frac{p^2 m^2}{N^2 \varepsilon^4} \frac{9\pi}{16} \right) \quad \text{和} \quad \delta_p = \sigma_0^2 \frac{pm}{N\varepsilon^2} \frac{3\pi}{8}, \tag{72}$$

这就是适用的表示式,如果金属原子被假设为硬弹性球的话,或者换句话说,如果平均说来一个电子在单独一次碰撞中将损失其全部原有的沿一给定方向的动量的话.

如上所述,J·J·汤姆孙[1]曾经根据和此处所作的假设相对应的关于碰撞效应的假设导出了一个 σ_p 的表示式. 但是,可以看到,汤姆孙得出的可以用我们的符号写成

$$\sigma_p = \sigma_0 \left[\frac{\sin \dfrac{\sigma_0 pm}{N\varepsilon^2}}{\dfrac{\sigma_0 pm}{N\varepsilon^2}} \right]^2 = \sigma_0 \left(1 - \frac{1}{3} \frac{\sigma_0^2 p^2 m^2}{N^2 \varepsilon^4} + \cdots \right) \tag{72'}$$

的表示式,和前面给出的表示式是有很大不同的.(例如,确定着电导率对频率的依赖关系的一项大约比(72)式中的对应项小 5 倍). 这种差别部分地是由于汤姆孙假设所有电子都具有相同的速率这一事实,而部分地起源于另一事实,即在汤姆孙的计算中电子通过其自由程的时间被认为是相同的,和电子在外力的影响下所得到的速度无关[2].

汤姆孙运用表示式(72')来计算了金属对一切可能的振动周期的射线

[1]　J. J. Thomson: Phil Mag. **14** (1907) 225.

[2]　参阅 J. H. Jeans: Phil. Mag. **17** (1909) 778.

的吸收. 但是, 在我看来, 撇开上面提到的并不影响吸收对频率的依赖关系的数量级的反对意见不谈, 由于这一表示式的推导方式, 它对于振动周期远小于各次碰撞的持续时间的那种射线是不适用的(参阅原第 358 页, 并参阅原第 360 页的注).

正如在原第 358 页上提到过的, H·A·威耳孙[1]也曾经根据上述那种有关碰撞性质的假设计算了 σ_p, 而且也得到了和表示式(72)并不一致的结果. 威耳孙用两种不同的方法得出了他的 σ_p 值; 其中一种方法和此处所用的方法相对应, 但是正如在原第 311 页上解释过的, 他的计算中和方程(60)相对应的那个方程是不十分对的. 另一方面, 在他的另一种计算中, 威耳孙也像汤姆孙一样考虑了个体电子的运动, 并且检查了一个电子平均说来在通过相继两次碰撞之间的自由程时所吸收的能量. 但是, 在他的计算中, 也像在汤姆孙的计算中一样没有照顾到这样一件事实: 当电子反抗外电力而运动时, 通过这样一个自由程所需的时间比它沿外力方向运动时所需的时间要长. 因此, 不论是对于 σ_0, 还是对于 σ_p 来说, 威耳孙的结果都是不对的——他的 σ_0 值是洛伦兹的 σ_0 值的 $\frac{3}{2}$ 倍.

(ii) 如果在方程(70)和(71)中令 $n = 5$, 我们就得到

$$\sigma_p = \sigma_0 \left(1 - \sigma_0^2 \frac{p^2 m^2}{N^2 \varepsilon^4}\right) \quad \text{和} \quad \delta_p = \sigma_0^2 \frac{pm}{N\varepsilon^2}. \tag{73}$$

在这种和金属原子是小磁体的假设相对应的情况下(参阅原第 322 页)可以证明, δ_p 的表示式和 δ_p 中的改正项都比在假设存在分立碰撞并略去电子彼此之间的相互作用的一切其他情况下为小(这可以通过同上一情况及下列各情况的比较来看出).

由方程(73)给出的 σ_p 值和 J·H·金斯[2]得到的结果相对应; 他的结果是

$$\sigma_p = \sigma_0 \left(1 + \sigma_0^2 \frac{p^2 m^2}{N^2 \varepsilon^4}\right)^{-1}, \tag{73'}$$

按照金斯的意见, 当并不承认分立碰撞时, 这一表示式也应该是普遍成立的. 当令 $n = 5$ 时就得到金斯的表示式, 这一事实的原因已经在前面解释过

---

[1]　H. A. Wilson: Phil. Mag. **20** (1910) 835.

[2]　J. H. Jeans: Phil. Mag. **17** (1909) 778.

了(参阅原第 321 页).

(iii) 最后,令 $n = 3$,我们就得到

$$\sigma_p = \sigma_0 \left(1 - \sigma_0^2 \frac{p^2 m^2}{N^2 \varepsilon^4} \frac{27\pi}{64}\right) \quad 和 \quad \delta_p = \sigma_0^2 \frac{pm}{N\varepsilon^2} \frac{45\pi}{128}, \tag{74}$$

这些表示式将成立,假如金属原子是原第 322 页上所考虑的那种电偶极子的话.

366   现在借助于方程(67)来针对垂直入射的热射线计算一个金属表面的反射系数 R. 我们略去对主要项来说和 δ_p/σ_p 的平方与 1 之比具有相同数量级的项,并略去原子中的可能的共振;这种共振的效应将和绝缘体中的效应具有相同的数量级,因此,由于金属的电导率很高,这种效应和主要项相比是可以忽略的(参阅前引 Drude 论文 p. 941). 我们得到方程如下[①]:

$$\left(\frac{1+R}{1-R}\right)^2 = \frac{2\pi}{p}\sigma_p \left(1 + \frac{\delta_p}{\sigma_p}\right).$$

既然 $\frac{2\pi}{p}$ 的系数对于无限缓慢的振动将等于 σ_0,这一方程就表明,在振动周期较短的热射线的反射系数表示式中,代替普通的电导率 σ_0 出现了一个有效电导率 $\sigma_p/(1+\delta_p/\sigma_p)$. 既然按照上面的计算对于足够长的振动周期来说 σ_p 表示式中的改正项是和 $(\delta_p/\sigma_p)^2$ 具有相同数量级的,那么,按照现在的理论(即按照分立碰撞的假设)我们就必须预期表观电导率将随着振动周期的减小而增大 $(\delta_p > 0)$.

但是,将此处推得的结果同前面提到的哈根和汝本斯[②]关于金属对热射线的反射的实验相比较,我们就看到,对于大多数金属来说(在纯金属中银是唯一的例外),表观电导率是随着振动周期的减小而减小的[③].

---

① 参阅 P. Drude:Ann. d. Phys. **14** (1904) 940. 对于金属原子对电子的作用力被假设为和距离的五次方成反比的情况,如果将 σ_p 和 δ_p 用上面求得的(73)式中的表示式来代替,则诸德的结果和本文下面所给的结果相对应;这是由于这样一件事实:反抗电子运动的阻力在诸德的计算中被认为和电子的速率成正比(参阅前面的原第 321 页).

② E. Hagen u. H. Rubens:Ann. d. Phys. **11** (1903) 884.

③ 参阅前引 Drude 论文 p. 944. 这种表观电导率的减小,近来曾被一些作者(例如参阅 J. H. Jeans:Phil. Mag. **17** (1909) 779)认为是和此处所处理的这种电子论相一致的,因为这种减小被假设为起源于根据吸收系数算出的有效电导率的减小(参阅前面的原第 362 页). 例如,根据前面给出的那些 σ_p 的表示式(方程(72′)和(73′)),人们曾企图计算不同金属中单位体积中的自由电子数 N;事实上,这个电子数就是出现在所讨论的各公式中的唯一事先未知的量. 这样求得的 N 值对于大多数金属都比能够和金属比热实验相容的值要大(参阅前引 Jeans 论文 p. 780). 但是,正如我们在前面已经看到的,上述公式的这种用法是不能允许的,因为根据金属的反射系数算出的有效介电恒量对表观电导率的影响(参阅原第 363 页),和根据吸收系数求得的表观电导率的变化所起的影响符号相反,而且数量级也较低.

在我看来,理论和实验之间的这种不一致起源于这样一种情况:关于原子和电子之间的分立碰撞的假设是不成立的.

事实上,假如发生的是分立碰撞,则外力将主要引起电子的运动的变化而不是引起电子的空间分布的变化(这种变化将只出现在离金属原子很近的地方);另一方面,如果原子的大小——即它们对电子的影响为不可忽略的那一范围——和金属的总体积相比是不可忽略的,则电子在它们的集体运动中在原子前面的拥挤现象(参阅原第 324 页)将显著地改变它们的空间分布,从而除了本身将引起负有效介电恒量的电子惯性的效应以外,还会出现由电子在原子力场中的位移所引起的效应(不要和来自束缚电子的原子极化混为一谈,那种极化在此处所考虑的振动周期下将只有很小的效应(参阅前面一页)),这种效应本身将造成一个正的介电恒量.

§2　热射线的发射

如果一个电子以恒定速率沿着一条直线而运动,它并不会发射能量,因为在这种情况下电子周围的电磁场可以说是被电子携带着一起运动的.

但是,如果电子的速度在量值上和方向上有所变化,那情况就不同了;在这种情况下电子将发射能量,这种发射可以这样叙述:电子的一部分电磁场脱离了电子而以光速沿着一切方向向周围空间发送了出去. 如果电子的速率比光速 c 小得多,则在时间 dt 内发射出去的能量是[①]

$$\frac{2\,\epsilon^2}{3c^2}j^2\mathrm{d}t,\qquad(76)$$

式中 j 是电子的加速度的量值. 这里计算的是通过包围着电子的一个闭合曲面而发送出去的能量,该曲面离电子很远,超过了电子所携带的场具有不可忽略的值的范围.

因此,里边的自由电子的运动由于和金属原子相互作用而很频繁地发生很大变化的一块金属,就将是发射能量的源[②]. 我们现在将检查这一发射能量的值,以及这一能量在不同振动周期的射线中间的分布.

如上所述,洛伦兹曾经处理了发射能量在那样一些射线中间的分布问题,各该射线的振动周期远远大于电子几乎全部损失其沿一给定方向的动量所需的时

[①]　例如,参阅 H. A. Lorentz: *Theory of Electrons*, p. 52,(82)式.(在这一公式中,电荷的单位和此处所用的(绝对静电单位)不同,结果所讨论的能量表示式就在分母上出现了一个 4π.)

[②]　J. J. Thomson: *Rapp. du Congrès de Physique* (Paris 1900), vol. 3, p. 148[*].

　　[*]　〔此注引自Ⅲ.〕

间;他假设金属原子像硬弹性球一样地对电子起作用,并且忽略了电子彼此间的相互作用.在洛伦兹的计算中,个体电子的运动是被考虑到了的;但是,在我们这里即将处理的更普遍的情况下来这样做将是很复杂的.(洛伦兹的情况之所以比较简单是由于这样一件事实:在他的理论中,电子在碰撞以后的运动方向被假设为平均说来完全不依赖于它们在运动以前的运动方向.)因此,我们将按照金斯所指明的计算方法,作为一个整体来考虑电子的集体运动.

我们将检查从金属的一个小体积元 ΔV 中发射出去的能量,该体积元被假设为包含着很大数目的原子和电子,而同时又足够小,以致各个体电子所发射的能量不会受到体积元本身的多大吸收(参阅原第 360 页).为了计算这个能量,我们设想单独一个电子,其动量在每一时刻都在量值和方向上等于体积元 ΔV 中所有电子的总动量,而我们就对这个电子来应用公式(76).

但是,关于公式(76)的这样一种应用,我们必须作出下列的说明.公式是针对点电荷的运动导出的,而且如上所述,它是利用将通过包围电荷的闭合曲面上各面积元的能量求积分的方法而得到的.如果我们现在寻求作为电子集体运动的结果而通过这一面积元的能量,我们满可以认为这种运动是集中在一个点电荷上的;但是这个电荷的运动将不是各电子的同时运动的平均值,而是各电子在那样一些时刻的运动的平均值,即不同的个体电子在这些时刻发出的光线将同时到达该面积元.不过,如果我们假设各电子的速度和光速相比都非常地小,电子中间的每一种运动就都会传播得比光的传播要慢得多,从而平均说来,不论我们是在普通的同时性意义下还是在上述那种相对于所考虑面积元的"有效同时性"的意义下考虑各个体电子的同时运动,这些运动之间的系统相关性都将是很近似地相同的[①].因此,如果我们通过考虑其动量等于各个体电子的同时动量之和的一个单独点电荷来计算通过一个面积元的能流,我们就将得到正确的值.既然这话对于闭合曲面的每一个面积元都是对的(当然对于各个面积元将有不同的"有效同时性"),它对通过曲面的整个能流也就能够适用.

---

① J·H·金斯(Phil. Mag. **18**(1909) 213)表示了一种见解,认为一块金属所发射的能量可以作为分别考虑的个体电子所发射的能量之和来进行计算,因为按照统计力学,平均说来并不存在两个不同电子的同时速度之间的系统相关性.但是,只有当电子彼此之间的相互作用可以忽略时,这种计算方法才能给出正确的结果,因为,虽然这些相互作用并不引起不同电子的同时速度之间的系统相关性,它们却引起各电子的同时加速度之间的相关性.例如,在两个电子之间的碰撞中将不会发射任何能量,因为电子的总动量并未改变,从而这种碰撞对于一块金属的能量辐射将只有间接的效应(比较和这种碰撞对电导率的效应以及由此引起的对吸收本领的效应有关的类似问题(参阅原第 342 页)),另一方面,假如我们借助于公式(76)并作为个体电子所分别发出的辐射之和(即根据个体电子的加速度)来计算能量的发射,我们就会发现这些碰撞将对金属的能量发射有一种相当直接的影响(正比于碰撞次数).

现在,用 g_x、g_y 和 g_z 代表 ΔV 中各电子的总动量的分量,我们就由公式 (76)得到适用于平均说来在单位时间内被发射出去的能量的表示式:

$$J = \frac{2\varepsilon^2}{3m^2c^3} \frac{1}{\mathcal{T}} \int_0^{\mathcal{T}} \left[\left(\frac{\mathrm{d}g_x}{\mathrm{d}t}\right)^2 + \left(\frac{\mathrm{d}g_y}{\mathrm{d}t}\right)^2 + \left(\frac{\mathrm{d}g_z}{\mathrm{d}t}\right)^2 \right] \mathrm{d}t ,$$

式中 $\mathcal{T}$ 是比所考虑的振动周期大得多的一个时间间隔. 既然在沿着三个轴的动量之间并不存在相关性(因为在第一章中导出的确定沿 x 轴的总动量的方程中只出现沿该方向的电子动量),我们就可以分别考虑和每一项相对应的发射;根据对称,我们得到

$$J = \frac{2\varepsilon^2}{m^2c^3} \frac{1}{\mathcal{T}} \int_0^{\mathcal{T}} \left(\frac{\mathrm{d}g_x}{\mathrm{d}t}\right)^2 \mathrm{d}t. \tag{77}$$

为了检查这一能量在不同振动周期的射线中间的分布,我们通过从 $t = 0$ 到 $t = \mathcal{T}$ 都成立的一个傅立叶积分来把 $\mathrm{d}g_x/\mathrm{d}t$ 写成若干简谐振动之和. 于是我们就有

$$\frac{\mathrm{d}g_x}{\mathrm{d}t} = \frac{1}{\pi} \int_0^\infty (A_p \cos pt + B_p \sin pt) \mathrm{d}p, \tag{78}$$

式中

370

$$A_p = \int_0^{\mathcal{T}} \frac{\mathrm{d}g_x}{\mathrm{d}t} \cos pt \,\mathrm{d}t, \ B_p = \int_0^{\mathcal{T}} \frac{\mathrm{d}g_x}{\mathrm{d}t} \sin pt \,\mathrm{d}t. \tag{79}$$

正如瑞利勋爵所证明的[①],由(78)和(79)就得到

$$\int_0^{\mathcal{T}} \left(\frac{\mathrm{d}g_x}{\mathrm{d}t}\right)^2 \mathrm{d}t = \frac{1}{\pi} \int_0^\infty (A_p^2 + B_p^2) \mathrm{d}p.$$

我们即将看到,尽管 A_p 和 B_p 是随着 p 和 $\mathcal{T}$ 而极其迅速和极其不规则地变化的,$(A_p^2 + B_p^2)/\mathcal{T}$ 这个量当 $\mathcal{T}$ 足够大时却趋近于一个确定的极限值,这个极限值将以一种规则的方式随 p 而变.

现在我们由(77)看出,单位时间内发射的能量可以写成

$$J = \frac{2\varepsilon^2}{\pi m^2c^3} \frac{1}{\mathcal{T}} \int_0^\infty (A_p^2 + B_p^2) \mathrm{d}p, \tag{80}$$

式中 $\mathrm{d}p$ 的系数就是由频率介于 $p/2\pi$ 和 $(p + \mathrm{d}p)/2\pi$ 之间的射线所携带的能量.

通过分部积分,我们由(79)就得到

---

① Lord Rayleigh: Phil. Mag. **27** (1889) 465.

$$A_p = \mid g_x \cos pt \mid_0^{\mathscr{T}} + p\int_0^{\mathscr{T}} g_x \sin pt\, \mathrm{d}t.$$

既然这一方程右端的第一项当 $\mathscr{T}$ 增大时并不增大（即不会以递增的振幅而发生振动），那么，和最后一项相比，就可以在 $(A_p^2 + B_p^2)$ 的计算中把它略去. 同样略去 B_p 的表示式中的对应项，我们就得到

$$A_p = p\int_0^{\mathscr{T}} g_x \sin pt\, \mathrm{d}t \text{ 和 } B_p = -p\int_0^{\mathscr{T}} g_x \cos pt\, \mathrm{d}t. \tag{81}$$

用 $g_x(t)$ 代表 g_x 在时刻 t 的值，我们现在由（81）就得到

$$A_p^2 = p^2\int_0^{\mathscr{T}}\int_0^{\mathscr{T}} g_x(t_1)g_x(t_2)\sin pt_1 \sin pt_2\, \mathrm{d}t_1\mathrm{d}t_2$$

和

$$B_p^2 = p^2\int_0^{\mathscr{T}}\int_0^{\mathscr{T}} g_x(t_1)g_x(t_2)\cos pt_1 \cos pt_2\, \mathrm{d}t_1\mathrm{d}t_2,$$

由此即得

$$A_p^2 + B_p^2 = p^2\int_0^{\mathscr{T}}\int_0^{\mathscr{T}} g_x(t_1)g_x(t_2)\cos p(t_2-t_1)\, \mathrm{d}t_1\mathrm{d}t_2,$$

371　此式可以写成[①]

$$A_p^2 + B_p^2 = 2p^2\int_0^{\mathscr{T}} g_x(t_1)\int_{t_1}^{\mathscr{T}} g_x(t_2)\cos p(t_2-t_1)\, \mathrm{d}t_2\mathrm{d}t_1 \tag{82}$$

当根据方程（82）来计算 $A_p^2 + B_p^2$ 时，我们将首先考虑假设分立碰撞存在的

------

① 方程（82）和金斯（Phil, Mag. **17** (1909) 789）的计算所依据的方程相同. 根据这个方程，他通过利用一个（在我们的符号下）形如

$$\left[\frac{\mathrm{d}g_x}{\mathrm{d}t}\right] = -\alpha g_x \tag{1'}$$

的方程计算了 $A_p^2 + B_p^2$，上式左端的一项代表一个给定 g_x 值下的导数平均值. 金斯由（1'）导出

$$g_x(t_2) = g_x(t_1)\mathrm{e}^{-\alpha(t_2-t_1)} + j, \tag{2'}$$

式中 j 是平均值为零的一个量. 将表示式（2'）代入方程（82）中并对 t_2 求积分，金斯最后就得到（前引论文 p.790）.

$$A_p^2 + B_p^2 = \frac{2\alpha p^2}{\alpha^2 + p^2}\int_0^{\mathscr{T}}(g_x(t_1))^2\mathrm{d}t_1, \tag{3'}$$

由此很容易求出 $A_p^2 + B_p^2$ 的值.

但是，这些计算一般说来是不对的（参阅前引 H. A. Wilson 论文 p.836），因为正如我们在第一章中已经看到的，g_x 减小的快慢将依赖于动量在不同速率的电子中间的分布方式，而且这一分布当 g_x 减小时将以一种系统的方式而发生变化，因为速率不同的电子将以不同的快慢损失其沿一给定方向的动量.

那种情况.

在这一情况下,我们利用以前的符号就有

$$g_x = \Delta V \int_0^\infty G_x(r) dr. \tag{83}$$

对于没受外力作用而且具有均匀温度的一块金属来说,$G_x(r)$由下列方程来确定(参阅方程(14))

$$\left[\frac{dG_x(r)}{dt}\right]_{G_x(\rho)} = -G_x(r)F(r) + \int_0^\infty G_x(\rho)Q(\rho, r) d\rho, \tag{84}$$

式中左端一项代表按动量在个体电子中间的一切可能分布方式求出的$dG_x(r)/dt$的平均值,那些分布方式应使$G_x(\rho)$取被假设为即将代入方程右端的值.

如果我们现在将方程(84)左端一项乘以$\cos p(t_2 - t_1)$,从t_1到$\mathscr{T}$对t_2求积分,并针对时刻t_1的状态由$G_x(\rho)$的各个确定值来表征的一切可能方式来求这一积分的平均值,那么,利用和以前所用的符号相对应的符号,并用a代表所要求的平均值,我们就得到

$$a = \left[\int_{t_1}^{\mathscr{T}} \left[\frac{dG_x(r)}{dt}\right]_{(G_x(\rho))_{t_2}} \cos p(t_2 - t_1) dt_2\right]_{(G_x(\rho))_{t_1}} \tag{85}$$

像在吸收的计算中那样(参阅原第 361 页)假设$\cos pt$在单独一次碰撞的持续时间中不会发生多大变化,并从而假设 dt 也可以认为比这一时间大得多,这样,在 $dG_x(r)/dt$ 和具有显著不同的 $\cos pt$ 值及 $G_x(\rho)$ 值的以前状态之间就不会存在任何系统相关性,从而我们就有

$$a = \left[\int_{t_1}^{\mathscr{T}} \frac{dG_x(r)}{dt_2} \cos p(t_2 - t_1) dt_2\right]_{(G_x(\rho))_{t_1}} \tag{86}$$

由(86),通过分部积分就得到

$$a = \left[(G_x(r))_{\mathscr{T}} \cos p(\mathscr{T} - t_1) - (G_x(r))_{t_1} + p\int_{t_1}^{\mathscr{T}} G_x(r) \sin p(t_2 - t_1) dt_2\right]_{(G_x(\rho))t_1}$$

既然方括号中第一项的平均值当 $\mathscr{T}$ 足够大时为零,我们就得到

$$\xi_2(r) = \left[\int_{t_1}^{\mathscr{T}} G_x(r) \sin p(t_2 - t_1) dt_2\right]_{(G_x(\rho))t_1}, \tag{87}$$

$$a = -(G_x(r))_{t_1} + p\xi_2(r). \tag{88}$$

而且,令

$$b = \left[\int_{t_1}^{\mathscr{T}} \left[\frac{dG_x(r)}{dt}\right]_{(G_x(\rho))t_2} \sin p(t_2 - t_1) dt_2\right]_{(G_x(\rho))t_1} \tag{89}$$

372

和

$$\xi_1 = \left[\int_{t_1}^{\mathcal{T}} G_x(r) \cos p(t_2 - t_1) \, \mathrm{d}t_2 \right]_{(G_x(\rho))t_1}, \tag{90}$$

我们就完全同样地得到

$$b = -p\xi_1(r). \tag{91}$$

现在,如果我们将方程(84)的两端依次乘以 $\cos p(t_2 - t_1)$ 和 $\sin p(t_2 - t_1)$,从 t_1 到 $\mathcal{T}$ 对 t_2 求积分,然后将所得的积分按动量在个体电子中间的能使 t_1 时刻的状态由所给的 $G_x(\rho)$ 值来表征的一切可能分布方式求平均值,那么,借助于方程 (85)、(87)、(88)、(89)、(90)和(91),我们就得到

$$-(G_x(r))_{t_1} + p\xi_2(r) = -\xi_1(r)F(r) + \int_0^\infty \xi_1(\rho)Q(\rho, r)\mathrm{d}\rho \tag{92}$$

和

$$-p\xi_1(r) = -\xi_2(r)F(r) + \int_0^\infty \xi_2(\rho)Q(\rho, r)\mathrm{d}\rho. \tag{93}$$

既然即将看到,确定 $\xi_1(r)$ 及 $\xi_2(r)$ 的方程(92)及(93)是和确定 $\psi_1(r)$ 及 $\psi_2(r)$ 的方程(62)及(63)完全对应的,那么,和在那些方程的情况下完全同样,我们就得到

$$\xi_1(r) = (G_x(r))_{t_1} F_1(r) + \int_0^\infty (G_x(\rho))_{t_1} Q_1(\rho, r)\mathrm{d}\rho, \tag{94}$$

式中 $F_1(r)$ 和 $Q_1(\rho, r)$ 是出现在方程(64)中的那些同样的函数. 现在,借助于方程(83)、(90)、(94)和(65),我们就得到

$$\left[\int_{t_1}^{\mathcal{T}} g_x(t_2) \cos p(t_2 - t_1) \, \mathrm{d}t_2 \right]_{(G_x(\rho))t_1} = \Delta V \int_0^\infty (G_x(r))_{t_1} P_1(r)\mathrm{d}r. \tag{95}$$

假设时间 $\mathcal{T}$ 是如此之长,使得 $g_x(t)$ 在这段时间之内不但能取一切可能的值而且足够多次地取每一个值,以致我们可以认为它已经取了以一切可能方式分布在个体电子中间的每一个动量值,这样我们就可以用表示式(95)来代替方程 (82)中对 t_2 求的那个积分;因此,回忆到 g_x 的定义式(83),我们就得到

$$A_p^2 + B_p^2 = 2p^2 \Delta V^2 \int_0^{\mathcal{T}} \left(\int_0^\infty G_x(r)\mathrm{d}r \int_0^\infty G_x(r)P_1(r)\mathrm{d}r \right)_{t_1} \mathrm{d}t_1. \tag{96}$$

正如即将看到的,我们现在已经将被积函数弄得只和单独一个时刻有关,从而问题已经大大简化了.

直到此处,我们一直为了简单而在计算中使用了积分来表示电子的集体动量;这并不是严格正确的,因为出现在 ΔV 中的只是有限个电子;但是很容易看

出,假如我们曾经用对个体电子的求和来代替积分,那也是不会有什么本质的不同的,但是,在求表示式(96)的值时问题却完全不同,因为这里出现的积分是在最大程度上依赖于电子数的. 因此,我们将引用对体积元 ΔV 中的 ΔN 个电子求的和式来代替(96)中对 r 求的积分.

用 ξ、η、ζ 代表单个分子的速度,我们就得到

$$A_p^2 + B_p^2 = 2p^2 m^2 \int_0^{\mathcal{T}} \Big(\sum_1^{\Delta N} \xi_n \sum_1^{\Delta N} \xi_n P_1(r_n) \Big)_{t_1} \mathrm{d}t_1. \tag{97}$$

374

现在,按照统计力学,不论假设在电子之间作用着什么力,都不会存在个体电子的速度坐标之间的系统相关性(另一方面,它们的同时加速度之间却存在相关性(参阅原第 369 页的注),但是这在前面的计算中已经照顾到了,即通过方程(84)的应用而照顾到了). 因此,n 值和 m 值不同的那些 $\xi_n \xi_m P_1(r_m)$ 项对(97)中的积分值并无贡献,从而我们得到

$$A_p^2 + B_p^2 = 2p^2 m^2 \int_0^{\mathcal{T}} \Big(\sum_1^{\Delta N} \xi_n^2 P_1(r_n) \Big) \mathrm{d}t. \tag{98}$$

既然根据对称性($r^2 = \xi^2 + \eta^2 + \zeta^2$)可知 $\xi_n^2 P_1(r_n)$ 的平均值等于 $r_n^2 P_1(r_n)$ 的平均值的 1/3,而且电子的速度分布是由方程(4)给出的,那么我们由(98)就得到

$$A_p^2 + B_p^2 = 2p^2 m^2 \mathcal{T}\Delta V \int_0^\infty \frac{1}{3} r^2 P_1(r) K \mathrm{e}^{-\frac{1}{2}mr^2/kT} 4\pi r^2 \mathrm{d}r = \frac{2m^2 kT}{\varepsilon^2} \sigma_p p^2 \mathcal{T}\Delta V, \tag{99}$$

式中 σ_p 是在方程(66)中定义的那个量.

用 $\beta_p \mathrm{d}p \Delta V$ 代表在单位时间内由体积为 ΔV 的一小块金属发射出去的、分布在振动周期〔按:应为"频率"〕介于 $p/2\pi$ 和 $(p+\mathrm{d}p)/2\pi$ 之间的射线中的能量,我们由方程(80) 和(99) 就得到

$$\beta_p = \frac{4kT}{\pi c^3} \sigma_p p^2. \tag{100}$$

将方程(69)所给出的 σ_p 值代入(100)中并分别令 $n=\infty$ 和 $n=5$,我们就得到分别由威耳孙[①]和金斯[②]所给出的 β_p 值.

现在我们将考虑金属原子的线度并未被假设为远小于它们的相互距离的情

① H. A. Wilson：前引论文 p. 842.
② J. H. Jeans：Phil，Mag. **17** (1909) 790.

况. 在这种情况下,我们不能使用和在刚刚讨论的情况下使用过的手续相类似的手续,因为现在在动量减少的快慢和一个时间间隔之内的以前状态之间是存在系统相关性的,那一时间间隔和平均说来个体电子损失其一大部分原有的沿一个给定方向的动量所需的时间具有相同的数量级[①].（以后我们为了简单将用 τ 代表这个时间间隔.）

375

我们在这里将只考虑一种情况,即金属原子的力场被假设为稳定的,而且电子彼此之间的相互作用已被略去;另外,我们将只针对振动周期远大于上述时间间隔 τ 的那些热射线来作出计算.

既然各电子是被假设为相互独立地运动着的,在它们的同时运动之间就不存在任何系统相关性;因此,一小块金属 ΔV 所发出的辐射,就可以作为分别考虑的个体电子所发辐射之和来计算. 用 ΔN 代表这块金属中的电子数,我们在这一情况下就按照和以前完全相同的方法得出和方程（80）及（82）相对应的单位时间发射的能量的表示式

$$J = \frac{2\varepsilon^2}{\pi c^3}\,\frac{1}{\mathscr{T}}\int_0^\infty \Big[\sum_1^{\Delta N}(A_p^2+B_p^2)_n\Big]\mathrm{d}p, \tag{101}$$

式中

$$(A_p^2+B_p^2)_n = p^2\int_0^{\mathscr{T}}\int_0^{\mathscr{T}}\xi_n(t_1)\xi_n(t_2)\cos p(t_2-t_1)\mathrm{d}t_1\mathrm{d}t_2, \tag{102}$$

而 $\xi_n(t)$ 代表第 n 个电子在时刻 t 的速度的 x 分量.

既然我们将只考虑远大于 τ 的振动周期,对于使 $\xi_n(t_1)$ 和 $\xi_n(t_2)$ 之间存在不可忽略的相关性的一切 t_1 值和 t_2 值就都可以取 $\cos p(t_2-t_1)$ 为 1;但是,即将看到,对于一切其他的 t_1 值和 t_2 值,也可以在积分（102）中将 $\cos p(t_2-t_1)$ 换成 1;事实上,由于 $\xi_n(t_1)$ 和 $\xi_2(t_2)$ 的无关性,这些其他的 t_1 值和 t_2 值在任何情况下都不会对积分（102）的值有什么显著贡献,于是我们由（102）就得到

$$(A_p^2+B_p^2)_n = p^2\Big(\int_0^{\mathscr{T}}\xi_n(t)\mathrm{d}t\Big)^2, \tag{103}$$

此式右端的积分等于第 n 个电子在时间 $\mathscr{T}$ 内经过的路程在 x 轴上的投影.

376

如果假设没有任何相互作用出现于自由电子彼此之间,而且假设金属原子的力场是稳定的,那么,在电子的运动过程中,它的动能和相对于金属原子的势

---

① 金斯在一切情况下都应用了相同的手续;他只提到（前引论文 p. 776）,在和原第 371 页的注中的方程（1′）相对应的方程中,$\mathrm{d}t$ 必须看成远大于 g_x 发生很大变化所经历的时间间隔. 除了上面提到的在这一更普遍情况当然也存在的金斯计算中的缺点以外,他的关于 $\mathrm{d}t$ 的假设似乎也和利用方程（1′）作为导出方程（2′）的一个微分方程的那种用法不能相容;事实上,在这种用法中,应该假设 g_x 在时间 $\mathrm{d}t$ 中变化很小.

能之和就将保持不变;而且,正如在第一章中已经指出的,电子的运动可以看成扩散系数为 $D(a)$ 的一种"自由扩散"(参阅原第 327 页).为了把这一情况和实在金属中的情况联系起来,我们在第一章的计算中只假设了平均说来 a 在和 τ 数量级相同的时间间隔中基本上是不变的(参阅原第 325 页);但是,为了简单,我们在这儿将假设 a 在长时间 $\mathscr{T}$ 中的整个电子运动过程中也不变;根据和前面所提把 $\cos p(t_2-t_1)$ 换成 1 的理由完全相似的理由,这并不会对 $\sum (A_p^2+B_p^2)_n$ 的表示式的值发生多大影响.

现在, $\sum (A_p^2+B_p^2)_n$ 这个量的确定,已经通过方程(103)而简化为在时刻 $t=0$ 位于某一平面(例如 yz 平面)上的许许多多个独立扩散着的粒子在时刻 $\mathscr{T}$ 的分布问题.正如 A·爱因斯坦[①]已经证明的,这个问题可以用一种很简单的方式来加以处理.事实上,各粒子的分布将由方程

$$\frac{\partial f}{\partial t} = D \frac{\partial^2 f}{\partial x^2}$$

来确定,式中 $f(x,t)\mathrm{d}x$ 是在时刻 t 介于离固定平面的距离为 x 和 $x+\mathrm{d}x$ 的两个平行平面之间的粒子数,而扩散系数 D 则对应于前面提到的 $D(a)$ 这个量.在 $t=0$ 和 $x \leqq 0$ 时 $f(x,t)=0$ 的条件下,这一方程的解已在各向同性媒质中的热传导的傅立叶理论中求出;这种解是

$$f(x,t) = Ct^{-\frac{1}{2}} \mathrm{e}^{-x^2/4Dt},$$

从而各粒子在时刻 $\mathscr{T}$ 距固定平面的距离的平方平均值是(Einstein:前引论文 p. 559)

$$\int_0^\infty x^2 f(x,\mathscr{T})\mathrm{d}x \Big/ \int_0^\infty f(x,\mathscr{T})\mathrm{d}x = 2D\mathscr{T}.$$

于是,我们由(103)得到

$$\sum_1^{\Delta N} (A_p^2+B_p^2)_n = 2p^2 \mathscr{T} \sum_1^{\Delta N} D(a)$$

而且,像在第一章中一样用 $N(a)\mathrm{d}a$ 代表单位体积中能量介于 a 和 $a+\mathrm{d}a$ 之间的电子数,我们就得到

$$\sum_1^{\Delta N} (A_p^2+B_p^2)_n = 2p^2 \mathscr{T}\Delta V \int_0^\infty D(a)N(a)\mathrm{d}a. \tag{104}$$

377

另外,既然金属的电导率 σ 是(参阅方程(35)和(36))

① A. Einstein: Ann. d. Phys. **17** (1905) 556.

$$\sigma = \frac{\varepsilon^2}{kT} \int_0^\infty D(a) N(a) \mathrm{d}a,$$

最后我们利用和原第 374 页上的符号相同的符号,就由方程(101)和(104)得到

$$\beta_p = \frac{4kT}{\pi c^3} \sigma p^2. \tag{105}$$

现在我们将应用这些计算来导出长振动周期的射线的辐射定律. 在一小块和周围真空中的电磁辐射处于平衡的金属中,金属在单位时间内吸收的分布在具有某些振动周期的射线中的能量,平均说来必须等于金属在相同时间内所发射的按相同方式分布在振动周期相同的那些射线中的能量. 因此,用 $E(p)\mathrm{d}p$ 代表在平衡状态下出现在周围真空的单位体积中的其振动周期介于 $2\pi/p$ 和 $2\pi/(p+\mathrm{d}p)$ 之间的能量,并用 ΔV 代表金属的体积,我们就得到

$$E(p)\mathrm{d}p \, \alpha_p \Delta V = \beta_p \mathrm{d}p \Delta V,$$

由此即得

$$E(p) = \frac{\beta_p}{\alpha_p}.$$

根据方程(68)和(100)或根据方程(59)和(105)将所求得的 α_p 和 β_p 的表示式代入,我们就在两种情况下都得到

$$E(p) = \frac{kT}{\pi^2 c^3} p^2. \tag{106}$$

由前面联系到 α_p 和 β_p 的确定所作的讨论(参阅原第 365 页和原第 374 页)可知,方程(106)和金斯所推得的相同而和威耳孙所推得的不同:按照威耳孙的看法,这是因为在他的计算中略去了电子之间的相互碰撞(前引论文 p. 844);但是,正如我们所看到的,起码当假设发生的是分立碰撞时,这一方程是完全不取决于电子彼此之间的相互作用比起电子和金属原子的相互作用来到底有多大影响的.

引入和 p 之间的关系是 $p/2\pi = c/\lambda$ 的波长 λ 来代替 p,并用 $E(\lambda)\mathrm{d}\lambda$ 代表单位体积中分布在波长介于 λ 和 $\lambda+\mathrm{d}\lambda$ 之间的射线中的能量,我们由(106)就得到

$$E(\lambda) = 8\pi kT \lambda^{-4}. \tag{107}$$

378　在这里,我们已经证明了这一公式对于在第一章中考虑过的一切情况下都是正确的;这一公式和洛伦兹所导出的公式相同,而且如上所述,它和关于长波长热

射线的实验是符合得很好的.

为了更仔细地检查公式(107)的意义,我们必须提到瑞利勋爵[①]和金斯直接根据电磁理论所依据的假设来推导适用于一切可能振动周期的射线的热辐射定律的那些努力.[②]事实上,这些作者曾经企图借助于统计力学的普遍原理来研究电磁辐射和位于与外界影响完全隔离的闭合空间中的任意电子体系之间的平衡条件.按照这些研究的结果,平衡条件就是对于一切可能振动周期的射线来说单位体积中的辐射能量都用公式(106)或(107)来表示.但是,正如已经看到的,这将得到一个推论,即单位体积中的总能量将变为无限大,这将意味着平衡状态根本不能达到,而是全部能量将逐渐传给辐射,而且越来越集中到振动周期越来越短的射线中去.

根据这些结果,金斯曾经表示了这样一种见解:在关于热辐射的实验中,我们并不是在对付一种真正的平衡态,而只是在对付由于普通物体对振动周期很小的射线的吸收本领和发射本领都很低而变化得很慢的一种状态.但是,从在这一问题上发生过的争论看来[③],这种意见很难充分地解释实验上发现的现象.因此,如果人们坚持保留电磁理论所依据的那些假设,那似乎就不可能解释热辐射定律[④].这可以设想是由于这样一种情况:电磁理论和实际情况并不一致,从而只有当把它应用于很大数目的电子(就像出现在普通物体中的那些电子一样)或是用来确定单个电子在比较长的时间间隔中的平均运动时(例如在关于阴极射线的运动的计算中),才能给出正确的结果,而却不能用它来检查单个电子在短时间间隔中的运动.因为那将使我们远远越出本论文所处理的问题的范围,我们将不再进而讨论在电磁理论中引入根本变动的那些似乎正在导致很有兴趣的结果的尝试了.

现在可以提出一个问题:本章所作的计算和刚刚提到的那个问题的关系如何? 首先我们必须指出,我们并没有企图按照瑞利勋爵及金斯的那种意义来确定一个平衡状态.倒不如说,我们曾经暗中假设,按照经验将存在一个平衡状态,在这种状态中单位体积中的电磁能量是一个比较小的量,即小到那样的程度,使得由辐射引起的电磁场比起电子彼此之间的作用力和金属原子对电子的作用力

379

---

① Lord Rayleigh：Phil. Mag. **49** (1900) 539；Nature **72** (1905) 54，243.

② J. H. Jeans：Phil. Mag. **10** (1905) 91；**17** (1909) 229；并参阅 H. A. Lorentz：Nuovo Cimento **16** (1908) 5.

③ 例如,参阅 O. Lummer u. E. Pringsheim：Phys. Zeitschr. **9** (1908) 449，H. A. Lorentz：Phys. Zeitschr. **9** (1908) 562 和 J. H. Jeans：Phys. Zeitschr. **9** (1908) 853.

④ 参阅 A. Einstein：Phys. Zeitschr. **10** (1909) 185, 817, M. Planck：Ann. d. Phys. **31** (1910) 758 和 A. Einstein u. L. Hopf：Ann. d. Phys. **33** (1910) 1105.

来，只对自由电子的运动发生很小的影响①.（如果相反地，问题是要研究即将出现于和外界影响隔离开来的一个闭合空间中的平衡状态，那么，正如金斯②已经指出的，假若基本的电磁假设完全正确的话，我们就必须把有关的电磁场考虑在内，这种电磁场事实上将随着辐射能量的增大而比金属原子的场对电子运动发生更大的影响.）此外，既然我们只处理了振动周期远大于单次电磁过程（例如碰撞）的持续时间的那种热射线，那就似乎可以不无理由地事先料到，本章所作的计算也像金属电子论的其他部分一样和经验有着相同的关系——而且同样有权利要求和经验一致. 对于在所处理的最后一个情况下作出的推导，这种想法似乎尤其是正确的，因为那时根本没有用到关于发生突然碰撞的任何假设.

---

①　有几位作者(J. J. Thomson：Phil. Mag. **14** (1907) 217；**20** (1910) 238 和 J. Kunz：Phys. Rev. **28** (1909) 313；并参阅 J. H. Jeans：Phil. Mag. **18** (1909) 217；**20** (1910)642)抱有这样一种看法：通过建筑在普通电子论以及关于金属原子和电子之间的相互作用的适当假设上的一种计算，例如前面提到的那种计算，我们无论如何可以解释适用于一切振动周期的辐射定律的基本特点——例如分布在振动周期很短的射线中的能量的迅速减小. 但是，这种见解在我看来似乎是不对的；因为在上述的研究中并没有充分注意振动周期很短的射线的吸收本领的极迅速的减小，而是只注意了发射本领的减小（参阅原第 358 页）. 在我看来，如果吸收本领的减小也照顾到了，我们就将在一切情况下都得到和实验结果不能相容的一种辐射定律，因为相反的情况将和瑞利勋爵的以及金斯的计算相冲突. 事实上，假如我们根据上述那一类的先入为主的假设得到了对于一切振动周期都和这些假设相容的辐射定律，它就将对应于一种实在的平衡而不是对应于表观的平衡了（参阅关于金斯理论所作的讨论）.

②　J. H. Jeans：Phil. Mag. **18** (1909) 215.

第四章 磁场对金属中自由电子的运动的影响

§1 统计平衡状态

我们将首先检查磁场对于既处于电平衡状态又处于温度平衡状态的一块金属的影响.

在磁场的影响下,自由电子的路程将相对于场的轴线而沿一个确定的方向发生弯曲——如果发生的是分立碰撞,则碰撞之间的电子路程将是一段段的螺旋线,其轴线平行于场轴. 可能有人想象,电子运动的这种变化将引起外在的磁效应. 但是,我们即将看到,这样一种假设是不正确的. 事实上,路程的弯曲将不会产生任何磁效应,因为由于单独一个电子的运动而产生的磁场将只依赖于电子在所考虑时刻的位置和速度,而不依赖于电子的加速度(我们仍像前面一样假设电子的速率和光速相比可以认为是可忽略的). 因此,自由电子运动的总的磁效应在任何时刻都可以直接根据各电子的空间坐标和速度坐标的统计分布确定出来.

为了考察磁力对电子的统计分布的效应,我们将考虑它在时间 dt 内对一种给定的分布 f 所将引起的改变. 用 X_m、Y_m、Z_m 代表磁场引起的单位质量的力的分量,我们就得到体积元 dV 中速度坐标位于速度元 $d\sigma$ 中的电子数的改变量 ΔN(参阅原第 304 页)

$$\Delta N = \left(X_m \frac{\partial f}{\partial \xi} + Y_m \frac{\partial f}{\partial \eta} + Z_m \frac{\partial f}{\partial \zeta} \right) dV d\sigma dt.$$

如果像在平衡状态下必然出现的那样 f 是 r 和 x、y、z 的函数,我们就得到

$$\Delta N = (X_m \xi + Y_m \eta + Z_m \zeta) \frac{1}{r} \frac{\partial f}{\partial r} dV d\sigma dt;$$

既然磁力是垂直于个体电子的运动方向的,这一方程右端的第一个因子就等于零,从而就有 $\Delta N = 0$. 于是我们看到,如果存在一个平衡状态,则磁场的出现将

不会造成电子的统计分布的任何变化*.不管磁力是否存在,金属中任何一个任意小的体积元中的电子速度都将沿一切方向而均等地分布,从而在这个体积元中不会发生任何磁效应,因而在整块金属中也不会发生任何磁效应.

如果我们不是统计地处理这一问题,而是考虑个体电子的运动,那么我们就会发现,由于外磁场引起路程的弯曲,每一个完全在金属内部运动着的电子都产生一个磁场,这种磁场平均说来是和外场方向相反的.根据这一事实,有几位作者①曾经得出结论,认为一块包含着自由电子的金属将表现得像一个抗磁体一样.但是,正如我们在上面已经看到的,这种结论是不对的.错误的原因在于,当用上述那种方式即通过分别考虑个体电子的路程来处理问题时,必须特别注意和金属表面非常靠近处的情况.

为了说明这一点,我们将在一个特殊的、很简单的例子中考虑这些情况.

382

试考虑在闭合容器中相互独立地运动着的一组电子,而且为了简单,假设当电子碰到器壁时将像弹性球在坚硬的光滑表面上那样地受到反射.现在我们将检查外磁场对这样一组电子的影响.

我们首先针对这一特例来证明我们在前面已经完全普遍地证明了的结果,即在统计平衡下容器中任何一个任意小的体积元中的电子速度都将按一切方向而均等地分布.图中表示容器的靠近器壁处的一个小部分.器壁被假设为和图面垂直,并用直线 ab 来表示,而容器的内部被设想为位于这条直线的右侧.图中画出了若干个电子的路程,各电子都具有相同的速率而且在图的平面中运动.为了简单,我们只考虑其路程已画在图中的那种电子.如果各电子在每一点处的速度是在图面中沿一切方向而均等分布的,则这样一组电子将处于统计平衡;先看离器壁较远的点,若从各该点出发的电子将由于磁场的作用而不能到达器壁,则对于这些点来说,上述结论可由相对于磁场

　＊　［根据Ⅱ,用此段的前一部分代替了Ⅰ中的一句:"Som vi nu imidlertid har omtalt…".］

　①　J. J. Thomson: *Rapp. du Congrès de Physique* (Paris 1900), vol. **3**, p. 148 和 W. Voigt: Ann. d. Phys. **9** (1902) 130,注 1;并参阅 P. Langevin: Ann. d. Chim. et d. Phys. **5** (1905) 90.(和上述几位作者相反,Z. Thullie(Prace mat. -fiz. Warszawa **19** (1908) 207)相信自由电子的效应不是抗磁的而是顺磁的;但是,就我所能看到的来说,这是由于他的计算中弄错了正负号;参阅前引论文 p. 209 方程(1)和 p. 210,方程(4).

的对称性而直接推得. 对于和器壁任意接近的点, 这一结论也成立; 这是这样
一件事实的后果: 电子(根据所作的假设)将以那样一种方式而被器壁反射,
以致平均说来它们的路程将是假设器壁不存在时它们所将经过的路程的延
长线. 完全相似的考虑证明, 一种对应的统计平衡对于全部的电子也存在, 就
是说, 当把那些不在图面内运动的电子或靠近不和外磁场平行的一部分器壁
的电子也包括在内时, 统计平衡也是存在的. 因此, 所考虑的电子的运动不会
引起任何外在的磁效应.

现在我们来检查所考虑的例子中的个体电子的路程. 如果我们考虑如图所
示的那些电子, 我们就又会看到, 一个在运动中不会触及器壁而是描绘闭合路程
的电子, 平均说来将产生一个和外磁场方向相反的磁场. 另一方面, 如果我们追
踪沿着路程而和器壁相接触的那些电子的运动, 我们就由图看到, 在外场的影响
下, 它们得到一种沿器壁爬行的运动; 因此, 分别考虑起来, 这些电子就将产生一
种和外场方向相同的磁场; 这种磁场和内部电子所产生的磁场相等而反向.

于是我们已经看到, 一块处于电平衡和温度平衡的金属, 不会因为自由电子
的存在而具有任何的磁学性质. (但是必须指出, 在一块暴露在变化的磁场中的
金属中, 将出现由磁场引起的一种电子集体运动——所谓傅科电流, 这种集体运
动是由按照电磁理论而不可分割地和磁场的变化联系着的电场所引起的; 这种
电流将引起反抗磁场变化的磁效应. 当然, 当一块金属突然暴露在磁场中时, 也
会出现完全相似的情况[1], 但是, 在这一情况下, 当磁场已经恒定时, 这种感生的

———————————

① 正如朗之万(前引论文 p. 82—93; 并参阅 Z. Thullie: Anz. d. Akad. d. Wiss. Krakau, math. -nat. Kl.
(1907) 749)所证明的, 如果我们考虑被假设为在金属原子内部沿闭合轨道运动的"束缚电子", 也会出现
和上述情况相对应的情况; 如果突然加上一个磁场, 则在这种情况下该磁场也会引起各电子的一种运动,
这种运动将产生和外磁场方向相反的磁场. 正如朗之万已经指出的(前引论文 p. 83), W·佛格特(前引论
文 p. 125)和 J·J·汤姆孙(Phil. Mag. **6** (1903) 688)之所以没有在一个在辏引力作用下沿闭合轨道运动
的电子组中发现这样一种效应, 是由于这些作者没有充分考虑和磁场的变化相联系着的电场. (在这儿可
以提到, 按照在以上的正文中叙述的观点, 佛格特和汤姆孙的计算阐明了统计平衡分布和磁场的存在之
间的无关性; 在上述这种电子沿闭合轨道而运动的情况, 将不存在任何"边界"效应; 参阅前面的正文.)从
上述这种情况出发, 朗之万曾经企图通过一种假设来解释物体的抗磁性, 即假设这样出现的一种运动将
无变化地持续存在, 只要磁场保持恒定就行. 但是, 按照我们在第一章中所作的讨论(原第 306 页), 是不
可能出现这种情况的, 如果电子的运动服从普通的力学定律, 如果在电子和原子之间发生着任何能量传
递, 以致终于达成统计力学平衡的话. (根据所考虑的理论, 必须假设这些电子之间存在某种能量交换, 因
为所考虑的磁效应正是通过外力对这些电子的作用来解释的, 也就是通过由原子外面的电子所引起的力
的作用来解释的.)

由上述可见, 如果忽略例如能量的发射之类的能够阻止束缚电子达成自由电子所达成的统计力学平
衡的那些效应, 就不可能在电子论的基础上解释物体的磁学性质. (参阅 W. Voigt, 前引论文 p. 146 和 J·
J·Thomson, 前引论文 p. 689, 并见 R. Gans: Nachr. d. Kgl. Ges. d. Wiss. Göttingen math. -phys. Kl.
(1910) 213. 但是, 能量的发射或许可能解释顺磁现象, 而却不能解释抗磁现象.)此处提到的情况似乎和
在上一章末尾所讨论的那些情况直接有联系.

383　电子集体运动也将很快地消失,而对于电子速度的统计分布并不留下任何永久性的效应.)

§2　磁场电现象和热磁现象

到此为止,我们一直假设所考虑的那块金属是处于电平衡和热平衡的;但是,如果情况并非如此,则各电子平均说来将沿一个确定方向发生集体运动,而磁场对运动的影响就会表现出来,引起所谓的磁场电现象和热磁现象.

现在我们将推导当除了在第一章中考虑过的那些外力以外还存在外磁力时适用于电子集体运动的方程. 我们将仅仅考虑假设存在分立碰撞的那一情况. 正

384　如在第一章中那样,我们将确定体积元 dV 中速率介于 r 和 $r+dr$ 之间的那些电子所具有的总动量. 我们将把这一动量沿各坐标轴的分量写成

$$G_x(r)\mathrm{d}r\mathrm{d}V, G_y(r)\mathrm{d}r\mathrm{d}V \quad 和 \quad G_z(r)\mathrm{d}r\mathrm{d}V.$$

在第一章中(原第 309—316 页),我们曾经计算了在时间 $\mathrm{d}t$ 内由于外力的作用和电子的运动,并由于金属原子和电子之间的碰撞以及电子之间的相互碰撞而引起的这一动量的增量;现在我们将计算磁力所引起的增量. 这可以很容易地做到;因为,既然由磁场引起的力垂直于个体电子的运动方向,它们就不会改变电子的速率,从而也不会使电子进入或离开所考虑的速率组(参阅原第 311 页的注);因此,所讨论的动量的全部增量就等于所考虑的组中那些个体电子的动量在时间 $\mathrm{d}t$ 内的增量之和.

用 H_x、H_y、H_z 代表磁场的分量(以绝对电磁单位计),并且应用一个从正 z 轴方向看去 xy 平面的旋转方向是逆时针方向的坐标系〔按:即所谓右手坐标系〕,我们就得到磁场对个体电子的作用力的分量表示式:

$$M_x = \frac{\varepsilon}{c}H_z\,\eta - \frac{\varepsilon}{c}H_y\zeta, \; M_y = \frac{\varepsilon}{c}H_x\zeta - \frac{\varepsilon}{c}H_z\xi,$$

和

$$M_z = \frac{\varepsilon}{c}H_y\,\xi - \frac{\varepsilon}{c}H_x\,\eta,$$

因此,在时间 $\mathrm{d}t$ 内由磁力引起的动量 $G_x(r)\mathrm{d}r\mathrm{d}V$ 的增量就是

$$\sum M_x\mathrm{d}t = \left(\frac{\varepsilon}{c}H_z\sum\eta - \frac{\varepsilon}{c}H_y\sum\zeta\right)\mathrm{d}t = \left(\frac{\varepsilon}{cm}H_zG_y(r) - \frac{\varepsilon}{cm}H_yG_z(r)\right)\mathrm{d}r\mathrm{d}V\mathrm{d}t.$$

根据前面提到的第一章中的计算,我们现在就得到当把外磁力也考虑在内时确定的电子的集体运动的方程

$$\left[\frac{\mathrm{d}G_x(r)}{\mathrm{d}t}\right] = -\frac{4}{3}\pi mK\left(\frac{\varepsilon}{kT}\frac{\partial\varphi}{\partial x} + \frac{1}{K}\frac{\partial K}{\partial x} + \frac{\frac{1}{2}mr^2}{kT^2}\frac{\partial T}{\partial x}\right)r^4\mathrm{e}^{-\frac{1}{2}mr^2/kT}$$

$$-G_x(r)F(r) + \int_0^\infty G_x(\rho)Q(\rho,\,r)\mathrm{d}\rho + \frac{\varepsilon}{cm}H_zG_y(r)$$

$$-\frac{\varepsilon}{cm}H_yG_z(r) \tag{108}$$

以及由 x、y 和 z 的轮换而得到的另外两个对应的方程.

方程(108)和对应的两个方程使我们能够在给定的情况下确定 $G_x(r)$、385
$G_y(r)$ 和 $G_z(r)$ 这些量,根据这些量,我们可以计算在所给的条件下将在任一给定时刻通过金属内部一个面积元的电流和热流;然后,利用和在研究温差电现象时所用的手续十分相似的手续,我们就能计算各式各样的磁场电效应和热磁效应.

我们将只处理上述各现象中的一个现象,即在稳定条件下当一块温度均匀的均匀金属被暴露在均匀磁场的影响下时将会出现在金属中的那种磁场电效应;而且我们将只考虑一种简单的情况,即金属原子被假设为固定的力心,它们对电子的作用力和距离的 n 次方成反比,而电子之间的相互碰撞则忽略不计.

假设磁场平行于 z 轴,既然在这一情况下 $Q(\rho,\,r)=0$,我们就得到确定 $G_x(r)$ 和 $G_y(r)$ 的下列方程:

$$-\frac{4\pi m\varepsilon K}{3kT}\frac{\partial\varphi}{\partial x}r^4\mathrm{e}^{-\frac{1}{2}mr^2/kT} - G_x(r)F(r) + \frac{\varepsilon}{cm}H_zG_y(r) = 0,$$
$$-\frac{4\pi m\varepsilon K}{3kT}\frac{\partial\varphi}{\partial y}r^4\mathrm{e}^{-\frac{1}{2}mr^2/kT} - G_y(r)F(r) - \frac{\varepsilon}{cm}H_zG_x(r) = 0. \tag{109}$$

由方程(109),我们得到

$$G_x(r) = -\frac{4\pi m\varepsilon K}{3kT}\frac{\dfrac{\partial\varphi}{\partial x}F(r) + \dfrac{\partial\varphi}{\partial y}\dfrac{\varepsilon}{cm}H_z}{F(r)^2 + \left(\dfrac{\varepsilon}{cm}H_z\right)^2}r^4\mathrm{e}^{-\frac{1}{2}mr^2/kT} \tag{110}$$

以及由 x 和 y、y 和 $-x$ 的互换而从(110)得到的一个类似的表示式. 现在,对于分别垂直于 x 轴和 y 轴的单位面积上的电流,我们就得到

$$i_x = \frac{\varepsilon}{m}\int_0^\infty G_x(r)\mathrm{d}r \quad \text{和} \quad i_y = \frac{\varepsilon}{m}\int_0^\infty G_y(r)\mathrm{d}r,$$

利用(110)和对应的方程,由此即得

$$i_x = -\sigma_1 \frac{\partial \varphi}{\partial x} - \delta_1 \frac{\partial \varphi}{\partial y} \quad 和 \quad i_y = -\sigma_1 \frac{\partial \varphi}{\partial y} + \delta_1 \frac{\partial \varphi}{\partial x}, \tag{111}$$

式中 σ_1 和 δ_1 由下列方程来确定:

386

$$\sigma_1 = \frac{4\pi\varepsilon^2 K}{3kT} \int_0^\infty \frac{F(r)r^4 e^{-\frac{1}{2}mr^2/kT}}{F(r)^2 + \left(\dfrac{\varepsilon}{cm}H_z\right)^2} dr$$

$$\tag{112}$$

和
$$\delta_1 = \frac{4\pi\varepsilon^2 K}{3kT} \int_0^\infty \frac{\dfrac{\varepsilon}{cm}H_z r^4 e^{-\frac{1}{2}mr^2/kT}}{F(r)^2 + \left(\dfrac{\varepsilon}{cm}H_z\right)^2} dr.$$

在计算这些表示式的值时,我们将假设 $(\varepsilon/cm)H_z F(r)^{-1}$ 对于一切对积分有显著贡献的 r 值来说都是一个很小的量. 既然正如根据前面的 M_x 和 M_y 的表示式可以证明的那样, $(\varepsilon/cm)H_z$ 就是在磁场影响下电子速度在 xy 平面上的投影将在单位时间内转过的角度,而 $F(r)^{-1}$ 则等于速率为 r 的电子的原有动量的一个分量平均说来减少到原值的 $\dfrac{1}{e}$ 所需的时间 τ,那么,上述这一假设的物理意义就是,和金属原子所引起的效应相比,磁力对个体电子的路程只能有很小的影响. 现在,正如在所考虑的情况下是适当的那样,令 $F(r) = Cr^{(n-5)/(n-1)}$ (参阅原第 321 页),我们就得到

$$\sigma_1 = \sigma\left[1 - \sigma^2 \frac{H_z^2}{N^2\varepsilon^2 c^2} \frac{9\pi}{16} \Gamma\left(\frac{n+5}{n-1}\right) \Gamma^{-3}\left(\frac{2n}{n-1}\right)\right]$$

$$\tag{113}$$

$$\delta_1 = \sigma^2 \frac{H_z}{N\varepsilon c} \frac{3\sqrt{\pi}}{4} \Gamma\left(\frac{3n+5}{2(n-1)}\right) \Gamma^{-2}\left(\frac{2n}{n-1}\right),$$

它们对应于以前求得的 σ_p 和 δ_p 的表示式(原第 361—364 页),只是式中的 p 换成了 $(\varepsilon/cm)H_z$.

这里我们注意到存在于金属对热射线的吸收的计算和金属的磁场电性质的计算之间的完全的形式类似性. 在考虑到分立碰撞的所有情况下都将出现的这种类似性,其物理意义可以这样来叙述: 由 $\tan^{-1}(\delta_p/\sigma_p)$ 来给出的(参阅原第 363 页)对于迅速振动的电场来说出现在电场和电流之间的周相差,等于在和电场相垂直的磁场作用下的电流和电场之间的夹角 $\tan^{-1}(\delta_1/\sigma_1)$ (参阅(111)式),如果振动电场的振动周期 $2\pi/p$ 等于一个电子沿着轴线平行于磁场的螺旋轨道转动一周所需的时间 $2\pi/(\varepsilon/cm)H_z$ 的话.

现在我们将借助于方程(111)来计算磁场电效应. 如果所考虑的那块金属沿着 x 轴的方向通有电流, 则在磁场的影响下, 在金属中具有相同的 x 坐标和不同的 y 坐标的两点之间将出现电势差——霍耳效应. 和这一电势差相对应的电场强度 E_y, 可以通过令 i_y 的表示式等于零来求得; 这样就得到

$$E_y = -\frac{\partial \varphi}{\partial y} = -\frac{\delta_1}{\sigma_1}\frac{\partial \varphi}{\partial x}.$$

将此式代入 i_x 的表示式中, 我们就得到

$$i_x = -\sigma_1\left[1 + \left(\frac{\delta_1}{\sigma_1}\right)^2\right]\frac{\partial \varphi}{\partial x} \quad \text{和} \quad E_y = \frac{\delta_1}{\sigma_1^2 + \delta_1^2}i_x. \tag{114}$$

我们由(114)式看到, 除了霍耳效应以外, 磁场也引起电导率的变化, 这时电导率在磁场的影响下变成

$$\sigma_H = \sigma_1\left[1 + \left(\frac{\delta_1}{\sigma_1}\right)^2\right]. \tag{115}$$

现在, 将由方程(113)给出的 σ_1 和 δ_1 的值代入(114)和(115)中, 我们就在和以上相同的近似下得到

$$E_y = i_x\frac{H_z}{N\varepsilon c}\frac{3\sqrt{\pi}}{4}\Gamma\left[\frac{3n+5}{2(n-1)}\right]\Gamma^{-2}\left(\frac{2n}{n-1}\right)$$

和

$$\sigma_H = \sigma\left\{1 - \sigma^2\frac{H_z^2}{N^2\varepsilon^2 c^2}\frac{9\pi}{16}\left[\Gamma\left(\frac{n+5}{n-1}\right)\Gamma\left(\frac{2n}{n-1}\right) - \Gamma^2\left(\frac{3n+5}{2(n-1)}\right)\Gamma^{-4}\left(\frac{2n}{n-1}\right)\right]\right\}. \tag{116}$$

最后, 我们将检查电流通过垂直于 y 轴的单位面积所传递的能量 W_y. 既然

$$W_y = \frac{1}{2}\int_0^\infty r^2 G_y(r)\mathrm{d}r,$$

那么, 将 $F(r) = Cr^{(n-5)/(n-1)}$ 代入方程(110)中, 略去对 $(\varepsilon/cm)H_zF(r)^{-1}$ 来说为高级小量的那些量并引用在方程(112)中定义了的那些符号, 我们就得到

$$W_y = -\frac{2n}{n-1}\frac{k}{\varepsilon}T\sigma_1\frac{\partial \varphi}{\partial y} + \frac{3n+5}{2(n-1)}\frac{k}{\varepsilon}T\delta_1\frac{\partial \varphi}{\partial x};$$

令 $i_y = 0$, 我们就借助于(111)得到

$$W_y = \frac{n-5}{2(n-1)} \frac{k}{\varepsilon} T \sigma_1 E_y. \tag{117}$$

388　　　到此为止,我们一直假设温度在金属的所有各部分都是相同的;但是,如果金属和环境之间没有热传递,则金属中将出现温度差,直到引起的热传导平衡了上面所考虑的能流为止. 在和计算 W_y 时所用的相同的近似程度下,热导率 γ 将不依赖于磁场,而且,既然在这种近似下可以令 σ_1 等于 σ,我们在所讨论的情况下就得到关于沿 y 轴方向的温度变化的方程

$$\frac{\partial T}{\partial y} = \frac{W_y}{\gamma} = \frac{n-5}{2(n-1)} \frac{k}{\varepsilon} T \frac{\sigma}{\gamma} E_y,$$

由此借助于方程(41)即得

$$\frac{\partial T}{\partial y} = \frac{n-5}{4n} \frac{\varepsilon}{k} E_y. \tag{118}$$

(关于方程(118)我们必须指出,E_y 代表前面所考虑的出现在温度均匀的一块金属中的电场强度的 y 分量. 如果像在此处所考虑的情况下一样温度并不均匀,则电场强度的 y 分量将因为存在由第二章中联系到温差电效应而讨论过的温度差所引起的电势差而发生变化. 既然这些电势差在一级近似下是不依赖于磁场的,对于这种情况下的电场强度的 y 分量,我们借助于方程(49)就得到

$$E'_y = E_y + \frac{k}{\varepsilon} \left[\frac{T}{N} \frac{\mathrm{d}N}{\mathrm{d}T} + \frac{n+3}{2(n-1)} \right] \frac{\partial T}{\partial y},$$

由此借助于方程(118)就得到

$$E'_y = E_y \left[\frac{n-5}{4n} \frac{T}{N} \frac{\mathrm{d}N}{\mathrm{d}T} + \frac{9n^2 - 10n - 15}{8n(n-1)} \right]. \tag{119}$$

但是,这里算得的电势差并不能像上面考虑的 E_y 这个量那样地直接测量(参阅原第 347 页).

现在我们将应用这里导出的公式来考察某些简单情况.

(i) 将 $n = \infty$ 代入方程(116)和(118)中,我们就针对金属原子被假设为硬弹性球的情况得到

$$E_y = i_x \frac{3\pi}{8} \frac{H_z}{N\varepsilon c}, \quad \sigma_H = \sigma \left(1 - \frac{9\pi(4-\pi)}{64} \frac{\sigma^2 H_z^2}{N^2 \varepsilon^2 c^2} \right), \quad \frac{\partial T}{\partial y} = i_x \frac{3\pi}{32} \frac{H_z}{Nkc}.$$

$$\tag{120}$$

这些公式(以及在(119)中令 $n=\infty$ 所得出的"绝热霍耳效应"的表示式)曾由R·甘兹导出[1],他曾经给出磁场电现象和热磁现象的一种很完备的处理,所根据的关于金属原子和电子之间的碰撞效应的假设和 H·A·洛伦兹的理论所依据的那些假设相同.

既然我们已经假设只存在一种确定的电子(带有负电荷 ε),(120)中的第一式就表明,如果电流是沿着正 x 方向的,则将出现一个沿着负 y 轴方向的电场.方程(120)也表明,在磁场的影响下电导率将减小($\sigma_H < \sigma$).

但是,这些结果和实验上得到的结果并不一致[2];例如,不但存在像铋这样的金属,它们沿着我们的计算所预见的方向而具有霍耳效应,而其电导率在磁场中将减小,而且也存在像铁这样的金属,它们沿着和预见方向相反的方向具有霍耳效应,而其电导率在磁场中将增大.

必须强调,计算结果和实验结果的这种不一致,并不是所作的特殊假设(洛伦兹的假设)的后果,因为上面导出的结果(霍耳效应的正负号和电导率的减小($\sigma_H < \sigma$))在满足引论中所作的基本假设的一切情况下都将成立,也就是说,在假设金属原子的性质即使当有外力作用时也在一切方向上都相同,从而外力的效应可以根据它们对自由电子的运动的影响来直接确定的一切情况下都成立.

因此,为了根据在金属内部运动着的相同粒子(电子)的概念来和实验一致地解释磁场电效应,我们就不得不(至少是对某些金属)假设外力不但会直接影响自由电子的运动,而且会通过对金属原子发生一种极化效应而间接地影响自由电子的运动.这样一种假设显得是很自然的,因为在所讨论的现象和可以用这种极化效应假设来解释的金属的磁学性质之间是存在密切联系的;例如,铁磁性金属的霍耳效应不是和磁场成正比而是和磁化强度成正比.

除了表现为观察到的霍耳效应并不永远和计算出来的效应同号的这种理论和实验之间的不一致以外,建筑在洛伦兹所用假设的基础上的理论还面临着另一种基本困难,即解释磁场电现象的横向温度差的困难.事实上,对于霍耳效应的正负号和计算出来的正负号相同而其电导率在磁场中会减小的一切金属来说,这种温度差都和方程(120)所给出的异号[3].

但是,我们在下面即将看到,如果我们抛弃洛伦兹的特殊假设,并不假设金属原子和电子是像硬弹性球那样地互相作用,而是以随着距离按适当方式而变

① R. Gans：Ann. d. Phys. **20** (1906) 293.

② 关于这些问题的实验研究方面的文献,例如参阅 H. Zahn：Jahrb. d. Rad. u. El. **5** (1908) 166.

③ 参阅 R. Gans,前引论文 p. 307—308;并参阅 P. Gruner：Arch. d. sciences phys. et nat. **28** (1909) 607—608.

化的力而互相作用,上述困难就不存在了.

(ii) 令 $n = 5$ ——这就和金属原子像基元磁体一样地对电子起作用的假设相对应(参阅原第 321 页),我们就由方程(116)和(118)得到

$$E_y = i_x \frac{H_z}{N\epsilon c}, \ \sigma_H = \sigma \quad 和 \quad \frac{\mathrm{d}T}{\mathrm{d}y} = 0. \tag{121}$$

这些就是假如我们曾经假设一切电子都具有相同的沿 x 方向的速度(例如,假设它们是在一种连续的黏滞性媒质中运动)时所将得出的同样公式;既然 $N\epsilon$ 就是单位体积中自由电子的电荷,$i_x/N\epsilon$ 在这种情况下就将是电子的公共速度;此外,既然在这种情况下电场 E_y 恰好和磁场对每一电子的偏转作用相平衡,磁场的存在就将对电导率没有任何影响,而且也不会引起任何沿 y 轴方向的能量传递. 在 $n = 5$ 的情况下这种计算方法之所以导致正确结果是由于这样一件事实:在这一特例中,沿 x 轴的总动量是均等地分布在那样一些电子中间的,各电子相对于沿 x 轴的平均速度来说的速度具有不同的绝对值.

可以指出,在假设了分立碰撞并忽略了电子彼此之间的相互作用的一切其他情况下,正如特别说来出现在前一例子和下一例子中的情况一样,E_y 将大于在这一特例中求得的 $i_x H_z/N\epsilon c$ 这个值;另外也可以指出,在这一特例中,电导率的减量取了最小的值,即零.

(iii) 令 $n = 3$ ——这就和第一章原第 322 页所提到的金属原子是一些电偶极子的假设相对应,我们由方程(116)和(118)就得到

391

$$E_y = i_x \frac{45\pi}{128} \frac{H_z}{N\epsilon c},$$

$$\sigma_H = \sigma \left[1 - \frac{27\pi(256 - 75\pi)}{16\,384} \frac{\sigma^2 H_z^2}{N^2 \epsilon^2 c^2} \right], \tag{122}$$

$$\frac{\mathrm{d}T}{\mathrm{d}y} = -i_x \frac{15\pi}{256} \frac{H_z}{Nkc}.$$

在这一情况下,可以看到磁场电现象的横向温度差和根据洛伦兹假设所求得的符号相反,从而这是在正负号方面和实验上求得的值相一致的一个值(参阅前面). 于是,这个例子就表明了,为了在所考虑的现象方面和实验取得一致,我们应该怎样假设金属原子和电子之间的相互作用,不是像在硬球之间那样进行的,而是相反,原子的作用是通过变化较慢的力场来进行的;这和我们在前面发现的情况很为一致,那时我们讨论了电导率和热导率之比,而且为了得到计算值和实验值之间的一致性,曾经不得不假设这种力的存在;例如,通过令 $n = 3$,求得了纯金属的传导率之比的计算值和实验值之间的良好一致性(参阅原第

341 页).

最后我们将指出,如上所述,这种假设金属原子通过连续力场来对电子起作用的必要性,不但在发生分立碰撞时是成立的,而且在金属原子的线度没被假设为远小于原子之间的相互距离的情况下也是成立的. 和以前一样,我们将假设电子和电子之间的相互作用比起金属原子和电子之间的相互作用来可以忽略不计,而且原子的力场相对于电子的运动来说可以认为是稳定的,这样,我们就将说明怎样用和第一章原第 324—330 页上所用的方法相对应的方法来处理问题*.

既然如原第 381 页所述,磁场对统计平衡分布没有任何影响,第一章原第308—330 页上所用的计算就可以毫无变化地重复一遍,从而电子的集体运动在这一情况下也可以看成一种自由扩散的结果,不过这种扩散("磁场中的自由扩散")并不是沿着和浓度梯度相反的方向,而是和该方向成一个小角度而进行的. 这个角度("扩散角")以及扩散系数都是 a(参阅原第 327 页)的函数,是磁场强度 H 的函数,而且也是磁场和扩散方向之间的夹角的函数. 我们在这儿将只考虑和扩散方向成直角的场.*

如果和以前一样,我们只考虑对个体电子的影响远小于金属原子对它们的影响的那种磁场,并略去和两段时间之比的平方具有相同数量级的小量,其一就是电子的运动方向在磁场影响下转动一周的时间,其二就是平均说来个体电子由于金属原子的作用而损失其大部分原有的沿一给定方向的动量的时间(参阅原第 386 页),那么,作为磁场强度的偶函数的扩散系数就将不依赖于 H,而作为磁场强度的奇函数的扩散角就将和 H 成正比.*

392

在金属原子被假设为硬物体的特例中(参阅原第 328 页),我们可以很容易地证明扩散角怎样依赖于 $a(r)$. 当没有磁场时,电子的路程在这种情况下是不依赖于它们的速度的(参阅原第 329 页). 如果我们现在考虑分别以速率 r_1 和 r_2 而分别在磁场 H_1 和 H_2 中运动着的两组电子,各数据选得满足 $r_1 H_2 = r_2 H_1$,那么这两组电子平均说来就将描绘完全相同的路程,从而也将在相同的扩散角下进行扩散. 而且,既然如上所述这一角度是和 H 成正比的,它就必然是和 r 成反比的.*

于是,在这一情况下,我们就得到和在前面考虑的 $n=\infty$ 的情况下(原第 388页)所得的形式相同(但系数不同)的确定电子的集体运动的方程. 因此,在这一情况下,比值 $E_y{}^{-1} dT/dy$ 也将有方程(120)所给出的同一个值,即 $\varepsilon/4k$. 但是,一般说来,dT/dy 和 E_y 的表示式将和(120)所给出的并不相同. (参阅原第 342 页

---

　　* 〔据Ⅱ和Ⅲ,各自标有星号的最后五段代替了Ⅰ中第 117—118 页上的单独一段.〕

上的电导率和热导率之比的类似情况.）*

393   总　　结*

　　本文曾经试图在比 H·A·洛伦兹理论所依据的基础更为普遍的基础上处理金属电子论. 主要的目的曾是检查洛伦兹理论中所得的结果在多大程度上依赖于所作的特殊假设.

　　在第一章中,导出了适用于自由电子的集体运动的方程. 电子和金属原子之间出现分立碰撞的情况是用一种普遍的方式加以处理的;对于并未假设出现分立碰撞的情况,在特殊假设下导出了运动方程,这些假设据信是近似地和实在金属中的情况相对应的.

　　在第二章中,对恒稳问题应用了运动方程. 曾经证明,比较普遍的理论可以说明电导率和热导率之比的观测值和根据洛伦兹理论得到的计算值之间的分歧. 另外也已证明,关于温差电现象的电子论和开耳文勋爵所给出的热力学理论之间那种由洛伦兹指出的一致性,在更普遍的情况下也是成立的.

　　在第三章中,处理了非稳问题. 已经证明,热射线的吸收和发射的计算,在所考虑的一切情况下都导致和洛伦兹所求得的定律相同的黑体辐射定律.

　　在第四章中,研究了磁场的效应. 已经证明,金属中自由电子的存在既不会引起抗磁性也不会引起顺磁性. 而且也已证明,建筑在更普遍假设的基础上的磁场电效应的计算,可以做得比建筑在洛伦兹所用假设的基础上的计算和实验符合得更好.

394   摘　　要**

　　借助于在本论文中导出的方程(14),以及在方程(18)中给出的那一类的 $F(r)$ 和 $Q(\rho, r)$ 的表示式,就能够在任何所要求的近似下数字地计算一种气体的热导率和自扩散系数之比,该气体的分子是像硬弹性球一样地互相作用的;这是利用在这些问题中通常使用的方法还不曾能够做到的一种计算.

　　经发现,液体的表面张力在形成表面后的最早阶段中只有很小的变化,因此,和许多人所持有的见解相反,这个表面张力的值可以用稳态方法来很精确地

　　＊［Ⅰ中没有总结. 此处的总结以Ⅲ为基础.］
　　＊＊［根据传统,一篇丹麦的博士论文后面通常附有几条"摘要",这就是作者所得到的一些主要结论的简单叙述. 这些结论不一定和论文的课题有联系. 例如,这里的第二条和第三条摘要就表示的是玻尔在他的关于液体表面上的表面张力和波的较早工作中得到的结果.］

加以测定.

在受到重力作用或表面张力影响的一种不可压缩的非黏滞性液体的表面上,对于任何波长值来说都可以存在一种不改变波形而传播着的纯周期性的波.另一方面,对于受到重力和表面张力的同时影响的液体,情况却与此不同,因为可以证明,在这种情况下,对应于某些(无限多个)波长值的波是不能以不改变的波形而传播的. 这和一件事实密切有关,即在前两种情况下波的传播速率是分别随波长的增大而单调增大和单调减小的,而在后一种情况下却存在一个和确定的波长值相对应的极小速率.

彭加勒(*Thermodynamique*, 2e édition (Paris 1908) p. 384)表示了一种见解,认为开耳文勋爵的关于温差电现象的理论可以仅仅在热力学原理的基础上严密地加以证明,因为问题可以适当处理,以致热传导可以忽略不计. 但是,这和玻耳兹曼(Sitzungsber. d. Wiener Akad. d. Wiss. , math. -nat. Kl. **96**, Abt. Ⅱ (1887) 1258)的研究结果相冲突. 彭加勒的论证路线的错误起源于一件事实,即他忽略了由于一种情况而引起的热传导所造成的熵增量,其情况即通过温差电路的一个电路元的热传导是在高温处进入电路元而在低温处离开电路元的.

正如在本论文中所谈到的,为了解释合金的某些性质,曾经提出过一种理论;按照这种理论,合金和纯金属相反,它们并不是物理地均匀的,从而这种理论认为合金的电阻率有一个相当的部分是属于一种温差电极化现象的. 本文指出,这样一种理论显得是站不住脚的. 但是,雷德勒(Sitzungsber. d. Wiener Akad. d. Wiss. , math. -nat. Kl. **117**, Abt. Ⅱ a (1908) 311)在实验上已经证明,不论一段电路是由合金构成的还是由纯金属构成的,这段电路中的发热量都可以根据电流和电阻而借助于焦耳定律计算出来,而当他相信这样就驳倒了上述理论时他却是弄错了,因为,根据能量守恒定律,不论合金的电阻是否由温差电极化所引起,这种实验结果都必然是对的.

在电子论的目前发展阶段,根据这种理论来解释物体的磁学性质似乎还是不可能的.

395

Ⅲ. 关于博士论文的通信

（1911*）

1. K·贝代克尔

［玻尔在博士论文中曾经提到 K·贝代克尔的《金属导体中的电现象》（*Die elektrischen Erscheinungen in metallischen Leitern*）一书，贝代克尔于 1911 年 5 月 6 日来信如下：］

耶纳，玛丽大街 10 号©**

5 月 6 日，1911

尊敬的同道阁下：

蒙寄赠《金属电子论的研究》，十分感谢. 诚如所料，我对这一课题是很感兴趣的，而我也在类似的领域中工作颇久了. 就我所知，您所阐述的问题是很有价值的，因为这一类广博的、批评性的工作还不曾有过. 我还觉得有些物理学家已对现有的金属理论这一领域不太信任，从而修订就是必要的了.

我希望能尽快地抽时间更仔细地阅读一遍. 我自己在您有时引证的那本小册子中只对这一课题的理论方面作了简短的论述，因为我认为关于这方面的所有实验基础还不够可靠. 关于这个问题的基本假设没有几个是经过充分验证的，而是还存在为数甚多的可能性，从而接受其中某一个就将是很值得批评的. 我也同意您在引论第 5 页上所提出的观点：J·J·汤姆孙所引入的金属原子这一辅助物，在目前是不必要的和没有多大帮助的，从而人们现在宁可不引用它.

我不久将寄给您关于温差电理论的一种研究；通过这种研究，我希望已在这

---

  * ［参阅本编引言第 3 节.］
 ** ［中译者按：©代表本卷中的德文信件，都是在乐光尧君的协助下译出的.］

问题的某些其他方面有所收获. 致以

最衷心的敬礼!

您的忠实的
K·贝代克尔

［关于玻尔对此信的反应,目前还没有可用的资料.］

2. E·L·雷德勒

399

［E·L·雷德勒博士于 1911 年 5 月 26 日来信如下:］

切尔诺维茨,5 月 26 日,1911©

尊敬的同道:

承寄赠尊著博士论文,至为感谢;现只能简单作答.

关于您的摘要中的倒数第二条,我仍然不相信您是对的;您如能将所见详细告知,我将进一步和您联系. 因为大作中这一论点过于简略,而且我也很难将它译成德文,所以我自然就不能了解其全部的意义所在了. 致以

同道的敬礼!

您的忠诚的
E·L·雷德勒

E·L·雷德勒哲学博士

大学,物理研究所助教

切尔诺维茨

奥地利,布科维纳.

［玻尔于 6 月 7 日对此信作复如下(副本是玻尔的母亲的手迹):］

布列伽德 62 号,1911,7/6©

尊敬的同道:

收到来信,甚感盛意.

所谈的那条摘要,按例应该写得尽量简要,现将其译成德文如下:

"正如在本论文中所谈到的,为了解释合金的某些性质,曾经提出过一种理论;按照这种理论,合金和纯金属相反,它们并不是物理地均匀的,从而这种理论认为合金的电阻率有一个相当的部分是属于一种温差电极化现象的. 本文指出,这样一种理论显得是站不住脚的. 但是,雷德勒在实验上已经证明,不论一段电路是由合金构成的还是由纯金属构成的,这段电路中的发热量都可以根据电流和电阻而借助于焦耳定律计算出来,而当他相信这样就驳倒了上述理论时他却是弄错了. 因为,根据能量守恒定律,不论合金的电阻是否由温差电极化所引起,

400

这种实验结果都必然是对的."

关于这条摘要的论据,我的意见如下:如果此处所考察的是那样一种情况下的现象,即由相同金属构成的两个端点具有相同的温度,而且电路中除了发热以外没有其他的伴随作用,则由能量定律可知,一段电路上的发热率等于电流和两端间电势差的乘积.

在我看来,引导您得出不同看法的那一伴谬可以在您的论文的第 3 页上找到;您在那儿写道:加热和冷却会使(最后的)珀耳帖效应相互抵消.

这种说法似乎并不正确;一种最后的极化恰恰来自一个假设,即电路中各金属粒子之间的接触处温度不同,从而各珀耳帖效应在量值上不再相等而不能互相抵消,于是相反地会出现总的发热率,这种发热率是按照能量定律而和温差电极化相对应的.

此信德文拙劣,希勿见笑. 致以
同道的敬礼!

您的忠诚的
尼耳斯·玻尔

3. P· 德 拜

［在博士论文第一章的三条小注中,提到过 P·德拜的工作;玻尔收到了德拜的下列来信:］

苏黎世,5 月 30 日,1911©

尊敬的先生:

蒙惠寄博士论文,至为感谢. 我已尽力了解尊文的结果,但因不谙丹麦文,使我颇感困难. 因此,如果您能阅读下文并告知我的理解是否正确,抑或您所指的是别的意思,我将甚感欣慰.

人们根据和距离 n 次方成反比的相互作用定律,得到电导率 σ 的值

$$\sigma = \frac{4N\epsilon^2}{3\sqrt{\pi}mC}\left(\frac{m}{2kT}\right)^{(n-5)/2(n-1)}\Gamma\left(\frac{2n}{n-1}\right)$$

和热导率 γ 的值

$$\gamma = \frac{8nNk^2T}{3\sqrt{\pi}(n-1)mC}\left(\frac{m}{2kT}\right)^{(n-5)/2(n-1)}\Gamma\left(\frac{2n}{n-1}\right).$$

由此即得二者之比

$$\kappa = (\gamma/\sigma) = (2n/(n-1))(k^2/\epsilon^2)T.$$

如果这种理解是对的,那就请您告诉我您是否同意下述两种说法.

1) 根据实验结果,约有

$$\sigma \sim 1/T, \gamma \text{ 不依赖于 } T.$$

将这些代入公式中,就应有

$$(n-5)/2(n-1) = 1, \text{即 } n = -3.$$

于是就得到

$$\kappa = \frac{3}{2}(k^2/\varepsilon^2)T,$$

这比洛伦兹的结果

$$\kappa = 2(k^2/\varepsilon^2)T$$

还要坏一些.

2) 另一方面,根据实验结果约有

$$\kappa = 3(k^2/\varepsilon^2)T.$$

为此,人们必须取

$$2n/(n-1) = 3, \text{即 } n = +3.$$

于是就有

$$\sigma \sim T^{\frac{1}{2}} \quad \text{和} \quad \gamma \sim T^{\frac{3}{2}},$$

这也和实验相矛盾.

　　我完全可能在什么地方理解错了,这使我甚感遗憾,因为我认为您的推算肯定是一个进步和一项成就. 我再次恳请您把您的结果向我解释清楚.

402

您的忠实的
P•德拜

洛利街 50 号,苏黎世.

　　[玻尔的复信如下(副本是他母亲的笔迹,无日期):]©

尊敬的先生:©

　　收到来信,其意殷殷而富妙解,甚感. 现愿就来信所及略陈鄙见如下. 我的推算主要意在研讨人们为得到理论和实际的较好符合,可以在多大程度上信赖特殊的洛伦兹假设. 我觉得,您在来信中已在这方面的所述各点上得出结果,因为已经证明,如果假设金属分子对各电子不是像绝对的硬弹性球那样发生作用,而是以随着距离而连续变化的力来发生作用的,则电导率和热导率之比就将大于洛伦兹的计算结果,而且也肯定是大于实验上求得的结果的(例如,如果假设此力是像电偶极子附近的力那样发生变化的($n=3$),则和实际的符合将是很令人满意的(见第 58 页第 1—7 行)),而且,正如我所指出的(见第 58 页第 8—20 行),不论我们是承认分立的相互碰撞(即认为自由程比分子和电子的大小(作用范围)大得多)还是根据我们的物理知识而并不引入这种颇为牵强的假设,上述结果都是成立的.

　　然而,对于个别传导率的计算来说,情况就完全两样了.这时在个别传导率的表示式中将出现更多的目前还是未知的量(见第 54 页第 3 行和第 60 页第 1—4 行),而且这时可能出现一种情况,即不知道这些量随温度的近似变化方式就不能确定个别传导率随温度的变化方式,但是在理论上推得的这些量随温度的变化方式却对传导率的比值没有影响.正如您在来信中所正确指出的,我在我的论著中也已经强调(见第 60 页第 5—51 行及该页小注的第 13—18 行),如果人们从一种特殊的力学图景出发,个别传导率随温度的变化方式就是无法解释的;按照那种图景,分子是一些分立的力心,其作用范围远小于它们之间的相互距离,而且它们作用在电子上的力一方面和距离的 n 次方成反比(我曾如此假设,而且所有的计算只有当 $n>2$ 时才成立),而另一方面却不依赖于温度.

　　但是,我却认为这后一种情况绝不是理论的缺点(见第 60 页第 15—19 行),因为人们必须设想金属中的情况极其错综复杂(相对于上述那种特殊图景来说),而特别说来就是可以按照十分错综复杂的方式随温度而变化.我在此再次感谢您的友好来信,并望原谅我的劣拙德文,我愿意欣然奉告,拙文的英译本即将出版,届时将寄上抽印本求教.此致
深切的敬礼!

　　　　　　　　　　　　　　　　　　　　　　　　　　尼耳斯·玻尔敬上

无公薪教师 P·德拜先生
苏黎世大学,瑞士

4. M·莱恩伽额姆

　　[博士论文中曾提到 M·莱恩伽额慕关于热导率和电导率之比的确定,玻尔收到了莱恩伽额慕的下列来信:]

　　　　　　　　　　　　　　　　　　　Freiburg i. B. ,11 月 3 日,1911©
　　　　　　　　　　　　　　　　　　　　　　　　　　Karlsplatz 18

尊敬的同道阁下:
　　承寄赠饶有兴趣的有关金属电子论的大作,迄未函谢,谅之.今寄上拙作短文一篇求教.[Max Reinganum: Sitzungsber. d. Heidelberger Akad. d. Wiss. ,

Math. -nat. Kl. 1911，Abh. 10.]

可惜我由于语文的关系不能了解大作中的所有细节. 如果您能在《物理纪录》(Annalen der Physik)上刊出尊文的摘要,我的许多德国同道必将深感欢迎. 　404

我也同意您对德拜著作的批评. 此致

崇高的敬礼!

忠实的

M·莱恩伽额姆

［当时玻尔已到英国(见本书原第 103 页),从而他用英文写了回信.(副本是他本人的手迹.)］

爱耳提斯利大街 10 号

纽汉姆,剑桥

11 月 9 日,1911

亲爱的莱恩伽额姆教授:

手书敬悉,无任感谢. 我已阅读了您的有趣论文. 但是,您对于洛伦兹的热导率计算的批评,我却不能同意.

1) 在我看来(正如我在拙文第 65—66 页上已经指出的),您所给出的温差电动势表示式(17)和洛伦兹所求得的表示式(18)之间的差别,是由下述事实引起的：您所应用的 $\mathrm{d}p = X\rho\mathrm{d}x$ 这个方程对于一块温度不均匀的金属是不适用的,因为在这种情况下,由于电子速度分布对均匀温度情况下的正常速度分布的偏离,将存在从电子到金属分子的一种动量传递.

2) 此外我也不同意尊文第 16 页上的那种计算. 在我看来,电力的存在不会起到使金属中的被传递能量不同于通过金属内部一个假想界面由电子所传递的能量的那种作用. 根据统计观点,我觉得上述说法似乎是很显然的. 在洛伦兹的论文中,问题是从统计观点来加以处理的. 在您的论文中,您考虑了单个电子的路程并计算了在金属分子之间由电子传递的能量. 在我看来,您的结果和洛伦兹的结果之间的分歧应该解释如下：设 ab 是金属内部的一个平面,用 M 代表金属分子,而最后设所考虑的电力具有从 c 向 d 的方向.

正如您在尊文中已经指出的,沿着从 c 向 d 的方向穿过平面 ab 的那些电子：① 将向平面 ab 右方的金属分子传递能量,而此能量大于各电子在穿过平面 ab 本身时所将传递的能量. ② 但是,根据相同的理由,同样这些电子将从 ab 左　405 方的分子取走较少的能量. 此外,正如您已提到的,沿从 d 向 c 的方向穿过平面 ab 的那些电子. ③ 将向 ab 右方的分子传递能量,而此能量小于各电子在穿过平面 ab 本身时所将传递的能量. ④ 它们将从 ab 右方的分子取走较多的能量.

在我看来,如果您考虑所有这四种情况(按照我的理解,您在尊文中只考虑了第 1 种和第 3 种情况),您就会发现穿过平面 ab 由电子传递的能量和从 ab 左方的分子向 ab 右方的分子由电子传递的能量具有恰好相同的值.

关于这些考虑不知尊意如何,若能函示,当甚感激. 拙作的英译本即将在《剑桥哲学学会报告》(Transaction of the Philosophical Society of Cambridge)上发表. 此致
敬礼!

您的忠实的
尼耳斯·玻尔

〔莱恩伽额姆又来了一封信:〕

Freiburg i. B. 11 月 22 日,1911 ©
Karlsplatz 18

尊敬的同道阁下:

11 月 9 日函颇有趣而亲切动人,甚感. 关于您所提出的反驳,我的观点如下.

我认为,您的第二个反驳是正确的. 当考虑了您所列举的 4 点时,人们就可以推知在电子的热传导存在任意外力的情况下电可以按照通过截面的被传递动能来确定.

我首先考虑了电子和处于解离状态下的气体的类比. 这里的热传导是异常地大的. 这一点可以(按照能斯特的观点)这样解释:从较热处向较冷处扩散的解离分子多于沿相反方向扩散的解离分子,因为较冷处的未解离分子(例如 NO_2 气体)为数较多. 这里给出的只是关于热传导中穿过截面被无质量地传递的动能,此外还要加上相应的部分,以照顾解离分子在扩散以后在较冷一边的聚合(也放出热量)和在较热一边进行着的相反过程. 现在,这并不会直接传给电子,即使单位体积中的自由粒子数是依赖于温度的. 于是属于这种考虑的就有两种活动离子. 但是我曾经相信提出某种和电子相似的事物就可以找到出路,而且在这种意义上我所引入的附加力是有用的. 承您指出情况并非如此,使我甚为感谢.

406

关于您所提出的第一个反驳,我不理解运动怎么能够从电子传递给物质(通过动量的传递?). 于是就只能仍然认为原子具有无限大的质量并保持静止状态了. 但是我自己仍不能作出最后的判断,因为我由于前面提到的语文方面的某些困难而不能确切地理解尊文的第 65—66 页. 若尊文的英译本在剑桥出版后能够见赐一份,我当为此而甚感欣幸.

最后,若能对拙文附录(即电子的比热问题)的意见便中见告,我也将其为感

谢. 我自己对此也不太有信心,但在这方面却还没听到什么反对的意见,此致

最亲切的问候!

您的忠实的

M·莱恩伽额姆

［玻尔又用英文写了复信(副本是他本人的手迹)如下:］

爱耳提斯利大街 10 号

纽汉姆,剑桥

12 月 11 日,1911

亲爱的莱恩伽额姆教授:

11 月 22 日惠书敬悉,至感. 近日甚忙,迟复乞谅.

关于我在上次信中提到的第一点,我的用意只是在一种意义下使用"能量的传递"一词,这种意义和我们谈到球打中墙壁而动量就从球传到墙壁时的意义相同. 我的用意只是用一种简明的方式来叙述这一事实:在所考虑的情况下(一块金属,其内部的温度并不均匀),对正常速度分布的偏离将引起从分子方面作用在电子方面的沿着某一方向的合力,从而由于压强差和外力的出现而引起的作用在电子上的各力之和将不等于零.

来函问到我是否同意你关于电子比热的考虑,我必须说我不能同意,而且我将申明自己的理由. 你考虑了由洛伦兹算出的一块温度不均匀的金属中两点之间的电势差,而这个电势差在洛伦兹理论中就能说明一部分汤姆孙效应. 但是,在我看来,这种电势差和金属的比热并无直接关系. 你为了简单考虑了假设单位体积中的自由电子数并不依赖于温度的那种情况. 如果我们进一步考虑洛伦兹所用的同一种简单力学图景(按照这种图景,电子被认为是在金属中自由运动的,而且分子和电子之间的全部相互作用被认为是通过碰撞来完成的,在碰撞中二者像绝对硬的球体那样彼此作用),问题就比较简单,因为在比热的计算中我们只须考虑电子动能的变化(而且按照你的看法也要考虑所研究的金属块中的电势的变化),而不必考虑相对于金属分子而言的电子势能的变化.

现在让我们考虑被完全电绝缘体包围起来的一块金属,并且让我们通过绝缘体中的热传导来向这块金属传递能量(即热). 按照我的看法,在这样的情况下,由自由电子的存在而引起的那一部分比热将肯定地只起源于电子动能的增量,这一增量就是能量的全部增量.

接着让我们考虑上述的同一种情况,但是让我们将这块金属(通过一条很长的细金属丝)和另一块温度保持恒定的金属连接起来,并让我们再次向第一块金属传递能量. 现在根据理论在两块金属之间将出现一个电势差,可以设想这一电

势差将像你在尊文中所考虑的那个电势差一样对比热值发生影响（我希望我对您的想法理解得是正确的），但是在我看来这样一种假设是不对的. 因为电子将不会已经从电势高的地方运动到电势低的地方，而只是电势发生了变化，而电子则平均说来留在原地（只有和存在于金属中的自由电子总数相比为数甚少的电子将已经通过导线发生了运动并因此而引起完全可以忽略的能量增量）. 在我看来，这和我们向已绝缘导体传送了电荷的情况相同；在这样的情况下，我们只须根据传送给导体的那些电子的势能增量并根据在导体表面上形成自由电荷的那些电子的势能增量，而不必根据存在于导体内部的大量自由电子的势能增量来计算能量的增量（我们当然可以注意到这种电子的势能增量，但是那时我们就必须也注意到和电子具有相反电荷的金属分子的势能减量，而这一减量就将恰好和上述的能量增量相抵消）.

　　关于金属中自由电子数目的大小问题，我的意见是这样：通过考虑金属的光学性质而算得的这一数值和通过考虑比热而得出的上限之间的分歧，可以用一件事实来解释，即利用第一种方法算出的值由于下述理由而是不可靠的.

　　首先，有几位作者在他们的计算中考虑了金属的适用于普通可见光的光学恒量，但是，只有当碰撞时间（即电子运动着经过数量级和分子线度相同的距离所需的时间（不要和电子运动着经过一段自由程所需的时间混为一谈））和振动时间相比应该看成小得可忽略时，他们所用的电子论的计算才是正确的，而这一条件对于所考虑的光来说是并不满足的. 另一些作者应用了哈根和汝本斯的实验，并通过比较电导率的两种表观减量来计算了自由电子的数目——一种减量是根据上述实验中求得的反射系数而针对递减的振动时间算出的，另一种减量是按照电子论根据吸收系数算出的. 但是，根据反射系数算出的表观电导率和根据吸收系数算出的电导率并不完全相同；因为，按照电子论，（对于这样迅速的振动来说）在电流和电场之间将有一个周相差，这就会在反射系数的表示式中引起一些项（从而也在根据这种系数算出的表观电导率的表示式中引起一些项），这些项将和根据吸收系数算出的电导率减量所引起的那些项具有相反的正负号，并具有较大的数量级（见拙文第 88 页的注 2；所有这一切在诺德的计算（Ann. d. Phys. , Bd 18，p. 940，1904）中都已考虑到，但是后来的大多数作者却都没有注意）.

　　因此，在我看来，哈根和汝本斯的实验不能用来确定自由电子数，因为这些实验是在一种情况下给出了电导率的减量，而在那一情况下我们根据通常的简单电子论却应该预期一个增量. 我想（见拙文第 88 页），理论和实验之间的不一致应该通过下述假设来解释，那就是，金属中自由电子的运动情况比通常电子论中所设想的更为复杂，例如自由电子的运动并不能认为是由一些自由程和一次次的碰撞组成的.

再次感谢你的来信.

你的忠实的

尼耳斯·玻尔

[虽然莱恩伽额姆很可能回复了这封信,但目前还没有进一步通信的任何证据.]

Ⅳ. 关于金属电子论的演讲

（1911 年 11 月 13 日[*]）

剑桥哲学学会通告

本学会下届集会定于 11 月 13 日星期一下午 4:30 在卡文迪许实验室举行. 会上将作下列报告：

Ⅰ. **J·J·汤姆孙爵士教授**：

阳极射线在研究化学问题中的应用

Ⅱ. **N·玻尔**：

金属电子论（由 J·J·汤姆孙爵士教授推荐）

Ⅲ. **J·C·查普曼**：

大原子量元素的次级特征伦琴射线（由 J·J·汤姆孙爵士教授推荐）

---

* ［参阅本编引言第 4 节.］

The paper I have the honor to present to the Philosophical Society
deal with the electron-theory of metals.

The foundation of this theory is given by Weber, Riecke, Drude, J J Thomson
and H A Lorentz.　　　I have in my paper attempted to treat the electron-
theory of the metal from a somewhat more general basis than the
one used in the theory of Lorentz, still retaining the main-assump-
tions used by this author.

These assumptions are; for the first, that the free electrons in a
piece of metal unaffected by extraneous forces and in which the
temperature is uniform are in what is called mechanical heat equi-
librium, with the metal-molecules. i.e. in such a dynamical statistical
equilibrium, which will appear if the forces between the metal-molecules
and the electrons are of the same type as the forces considered in
ordinary mechanic. i.e. again that the kinetic energy and velocity-distri-
bution of the electrons are the same as those for of the molecules of
a gas at the same temperature.

The other main-assumption is that the properties of the single
metal-molecules on the average are the same in all directions, and
that this entropy will be independent of the presence of
extraneous forces, so that the influence of these forces is to
be calculated from their direct influence on the motions of
the free electrons. This last assumption, which is a main-assumption
in the theory of Drude and Lorentz, separates the calculations very
essentially from such theory as those given by Sutherland and
J J Thomson. In this last theory, the influences of the extraneous forces
is explained from the influence on the motions of the single
metal-molecules, with their relating electrons. considered as closed systems

414

and the directed motion of the electrons through the metal is produced by the fact, that take on account of the motion of the entire molecule, are sent out in directions, which on the average are dependent on the direction of the extraneous forces.

I Lorentz theory the interaction between the metalmolecules and the electrons (is assumed to) take place in the same way as between hard elastic spheres. The theory of Lorentz has given many result of the greatest interest, but in some points the agreement between the theory and the experiment is not satisfactory.

It has indeed been the intention, in my paper, to try to investigate which of the result of the theory are essentially connected with the special assumptions used by Lorentz and which will remain unaltered with reference to more general ass

I my paper I have separately considered 2 different case; in the first case assuming, that the motions of the free electrons consist of free paths and collision, as in the theory of Lorentz, and in the other case, assuming, that the metal molecules are so close together that the electrons during a great part of their motions are subjected to the influence of sensible forces from the metalmolecules. In the first mentioned case it has been possible to execute the calculation with regard to certain problems in perfect generality, setting out from the named main assumption, i.e without introducing special assumptions about the forces between the metal molecules and the electrons, and between these mutually. In the second case, which is more difficult, I have only treated the problem under the assumptions that the field of force of the metalmolecules is to be considered as stationary with regard to the motions of the electrons, and that we can neglect the effect of the interaction between the free electrons mutually in comparison with the effect of the interaction between the electrons and the metalmolecules. This last assumption seems to me approximately to correspond to the conditions in the real metals, on account of the great velocities and the small dimensions of the electrons in comparison with those of the metal-molecules.

Proceeding to mention some of the result of the investigation, I shall first mention the points in which the more general assumptions lead to the same results as found by Lorentz. These are, for the first, the conformity between the calculation of the law of heatradiation for rays with long times of vibration by help of the calculation of the power of absorption and emission, and the experiments i.e. Plancks formula for the law of heat-radiation for the considered rays with the considered times of vibration; and for the second the conformity between the calculation of the thermoelectric phenomena and the thermodynamic theory of these phenomena given by Lord Kelvin. The first result I think was to be expected, but I should like to say a few words about the conformity between the electron theory of the thermoelectric phenomena and the theory given by Lord Kelvin. This agreement i very remarkable, because the theory of Lord Kelvin can not be strictly founded on the ordinary thermodynamics on account of the fact that the phenomena with which we are dealing are inseparably connected with irreversible processes, namly the heat conduction and the Joule heat development. An attempt has been made to explain the agreement in question by

416

comparing the passage of the electricity through a thermo-elec-
tric circuit with a reversible circular process, in which a gas
is transferred through a series of states of equilibrium, which
with reference to the temperature and pressure corresponds to the
temperature of the metal and the pressure of the free electrons
in the considered points of the circuit. Such a consideration
gives the same result for the thermo-electric heat devel-
lopment as the direct calculation given by Lorentz. But in
the more general treatment the expression for the Peltier and Thomson
effects will not be the same as those found by Lorentz, if
we ~~think~~ assume that the law of forces between the metal-
molecules and the electrons is not the same in all metals
and ~~of~~ all temperature, terms will enter in the named expression
which will not only be dependent on quantities which determine
the named states of equilibrium, ~~but also the number of
electrons per unit of volume, which is the only quantity beside the
temperature which enter in in this expression~~, but also quantities
which are dependent on the way in which the momentum
in a given direction will be distributed between the electrons
with the different absolute velocities, if the equilibrium is
disturbed, quantities which cannot enter in a calculation only
considering states of equilibrium. ~~That~~ The result that
the agreement in question between the electron-theory and the
theory of Lord Kelvin hold in the more general cases seems therefore
to me to be rather remarkable.

I shall now mention some of the points in which the
more general treatment leads to a variation in the result

417

calculated for Lorentz special assumptions, and therefore to a
possibility of obtaining a better agreement with the experiment.
For the first it is found that the calculated value for the ratio
between the thermal and the electric conductivities is dependent
on the assumptions which are introduced about the forces acting
between the molecules and the electrons. As it is known Lorentz's
calculations gives a value only $\frac{2}{3}$ of the experimentally found value.
In Lorentz calculation the molecules are, as mentioned, assumed to be
hard elastic spheres; if, on the contrary, the molecules act upon
the electrons through continuously varying fields of force the
value of the ratio in question will in general be higher,
and I have shown, that if wee assumed that the molecules
act upon the electrons as electric doublets, the calculated
value for the ratio will be in a very good agreement with the
experimentally found values for the pure metals. This last
result is perhaps of some interest, because Prof. J. J. Thomson
has shown that some of the optical phenomena of the
metals can be explained by assuming the existence of
such electric doublets in the metals.

Another point is the calculation of the galvanomagnetic
properties of the metals. R. Gans has given a very elaborate theory
for these phenomena, worked out from the same special assumptions as
used by Lorentz. The agreement between his calculations and
the experiments is however very unsatisfactory. For the first,
the electron-theory gives as known a definite direction for the
Hall-effect relative to the direction of the magnetic force and
of the current and a further diminution of the electric conductivity
in the presence of a magnetic field. But on the other hand wee

418

find as well metals, solid like bismuth, which shows a Hall effect of the same direction as the calculated, and the conductivity of which decreases in a magnetic field, as well as other metals, which, like iron, show a Hall effect of the opposite direction, and the conductivity of which increases in a magnetic field. This shows that the assumptions, that the integrity of the metal molecules as unaffected by the presence of extraneous forces, is not correct for all metals with regard to magnetic forces. But for a theory based on the special assumptions used by Lorentz, another principal difficulty appears, namely in the explanation of the galvanomagnetic transversal temperature-differens. This difference of temperature has namely in all metals for which the sign of the Hall-effect is in accordance with the calculated and which shows a decrease of the electric conductivity in a magnetic field — i.e. for all metals where these effect consequently in any rate qualitatively can be explained through an electron theory of the here considered kind — a sign opposite to the one calculated by Sano. It can however be shown that if the forces between the metalmolecules and the electrons are assumed to vary in a suitable way with the distance, the temperature-differens in question will reverse its sign. It can be shown that if the forces vary in the same way as if the molecules were electric-doublets, the calculated value for the temperature differens will have the right sign. A result which in interesting conformity with the results obtained as to the ratio between the thermal and electric conductivities.

419

Finally I should like to say a few words about the magnetic properties of the free electrons. The presence of such electrons will according to the general opinion give rise to diamagnetic properties for the metals, on account of the fact that the paths of the electrons will be curved under the influence of an extraneous magnetic field. I have however shown that such an assumption will not be correct because the statistical distribution of the electrons will not be altered on account of the presence of an extraneous magnetic field. I have tried to show that the different result of the calculations of the authors which have been of a different opinion is due to a neglect of boundary con I shall try to show which is meant by this, with help of a diagram representing a very simple case.

This point to a great difficulty in the explanation of the magnetic properties of the bodies from the electron-theory, and support in my opinion the view that the Maxwell equations for the electromagnetic phenomena, are not exactly satisfied with regard to the motions of the single electrons, an assumption which in my opinion is very distinctly shown by the calculations of Lord Rayleigh and Jeans of the law of heat-radiation for small times of vibration.

Ⅴ. 给奥席恩和麦克拉润的信

(1911 年 12 月*)

1. 尼耳斯·玻尔给 C·W·奥席恩的信**
［丹麦文副本是玻尔的手迹］

剑桥,12 月 1 日,1911

亲爱的朋友:

今夏多承款待,获益良多,在此再次致谢,而且难以用言词描述我心中的欣幸. 我已很久没有去信,但我实在太忙,而且在此所得之进步也不很大. 同时进行实验工作和理论工作并不是那么容易的,而在一个新实验室中真正开始工作更是需要很多时间,而在混乱得你难以想象的卡文迪许实验室中尤其如此(今年夏天杰尔克奈斯曾说完全的分子性混乱统治着此地,而我也难免常常想到这种说法). 因此,我并没有多少要告诉你的事情,从而也就很少写信了. 汤姆孙实在太忙;我来到这里时就把博士论文［英译本］交给了他,但他迄今还没有读它. 我只在几分钟内和他谈了某些观点,而且我还不知道他是否同意我的看法;金斯说他将等到论文用英文刊行以后再发表意见(我希望论文将在剑桥哲学学会的《报告》上刊出,现正在编委会审定中),但我还是要尽可能地将情况奉告.

首先,你可能已经看到发表了麦克拉润的一篇论文,《电子对能量的发射和吸收》(Phil. Mag. 1911 年 7 月号). 他在文中通过直接计算证明了一个(我曾经根据间接理由指出过的)事实:在金属电子论的基础上导出和经验相一致的辐射定律是不可能的. 他和我考虑了相同的事例,即在稳定力场中相互独立地运动着的电子;但是他的计算对于具有一切可能周期的射线的发射和吸收都能适用. 不但他的结果,而且他的计算方法也是极其有趣的. 他通过以一种自洽的方式来

---

* ［参阅本编引言第 4 节.］
** ［丹麦原文从略,汉译本据英译本.］

考虑个体电子的轨线而成功地进行了精确的计算.(你可能记得我在夏天曾告诉过你,我在成功地发现一种严密的统计算法以前曾经作过类似的尝试,因此这对我来说是加倍有趣的.)有一天我去了伯明翰,并且就全部问题和麦克拉润进行了一次长时间的和很畅快的交谈;我相信我们在大多数论点上是意见一致的.

　　和金属电子论有关的另一个问题就是金属中自由电子的数目问题.我不相信曾经用来直接确定这一数目的许多方法中的任何一种能有任何价值.(例如,最近出现了尼科耳孙写的一篇论文(Phil. Mag. 1911 年 9 月号),在我看来这篇论文完全是胡闹;他不但应用了 H·A·威耳孙的不正确的计算方法,而且他竟然用这些方法来研究金属对于普通光(即对于和碰撞时间具有相同数量级的振动周期)而言的光学性质,尽管威耳孙的一切计算都是建筑在这些碰撞时间和振动周期相比可以认为是微不足道的假设上的.我也和尼科耳孙讨论了一次;他是极其可亲的,但是我将很难在许多的问题上和他取得一致.)在我看来,能够提供一点资料的唯一方法就是比热的研究;如所周知,这种研究给出了一个电子数的上限.但是,现在的困难在于,某些金属,银和铜,具有如此大的电导率,以致〈单位体积〉电子数和平均自由程(或对应的量)的乘积必须很大,这就使得(当采用电子数的上限时)平均自由程至少具有 10^{-6} 厘米的数量级,即约为分子直径的50 倍.这通常被认为是一种严重的困难.我提到这一点(你当然和我一样地熟知这一点)的目的只是要指出,这一困难可能并不是那么严重的;因为我们对于金属中的情况还所知甚少,以致我们很难说平均自由程不可能具有上述那种数量级.至少我看不出用任何其他方法来解释金属电导率的任何可能性,而且,为了支持这一观点,我将试图证明 J·J·汤姆孙所提出的那种通过假设较小的自由电子数来解释金属性质的理论是站不住脚的.事实上,汤姆孙假设电子并不是在任何时候都是自由的,也就是说,它们并不总是具有它们假若和分子处于力学平衡时所将具有的那种速度,而只是在运动过程中的某一很短的时间内才具有这样的速度.但是,现在却可以证明,即使这段很短的时间也还是太长的.汤姆孙给出了下列的公式(《物质的颗粒理论》,第 88 页)[*]

$$\sigma = 2e^2 dpnb/9a\theta,$$

式中 d 是分子直径(偶极子的轴长),n 是〈单位体积中〉的分子数,p 是每秒由一个分子射出的电子数,而 b 是电子在两个分子之间以和温度相对应的速度所通过的距离(这一点或许可以根据同一页的下半页上汤姆孙关于热导率的说法而最清楚地看出).由诸德的理论得出的电导率表示式是(同上书第 54 页)

428

---

　　[*] 〔J. J. Thomson,*The corpuscular Theory of matter* (Constable,London 1907).〕

$$\sigma = \beta e^2 N \lambda v / 4\alpha\theta, \qquad (\beta > 1)$$

式中 N 是单位体积中的电子数, λ 是平均自由程, 而 v 是电子速率.

现在, 如果这两个公式应该给出相同的 σ 值, 我们就应有

$$dn\,pb > N\lambda v.$$

但是, b/v 就是每一个电子根据汤姆孙理论而保持为自由的时间, 而 pn 就是每秒变为自由电子的电子数, 因此, $[N] = pn(b/v)$ 就是任一时刻存在于金属中的电子数, 从而就是在比热的计算中所必须考虑的电子数. 现在我们有

$$[N]d > N\lambda,$$

从而, 按照以上的论述, 汤姆孙理论中的必要电子数必须是和比热的观察值相适应的最高电子数的 50 倍左右. 这在我看来似乎是一种相当严重的反证; 我在三个星期以前对汤姆孙提到了这一点. 他说他要考虑一下, 但我至今还没有听到他的意见.

我这样一开始就谈论自己的事, 请你务必见谅. 我这么久没有写信, 也因为我想抽一些时间来研读你在夏天和我谈到过的布尔布瑞的《气体分子运动论》*, 并且也研读一下你自己的论文. 这些论文我还没有读成; 我只稍微浏览了一下, 但是我希望一旦能抽出较多的时间就真正阅读它们(我正在很认真地考虑下学期不再搞这么多的实验工作); 但是, 对于如此才疏学浅的我来说, 这可能是一个很大的任务. 至于布尔布瑞, 正如我肯定预期的那样, 他的结果起源于计算中的一个简单错误, 即对边值条件的完全忽略.

在他的书的第 47 页上, 他按他所谓的"所有分子"进行了双重求和而却没有明确地定义他的概念. 在下面的论述中, 我将假设分子是限制在一个容器中的. 他在下一页上说到, 平均说来, 应有

$$\lambda\mu = \lambda\nu = \mu\nu = 0 \quad \text{和} \quad \lambda^2 = \mu^2 = \nu^2 = \frac{1}{3},$$

式中 λ、μ、ν 是从一个坐标为 (x, y, z) 的分子到另一个坐标为 (x', y', z') 的分子

---

* [S. H. Burbury, *A treatise on the kinetic theory of gases* (Cambridge University Press 1899). 作者在此书中主张气体中分子的相对运动并不能像通常的作法那样看成是相互独立的, 而是将表现出依赖于距离的相关性. 玻尔读过的这本书上有一些页边评注. 除了某些地方打了问号以外, 在第 48 和 50 页上还有一些小的草图, 表示了此信中所提出的证实布尔布瑞基本想法的错误的论点. 在第 45 页上, 有一个关于 H 定理的评注, 和此信中所提出的论点相似, 在第 27 页上, 可以看到下列的评价(原系丹麦文):

"我从来没读过写得这样坏的任何作品, 也没有见过任何这样彻底的努力, 即努力通过最简单计算中的彻底不精确来使一个容易的课题变为困难."

从第 60 页以后, 这本书没有裁开.]

的直线的方向余弦,而这里的平均值(正如根据他的用法可以看出的)则是针对固定的(x,y,z)而按一切可能的坐标(x',y',z')求得的平均值;但是,可以立即看出,这对于一个位于器壁附近的分子(x,y,z)来说是不对的. 这一错误和同一页上布尔布瑞的随后计算使得问题成为错觉性的了,这或许可以最容易地由一件事实看出,即布尔布瑞的计算只有当把按(x,y,z)的求和扩展到有限个数的分子上,而把对(x',y',z')的求和扩展到均匀分布在无限空间中的无限多个分子上时才是正确的(这里的无限空间是指那么大的一个空间,使得空间外面的分子对布尔布瑞的积分没有什么贡献). 但是很容易看出,如果这样来求和,布尔布瑞在第 55 节所考虑的双重和式就将为零(该节中布尔布瑞的结果只是由于他〈没有〉考虑边值条件才得到的),于是布尔布瑞的整个证明就垮掉了[*].

　　说到这里,我也愿意稍微谈谈关于玻耳兹曼极小值定理的佯谬. 你知道,我强烈地相信(而且夏天我也表示过类似的看法)这一佯谬的解答恰恰就是:玻耳兹曼根本不曾证明一种任意的分布将(平均说来)永远趋于麦克斯韦分布(这不管怎么也是不对的),而只是证明了那样一种分布在开始时将趋于麦克斯韦分布,在该种分布中,位于不同速度元中的分子在给定的时刻是在空间中适当分布的,以致此后第一个短时间内的碰撞可以用玻耳兹曼的方法来计算. 但是,这和熵定理毫不相干,而应该简单地看成一条范围很有限的力学定理. 玻耳兹曼的计算不能通过假设"分子无规则性"来论证,因为这种无规则性意味着麦克斯韦分布.

　　至于熵定理本身(我指的是表明熵总是增大的那一定律),我相信它并不能依据几率的考虑来加以论证,而只能通过考虑引起对所谓分子无规则性的偏离的方式来加以论证.(但是今晚我不敢把自己的想法讲得太死,而且这是那种正当我们认为已经抓住它时就会从我们手中溜走的问题;当我写到这里时,我偶然想到问题可能和我们怎样表述定理有关.)

　　为了稍微充分地说明我的见解,我将只作为例子提到金斯的关于一块金属中的电阻的计算(Phil. Mag. **17** (1909) 776). 金斯相信已经证明了$(du_0/dt)_{t=0}=0$(按照他的符号)[**];但是,既然对于一切时刻都可以重复同样的证明,在我看来这就等于证明了$u_0=$恒量,即根本不存在什么电阻. 这种不正确的结果起源于一个事实,即金斯假设电子的位置坐标和速度坐标之间平均说来

---

　　[*]　[从此以后,直到以"我希望……"开头的那一段,在信的副本中都用铅笔划掉了. 在实际寄给奥席恩的信中,可能并没有包括这几段.]
　　[**]　[u_0是沿电场方向的电子平均速度.]

不会存在系统的相关性,即使各电子具有一个沿某一确定方向的〈不等于零的〉平均速度(我希望我对于金斯的理解是正确的;这是一个很晦涩的地方).但这是一个统计力学定理的不正确的应用,这个定理处理的是任其自变的而不受到外界影响的体系,从而对于那样一块金属是不适用的,那块金属将把外力的能量转化为热(并将热散入周围的物体中),从而金属中的电子并不是保持相同而事实上只是从金属中经过(因此根本谈不到什么闭合的力学体系).也可以直接看到,在一块金属中,当作为外力的结果而使各电子具有一个沿某一确定方向的平均速度时,在位置坐标和速度坐标之间就将存在系统的相关性;事实上,引起所考虑的一切现象的恰恰就是这种相关性.

我希望这些冗长的谈论没有使你腻烦,但是将这些事告诉你是非常有趣的;因为我在这里找不到什么对这些事情关心的人可以共语.

我希望你在有暇时能够告诉我这些见解中是否有对的;而且你肯定记得今夏你曾慨允指出我的书中可能发现的谬误.

当有可谈之事时我肯定将再写信,并将谈到我的计划.我在此地很愉快;我曾经遇到那么多的青年人,而且在听汤姆孙讲授的一些很有趣的讲课,他的见识多得难以置信,而且是一个很聪明的人.我也正在参与各种事物.目前我对量子论甚感热心(这是指量子论的实验方面),但我还不敢肯定这是否由于我的知识不足之故;关于我和磁子理论的关系,我也可以说同样的话,而且是在更高的程度上.我非常希望在下学期真正进入到所有这些问题中去.致以亲切的敬礼!

　　　　　　　　　　　　　　　　　　　　　　你的忠诚的
　　　　　　　　　　　　　　　　　　　　　　尼耳斯·玻尔

432

2. 尼耳斯·玻尔给 S·B·麦克拉润的信

[玻尔在先后于 1911 年 10 月 23 日和 12 月 4 日写给他弟弟和奥席恩的信中曾谈到 S·B·麦克拉润的论文《电子对能量的发射和吸收》(Phil. Mag. **22** (1911) 66)[*];他写给麦克拉润的信(副本是其本人的手迹)如下:]

---

[*]　S·B·麦克拉润于 1876 年 8 月 16 日生于日本,五岁时随其父母去澳大利亚,1879 年(中译者按:原文如此,疑是 1897 年)到英国入剑桥大学的三一学院.他于 1904 年就任布里斯托尔的大学学院的数学讲师(lecturer),于 1906 年改赴伯明翰任类似职务.他于 1913 年被任命为里丁大学学院的数学教授.他于 1914 年战争爆发时参了军,后于 1916 年 8 月 16 日在阿布维尔受伤牺牲,他的一些高度有创见的科学论文由剑桥大学出版社于 1925 年重新印行.

爱耳提斯利大街 10 号

纽汉姆

剑桥

12 月 17 日,1911

亲爱的麦克拉润先生:

惠寄大作,至感. 前在伯明翰晤谈甚快,颇盼以后仍能有此机缘. 我曾许诺若能在电子论方面有何想法即当去信奉告. 本学期我没能抽出多少时间来从事这一课题,但我颇愿只对 J·J·汤姆孙的理论略述己见.

关于比热的考虑给金属中自由电子的数目提供了一个上限. 现在,实验上发现的某些金属的电导率是如此之大,以致我们当用这种上限作为电子数时就不得不假设电子的平均自由程(或其相应的量)比起金属分子的线度来是很大的——在你最近的论文中,曾谈到一个等于 10^{-6} 厘米的平均自由程的值,即约为分子直径的 50 倍.

在某些作者看来,这应该被认为是金属电子论的一个很大的困难. 在我来说,我并不确信这个困难是那么巨大(因为我们关于金属中电子运动的情况还所知甚少),而且我理解你也有相同的看法. 而且,至少我还看不到任何能够解释电导率并能够避开上述困难的途径. 在我看来,关于这些考虑有一点是有兴趣的,那就是可以证明 J·J·汤姆孙的理论不可能是正确的;他在这种理论中试图不用金属中持续存在自由电子的假设而发展一种金属理论,从而这种理论似乎预先就避开了上述困难. 汤姆孙假设电子并不是在全部时间内都是自由的,就是说,它们并不是在任何时刻都具有而是只在运动过程中的某一小段时间内才具有适当的速度,那种速度就是假若它们和分子处于机械热平衡时所应具有的(相当难以理解). 但是,现在可以证明,即使这一段小时间也已经是太长了.

汤姆孙给出了下列的电导率公式(《物质的颗粒理论》,第 88 页)

$$\sigma = 2e^2 dpnb/9\alpha\vartheta.$$

式中 d 是分子直径(偶极子中电荷之间的距离,也许比直径小一些,但肯定不会小很多),n 是分子数,p 是每秒从单个分子发出的电子数,而最后 b 就是电子以和温度相对应的速度所通过的那段距离(最后一点或许可以根据汤姆孙在同一页上关于热传导的叙述而最明显地看出来).

现在,由诸德理论推得的电导率表示式是(见同书第 54 页)

$$\sigma = \beta e^2 N\lambda v/4\alpha\theta, \qquad (\beta > 1)$$

式中 N 是单位体积中的自由电子数,λ 是平均自由程,而 v 是电子的速度.

现在,如果这两个公式应该给出相同的电导率值,我们就得到

433

$$d \cdot n \cdot p \cdot b > N \cdot \lambda \cdot v.$$

但是,现在 b/v 就是根据汤姆孙理论电子成为自由电子的那段时间,而 $p \cdot n$ 就是每秒释放的电子数,从而 $[N] = p \cdot n \cdot (b/v)$ 就是在任何时刻出现于金属中的电子数,而且显然就是在比热的考虑中所应照顾到的电子数. 但是现在

$$[N] \cdot d = N \cdot \lambda,$$

从而按照上面的叙述,J·J·汤姆孙理论的必要的(有效的)电子数就大约是和实验上求得的和比热值相容的电子数最大值的 50 倍.

　　如果这是对的,我就认为这似乎是一种相当严重的批评了.(我在一个月以前和汤姆孙谈了此事,他说要考虑考虑,但我至今还没有听到他的意见.)你是否同意这些考虑以及你在我的书中曾否发现谬误,甚盼告知. 致以
亲切的敬礼!

434

　　　　　　　　　　　　　　　　　　　你的忠诚的
　　　　　　　　　　　　　　　　　　　尼耳斯·玻尔

　　［在现存的奥席恩或麦克拉润致尼耳斯·玻尔的信件中,找不到关于这两封信的言论.］

Ⅵ. 关于 J·斯塔克所作
一篇论文的评注

（1912[*]）

关于 J·斯塔克所写的一篇有关金属电子论的很有兴趣的论文（Jahrb. d. Rad. u. Elek. 9，p. 188，1912），我愿意简单说明如下.

斯塔克举出了许多令人信服的论据，在这些论据的基础上有可能理解电导率对温度和对［其他］物理条件及化学条件的依赖关系. 在我的博士论文中，曾提出类似的想法来解释合金电导率和纯金属电导率之间的差异. 但是在我看来，和斯塔克的假设相反，这样一种理论似乎并不能给出任何超出所谓气体运动论式的电子论所能给出的东西；事实上斯塔克也已假设，电子具有正比于温度的动能并受到可以依据普通动力学来处理的力的作用，从而外力的影响和电子的自身运动［即未受扰运动］相比必然是很小的.

因此，所提出的理论也在同样的程度上会受到气体运动论所曾受到的那些反驳——特别说来这些反驳和解释观测到的良导金属在普通温度下的电导率所必需的那种自由电子数的大小有关，这个数目似乎应该比原子数或分子数还要大一些——事实上，这种理论甚至会在更大的程度上受到反驳，因为价电子的动率一定比完全自由的电子的动率要小. 此外也可以指出，像斯塔克理论这样的一种理论，如果能够解释电导率就应该必然地也能解释热导率（这似乎并不是斯塔克的看法），因为可以看到（见玻尔《金属电子论的研究》，第一章 §4），用不着关于电子和分子之间的力场本性的特殊假设，只根据关于电子能量的假设和普通动力学就能推知热导率和电导率之比必须具有正确的量值，而且更进一步可以推知关于温差电效应的那些关系式必然是满足的.

---

[*] ［由玻尔手写的这篇评注是部分地看不清楚的. 但是我们相信此处给出的转录本是正确的. 参阅本编引言第 5 节.］［中译者按：原书所载丹麦文本在此从略，中译本据英译本译成.］

　　（所有这些或许是不对的＊．我所说的这些话只适用于一种理论，在这种理论中电子之间的相互作用是被忽略了的，而且这就是这一理论的弱点．通过这样的忽略，解释任何事物都是可能的．）

＊　〔稿中"或许"一词已被划去．〕

Ⅶ. 关于温差电现象
电子论的评注

（Philosophical Magazine，vol. **23**. 1912[*]）

XCIX. 关于温差电现象电子论的评注

（致《哲学杂志》编者）

先生们：

在《哲学杂志》的 2 月号上，O·W·瑞查孙教授曾经发表了一篇关于"接触电动势和温差电的电子论"的论文. 由于他的关于珀耳帖效应和汤姆孙效应的结果和我在以前的一篇论文（N. Bohr, *Studier over Metallernes Elektrontheori*, Diss., Copenhagen, 1911）中所得的结果不一致，我希望你们允许我简单地解释一下这种不一致的原因.

瑞查孙教授用了一种很有趣的方法来计算珀耳帖效应和汤姆孙效应. 这种方法是建筑在从关于热金属表面发射和吸收自由电子的实验所得到的推论上的；利用这种方法，电被设想为是通过一个部分地由金属构成的电路中的可逆循环过程而被传递的；而且得到的功和由这一过程所吸收的热量都根据热力学原理来加以讨论. 〔可以指出，用来计算汤姆孙效应的过程并不是严格可逆的，而且，正如玻耳兹曼已经证明的（*Sitzungsber. d. Wiener Acad. d. Wiss.*, *math.-nat. Kl.*, Bd. 96, Abt. ii. p. 1258, 1887；参阅我的论文），这一事实的影响并不能通过改变构成所考虑电路之一部分的那块金属的大小和形状而无限地予以削减. 但是，我们在这里不再进一步讨论这一问题. 〕

在瑞查孙教授所考虑的电路中，通过那块金属的电传递是按如下方式建立的. 自由电子形式下的电在金属块的一端被从周围空间中"凝聚"到金属中，并且被允许在另一端从金属中"蒸发"出去. 于是，珀耳帖效应和汤姆孙效应就根据在

---

* 〔见本编引言第 5 节，第二篇未发表的评注稿，在此作为附录印出. 〕

所考虑过程中产生的总热量和通过电子的冷凝及蒸发而在金属块两端产生的热量的差值来计算.

后一热量是根据电子在金属表面之内和之外的势能之差来计算的. 但是, 在我看来, 这种计算方法是没有道理的, 因为在金属表面上产生的热量并不能用这样一种简单的方式来确定. 为了简单起见, 我在这里只考虑一种简单情况, 即金属块具有均匀温度并由两段不同的金属棒焊接而成, 而且电的凝聚发生在一端, 而其蒸发则发生在另一端.

如果有一个电流通过一种金属, 则通过金属内部的任何一个面都将由于电子的流动而出现能量的传递. 单位电流所传递的能量的大小, 不但将依赖于自由电子的势能和依赖于温度, 而且将依赖于金属中自由电子的运动情况. 因为, 在不同的金属中, 按照自由电子的不同运动情况, 电流将在具有各种绝对速度的电子群中间按不同的方式进行分布.——例如, 如果我们假设电子是在金属分子之间自由地运动的, 而且只通过分立碰撞而受到金属分子的影响, 而且在这些碰撞中电子和分子之间的力是和二者之间的距离的 n 次方成反比的, 则当单位电量通过金属中的一个面而被传递时, 通过该面而被传递的动能将是 $\dfrac{2n}{n-1} \cdot \dfrac{k}{\epsilon} T$ (参阅我的论文第 63 和 66 页), 此处 ϵ 是一个电子上的电荷, T 是绝对温度, 而 k 是对一个分子而言的普适气体恒量 ($pv = kNT$).

因此, 根据两种金属中能量传递之差直接算出的珀耳帖效应的表示式, 不但依赖于 (1) 自由电子的势能差, 而且依赖于 (2) 由两种金属中的电流所传递的动能之差.——例如, 如果我们假设一种金属中的分子像硬弹性球一样地对电子起作用 ($n = \infty$) 而另一种金属中的分子则像电偶极子一样地起作用 ($n = 3$, 见我的论文第 35 页), 则仅仅由 (2) 所引起的珀耳帖效应将等于 $\dfrac{k}{\epsilon} T$, 即约和 0.023 5 伏的电势差相对应, 这一电势差和观测到的最大珀耳帖效应具有相同的数量级.

现在回到瑞查孙教授的计算, 我们看到, 当确定在所考虑的那块金属的两端被吸收或被放出的热量时, 并没有照顾建立或消除引起所考虑能量传递的那种电子定向流动所需要的能量. 因此, 在瑞查孙教授关于珀耳帖效应的计算中 (他相信这种计算是完全普遍的, 即不依赖于有关分子和电子之间作用力的特殊假设), 只考虑了由两种金属的分界面两侧的可能电势差所引起的那一部分, 而没有考虑由可能的两种金属中电流传递的动能差所引起的那一部分.

完全相似的考虑也适用于汤姆孙效应.

最后可以指出, 能够证明, 当把上述各点全都考虑在内时, 算得的温差电恒量的值将也满足开尔文勋爵所提出的条件——至少对于一种很普遍的情况是如此,这是一种似乎不能根据热力学原理严密导出的结果(参阅我的论文第 71—75 页).

您的忠实的

N·玻尔

三一学院,剑桥

1912 年 2 月 5 日

　　附言:自写成上文以来,已经出现了瑞查孙教授的另一篇论文(Phil. Mag. 1912 年 4 月号).在这篇很有趣的论文的第五段,瑞查孙教授推广了他的计算,他不再假设金属内部自由电子的势能可以看成恒量了.但是,由于完全类似的原因,和上述说法完全相似的说法也将适用于瑞查孙教授的新计算结果和我自己针对相应情况所得到的计算结果之间的关系.

C. 碰撞电离的理论

(致《哲学杂志》编者)

先生们:

　　我必须声明,汤森德教授完全误解了我的意思,我并没有说过他如此起劲地攻击的那种话.我远远没有责备他持有关于电离的"旧观点",而是暗示他将那种观点排除于考虑之外了.

附　　录

443

对 O·W·瑞查孙另一篇论文(1912)[*]
的答辩(未完成稿)

　　在《哲学杂志》本期[1912 年 6 月号]上的一篇评注中[**],我曾经指出由瑞查孙教授导出的和由我自己导出的关于温差电现象的某些结果之间的差别.瑞查孙教授的结果是用一种方法得出的,这种方法依据的是由有关电子从热物体的发射的实验得出的一些想法.

　　利用这种方法,通过一块金属的电流被设想成是由一种过程造成的;通过这种过程,自由电子被从金属块的一端蒸发出来而从另一端凝聚进去.瑞查孙教授

---

　　[*]　[O. W. Richardson, Phil. Mag. **23** (1912) 737.]

　　[**]　[此处之"本期"显系传闻之误,实际应为"6 月号".]

将上述过程看成通常的可逆过程,并且应用了热力学第二定律,这样就得到了他的结果.我的论文[即博士论文]的结果却相反地是用电子通过金属的运动的直接的动力学计算导出的.

在上面提到的评注中,我试图解释两种计算结果之差异的原因,并试图证明在 R[瑞查孙]教授的计算中有某一项被忽视了,这一项起源于两种金属中由电流来传递的动能的可能差异.我进一步指出了,在我看来,这些项对于 R 教授采用的那种考虑来说是外来的,特别是在关于由电子论得出的有关温差电现象的结果和由开耳文勋爵给出的有关热力学现象的结果之间的一致性的讨论方面.

———————————

R 教授近来的一篇论文讨论了我的评注的内容;在这篇论文中,他表示在他看来上述一项的忽略并不是和他的考虑方式本质地联系在一起的,而且这一项可以通过考虑一个和他原来考虑的过程略有不同的过程而被包括在内.我在下面将试图说明为什么我不能同意 R 教授的这种说法.但是,我不能同意 R 教授的这种说法,而且我在下面将试图说明我的观点.

444

正如我在评注中所提到的,R 教授所考虑的过程并不是可逆的,因为他忽略了热传导,从而整个问题就根本不是必须从普通热力学观点来看待的问题.这一点似乎已经由玻耳茨[兹]曼在一篇有名的论文中严格证明了(见我的评注,〈984〉页);在我看来,这一点可以很清楚地用 R 教授的计算中所略去的各项的本性来阐明.因为这些项不但依赖于平衡状态及其虚位移,而且依赖于电子的运动对统计平衡分布的特殊偏差,〈从而〉根据先验的考虑它们就不可能出现在通过适用经典形式下的热力学第二定律的任何过程(即涉及平衡状态的那些过程)来求得的结果中.

———————————

因此,从我的观点看来,R 教授的计算中的热力学的应用只是形式上的应用,是像开耳文勋爵的处理一样远非合理的;在开耳文勋爵的论文中,热力学的假说性观点是被着重强调了的(后来被玻耳茨[兹]曼所严格证明).因此在我看来,R 教授的计算尽管在别的方面很有趣,但和关于温差电现象的电子论及热力学理论之间的一致性的讨论却全然无涉.按照我的观点(见我的博士论文第〈72〉页),在热力学的目前状态下,这一问题只能在纯运动学计算的协助下通过第一定律和第二定律的严密应用来加以讨论.

VIII. 金属电子论讲义

——1914 年春季在哥本哈根大学讲授

（讲稿的英译本[*]）

绪　论

（电子论中的不确定的形势）

历　史　概　述

和电解导电相对照的金属导电.

电子论

　　阴极射线, e/m 对一切物质都相同, 汤姆孙.

　　原子外的电子, 光电效应, 白炽物体, β 射线.

　　原子中的电子, 塞曼效应, 色散 (诸德), X 射线的散射, α 射线和 β 射线的吸收.

　　金属中的自由电子, 电正特性.

韦伯：

　　基本假设, 电传导和热传导, 温差电.

瑞其：

　　电传导和热传导, 温差电, 磁场电现象和热磁现象, 任意恒量为数甚多.

诸德：

　　热的动力说, 电子的能量 $\dfrac{3}{2}kT(k = 2.0 \times 10^{-16})$, 气体压强 $p = kNT$, 电导率和热导率的比值

$$\frac{1}{2}gt^2 = \frac{1}{2}X\frac{e}{m}t^2, \text{平均} \cdots \frac{1}{2}X\frac{e}{m}t\frac{\lambda}{u}$$

---

[*]　见本编引言第 6 节, 英译本改正了原文本中的若干笔误.

$$\sigma = \frac{1}{2}\frac{e^2\lambda}{mu}N.$$

热导率

$$\frac{1}{6}uN\left(E+\frac{\mathrm{d}E}{\mathrm{d}x}\lambda\right)-\frac{1}{6}uN\left(E-\frac{\mathrm{d}E}{\mathrm{d}x}\lambda\right)=\frac{1}{3}uN\lambda\frac{\mathrm{d}E}{\mathrm{d}x}=\frac{1}{2}uN\lambda k\frac{\mathrm{d}T}{\mathrm{d}x};$$

$$\gamma = \frac{1}{2}N\lambda k u.$$

$$\frac{\sigma}{\gamma}=\frac{e^2}{ku^2m}=\frac{1}{3}\left(\frac{e}{k}\right)^2\frac{1}{T},\ \frac{\gamma}{\sigma}=3\left(\frac{k}{e}\right)^2T.$$

莱恩伽额姆：$E=2eN$，$p=kNT$，$k/e=0.287\times10^{-6}$；$\gamma/k=0.72\times10^{-10}$.
实验值 0.75×10^{-10}.

L·洛仑茨定律.

诸德关于不同种类电子的假设.

汤姆孙：只有一种电子.

H·A·洛伦兹：

电子论对辐射问题的推广.

〈假设〉多种电子的不可能性的证明.

缓慢振动的发射率的计算.

吸收率的计算；哈根和汝本斯.

电导率和热导率以及温差电恒量的严密计算，开耳文勋爵的关系式的证实.

瑞查孙的结果.

我的博士论文的目的和结果：

汤姆孙对诸德理论的批评；他本人的建议的不恰当.

解释汤姆孙效应的困难.

解释低温下的比热的困难.

卡莫灵-昂内斯对于很低温度下的电导率的研究.

引用量子论的尝试.

维恩，赫兹菲耳德，基萨姆.

斯塔克所提出的金属理论.

上述各种尝试中对于解释魏德曼-夫兰兹定律的暂时放弃.

下次讲课将从阐述洛伦兹理论开始.

1914 年 3 月 12 日

历史概述的继续.

上次讲课：电子，金属导电，自由电子，力学-热学平衡，电导率和热导率的关系，只有一种电子.

热辐射的洛伦兹理论.

空腔辐射，基尔霍夫定律，吸收和发射之间的关系.

从一个电子发出的辐射能，拉摩尔公式

$$\frac{2e^2}{3c^3} j^2 \,\mathrm{d}t.$$

发射率的计算，缓慢振动.

根据诸德公式计算吸收率，公式：

$$\sigma = \frac{1}{2} \frac{e^2 \lambda N}{m u} \quad (\text{哈根和汝本斯}).$$

适用于缓慢振动的热辐射定律，和实验的一致性以及和普朗克的一致性.

由洛伦兹严密作出的计算.

弹性球，麦克斯韦速度分布

$$\mathrm{d}N = K r^2 \mathrm{e}^{-\frac{1}{2} m r^2 / kT} \,\mathrm{d}r.$$

开耳文勋爵的关于温差电恒量的"热力学"条件.

来自白炽物体的电发射.

金属表面上的电势降，

$$\frac{\mathrm{d}p}{\mathrm{d}x} \mathrm{d}x = n k T \mathrm{d}x, \; n_1 = n_2 \mathrm{e}^{(-W_1 + W_2)/kT}.$$

发射电子数 $= \alpha T^{\frac{1}{2}} \mathrm{e}^{-W/kT}$.

瑞查孙的实验，麦克斯韦速度分布.

金属电子论的光明前途，大量文献.

我的博士论文的目的和结果.

电子论所面临的困难.

汤姆孙的批评，自由电子的数目，比热，汤姆孙本人的尝试的不妥.

能斯特关于低温下固体比热的实验.

卡莫灵-昂内斯关于〈液态〉氦温度下的电导率的实验.

通过量子论的应用来克服困难的尝试：

卡莫灵-昂内斯，林德曼，维恩，基萨姆；赫兹菲耳德.

斯塔克理论，金属的结晶结构.

448

比值 γ/σ 的解释的暂时放弃.

1914 年 3 月 20 日

上次讲课(历史概述,处理手法,困难).

诸德-洛伦兹理论.

统计方法. 分布函数

$$dN = f(x, y, z, \xi, \eta, \zeta)dVd\sigma.$$

例:(1) 容器中的单原子分子,无外力. 麦克斯韦分布

$$f = Ke^{-\frac{1}{2}mr^2/kT},$$

$$N = \int f4\pi r^2 dr = K\left(\frac{2\pi kT}{m}\right)^{\frac{3}{2}},$$

$$\overline{\frac{1}{2}mr^2} = \frac{1}{N}\int_0^\infty \frac{1}{2}mr^2 f4\pi r^2 dr = \frac{3}{2}kT.$$

(2) 外力作用下的气体.

玻耳兹曼分布

$$f = Ke^{-E/kT} = Ke^{-(P+\frac{1}{2}mr^2/kT)}.$$

$$N = N_0 e^{-P/kT}, \quad \overline{\frac{1}{2}mr^2} = \frac{3}{2}kT.$$

重力:

$$P = mgz, \quad N = N_0 e^{-mgz/kT} = N_0 e^{-gMz/p} = N_0 e^{-g\rho z}.$$

气压计变化.

佯谬的解释.

金属中的状况:

(1) 稳定场,外力,自由电荷.

(2) 洛伦兹的小弹性球假设.

恒温下的分布,均匀金属,无外力.

$$f_0 = Ke^{-\frac{1}{2}mr^2/kT}, \quad f = Ke^{-\frac{1}{2}mr^2/kT} + \psi = f_0 + \psi;$$

ψ/f_0 很小

$dVd\sigma dt$

$$x+\xi dt, \quad y+\eta dt, \quad z+\zeta dt, \quad \xi+\frac{Xe}{m}dt, \quad \eta+\frac{Ye}{m}dt, \quad \zeta+\frac{Ze}{m}dt$$

$$f(x, y, z, \xi, \eta, \zeta, t)dVd\sigma - f\left(x+\xi dt, \cdots, \zeta+\frac{Ze}{m}dt, t+dt\right) = (a-b)dVd\sigma dt$$

449

$$b - a = \xi \frac{\partial f}{\partial x} + \cdots \frac{Xe}{m} \frac{\partial f}{\partial \xi} + \cdots$$

$$a \, \mathrm{d}V \mathrm{d}\sigma \mathrm{d}t = f \mathrm{d}V \mathrm{d}\sigma \frac{r \, \mathrm{d}t}{l}, \ a = f \frac{r}{l}.$$

$$a \, \mathrm{d}V \mathrm{d}\sigma \mathrm{d}t = \pi R^2 r \mathrm{d}t f \, \mathrm{d}\sigma n \, \mathrm{d}V, \ l = \frac{1}{n \pi R^2}.$$

$$b \, \mathrm{d}V \mathrm{d}\sigma \mathrm{d}t = \frac{\mathrm{d}\sigma}{4\pi r^2 \mathrm{d}r} \int f \frac{r}{l} r^2 \, \mathrm{d}r \mathrm{d}\omega \mathrm{d}V \mathrm{d}t, \ b = \frac{1}{4\pi} \int f \frac{r}{l} \, \mathrm{d}\omega.$$

$$\xi \frac{\partial f}{\partial x} + \cdots = - f \frac{r}{l} + \frac{1}{4\pi} \frac{r}{l} \int f \mathrm{d}\omega.$$

450

$$f_0 \left[\xi \left(\frac{\mathrm{d}K}{\mathrm{d}x} \frac{1}{K} + \frac{1}{2} m r^2 \frac{1}{kT^2} \frac{\mathrm{d}T}{\mathrm{d}x} - \frac{m}{kT} \frac{Xe}{m} \right) + \eta(\cdots) + \zeta(\cdots) \right] = - \frac{r}{l} \left(f - \frac{1}{4\pi} \int f \mathrm{d}\omega \right).$$

$$i \mathrm{d}t = \int e f \mathrm{d}\sigma \xi \mathrm{d}t, \ W \mathrm{d}t = \int f \frac{1}{2} m r^2 \mathrm{d}\sigma \xi \mathrm{d}t.$$

$$i = e \int \xi f \mathrm{d}\sigma, \ W = \frac{m}{2} \int r^2 \xi f \mathrm{d}\sigma.$$

$$l \int \left[f_0 \frac{\xi^2}{r} (\cdots) + f_0 \frac{\xi \eta}{r} (\cdots) + f_0 \frac{\xi \zeta}{r} (\cdots) \right] \mathrm{d}\sigma = - i + \int \varphi(r) \xi \mathrm{d}\sigma.$$

$$i = l \left(\frac{Xe}{kT} - \frac{\mathrm{d}K}{\mathrm{d}x} \frac{1}{K} \right) \int_0^\infty f_0 \frac{\frac{1}{3} r^2}{r} 4\pi r^2 \mathrm{d}r + l \frac{m}{2kT^2} \frac{\mathrm{d}T}{\mathrm{d}x} \int_0^\infty f_0 \frac{\frac{1}{3} r^4}{r} 4\pi r^2 \mathrm{d}r.$$

$$\int f_0 r^3 \mathrm{d}r = K \frac{2k^2 T^2}{m^2}, \ \int f_0 r^5 \mathrm{d}r = K \frac{8k^3 T^3}{m^3},$$

$$\int f_0 r^7 \mathrm{d}r = K \frac{48 k^4 T^4}{m^4}.$$

$$W = l \left(\frac{Xe}{kT} - \frac{\mathrm{d}K}{\mathrm{d}x} \frac{1}{K} \right) \int f_0 \frac{\frac{1}{6} m r^4}{r} 4\pi r^2 \mathrm{d}r - l \frac{\mathrm{d}T}{\mathrm{d}x} \frac{\frac{1}{2} m}{kT^2} \int f_0 \frac{\frac{1}{6} m r^6}{r} 4\pi r^2 \mathrm{d}r.$$

$$i = e \frac{8\pi}{3} l \left(\frac{Xek T}{m^2} K - \frac{\mathrm{d}K}{\mathrm{d}x} \frac{k^2 T^2}{m^2} + 2K \frac{k^2 T}{m^2} \frac{\mathrm{d}T}{\mathrm{d}x} \right);$$

$$W = \frac{16\pi}{3} l \left(\frac{Xek^2 T^2}{m^2} K - \frac{\mathrm{d}K}{\mathrm{d}x} \frac{k^3 T^3}{m^2} + 3K \frac{k^3 T}{m^2} \frac{\mathrm{d}T}{\mathrm{d}x} \right).$$

$$\sigma = \frac{8\pi}{3} l \frac{e^2 kT}{m^2} K = Nle^2 (mkT2\pi)^{-\frac{1}{2}} \frac{4}{3},$$

$$\gamma = \frac{16\pi}{3} l \frac{k^3 T^2}{m} K = Nlk^2 T (mkT2\pi)^{-\frac{1}{2}} \frac{8}{3}.$$

$$\frac{\gamma}{\sigma} = 2\left(\frac{k}{e}\right)^2 T.$$

451　　洛伦兹处理和诸德处理的不同.

　　　　结果的不同.

　　　　特殊假设.

　　　　下次讲课将从一种更加"统计性的"方法所依据的普遍假设〈开始〉.

1914 年 3 月 26 日

（由于有些听众缺课，本讲开始时将简单地复习上次讲课）.

诸德–洛伦兹理论.

　　统计方法，分布函数

诸德图景

$$dN = f(x, y, z, \xi, \eta, \zeta, t)dVd\sigma.$$

容器中的单原子气体，麦克斯韦分布

$$f = Ke^{-\frac{1}{2}mr^2/kT},\ N = \int_0^\infty f4\pi r^2 \, dr = K\left(\frac{2\pi kT}{m}\right)^{\frac{3}{2}}.$$

$$\overline{\frac{1}{2}mr^2} = \frac{1}{N}\int_0^\infty f\frac{1}{2}mr^2 4\pi r^2 \, dr = \frac{3}{2}kT.$$

重力作用下的气体，玻耳兹曼分布

$$f = Ke^{-\left(\frac{1}{2}mr^2 + P\right)/kT},\ N = N_0 e^{-P/kT},\ \overline{\frac{1}{2}mr^2} = \frac{3}{2}kT.$$

金属中的电子分布.

分子的稳定场，电子的相互作用，静电学，面密度.

平衡（恒定温度，无外力，均匀金属）.

$$f = Ke^{-\frac{1}{2}mr^2/kT} = f_0;$$

不然就有

$$f = f_0 + \psi.$$

$$dVd\sigma dt;\quad x+\xi dt,\ y+\eta dt,\ z+\zeta dt,$$

$$\xi+\frac{Xe}{m}dt,\ \eta+\frac{Ye}{m}dt,\ \zeta+\frac{Ze}{m}dt.$$

$$f(x, y, z, \xi, \eta, \zeta, t)dVd\sigma - a\,dVd\sigma dt + b\,dVd\sigma dt$$

$$= f\left(x+\xi dt,\ y+\eta dt,\ z+\zeta dt,\ \xi+\frac{Xe}{m}dt,\ \eta+\frac{Ye}{m}dt,\ \zeta+\frac{Ze}{m}dt,\ t+dt\right)dV'd\sigma'.$$

$$\xi\frac{\partial f}{\partial x} + \eta\frac{\partial f}{\partial y} + \zeta\frac{\partial f}{\partial z} + \frac{Xe}{m}\frac{\partial f}{\partial \xi} + \frac{Ye}{m}\frac{\partial f}{\partial \eta} + \frac{Ze}{m}\frac{\partial f}{\partial \zeta} = b - a.$$

$$a\,\mathrm{d}V\mathrm{d}\sigma\mathrm{d}t = \frac{1}{l}r\,\mathrm{d}t\,f\,\mathrm{d}V\mathrm{d}\sigma, \quad a = \frac{r}{l}f.$$

452

$$a\,\mathrm{d}V\mathrm{d}\sigma\mathrm{d}t = r\,\mathrm{d}t\,n\pi R^2\,\mathrm{d}V\mathrm{d}\sigma f, \quad l = \frac{1}{n\pi R^2},$$

$$b\,\mathrm{d}V\mathrm{d}\sigma\mathrm{d}t = \frac{\mathrm{d}\sigma}{4\pi r^2\,\mathrm{d}r}\int\frac{r}{l}f\,\mathrm{d}V r^2\,\mathrm{d}r\,\mathrm{d}\omega,$$

$$b = \frac{r}{l}\frac{1}{4\pi}\int f\,\mathrm{d}\omega.$$

$$\left[\xi\left(\frac{\mathrm{d}K}{\mathrm{d}x} + \frac{mr^2}{2kT}\frac{\mathrm{d}T}{\mathrm{d}x} - \frac{Xe}{kT}\right) + \eta\left(\frac{\mathrm{d}K}{\mathrm{d}y} + \cdots\right) + \zeta\left(\frac{\mathrm{d}K}{\mathrm{d}z} + \cdots\right)\right]\mathrm{e}^{-\frac{1}{2}mr^2/kT}$$

$$= -\frac{r}{l}\left(f - \frac{1}{4\pi}\int f\,\mathrm{d}\omega\right).$$

$$i\,\mathrm{d}t = \int ef\xi\,\mathrm{d}t\,\mathrm{d}\sigma, \quad W\mathrm{d}t = \int\frac{1}{2}mr^2f\xi\,\mathrm{d}t\,\mathrm{d}\sigma$$

$$i = e\int\xi f\,\mathrm{d}\sigma, \quad W = \frac{1}{2}m\int\xi r^2 f\,\mathrm{d}\sigma.$$

$$i = le\int\left[\frac{\xi^2}{r}\left(-\frac{\mathrm{d}K}{\mathrm{d}x} - \frac{mr^2}{2kT}\frac{\mathrm{d}T}{\mathrm{d}x} + \frac{Xe}{kT}\right) + \frac{\xi\eta}{r}(\cdots) + \frac{\xi\zeta}{r}(\cdots)\right]\mathrm{e}^{-\frac{1}{2}mr^2/kT}\,\mathrm{d}\sigma$$

$$+ e\int\xi\left(\frac{1}{4\pi}\int f\,\mathrm{d}\omega\right)\mathrm{d}\sigma.$$

$$W = \frac{ml}{2}\int\left[\xi^2 r\left(-\frac{\mathrm{d}K}{\mathrm{d}x} - \frac{mr^2}{2kT}\frac{\mathrm{d}T}{\mathrm{d}x} + \frac{Xe}{kT}\right) + \xi\eta r(\cdots) + \xi\zeta r(\cdots)\right]\mathrm{e}^{-\frac{1}{2}mr^2/kT}\,\mathrm{d}\sigma$$

$$+ \frac{m}{2}\int\xi r^2\left(\frac{1}{4\pi}\int f\,\mathrm{d}\omega\right)\mathrm{d}\sigma.$$

$$i = le\int\frac{1}{3}r\left(-\frac{\mathrm{d}K}{\mathrm{d}x} - \frac{mr^2}{2kT}\frac{\mathrm{d}T}{\mathrm{d}x} + \frac{Xe}{kT}\right)\mathrm{e}^{-\frac{1}{2}mr^2/kT}4\pi r^2\,\mathrm{d}r,$$

$$W = \frac{ml}{2}\int\frac{1}{3}r^2(\cdots)\mathrm{e}^{-\frac{1}{2}mr^2/kT}4\pi r^2\,\mathrm{d}r.$$

$$i = \frac{8\pi}{3}l\frac{\mathrm{e}^2kT}{m^2}K\left(X - \frac{kT}{eK}\frac{\mathrm{d}K}{\mathrm{d}x} - 2\frac{k}{e}\frac{\mathrm{d}T}{\mathrm{d}x}\right),$$

$$W = \frac{16\pi}{3} l \frac{ek^2 T^2}{m^2} K \left(X - \frac{kT}{eK} \frac{dK}{dx} - 3\frac{k}{e}\frac{dT}{dx} \right).$$

453

$$\left(\frac{\partial}{\partial x} = 0 \right),\ i = \frac{8\pi l e^2 kT}{3m^2} KX,$$

$$\sigma = \frac{8\pi}{3} l \frac{e^2 kT}{m} K = Nle^2 (2\pi mkT)^{-\frac{1}{2}}$$

$$(i = 0),\ W = -\frac{16\pi}{3} l \frac{k^3 T^2}{m^2} K,$$

$$\gamma = \frac{16\pi}{3} l \frac{k^3 T^2}{m^2} K = Nlk^2 T (2\pi mkT)^{-\frac{1}{2}}$$

$$\frac{\gamma}{\sigma} = 2\left(\frac{k}{e}\right)^2 T; 诸德: 3\left(\frac{k}{e}\right)^2 T.$$

洛伦兹的和诸德的计算方式之不同.

结果之不同. 特殊假设.

下次讲课: 建筑在普遍假设上的不同手续.

1914 年 4 月 2 日

上次讲课. 洛伦兹关于热导率和电导率的计算.

$$f = K e^{-\frac{1}{2}mr^2/kT},\ f\,dV d\sigma = dN,$$

$$f = K e^{-\frac{1}{2}mr^2/kT} + \psi = f_0 + \psi;$$

弹性球,
$$\frac{\gamma}{\sigma} = 2\left(\frac{k}{e}\right)^2 T.$$

基于普遍假设的计算

$$f = f_S + f_R,\quad f_S = K_0 e^{-\left(\frac{1}{2}mr^2 + \varphi e\right)/kT_0},\ f_R = f_0 - f_S + \psi.$$

f_S 稳定,无流动.

根据 f_R 计算的流动现象.

忽略外力的可允许性,自由扩散.

布朗运动的爱因斯坦理论.

时间 τ(小,但远大于两次碰撞之间的时间)后的粒子分布决定于

$$\varphi(y)\,dy,\ 1 = 2\int_0^\infty \varphi(y)\,dy.$$

时间 τ 内通过一个面的粒子数.

原始的粒子分布 $f(x, t)\mathrm{d}x$.

$$A_\tau = \int_0^\infty f(x-a)\mathrm{d}a \int_a^\infty \varphi(y)\mathrm{d}y - \int_0^\infty f(x+a)\mathrm{d}a \int_a^\infty \varphi(y)\mathrm{d}y,$$

$$A_\tau = \int_0^\infty [f(x-a) - f(x+a)]\mathrm{d}a \int_a^\infty \varphi(y)\mathrm{d}y = -\frac{\partial f}{\partial x}\int_0^\infty 2a\,\mathrm{d}a \int_a^\infty \varphi(y)\mathrm{d}y,$$

$$A_\tau = -\frac{\partial f}{\partial x}\left[\Big|_0^\infty a^2 \int_a^\infty \varphi(y)\mathrm{d}y\Big| + \int_0^\infty a^2 \varphi(a)\mathrm{d}a\right].$$

$A_\tau = G \cdot \tau$，$G=$ 单位时间流过的粒子数.　　　　　　　　　　　454

$G = -D\dfrac{\partial f}{\partial x}$，$D=$ 扩散系数.

$$D = \frac{1}{\tau}\int_0^\infty a^2 \varphi(a)\mathrm{d}a.$$

$$f(x, t+\tau)\mathrm{d}x = \int_{a=0}^{a=\infty} f(x-a)\mathrm{d}x\,\varphi(a)\mathrm{d}a + \int_{a=0}^{a=\infty} f(x+a)\mathrm{d}x\,\varphi(a)\mathrm{d}a,$$

$$f(x, t) + \tau\frac{\partial f}{\partial t} = \int_{a=0}^{a=\infty} (f(x-a) + f(x+a))\varphi(a)\mathrm{d}a$$

$$= 2f\int_0^\infty \varphi(a)\mathrm{d}a + \frac{\partial^2 f}{\partial x^2}\int_0^\infty a^2 \varphi(a)\mathrm{d}a;$$

$$\frac{\partial f}{\partial t} = \frac{\partial^2 f}{\partial x^2}\frac{1}{\tau}\int_0^\infty a^2 \varphi(a)\mathrm{d}a = D\frac{\partial^2 f}{\partial x^2}.$$

从一个平面开始的扩散问题的解

$$\frac{\partial f}{\partial t} = D\frac{\partial^2 f}{\partial x^2};\ t = 0,\ f(x, 0) = 0,\ x \lessgtr 0,$$

$$\int_{-\infty}^{+\infty} f(x, t)\mathrm{d}x = N.$$

$$f(x, t) = \frac{N}{\sqrt{4\pi D}}\frac{1}{\sqrt{t}}\mathrm{e}^{-x^2/4Dt}.$$

$$\overline{x^2} = \frac{1}{N}\int_{-\infty}^{+\infty} x^2 f(x, t)\mathrm{d}x = 2Dt$$

$$\lambda_x = \sqrt{\overline{x^2}} = \sqrt{2Dt}$$

D 的爱因斯坦确定.

（1）外力和渗透压下的平衡

$$XN = \frac{\partial p}{\partial x} = kT \frac{\partial N}{\partial x}.$$

（2）黏滞力作用下的运动

$$G = Nv = \frac{NX}{6\pi\gamma R}.$$

455　　　　（3）由扩散引起的运动

$$G = D\frac{\mathrm{d}N}{\mathrm{d}x}$$

平衡　　　　　　　　$$\frac{NX}{6\pi\gamma R} = D\frac{\mathrm{d}N}{\mathrm{d}x},$$

$$D = \frac{kT}{6\pi\gamma R}, \quad \sqrt{\overline{x^2}} = \sqrt{t}\sqrt{\frac{kT}{3\pi\gamma R}}.$$

根据布朗运动确定 k；佩兰.

处理方法允许相当普遍的假设.〈我们〉在这里将考察〈固定分子作用在电子上的〉辏力和〈距离的〉n 次方成反比的这一特殊情况. 现在分别考虑速率不同的〈电子的〉扩散.

$$G(r)\mathrm{d}r = -D(r)\frac{\partial}{\partial x}(N_R(r)\mathrm{d}r),$$

$$N_R(r)\mathrm{d}r = \int f_R\, r^2\,\mathrm{d}r\mathrm{d}\omega,$$

$$G(r) = D(r)K4\pi r^2\mathrm{e}^{-\frac{1}{2}mr^2/kT}\left(-\frac{e}{kT}\frac{\partial\varphi}{\partial x} - \frac{1}{K}\frac{\partial K}{\partial x} - \frac{mr^2}{2kT^2}\right).$$

$$i = e\int_0^\infty G(r)\mathrm{d}r, \quad W = \frac{m}{2}\int_0^\infty r^2 G(r)\mathrm{d}r,$$

$$i = \left(-\frac{\partial\varphi}{\partial x} - \frac{kT}{eK}\frac{\partial K}{\partial x}\right)A_1 - \frac{\partial T}{\partial x}A_2,$$

$$W = T\left(-\frac{\partial\varphi}{\partial x} - \frac{kT}{eK}\frac{\partial K}{\partial x}\right)A_2\frac{\partial T}{\partial x}A_3.$$

$$A_1 = \int_0^\infty r^2 D(r)\mathrm{e}^{-\frac{1}{2}mr^2/kT}\,\mathrm{d}r \times \frac{4\pi e^2 K}{kT},$$

$$A_2 = \int_0^\infty r^4 D(r)\mathrm{e}^{-\frac{1}{2}mr^2/kT}\,\mathrm{d}r \times \frac{2\pi em K}{kT^2},$$

$$A_3 = \int_0^\infty r^6 D(r)\mathrm{e}^{-\frac{1}{2}mr^2/kT}\,\mathrm{d}r \times \frac{\pi m^2 K}{kT^2}.$$

$$\sigma = A_1, \quad \gamma = \frac{A_3 A_1 - A_2^2 T}{A_1}.$$

$D(r)$是和每立方厘米中的金属分子数 M 成反比的. 如果 M 小 s 倍,我们对 于 $\tau' = s\tau$ 就得到

456

$$\varphi'(y')\mathrm{d}y' = \varphi'(sy)\mathrm{d}(sy) = \varphi(y)\mathrm{d}y.$$

$$D(r) = \frac{G(r)\mathrm{d}r}{\dfrac{\partial}{\partial x}(N(r)\mathrm{d}r)} \sim \frac{L^{-2}T^{-1}}{L^{-3}L^{-1}} = L^2 T^{-1}$$

$$D(r)M \sim L^{-1}T^{-1}, \quad r \sim LT^{-1}$$

$$\mu\rho^{-n} \sim LT^{-2}, \quad \mu \sim L^{n+1}T^{-2}$$

$$D(r)M = f(\mu,\ r) = Cr^x \mu^y$$

$$x + y(n+1) = -1, \quad -x - 2y = -1,$$

$$x = (n+3)/(n-1), \quad y = -2/(n-1)$$

$$D(r) = \frac{C}{M} r^{(n+3)/(n-1)} \mu^{-2/(n-1)}.$$

无歧义的确定

$$D(r) = Cr^{(n+3)/(n-1)}.$$

$$A_2 = \frac{k}{e}\frac{2n}{n-1}A_1,$$

$$A_3 = \frac{k}{e}T\frac{3n-1}{n-1}A_2 = T\Big(\frac{k}{e}\Big)^2 \frac{2n(3n-1)}{(n-1)^2}A_1,$$

$$\frac{\gamma}{\sigma} = \frac{A_3 A_1 - TA_2^2}{A_1^2} = \frac{2n}{n-1}\Big(\frac{k}{e}\Big)^2 T.$$

$n = \infty$,即作为弹性球, $\mu\rho^{-n} = c(R/\rho)^n$,恒定的平均自由程.

$n < \infty$:γ/σ 增大时平均自由程也增大.

碰撞不是分立的.

1914 年 4 月 16 日

温习热导率和电导率之比的计算,考虑的情况是:金属分子是一些力心,力 和距离的 n 次方成反比.

$$f(x,\ y,\ x,\ \xi,\ \eta,\ \zeta,\ t)\mathrm{d}V\mathrm{d}\sigma = \mathrm{d}N$$

$$(f_0)_0 = K_0 \mathrm{e}^{-\frac{1}{2}mr^2/kT_0}, \quad f = K\mathrm{e}^{-\frac{1}{2}mr^2/kT} + \psi = f_0 + \psi,$$

$$f = f_S + f_R, \ f_S = K_0 e^{-(\frac{1}{2}mr^2 + e\varphi)/kT_0}, \ f_R = f_0 - f_S + \psi.$$

f_S 是稳定的,从而不会引起流动.

f_R 引起全部的流动现象.

允许忽略外力;自由扩散;扩散系数.

457　　速度不同的电子彼此独立地进行扩散.

$$G_x(r)dr = D(r)\frac{\partial}{\partial x}(N_R(r)dr),$$

$$N_R(r)dr = \int f_R \, r^2 dr d\omega,$$

$$G_x(r) = 4\pi K r^2 e^{-\frac{1}{2}mr^2/kT}\left(-\frac{e}{kT}\frac{\partial\varphi}{\partial x} - \frac{1}{K}\frac{\partial K}{\partial x} - \frac{mr^2}{2kT^2}\right)D(r)..$$

$$i_x = e\int_0^\infty G_x(r)dr, \ W_x = \frac{m}{2}\int_0^\infty r^2 G_x(r)dr.$$

$$i_x = A_1\left(-\frac{\partial\varphi}{\partial x} - \frac{kT}{eK}\frac{\partial K}{\partial x}\right) - A_2\frac{\partial T}{\partial x},$$

$$W_x = A_2\left(-\frac{\partial\varphi}{\partial x} - \frac{kT}{eK}\frac{\partial K}{\partial x}\right)T - A_3\frac{\partial T}{\partial x}.$$

$$A_1 = \frac{4\pi e^2 K}{kT}\int_0^\infty r^2 D(r)e^{-\frac{1}{2}mr^2/kT}dr,$$

$$A_2 = \frac{2\pi em K}{kT^2}\int_0^\infty r^4 D(r)e^{-\frac{1}{2}mr^2/kT}dr,$$

$$A_3 = \frac{\pi m^2 K}{kT^2}\int_0^\infty r^6 D(r)e^{-\frac{1}{2}mr^2/kT}dr.$$

$$\sigma = A_1, \ \gamma = \frac{A_3 A_1 - A_2^2 T}{A_1}$$

$M_0 =$ 每立方厘米中的金属分子数.

$\mu\rho^{-n}$: 辏力.

$$D(r)M_0 = f\left(\frac{\mu}{m}, r\right).$$

量纲分析

$$D(r)M_0 = Cr^{(n+3)/(n-1)}\left(\frac{\mu}{m}\right)^{-2/(n-1)},$$

$$D(r) = Cr^{(n+3)/(n-1)}.$$

$n = \infty$, 弹性球, $\mu\rho^{-n} = c(R/\rho)^n$. 扩散系数正比于 r.

$n < \infty$: 扩散系数比 r 增大得要快.

$$A_2 = \frac{k}{e}\frac{2n}{n-1}A_1,$$

$$A_3 = \frac{k}{e}T\frac{3n-1}{n-1}A_2 = \left(\frac{k}{e}\right)^2 T\frac{2n(3n-1)}{(n-1)^2}A_1;$$

$$\frac{\gamma}{\sigma} = \frac{A_3A_1 - TA_2^2}{A_1^2} = \frac{2n}{n-1}\left(\frac{k}{e}\right)^2 T.$$

458

对于 $n = \infty$, 和洛伦兹的结果相同.

对于 $n = 3$, 和实验相符.

关于〈假设金属分子是〉一个电偶极子（电矩为 M_e）或一个磁体（磁矩为 M_m）的情况的量纲分析.

$$D(r)M_0 = f\left(\frac{M_e e}{m}, r\right), \quad \frac{M_e e}{m} \sim LT^{-2}L^3, \quad n = 3.$$

$$D(r)M_0 = f\left(\frac{M_m e}{m}, r\right), \quad \frac{M_m e}{m}r \sim LT^{-2}L^3, \quad n = 5.$$

碰撞不是分立的, 和硬弹性体情况的结果相同,

$$D(r) = cr.$$

和经验符合的可能性.

基础假设的批评, 电子的独立运动.

金属中电流和能流之间的联系.

温差电现象. 考耳若什理论.

$$i_x = \sigma\left(-\frac{\partial\varphi}{\partial x} - \frac{k}{e}\frac{T}{K}\frac{\partial K}{\partial x} - \frac{k}{e}\mu\frac{\partial T}{\partial x}\right), \quad \mu_n = \frac{2n}{n-1};$$

$$W_x = i_x\frac{k}{e}\mu T - \gamma\frac{\partial T}{\partial x}, \quad N = K\left(\frac{2\pi kT}{m}\right)^{\frac{3}{2}},$$

$$N = \int_0^\infty f_0 4\pi r^2\, \mathrm{d}r.$$

（i）开链:

$$i_x = 0 \quad \frac{\partial\varphi}{\partial x} = -\frac{k}{e}\left(\frac{T}{K}\frac{\partial K}{\partial x} + \mu\frac{\partial T}{\partial x}\right),$$

$$\frac{\partial \varphi}{\partial x} = -\frac{k}{e}\Big(\frac{T}{N}\frac{\partial N}{\partial x} + \frac{n+3}{2(n-1)}\frac{\partial T}{\partial x}\Big).$$

(α) T 恒定

$$\varphi_1 - \varphi_2 = \frac{k}{e}T\ln\frac{N_2}{N_1}.$$

(β) 金属均匀

$$\mathrm{d}\varphi = -\frac{k}{e}\Big(\frac{T}{N}\frac{\mathrm{d}N}{\mathrm{d}T} + \frac{n+3}{2(n-1)}\Big)\mathrm{d}T.$$

459　　　　电子的压强

$$p = NkT,\ \frac{\partial p}{\partial x} = kT\frac{\partial N}{\partial x} + Nk\frac{\partial T}{\partial x}\varpi - \frac{\partial \varphi}{\partial x}eN.$$

$n = 5$ 时的简单条件(麦克斯韦的气体理论).

(γ)

$$F = \varphi(x_4) - \varphi(x_1) = -\frac{k}{e}\int_{x_1}^{x_4}\Big(\frac{T}{K}\frac{\partial K}{\partial x} + \mu\frac{\partial T}{\partial x}\Big)\mathrm{d}x = \frac{k}{e}\int_{x_1}^{x_4}(\ln K - \mu)\frac{\partial T}{\partial x}\mathrm{d}x;$$

$$F = \frac{k}{e}\int_{T_0}^{T_1}(\ln K_{\mathrm{I}} - \mu_{\mathrm{I}})\mathrm{d}T + \frac{k}{e}\int_{T_1}^{T_2}(\ln K_{\mathrm{II}} - \mu_{\mathrm{II}})\mathrm{d}T + \frac{k}{e}\int_{T_2}^{T_0}(\ln K_{\mathrm{I}} - \mu_{\mathrm{I}})\mathrm{d}T,$$

$$F = \frac{k}{e}\int_{T_1}^{T_2}\Big(\ln\Big(\frac{K_{\mathrm{II}}}{K_{\mathrm{I}}}\Big) - (\mu_{\mathrm{II}} - \mu_{\mathrm{I}})\Big)\mathrm{d}T = \frac{k}{e}\int_{T_1}^{T_2}\Big(\ln\Big(\frac{N_{\mathrm{II}}}{N_{\mathrm{I}}}\Big) - (\mu_{\mathrm{II}} - \mu_{\mathrm{I}})\Big)\mathrm{d}T.$$

洛伦兹理论, $\mu_{\mathrm{II}} = \mu_{\mathrm{I}} = 2 \quad (n = \infty)$.

(ii) 闭链：

热效应的考察

$$\mathrm{d}\varphi = -\Big(i_x\frac{\mathrm{d}\varphi}{\mathrm{d}x} + \frac{\mathrm{d}W_x}{\mathrm{d}x}\Big)\mathrm{d}x,$$

$$d\varphi = \left[\frac{i^2}{\sigma} + i\frac{k}{e}T\frac{d(\ln K - \mu)}{\mathrm{d}x} + \frac{\mathrm{d}\Big(\gamma\dfrac{\mathrm{d}T}{\mathrm{d}x}\Big)}{\mathrm{d}x}\right]\mathrm{d}x,$$

$$\mathrm{d}Q_{\mathrm{R}} = i\frac{k}{e}T\frac{\mathrm{d}(\ln K - \mu)}{\mathrm{d}x}.$$

（a）珀耳帖效应

$$\Pi_{\mathrm{I,II}} = \frac{k}{e}T(\ln(K_{\mathrm{I}}/K_{\mathrm{II}}) - (\mu_{\mathrm{I}} - \mu_{\mathrm{II}})),$$

洛伦兹理论：

$$\Pi_{\mathrm{I},\mathrm{II}} = \frac{k}{e} T \ln(N_{\mathrm{I}}/N_{\mathrm{II}}).$$

（b）汤姆孙效应

460

$$\rho = -\frac{k}{e} T \frac{\mathrm{d}(\ln K - \mu)}{\mathrm{d}T}$$

洛伦兹理论：

$$\rho = -\frac{k}{e} T \frac{d\ln N}{\mathrm{d}T} + \frac{3}{2}\frac{k}{e}.$$

（在下一次讲课中，我们将讨论温差电系数的其他推导，汤姆孙的推导和瑞查孙的推导，并提到那些推导所带来的困难）.

开耳文勋爵的理论

$$\int \frac{\mathrm{d}Q_{\mathrm{R}}}{T} = 0$$

和能量守恒定律一起，给出关于 F、Π 和 ρ 的两个条件.

$$\int \frac{\mathrm{d}Q}{T} > 0.$$

$$\int \frac{\mathrm{d}Q}{T} = \int \left(\frac{i^2}{\sigma T} + i\frac{k}{e}\frac{C}{T}\frac{\mathrm{d}T}{\mathrm{d}x} + \frac{1}{T}\frac{\mathrm{d}(\gamma\,\mathrm{d}T/\mathrm{d}x)}{\mathrm{d}x} \right)\mathrm{d}x$$

$$= \int \left(\frac{i^2}{\sigma T} + i\frac{k}{e}\frac{(\ln(K/K_0) - \mu + \mu_0)}{T}\frac{\mathrm{d}T}{\mathrm{d}x} + \frac{\gamma}{T^2}\left(\frac{\mathrm{d}T}{\mathrm{d}x}\right)^2 \right)\mathrm{d}x.$$

可以看到，中间一项和第一项及第三项相比不能是很小的，后二者分别由焦耳热和热传导得来.

1914 年 4 月 23 日

上次讲课导出的适用于电流和热流的方程是

$$i_x = A_1\left(-\frac{\partial\varphi}{\partial x} - \frac{kT}{eK}\frac{\partial K}{\partial x} \right) - A_2\frac{\partial T}{\partial x},$$

$$W_x = A_2\left(-\frac{\partial\varphi}{\partial x} - \frac{kT}{eK}\frac{\partial K}{\partial x} \right) - A_3\frac{\partial T}{\partial x};$$

$$A_1 = \frac{4\pi e^2 K}{kT} \int_0^\infty r^2 D(r) \mathrm{e}^{-\frac{1}{2}mr^2/kT}\,\mathrm{d}r,$$

$$A_2 = \frac{2\pi e m K}{kT^2} \int_0^\infty r^4 D(r) \mathrm{e}^{-\frac{1}{2}mr^2/kT}\,\mathrm{d}r,$$

461

$$A_3 = \frac{\pi m^2 K}{k T^2} \int_0^\infty r^6 D(r) e^{-\frac{1}{2} m r^2 / kT} \, dr;$$

$$D(r) = C r^{(n+3)/(n-1)};$$

$$\frac{A_3}{A_1} = \left(\frac{k}{e}\right)^2 T \frac{2n(3n-1)}{(n-1)^2}, \frac{A_2}{A_1} = \frac{k}{e} \frac{2n}{(n-1)}.$$

引入传导率,我们就得到

$$i_x = \sigma\left(-\frac{\partial \varphi}{\partial x} - \frac{k}{e} \frac{T}{K} \frac{\partial K}{\partial x} - \frac{k}{e} \mu \frac{\partial T}{\partial x}\right),$$

$$\mu = \frac{e}{k} \frac{A_2}{A_1} = \frac{2n}{n-1};$$

$$W_x = i_x \frac{k}{e} \mu T - \gamma \frac{\partial T}{\partial x};$$

$$N = \int f_0 4\pi r^2 \, dr = K \left(\frac{2\pi k T}{m}\right)^{\frac{3}{2}}.$$

开链:

$$i_x = 0, \frac{\partial \varphi}{\partial x} = -\frac{k}{e}\left(\frac{T}{K} \frac{\partial K}{\partial x} + \mu \frac{\partial T}{\partial x}\right) = -\frac{k}{e}\left(\frac{T}{N} \frac{\partial N}{\partial x} + \frac{n+3}{2(n-1)} \frac{\partial T}{\partial x}\right).$$

(i) T 为恒定:

$$\varphi_1 - \varphi_2 = \frac{k}{e} T \ln \frac{N_1}{N_2}.$$

(ii) 均匀金属:

$$d\varphi = -\frac{k}{e}\left(\frac{T}{N} \frac{dN}{dT} + \frac{n+3}{2(n-1)}\right) dT, \varphi_1 - \varphi_2 = f(T_1, T_2).$$

从电子压强 $p = NkT$ 来看:

$$-Ne \frac{\partial \varphi}{\partial x} = \frac{\partial p}{\partial x} = kT \frac{\partial N}{\partial x} + Nk \frac{\partial T}{\partial x}.$$

所有的观点在情况(i)导致正确的结果,但在情况(ii)却导致不正确的结果.
(除 $n = 5$ 以外;麦克斯韦的气体分子运动论.)

(iii)

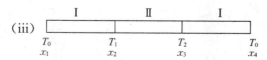

$$F = \varphi(x_4) - \varphi(x_1) = \int_{x_1}^{x_4} \frac{\partial \varphi}{\partial x} \mathrm{d}x = -\frac{k}{e} \int_{x_1}^{x_4} \left(\frac{T}{N} \frac{\mathrm{d}N}{\mathrm{d}x} + \mu \frac{\mathrm{d}T}{\mathrm{d}x} \right) \mathrm{d}x$$

$$= \frac{k}{e} \int_{x_1}^{x_4} (\ln K - \mu) \frac{\mathrm{d}T}{\mathrm{d}x} \mathrm{d}x,$$

$$F = \frac{k}{e} \int_{T_0}^{T_1} (\ln K_{\mathrm{I}} - \mu_{\mathrm{I}}) \mathrm{d}T + \frac{k}{e} \int_{T_1}^{T_2} (\ln K_{\mathrm{II}} - \mu_{\mathrm{II}}) \mathrm{d}T + \frac{k}{e} \int_{T_2}^{T_0} (\ln K_{\mathrm{I}} - \mu_{\mathrm{I}}) \mathrm{d}T, \quad 462$$

$$F = \frac{k}{e} \int_{T_1}^{T_2} (\ln(K_{\mathrm{II}}/K_{\mathrm{I}}) - (\mu_{\mathrm{II}} - \mu_{\mathrm{I}})) \mathrm{d}T$$

$$= \frac{k}{e} \int_{T_1}^{T_2} (\ln(N_{\mathrm{II}}/N_{\mathrm{I}}) - (\mu_{\mathrm{II}} - \mu_{\mathrm{I}})) \mathrm{d}T.$$

洛伦兹理论：$(n = \infty)$，$\mu_{\mathrm{I}} = \mu_{\mathrm{II}} = 2$.

闭链：

热效应的考察

$$\mathrm{d}Q = -\left(i_x \frac{\partial \varphi}{\partial x} + \frac{\partial W_x}{\partial x} \right) \mathrm{d}x,$$

$$\mathrm{d}Q = \left(\frac{i^2}{\sigma} + i \frac{k}{e} T \frac{\mathrm{d}(\ln K - \mu)}{\mathrm{d}x} + \frac{\mathrm{d}(\gamma(\partial T/\partial x))}{\mathrm{d}x} \right),$$

$$\mathrm{d}Q_{\mathrm{R}} = i \frac{k}{e} T \frac{\mathrm{d}(\ln K - \mu)}{\mathrm{d}x} \mathrm{d}x.$$

（a）珀耳帖效应

$$\Pi_{\mathrm{I}, \mathrm{II}} = \frac{k}{e} T (\ln(K_{\mathrm{I}}/K_{\mathrm{II}}) - (\mu_{\mathrm{I}} - \mu_{\mathrm{II}})).$$

洛伦兹理论：

$$\Pi_{\mathrm{I}, \mathrm{II}} = \frac{k}{e} T \ln(N_{\mathrm{I}}/N_{\mathrm{II}}).$$

（b）汤姆孙效应

$$\rho = -\frac{k}{e} T \frac{\mathrm{d}(\ln K - \mu)}{\mathrm{d}T}.$$

洛伦兹理论：

$$\rho = -\frac{k}{e} T \frac{\mathrm{d}\ln N}{\mathrm{d}T} + \frac{3}{2} \frac{k}{e}.$$

用电子压强来阐明

$$-Ne\frac{\partial\varphi}{\partial x}=\frac{\partial p}{\partial x}=\frac{\partial(kNT)}{\partial x}.$$

（a）珀耳帖效应 $\Pi_{\mathrm{I,\,II}}=\varphi_{\mathrm{I}}-\varphi_{\mathrm{II}}$.

缺少 μ_{I} 和 μ_{II} 两项；〈这是〉由于在不同的金属中电流所携带的动能不同（瑞查孙）.

$$W'_x=i_x\,\frac{k}{e}\,\frac{2n}{n-1}.$$

463

（b）汤姆孙效应

1）和珀耳帖效应中的情况相对应的情况

2）J·J·汤姆孙的计算

$$\rho=\frac{\mathrm{d}\varphi}{\mathrm{d}T}+\frac{1}{e}\,\frac{\mathrm{d}}{\mathrm{d}T}\Big(\frac{3}{2}kT\Big)=-\frac{1}{Ne}\,\frac{\mathrm{d}(kTN)}{\mathrm{d}T}+\frac{3}{2}\,\frac{k}{e},$$

$$\rho=-\frac{k}{e}T\,\frac{\mathrm{d}\ln N}{\mathrm{d}T}+\frac{1}{2}\,\frac{k}{e}=-\frac{k}{e}T\,\frac{\mathrm{d}\ln(NT^{-\frac{1}{2}})}{\mathrm{d}T}.$$

J·J·汤姆孙根据数字对比得到了电子数必须按 $T^{\frac{1}{2}}$ 而变化的结论. 但是，公式是不对的，因为它应该写成

$$\rho=-\frac{k}{e}T\,\frac{\mathrm{d}\ln(NT^{-\frac{3}{2}})}{\mathrm{d}T}.$$

（继续讨论 J·J·汤姆孙理论）

简单情况：气体在粗管中的流动

$$\left|v^2\,\frac{1}{2}Nvm\right|+\frac{3}{2}kTNv+vkNT=\frac{5}{2}kTNv+\left|\frac{1}{2}Nv^3m\right|.$$

$$W_x=\int\frac{m}{2}r^2\xi f\mathrm{d}\sigma=\iiint_{-\infty}^{+\infty}\frac{m}{2}(\xi^2+\eta^2+\zeta^2)\xi K\mathrm{e}^{-\frac{1}{2}m(\eta^2+\zeta^2+(\xi-v)^2)/kT}\,\mathrm{d}\xi\mathrm{d}\eta\mathrm{d}\zeta,$$

$$W_x=K\Big(\frac{2\pi kT}{m}\Big)^{\frac{3}{2}}\Big(\frac{5}{2}kTv+\frac{1}{2}v^3m\Big)=Nv\Big(\frac{5}{2}kT+\frac{1}{2}mv^2\Big).$$

1914 年 5 月 1 日

电和热的流动所适合的方程是

$$i_x=\sigma\Big(-\frac{\partial\varphi}{\partial x}-\frac{kT}{eK}\frac{\partial K}{\partial x}-\frac{k}{e}\mu\frac{\partial T}{\partial x}\Big),$$

$$\sigma=\frac{4\pi e^2K}{kT}\int_0^\infty r^2D(r)\mathrm{e}^{-\frac{1}{2}mr^2/kT}\,\mathrm{d}r,$$

$$W_x = i_x \frac{k}{e} \mu T - \gamma \frac{\partial T}{\partial x}, \ \mu_n = \frac{2n}{n-1},$$

$$N = K\left(\frac{2\pi k T}{m}\right)^{\frac{3}{2}}.$$

$$i_x = 0, \ \frac{\partial \varphi}{\partial x} = -\frac{k}{e}\frac{T}{K}\frac{\partial K}{\partial x} + \mu\frac{\partial T}{\partial x},$$

$$F = \frac{k}{e}\int_{T_1}^{T_2}(\ln(N_{\text{Ⅱ}}/N_{\text{Ⅰ}}) - (\mu_{\text{Ⅱ}} - \mu_{\text{Ⅰ}}))\mathrm{d}T,$$

464

$$\mathrm{d}Q = -\left(i_x\frac{\partial\varphi}{\partial x} + \frac{\partial W_x}{\partial x}\right)\mathrm{d}x,$$

$$\mathrm{d}Q = \left(\frac{i^2}{\sigma} + i\frac{k}{e}T\frac{\mathrm{d}(\ln K - \mu)}{\mathrm{d}x} + \frac{\mathrm{d}(\gamma(\mathrm{d}T/\mathrm{d}x))}{\mathrm{d}x}\right)\mathrm{d}x$$

$$\Pi_{\text{Ⅰ},\text{Ⅱ}} = \frac{k}{e}T(\ln(K_{\text{Ⅰ}}/K_{\text{Ⅱ}}) - (\mu_{\text{Ⅰ}} - \mu_{\text{Ⅱ}})),$$

$$\rho = -\frac{k}{e}T\frac{\mathrm{d}(\ln K - \mu)}{\mathrm{d}T},$$

$$\Pi_{\text{Ⅰ},\text{Ⅱ}} = \frac{k}{e}T(\ln(N_{\text{Ⅰ}}/N_{\text{Ⅱ}}) - (\mu_{\text{Ⅰ}} - \mu_{\text{Ⅱ}})),$$

$$\rho = -\frac{k}{e}T\frac{\mathrm{d}(\ln N - \mu)}{\mathrm{d}T} + \frac{3}{2}\frac{k}{e}.$$

开耳文勋爵的理论：$\int \mathrm{d}Q_{\text{R}}/T = 0$ 和能量守恒定律一起，提供了关于 F、Π 和 ρ 的两个条件.

必要条件，$\int \mathrm{d}Q/T > 0$

$$\int\left(\frac{i^2}{\sigma T} + \frac{Ci}{T}\frac{\mathrm{d}T}{\mathrm{d}x} + \frac{1}{T}\frac{\mathrm{d}(\gamma\mathrm{d}T/\mathrm{d}x)}{\mathrm{d}x}\right)\mathrm{d}x = \int\left(\frac{i^2}{\sigma T} + \frac{1}{T}iC\frac{\mathrm{d}T}{\mathrm{d}x} + \frac{\gamma}{T^2}\left(\frac{\mathrm{d}T}{\mathrm{d}x}\right)^2\right)\mathrm{d}x > 0.$$

玻耳兹曼.

循环过程中类似结果的不正确性（μ 的出现）.

由汤姆孙系数的值所引起的电子论的困难.

热辐射现象.

（i）吸收.

和碰撞之间的时间相比,振动是很慢的.金属块够小,以致吸收和反射可以忽略.

$$i_x = \sigma X,\ i_x X = \sigma X^2,\ A = \sigma(X^2+Y^2+Z^2),$$

$$M = E = (1/8\pi)(X^2+Y^2+Z^2),\ A = 4\pi\sigma(E+M);\alpha = 4\pi\sigma;$$

哈根和汝本斯

$$\left(\frac{R+1}{R-1}\right)^2 = \frac{\alpha}{2p},(X = C\cos pt).$$

465   (ii) 发射.

$$S\mathrm{d}t = \frac{2e^2}{3c^3}j^2\mathrm{d}t.$$

$$\xi = a\sin pt,\ j_x = ap\cos pt,\ S_1 = \frac{2e^2}{3c^3}\frac{a^2 p^2}{2}.$$

$$S = \frac{2e^2}{2c^3}\frac{1}{\vartheta}\int_0^\vartheta j^2\,\mathrm{d}t,\ \xi = \sum_{s=1}^{s=\infty} a_s\sin\frac{s\pi t}{\vartheta},\ a_s = \frac{2}{\vartheta}\int_0^\vartheta \xi\sin\frac{s\pi t}{\vartheta}\mathrm{d}t.$$

$$j_x = \sum_{s=1}^{s=\infty} a_s\frac{s\pi}{\vartheta}\cos\frac{s\pi t}{\vartheta},\ \frac{s\pi}{\vartheta} = p,\ \Delta p = \frac{\pi}{\vartheta}\Delta s.$$

$$S = \frac{2e^2}{c^3}\frac{1}{\vartheta}\sum_{s=1}^{s=\infty}\frac{a_s^2}{2}(\frac{s\pi}{\vartheta})^2\vartheta$$

$$S(p)\Delta p = \frac{2e^2}{c^3}\sum_s^{s+\Delta s}\frac{a_s^2}{2}\left(\frac{s\pi}{\vartheta}\right)^2 = \frac{2e^2}{c^3}\frac{\overline{a_s^2}}{2}\left(\frac{s\pi}{\vartheta}\right)^2\Delta s$$

$$S(p)\Delta p = \frac{2e^2}{c^3}\frac{\overline{a_s^2}}{2}p^2(\frac{\vartheta}{\pi}\Delta p) = \frac{2e^2}{c^3}\frac{\vartheta}{2\pi}p^2\frac{4}{\vartheta^2}\overline{\left[\int_0^\vartheta\xi\sin\frac{s\pi t}{\vartheta}\mathrm{d}t\right]^2}\Delta p$$

$$\overline{\left[\int_0^\vartheta\xi(t)\sin pt\,\mathrm{d}t\right]^2} = \overline{\int_0^\vartheta\int_0^\vartheta\xi(t_1)\xi(t_2)\sin pt_1\,\sin pt_2\,\mathrm{d}t_1\,\mathrm{d}t_2}$$

$$= \frac{1}{2}\overline{\int_0^\vartheta\int_0^\vartheta\xi(t_1)\xi(t_2)\left[\cos p(t_1-t_2)-\cos p(t_1+t_2)\right]\mathrm{d}t_1\,\mathrm{d}t_2}$$

因此,当振动被假设为缓慢的时,就有

$$\overline{\left[\int_0^\vartheta\xi(t)\sin pt\,\mathrm{d}t\right]^2} = \frac{1}{2}\overline{\left[\int_0^\vartheta\xi(t)\mathrm{d}t\right]^2} = \frac{1}{2}\cdot 2D\vartheta.$$

$$S(p)\Delta p = \frac{4e^2}{\pi c^3}p^2 D\Delta p,$$

$$S(p) = \frac{4e^2}{\pi c^3}p^2\sum_\alpha D = \frac{4e^2}{\pi c^3}p^2\int_0^\infty 4\pi r^2 D(r)K\,\mathrm{e}^{-\frac{1}{2}mr^2/kT}\mathrm{d}r = -\frac{4\sigma kT}{\pi c^3}p^2 = \beta(p).$$

$$E(p)\mathrm{d}p\alpha\Delta V = \Delta V\beta(p)\mathrm{d}p.$$

466

$$E(p) = \frac{\beta(p)}{\alpha(p)}.$$

$$E(p) = \frac{kT}{\pi^2 c^3} p^2.$$

普朗克的辐射公式是

$$F(p) = \frac{h}{2\pi} p^3 \frac{1}{\pi^2 c^3} \frac{1}{\mathrm{e}^{-(hp/2\pi kT)} - 1}.$$

对于大 p

$$E(p) = \frac{kT}{\pi^2 c^3} p^2.$$

1914 年 5 月 15 日

热辐射,缓慢振动

$$\alpha = \frac{4\pi e^2 K}{kT} \int_0^\infty r^2 D(r) \mathrm{e}^{-\frac{1}{2} mr^2/kT} \, \mathrm{d}r.$$

(i) 吸收:

$$i_x = \sigma X, \; i_x X = \sigma X^2, \; A = \sigma(X^2 + Y^2 + Z^2) = 4\pi\sigma E,$$

$$\alpha = 4\pi\sigma, \left(\frac{R+1}{R-1}\right)^2 = \frac{\alpha}{2p}, \; X = X_0 \cos pt.$$

(ii) 发射:

$$g\mathrm{d}t = \frac{2e^2}{3c^3} j^2 \mathrm{d}t;$$

$$\xi = a\sin pt, \; j_x = ap\cos pt, \; \bar{g} = \frac{2e^2}{3c^3} a^2 p^2 \cdot \frac{1}{2};$$

$$\bar{g} = \frac{2e^2}{3c^3} \frac{1}{\vartheta} \int_0^\vartheta j^2 \mathrm{d}t = \frac{2e^2}{c^3} \frac{1}{\vartheta} \int_0^\vartheta j_x^2 \mathrm{d}t;$$

$$\xi = \sum_{s=1}^{s=\infty} a_s \sin\frac{s\pi t}{\vartheta}, \; a_s = \frac{2}{\vartheta} \int_0^\vartheta \xi \sin\frac{s\pi t}{\vartheta} \mathrm{d}t,$$

$$j_x = \sum_{s=1}^{s=\infty} a_s \frac{s\pi}{\vartheta} \cos\frac{s\pi t}{\vartheta}.$$

$$\bar{g} = \frac{2e^2}{c^3} \frac{1}{\vartheta} \sum_{s=1}^{s=\infty} \left(\frac{s\pi}{\vartheta}\right)^2 a_s^2 \frac{\vartheta}{2}, \; \frac{s\pi}{\vartheta} = p, \; \Delta p = \frac{\pi}{\vartheta}\Delta s;$$

$$\bar{g}(p)\Delta p = \frac{2e^2}{c^3} \sum_{s}^{s+\Delta s} \left(\frac{s\pi}{\vartheta}\right)^2 \frac{a_s^2}{2} = \frac{2e^2}{c^3} \left(\frac{s\pi}{\vartheta}\right)^2 \frac{\overline{a_s^2}}{2}\Delta s$$

$$= \frac{2e^2}{c^3} p^2 \frac{\vartheta}{2\pi}\Delta p \, \overline{a_s^2} = \frac{4e^2}{\pi c^3} p^2 \Delta p \, \overline{\left[\int_0^\vartheta \xi\sin pt \, \mathrm{d}t\right]^2}.$$

467

$$\overline{\int_0^\vartheta \int_0^\vartheta \xi(t_1)\xi(t_2)\sin pt_1\,\sin pt_2\,\mathrm{d}t_1\,\mathrm{d}t_2} = \overline{\frac{1}{2}\int_0^\vartheta\int_0^\vartheta \xi(t_1)\xi(t_2)\,\mathrm{d}t_1\,\mathrm{d}t_2 = D\vartheta}$$

 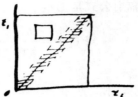

$$\overline{\left[\int_0^\vartheta \xi\,\mathrm{d}t\right]^2} = \overline{\int_0^\vartheta\int_0^\vartheta \xi(t_1)\xi(t_2)\,\mathrm{d}t_1\,\mathrm{d}t_2} = 2D\vartheta$$

$$\bar{g}(p) = \frac{4e^2}{3c^3}p^2 D.$$

$$\beta(p) = \frac{4e^2}{\pi c^3}p^2\sum D = \frac{4e^2}{3c^3}p^2\int_0^\infty 4\pi r^2 D(r)K\mathrm{e}^{-\frac{1}{2}mr^2/kT}\mathrm{d}r = \frac{4kT\sigma p^2}{\pi c^3};$$

$$E(p)\mathrm{d}p\alpha\Delta V = \beta(p)\mathrm{d}p\Delta V;$$

$$E(p) = \frac{\beta(p)}{\alpha(p)} = \frac{kT}{\pi^2 c^3}p^2.$$

普朗克公式：

$$E(p) = \frac{p^3 h}{2\pi^3 c^3}\frac{1}{\mathrm{e}^{hp/2\pi kT}-1};$$

对于小 p，我们得到

$$E(p) = \frac{kT}{\pi^2 c^3}p^2.$$

磁场对电子运动的影响

$$M_x = \frac{e}{c}H_z\eta - \frac{e}{c}H_y\zeta,\quad M_y = \frac{e}{c}H_x\zeta - \frac{e}{c}H_z\xi,$$

$$M_z = \frac{e}{c}H_y\xi - \frac{e}{c}H_x\eta,$$

$$-\frac{\partial f}{\partial t} = \xi\frac{\partial f}{\partial x} + \eta\frac{\partial f}{\partial y} + \zeta\frac{\partial f}{\partial z} + \frac{X}{m}\frac{\partial f}{\partial \xi} + \frac{Y}{m}\frac{\partial f}{\partial \eta} + \frac{Z}{m}\frac{\partial f}{\partial \zeta} + a - b.$$

468　　　不存在磁场时的平衡

$$f = K\mathrm{e}^{-\left(\frac{1}{2}mr^2+\varphi\right)/kT};$$

$$\left[-\frac{\partial f}{\partial t}\right]_{XYZ} = f\frac{1}{kT}(X\xi + Y\eta + Z\zeta) = f\frac{1}{kT}A,\ A = 0,磁学；$$

$$\left[-\frac{\partial f}{\partial t}\right]_{\xi\eta\zeta} = f\frac{1}{kT}\left(\xi\frac{\partial\varphi}{\partial x}+\eta\frac{\partial\varphi}{\partial y}+\zeta\frac{\partial\varphi}{\partial z}\right)=f\frac{1}{kT}(-A).$$

（统计地说）磁场的影响不存在.

佯谬的解释.

机械力的不充分性.

1914 年 5 月 20 日

磁场的影响

$$M_x = \frac{e}{c}H_z\eta - \frac{e}{c}H_y\zeta,\ M_y = \frac{e}{c}H_x\zeta - \frac{e}{c}H_z\xi,$$

$$M_z = \frac{e}{c}H_y\xi - \frac{e}{c}H_x\eta,$$

$$\frac{\partial f}{\partial t}+\xi\frac{\partial f}{\partial x}+\eta\frac{\partial f}{\partial y}+\zeta\frac{\partial f}{\partial z}+\frac{X}{m}\frac{\partial f}{\partial \xi}+\frac{Y}{m}\frac{\partial f}{\partial \eta}+\frac{Z}{m}\frac{\partial f}{\partial \zeta}+(a-b)=0.$$

（1）平衡；磁力对分布无影响（上次讲课已讨论）.

（2）磁力对电子流的影响.

　　磁场电现象和热磁现象.

考虑扩散（即确定电流和梯度之间的夹角）时的困难. 需要一种直接计算的

方法. 通过垂直于 x 轴的一个平面的电子数 $=\int\xi f\,\mathrm{d}\sigma$. 各电子的总动量等于

$\int m\xi f\,\mathrm{d}\sigma$. 在两个球壳 r 和 $r+\mathrm{d}r$ 之间有

$$G_x(r)\mathrm{d}V\mathrm{d}r = \int m\xi f\mathrm{d}\sigma,$$

碰撞对 $G_x(r)$ 的影响.

在时间 $\mathrm{d}t$ 内，$\mathrm{d}V$ 中〈其速度在〉$\mathrm{d}\sigma$ 中的电子动量改变可以写成 $mrf\mathrm{d}V\mathrm{d}\sigma F(r)\mathrm{d}t$，

其沿 x 轴方向的分量是 $m\xi f F(r)\mathrm{d}V\mathrm{d}\sigma\mathrm{d}t$；由此可得 $G_x(r)F(r)\mathrm{d}V\mathrm{d}\sigma\mathrm{d}t$.

$F(r)$ 的量纲是 T^{-1}，但可以仿照前面的计算根据"扩散系数"定出.

469

$$\frac{\mathrm{d}G_x(r)}{\mathrm{d}t}+m\int\xi\left(\xi\frac{\partial f}{\partial x}+\eta\frac{\partial f}{\partial y}+\zeta\frac{\partial f}{\partial z}+\frac{X}{m}\frac{\partial f}{\partial \xi}+\frac{Y}{m}\frac{\partial f}{\partial \eta}+\frac{Z}{m}\frac{\partial f}{\partial \zeta}\right)\mathrm{d}\sigma$$

$$+G_x(r)F(r)=0;$$

$$f = Ke^{-\frac{1}{2}mr^2/kT}+\psi = f_0+\psi;$$

$$\int\xi\left(\xi\frac{\partial f_0}{\partial x}+\eta\frac{\partial f_0}{\partial y}+\zeta\frac{\partial f_0}{\partial z}+\frac{X}{m}\frac{\partial f_0}{\partial \xi}+\frac{Y}{m}\frac{\partial f_0}{\partial \eta}+\frac{Z}{m}\frac{\partial f_0}{\partial \zeta}\right)\mathrm{d}\sigma$$

$$= \int \xi \Big(\xi \Big(\frac{1}{K} \frac{\partial K}{\partial x} + \frac{mr^2}{2kT^2} \frac{\partial T}{\partial x} - \frac{E_x e}{kT} \Big) + \eta(\cdots) + \zeta(\cdots) \Big) f_0 \mathrm{d}\sigma$$

$$= \frac{4\pi}{3} r^4 f_0 \Big(\frac{1}{K} \frac{\partial K}{\partial x} + \frac{mr^2}{2kT^2} \frac{\partial T}{\partial x} - \frac{E_x e}{kT} \Big).$$

因此, 由 E_x 引起的动量改变是

$$\frac{4\pi}{3} r^4 \frac{em}{kT} f_0 E_x \quad \text{而不是} \quad 4\pi r^2 f_0 E_x e;$$

二者之比是 $\dfrac{1}{3} mr^2/kT$.

在 $m\displaystyle\int \xi(\xi(\partial f/\partial x)+\cdots)\mathrm{d}\sigma$ 的计算中, ψ 可以略去, 但有磁力的情况除外; 磁力对第一项 f_0 是没有影响的. 但是, 磁场的影响很容易求得. 事实上, 这不过就是

$$\sum M_x \mathrm{d}t = \Big(\frac{e}{c} H_z \sum \eta - \frac{e}{c} H_y \sum \zeta \Big) \mathrm{d}t$$

$$= \Big(\frac{e}{cm} H_z G_y(r) - \frac{e}{cm} H_y G_z(r) \Big) \mathrm{d}r \mathrm{d}V \mathrm{d}t.$$

这可以从一件事实推得, 即速率并不因磁场的影响而有所变化. 这是可以直接看出的, 因为

$$\int \xi \Big(\eta \frac{\partial f}{\partial \xi} - \xi \frac{\partial f}{\partial \eta} \Big) \mathrm{d}\sigma = \iiint \Big(\xi\eta \frac{\partial f}{\partial \xi} - \xi^2 \frac{\partial f}{\partial \eta} \Big) \mathrm{d}\xi \mathrm{d}\eta \mathrm{d}\zeta$$

$$= \iint [\xi\eta f] - \iiint \eta f \mathrm{d}\xi \mathrm{d}\eta \mathrm{d}\zeta - \iint [\xi^2 f] \mathrm{d}\xi \mathrm{d}\zeta,$$

而在一个半径为 r 的球面上应有 $\xi^2 + \eta^2 + \zeta^2 = r^2$, 因此如果 ζ 是恒量就有 $\eta \mathrm{d}\eta + \xi \mathrm{d}\xi = 0$; 但是, 既然 $\mathrm{d}\eta$ 和 $\mathrm{d}\xi$ 在这儿被认为是正的, 我们就有 $\eta \mathrm{d}\eta - \xi \mathrm{d}\xi = 0$.

$$\frac{\mathrm{d}G_x(r)}{\mathrm{d}t} + \frac{4\pi}{3} mK \Big(\frac{e}{kT} \frac{\partial \varphi}{\partial x} + \frac{1}{K} \frac{\partial K}{\partial x} + \frac{mr^2}{2kT^2} \frac{\partial T}{\partial x} \Big) r^4 \mathrm{e}^{-\frac{1}{2} mr^2/kT} + G_x(r) F(r)$$

$$= \frac{e}{mc} H_z G_y(r) - \frac{e}{mc} H_y G_z(r).$$

470　　由扩散的考虑得出

$$G_x(r) = D(r) K 4\pi r^2 \mathrm{e}^{-\frac{1}{2} mr^2/kT} \Big[-\frac{e}{kT} - \frac{1}{K} \frac{\partial K}{\partial x} - \frac{mr^2}{2kT^2} \frac{\partial T}{\partial x} \Big],$$

于是就有 $F(r)^{-1} = (3/r^2) D(r)$.

和距离的 n 次方成反比的力：

$$D(r) = C'r^{(n+3)/(n-1)}; \text{从而}$$

$$F(r) = r^{(n-5)/(n-1)}C.$$

（对于弹性球有 $F(r) = rC$；对于五次方的情况有 $F(r) = C$。）由磁场引起的沿三个轴的电流和能流之间的耦合.

磁场平行于 z 轴：

对 $G_z(r)$ 无影响

特例：T 和 K 为恒量：

$$-\frac{4\pi\,meK}{3kT}\frac{\partial\varphi}{\partial x}r^4\mathrm{e}^{-\frac{1}{2}mr^2/kT} - G_x(r)F(r) + \frac{e}{mc}H_zG_y(r) = 0,$$

$$-\frac{4\pi\,meK}{3kT}\frac{\partial\varphi}{\partial y}r^4\mathrm{e}^{-\frac{1}{2}mr^2/kT} - G_y(r)F(r) - \frac{e}{mc}H_zG_x(r) = 0.$$

$$G_x(r) = -\frac{4\pi\,meK}{3kT}\frac{(\partial\varphi/\partial x)F(r) + (\partial\varphi/\partial y)(e/mc)H_z}{F(r)^2 + ((e/mc)H_z)^2}r^4\mathrm{e}^{-\frac{1}{2}mr^2/kT}.$$

$$i_x = \frac{e}{m}\int_0^\infty G_x(r)\mathrm{d}r,\ W_x = \frac{1}{2}\int r^2 G_x(r)\mathrm{d}r,$$

$$i_x = -\sigma_1\frac{\partial\varphi}{\partial x} - \delta_1\frac{\partial\varphi}{\partial y},\ i_y = -\sigma_1\frac{\partial\varphi}{\partial y} + \delta_1\frac{\partial\varphi}{\partial x};$$

$$\sigma_1 = \frac{4\pi e^2 K}{3kT}\int_0^\infty\frac{F(r)r^4\mathrm{e}^{-\frac{1}{2}mr^2/kT}}{F(r)^2 + ((e/mc)H_z)^2}\mathrm{d}r,$$

$$\delta_1 = \frac{4\pi e^2 K}{3kT}\int_0^\infty\frac{(e/mc)H_zr^4\mathrm{e}^{-\frac{1}{2}mr^2/kT}}{F(r)^2 + ((e/mc)H_z)^2}\mathrm{d}r.$$

$$\left|\frac{\partial}{\partial t}G_x(r)\right| = -F(r)G_x(r),\ G_x(r) = K'\mathrm{e}^{-F(r)t}.$$

$F(r)^{-1}$ 对应于两次碰撞之间的时间；

$$\eta\frac{e}{c}H_z = \frac{m\eta^2}{R},\ \frac{e}{mc} = \frac{\eta}{R} = \text{角速度}.$$

$F(r)^{-1}(e/mc)H_z$ 很小这一事实的重要意义.

471

$$F(r) = Cr^{(n-5)/(n-1)}.$$

$$\sigma = \frac{4\pi e^2 K}{kT}\int_0^\infty r^2 D(r)\mathrm{e}^{-\frac{1}{2}mr^2/kT}\mathrm{d}r = \frac{4\pi e^2 K}{3kT}\int_0^\infty r^4 F(r)^{-1}\mathrm{e}^{-\frac{1}{2}mr^2/kT}\mathrm{d}r;$$

$$N = K\left(\frac{2\pi kT}{m}\right)^{\frac{3}{2}}.$$

$$\sigma_1 = \sigma\left(1 - \sigma^2 \frac{H_z^2}{N^2 e^2 c^2} \frac{9\pi}{16} \Gamma\left(\frac{n+5}{n-1}\right) \Gamma^{-3}\left(\frac{2n}{n-1}\right)\right);$$

$$\delta_1 = \sigma^2 \frac{H_z}{Nec} \frac{3\sqrt{\pi}}{4} \Gamma\left(\frac{3n+5}{2(n-1)}\right) \Gamma^{-2}\left(\frac{2n}{n-1}\right).$$

$$i_y = 0, \ E_y = -\frac{\partial \varphi}{\partial y} = -\frac{\delta_1}{\sigma_1} \frac{\partial \varphi}{\partial x};$$

$$i_x = -\sigma_1\left(1 + \left(\frac{\delta_1}{\sigma_1}\right)^2\right)\frac{\partial \varphi}{\partial x} = -\sigma_H \frac{\partial \varphi}{\partial x};$$

$$E_y = i_x \frac{\delta_1}{\sigma_1^2 + \delta_1^2},$$

$$E_y = i_x \frac{H_z}{Nec} \frac{3\sqrt{\pi}}{4} \Gamma\left(\frac{3n+5}{2(n-1)}\right) \Gamma^{-2}\left(\frac{2n}{n-1}\right);$$

$$\sigma_H = \sigma\left(1 - \sigma^2 \frac{H_z}{N^2 e^2 c^2} \frac{4\pi}{16}\left(\Gamma\left(\frac{n+5}{n-1}\right)\Gamma\left(\frac{2n}{n-1}\right) - \Gamma^2\left(\frac{3n+5}{2(n-1)}\right)\Gamma^{-4}\left(\frac{2n}{n-1}\right)\right)\right)$$

$$W_y = \frac{1}{2}\int_0^\infty r^2 G_y(r)\mathrm{d}r = -\frac{\partial \varphi}{\partial y} \frac{2n}{n-1} \frac{k}{e} T\sigma_1 + \frac{\partial \varphi}{\partial x} \frac{(3n+5)}{2(n-1)} \frac{k}{e} T\delta_1 ;$$

既然 $i_y = 0$,我们就得到

$$W_y = \frac{n-5}{2(n-1)} \frac{k}{e} \sigma_1 E_y;$$

$$-\left|\gamma \frac{\mathrm{d}T}{\mathrm{d}y}\right| = -W_y,$$

$$\frac{\mathrm{d}T}{\mathrm{d}y} = \frac{W_y}{\gamma} = \frac{n-5}{2(n-1)} \frac{k}{e} \frac{\sigma}{\gamma} E_y;$$

$$\frac{\sigma}{\gamma} = \frac{e^2}{k} \frac{n-1}{2n} \frac{1}{T}; \frac{\mathrm{d}T}{\mathrm{d}y} = \frac{n-5}{4n} \frac{e}{k} E_y.$$

$$n = \infty.$$

Ⅸ. 和 G·H·里文斯的通信

（1915[*]）

　　［通信是以玻尔的下列信件和计算草稿开始的（副本无日期，信是他夫人的笔迹，计算稿是他自己的亲笔）：］

亲爱的里文斯先生：

　　我怀着很大的兴趣读了你发表在最近一期《哲学杂志》上的论文^{**}. 在这一方面，我不揣冒昧地提请你注意几年以前发表的我的一篇丹麦文论文（Studier over Metallernes Elektronteorie，Copenhagen，1911）. 在那篇论文中，我曾经企图通过放弃关于碰撞即关于弹性球的特殊假设来推广洛伦兹的经典理论. 计算被扩大到传导率、温差电、辐射现象和磁现象. 除了普遍的处理以外，我从头到尾应用了弹性球和按距离的某次方而变化的力来作为例子. 在辐射现象的情况下，我曾经证明了计算将在和你的论文中所讨论的相同频率范围内导致金斯-瑞利公式，而完全不依赖于有关碰撞的任何特殊假设（但是，现在这一结果已经被麦克拉润的极有趣的论文（Phil. Mag. 1911 年 7 月号）所超过，他在该文中已经证明可以对一切频率得出同样的结果）. 你在你的论文中没有在弹性球的情况下得到完全相同的结果，其原因是正如你自己所指出的，金斯算出的公式并不正确；这一点在我的论文中已经详加讨论. 我也批评了威耳孙的公式，但是我所得到的公式和你的论文中的公式不同. 我看这种差别似乎是由尊文第 182 页上端的一处笔误所引起的；就我所能看到的来说，右端的分母应该是$(1+p^2l^2/r^2)^2$ 而不是$(1+p^2l^2/r^2)$；通过这种改动，你的计算就将和我的计算给出相同的结果了. 至于这种公式在讨论金属的光学性质方面的应用问题，我曾经力图证明根据所谈的这种电子论来解释关于反射的实验是不可能的，因为计算和实验得出相反的正负号.

---

　　* ［见本编引言第 8 节.］
　　** ［Phil. Mag. **29**(1915)171.］

　　我这里没有任何论文副本，不能寄上请教，甚感遗憾. 但是，作为一篇学位论文，它有可能在谢菲尔德的大学图书馆中被找到. 如果你喜欢，我很高兴借给你一份英译本的打字本，这篇译本是几年以前译成的，但是因为太长，从来没有在期刊上发表.

你的忠实的 N. B.

475

$$\int_0^\infty x \sin ax\, e^{-\frac{\ell x}{x}} dx = Z$$

$$\int_0^\infty x\, e^{x(ia-\ell)} dx = (ia-\ell)^{-2} = \frac{(ia+\ell)^2}{(a^2+\ell^2)^2} = \frac{\ell^2-a^2}{a^2+\ell^2} + i\frac{2a\ell}{(a^2+\ell^2)^2} = \int_0^\infty x(\cos ax + i\sin ax)e^{-\frac{\ell x}{x}}$$

$$Z = \frac{2a\ell}{(a^2+\ell^2)^2}$$

$$\int_0^\infty \cos ax\, e^{-\frac{\ell x}{x}} dx = y$$

$$\int_0^\infty e^{(ia-\ell)x} dx = -(ia-\ell)^{-1} = \frac{-\ell-ia}{a^2+\ell^2} = \int_0^\infty (\cos ax + i\sin ax)e^{-\ell x} dx$$

$$y = \frac{\ell}{a^2+\ell^2}$$

$$\int_0^\infty \sin^2 \frac{n\ell}{2\pi} e^{-\frac{\ell}{\ell_m}} d\ell = \frac{1}{2}\int_0^\infty (1-\cos \frac{n\ell}{\pi})e^{-\frac{\ell}{\ell_m}} d\ell = \frac{1}{2}\left(\ell_m - \frac{\ell_m}{(\frac{n}{\pi})^2+\frac{1}{\ell_m^2}}\right) = \frac{1}{2}\ell_m \frac{\frac{n^2\ell^2}{\pi^2}}{1+(\frac{n\ell_m}{\pi})^2}$$

$$\int_0^\infty \frac{n\ell}{\pi} \sin \frac{n\ell}{\pi} e^{-\frac{\ell}{\ell_m}} d\ell = \frac{n}{\pi} 2\frac{n}{\pi}\ell_m \left((\frac{n}{\pi})^2+\frac{1}{\ell_m^2}\right)^{-2} = \frac{2n^2}{\pi^2}\ell^3 (1+(\frac{n\ell_m}{\pi})^2)^{-2}$$

$$\frac{\ell^2 C^2 \ell_m}{2\pi m}\left((1+(\frac{n\ell_m}{\pi})^2)^{-1}(1+(\frac{\xi}{\pi})^2) - 2\frac{\xi}{\pi}(1+(\frac{n\ell}{\pi})^2)^{-2}\right) \qquad (1+(\frac{n\ell}{\pi})^2) = a$$

$$\left(\frac{1}{a} - \frac{\xi}{\pi}\frac{1}{a^2}(2-a)\right)$$

$$\left(\frac{1}{a} - \frac{1}{3}\frac{1}{a^2}(2-a)\right) = \frac{1}{a^2}\frac{2}{3}(2a-1)$$

$$\int_0^\infty \frac{n^3 \ell^2 d\ell}{a} = \frac{1}{2q}\int_0^\infty \frac{e^{-h^2}(a2h - h^2\frac{da}{d\ell})}{a^2} = \frac{1}{q}\int_0^\infty \frac{e^{-h^2}}{a^2}(h + \frac{n^2\ell^2}{\pi} + \frac{n^2\ell^2}{\pi}) =$$

$$\frac{1}{q}\int_0^\infty \frac{e^{-h^2} h}{a^2}(2a-1))$$

［里文斯的复信：］   476

谢菲耳德大学

1 月 11 日,1914*

亲爱的玻尔博士：

感谢你关于我发表在《哲学杂志》上的论文的有趣来信和你对与此有关的若干问题的解释.

我很愿意短期借阅你的论文(英译本)；就我所知,我们图书馆没有像你所提到的那样得到这篇论文的任何副本,从而我从来没有见到过这篇文章.

对于来信所提很有趣的各点,我也想发表一点意见.关于辐射问题,我自己也曾独立地得到了你所提到的结论,而且通过一种颇为新颖的方法对于弹性球这一特例中的传导率得出了所要求的结果.这一点我已经在大约两个月以前交付发表,同样交付发表的也有关于此事在光学方面的发展.但是,关于我们的理论在这一方向上的普遍适用性,我却同意你的看法,尽管我想也还有点希望,如果充分照顾到共振电子的效应的话.

你引证了麦克拉润的著作.但是,就我所能理解的来说,他的分析并不比洛伦兹的原始工作更加普遍.他那推广问题的企图事实上受到所用分析方法的很大限制,以致这种企图是和简单的洛伦兹理论有着同样的局限性的,这一点我也在已经交付出版的一篇论文中讨论过了.

我近来写了几篇关于这一课题的短论文,主要涉及的是理论的数学发展.我从恩斯考格发表在《物理纪录》[Annalen der Physik **38**(1912)731]上的论文推测得知,你把主要问题的解建筑到了一个积分方程上.但是,这却意味着,确定速度分布的那个函数所满足的基本微分方程可以得到某种形式的诠释,那种形式在尽可能普遍的情况下是可以直接积分的.这似乎大大简化了理论.看来也存在另外一种根据诺德-汤姆孙理论所依据的概念来推出分布定律的简单方法.我曾经用这种方法来作为对某些事例的理论考察的基础.

但是,在你使我注意到的那篇论文中,却有一点使我甚感兴趣,那就是根据在我的短文中讨论过的能量耗散原理推导出来的传导率公式.我还没有收到我的论文副本,从而无法检验你所建议的对我的分析的修订.我可以说,再三仔细地复核了我的工作,但也可能发生了一处疏忽.我开始想到可能存在某种基本的物理矛盾,但我不能找出它的所在.我可以说,我在第一次复阅时忽略了这种矛 477
盾,不然的话我就会在论文中已经提到它了.

---

* ［此处有一笔误.日期应是 1915 年 1 月 11 日.］

再次感谢你的善意批评,并期待借阅你的论文.

你的永远忠实的

G·H·里文斯

[里文斯于 1915 年 1 月 16 日通过下列明信片表示收到了玻尔的博士论文的英译本:]

谢菲尔德大学

1915 年 1 月 16 日论文平安到达,多谢. 我正阅读,获益良多.

你的忠实的

G. H. L.

[不久以后,他寄还了论文,并附信如下:]

谢菲尔德大学

2 月 8 日,1914*

亲爱的玻尔博士:

今寄上惠借的尊著博士论文英译稿,并致谢忱.

我很欣赏地读了你这篇论文,并深以从前未能拜读为憾. 我曾经在许多情况下力求一阅此文而未能如愿.

我在去年 10 月间开始研究这一课题,注意的是这一课题在金属的光学理论中的应用,而且已经作为你的普遍理论的特例遇到了你所发现的大多数结果. 但是,我一直是用电子运动的分布函数而不是用你所用的动量方程来进行工作的.

我必须承认我仍然认为,假如我们能够求出一个特例,我们就应能发现来自金属的发射至少是和正确形式的辐射公式相容的. 诚然,吸收理论确实包括着对于碰撞时间间隔的忽略,但是一种更加完全的理论只可能和这样推得的结果有些定性的不同. 简短地说,我的观点是认为例证性的计算已经导出了一种指数递减的发射公式,但是在任何一个情况下任何计算都不曾指示吸收方面的如此急速的减小.

你所指出的关于垂直入射光的反射方面的小小困难可以很容易地予以排除,如果理论被推广得将共振电子的效应包括在内的话. 我已经在我的对光学理论的一切应用中努力作出了这种性质的推广.

你对于我的论文的指正是完全正确的;有关的积分是写错了. 但是,可惜改正后的形式导致 σ 的一个最后的公式,而这个公式甚至比原来给出的公式更不

---

* [日期应为 1915 年 2 月 8 日.]

像是正确的,因此我对这种矛盾比以前更加茫然了. 当然你的公式是正确的,正如我已经用另一种方法所发现的那样.

承你惠借论文底稿,在此再次致以衷心的谢意!

您的永远忠实的

G. H. 里文斯

再启者: 尊稿缺少第 81—83 页,想已明鉴.

[三天以后,玻尔从曼彻斯特给里文斯写了信(副本是玻尔夫人的笔迹):]

亲爱的里文斯先生:

寄还的论文稿及来信都已收到,甚感.

我希望你理解你根本不必忙着还我这份稿子. 一年以前我曾从稿中取出两页来给斯万博士看,此事我完全忘记了,在此致歉.

我认为,如果你的第 182 页上部的公式是正确的,则来信所提到的矛盾似乎就会消失. 如果改正了,你在该页上得出的 H 的表示式中的积分就会变成

$$\int_0^\infty \frac{e^{-qr^2}(1+2(l^2p^2/r^2))r\,dr}{(1+l^2p^2/r^2)^2} = \int_0^\infty \frac{e^{-qr^2}r\,dr}{(1+(l^2p^2/r^2))} + \int_0^\infty \frac{e^{-qr^2}(l^2p^2/r^2)\langle r\rangle\,dr}{(1+(l^2p^2/r^2))^2}$$

$$= \int_0^\infty \frac{e^{-qr^2}r\,dr}{(1+(l^2p^2/r^2))} + \frac{1}{2}\left[\frac{r^2e^{-qr^2}}{(1+(l^2p^2/r^2))}\right]_0^\infty$$

$$- \int_0^\infty \frac{e^{-qr^2}r\,dr}{(1-(l^2p^2/r^2))} + q\int_0^\infty \frac{e^{-qr^2}r^3\,dr}{(1+(l^2p^2/r^2))}$$

$$= q\int_0^\infty \frac{e^{-qr^2}r^3\,dr}{(1+(l^2p^2/r^2))}.$$

如果 $n = \infty$,这一积分和我的论文中所得出的积分就是相同的. 而且,它也和你第一篇论文*的第 168 页上算出的发射表示式中所包含的那个积分相同; 如果引入这个积分,你就恰好得到金斯的辐射公式.

在提到计算反射的困难时,我的用意不是要说这种困难不能克服,而是要指出在我看来由许多作者根据电子数所作的一切计算似乎都是不正确的,因为它们根据的是一个正负号不正确的公式. 我不知你是否同意这一点.

为了回答来信所表示的关于得到正确形式辐射公式的可能性的信念,我愿意在此表示一下我的观点,那就是我认为这种可能性似乎是被排除了的. 从我来

479

---

* [Phil. Mag. **29**(1915)158.]

说,我感到非常确信任何严密的计算必然导致金斯公式.我被迫相信这一点,不但是通过关于统计的辐射理论的研究,而且也通过我曾见到的和我曾亲自试过的每一种特殊计算——但是,我当然还怀着最大的兴趣等着看你的工作会不会证明这一论点是为时过早的.此致
敬礼!

你的忠诚的
N·玻尔

再启者:现将所缺几页文稿寄上.

[里文斯立即写了回信:]

谢菲尔德大学
2 月 14 日,1915

亲爱的玻尔博士:

来信所示使我茅塞顿开,屡扰清神,实甚愧歉.正确的积分当然导致正确的结果,这是我早先就应看到的.但是,承你指教,实甚感谢.

我不认为我能够给出有关由这些理论得出的辐射公式的任何新证据;但是,考虑到已经由汤姆孙和金斯得到的那些结果,这种证据似乎也是不怎么必要的.我的主要论点是,就我所知还没人提出过表明吸收是指数递减的任何可以赞同的计算.另外,我也不认为我们迄今所得到的关于吸收的公式是错得很厉害的.不管怎么说,这完全是一个见仁见智的问题.

480　　我必须承认,我认为甚至引用了量子的那种统计辐射理论目前也还完全离目标甚远.我甚至开始怀疑通常所见的那种傅立叶级数的应用是不是有道理,或者说加在所得结果上的那种诠释是不是有道理.但是,你应用量子所取得的成功几乎使人信服这些量子中一定是有些玩意儿的,不管它们目前在我们眼中显得多么不自然.

关于根据光学性质算出的在金属导电中所涉及的电子数,我当然完全同意你的看法.我自己也曾于去年 11 月间寄给《哲学杂志》一篇短文*,文中把这些计算批评得体无完肤,也许只有最粗略的近似才是例外,但是我之所以反对这些计算主要是因为它们没有照顾到共振电子.你的反驳比我的反驳更带根本性,而且在这方面我是完全和你意见一致的.我不曾想到这种反驳,因为我到目前为止主要关心的是理论的电子部分,而且还只刚刚开始涉及光学方程.我主要感兴趣的是这些问题的光学方面,从而我已经写出的各式各样关于普通电子论的论文

---

* [Phil. Mag. **28**(1914)756.]

大多是主要问题以外的一些副产物,因此在这些论文中完全没有认真地追求彻底性.

现将你的三页文稿奉还;你能惠示尊文,使我获益极大,实甚铭感. 假若我事先得读尊文,我将不会再写我的现已交稿的某些早期论文了[*];这就会使我省很大的事. 我曾经从各方面听说过这篇大作,但是我们在谢菲尔德耳目如此闭塞,以致我在此以前从未拜读过尊著.

再次致谢,并颂
大安!

你的永远忠诚的
G·H· 里文斯

---

[*] 〔发表在 Phil. Mag. **29**(1915)425, 655;**30**(1915)105, 112, 287, 434, 526, 549 上的各篇论文全都是在写此信的同一时期交稿的. 在其中的一篇论文(Phil. Mag. **30**(1915)287)中,里文斯曾经来得及加了提到玻尔的工作的小注.〕

X. 和 O·W·瑞查孙的通信

（1915*）

尼耳斯·玻尔给 O·W·瑞查孙的信

（1915 年 9 月 29 日）

［副本是玻尔夫人的笔迹］

9 月 29 日,1915

维多利亚学园 7 号

维清顿,曼彻斯特

亲爱的瑞查孙教授：

我抱着很大的兴趣阅读了你的和肖特基的论文. 我必须立即说明,就我所能构成一种见解的方面来说,我恐怕不能同意你的所有结论. 尽管我同意肖特基的某些计算是不正确的,我却并不确信他的某些论证不曾触及你的计算中的真正困难. 我认为似乎可以提出一些理由来支持肖特基关于汤姆孙效应不可能和 w 有什么简单关系的见解**. 因为,试考虑一块金属,并设其全部或一部分表面被具有某种起源的电偶层所覆盖. 现在,看来我们似乎并不能期望这样一个表面层会对仅仅依赖于金属内部条件的珀耳帖效应和汤姆孙效应有什么影响. 但是,另一方面,这个层却可以对 w 有相当大的影响；事实上,我觉得我们似乎可以通过有关该电偶层构造的适当假设来赋予 w 以完全任意的值和完全任意的随温度的变化. 在我看来,肖特基在提出 w 在你的论文的公式(4)和公式(5)中具有并不完全相同的意义这种建议方面似乎也可能是

---

    * ［见本编引言第 8 节.］
    ** ［w 是一个电子的蒸发热,或者说是和电子从金属中到周围容器中的过渡相伴随的能量改变.］

正确的*. 在公式(5)中, w 似乎是为了释放一个电子所应传递给金属的总能量, 而且似乎涉及从束缚电子到自由电子的过渡, 因为后者的总数是随温度而变的, 但是在公式(4)中情况却似乎并非如此, 那里的 w 简单地就是一个自由电子在 金属表面的内外两侧的电势差. 我并不认为肖特基的 σ 表示式[σ 为汤姆孙系数] 是正确的, 这一点我很快即将再来讨论, 但是我不十分理解你关于他对回路应用 能量原理的反驳. 不论回路是否具有一个电动势, 我认为对气体状态下的电子所 做的机械功似乎必须等于所发的热, 因为整个体系在过程以后要回到它的原始 状态. 在我看来, 你所指出的肖特基的表示式之所以不满足开耳文勋爵的热力学 条件, 首先是因为他所运用的 V 并无确切的意义, 意思就是, 它不是金属种类和 温度的函数. 这一点可以从一件事实看出, 即只要出现温度差, 我们就能在包括 不止一种金属的闭合电路中得到电动势. 但是, 即使通过根据运动论的一种关于 $W_1 - W_2 - e(V_1 - V_2)$ 的具体计算来照顾到了这一点, 他那些表示式一般说来也 是不满足开耳文勋爵的关系式的, 因为对于金属中的动能传递未加充分的考虑. 在现在寄上的我的博士论文中**, $W_1 - W_2 - e(V_1 - V_2)$ 的值由原第 346 页的公 式(46)或由原第 348 页的公式(49)来给出$\Big($我的 φ, 或者更精确地说是 $\varphi + \lambda$, 和 你的 $V - \dfrac{1}{2}w$ 相对应$\Big)$. 你将看到, 它和 ρ 的表示式之间并无十分简单的关系[ρ 就是汤姆孙系数, 即前面原第 350 页上的(54)式中的 σ]. 虽然 μ 这个量在只涉及 差值或导数的珀耳帖效应和汤姆孙效应中并无多大重要性, 但在包含 μ 的具体 值的公式(46)和(49)中却不是这样. 由一个电子流或分子流来进行的动能传递, 似乎是比大多数人们所意识到的更加复杂得多的一个问题. 我不知道你是否考 虑过例如由普通气流中的分子来进行的能量传递. 它是人们初看起来所将预期 的值的 5/3 倍. 解释是很简单的, 但当我写我的博士论文时这个题却使我伤了 很多脑筋. 我只在原第 352 上的一个小注中在联系到 Ｊ・Ｊ・汤姆孙理论时提到

483

---

* ［根据此信和瑞查孙的回信来看, 方程(4)和方程(5)显然分别指的是

$$w/T + k\ln p - (k\gamma/(\gamma - 1))\ln T + \varepsilon\int^T (\sigma/T)\mathrm{d}T = \text{consant.} \tag{4}$$

和

$$\nu = p/kT = A\exp\int (w/kT^2)\mathrm{d}T. \tag{5}$$

此处 w 是一个电子的蒸发热, p 是压强而 ν 是金属周围容器内的单位体积中的电子数, 金属被保持在 温度 T; ε 是电子电荷, σ 是汤姆孙系数, k 是每个分子的气体恒量, 而 γ 是电子气的定压比热和定体积比热 之比.］

** ［玻尔寄去了 1911 年所译的英译本. 在此处给出的公式编号和页数都经过改动, 以便和本书原第 291—395 页上的译本相一致.］

了它. 在同一页的方括号中(即丹麦文本的小字部分),简单谈到了珀耳帖效应及汤姆孙效应和金属中电子的势能之间的表观无关性.

我希望这篇英译本不致使你感到过于可怕,这是我在来英国之前译出的. 我的用意绝不是要麻烦你阅读所有的旧材料,我只是想到你可能有兴致看看前面提到的那些计算,译本可以放在你处,要放多久就放多久. 如果你想多看看肖特基的论文,我就把它寄还. 目前我用不着这篇论文. 我也寄上伍德所引用的普朗克的论文*;此文并非急需,但你读完之后望能见还,因为文中有些其他内容是我有时想要看看的.

我曾力图仅仅按照我目前的看法来叙述每一问题. 我多么希望你仍然在这儿以便我们更好得多地讨论所有的问题啊! 愚夫妇谨向你和瑞查孙夫人致以最亲切的问候!

你的忠诚的

尼耳斯·玻尔

O·W·瑞查孙给尼耳斯·玻尔的信

(1915 年 10 月 9 日)**

堪昂街 4 号

汉普斯特德,西北区

10 月 9 日,1915

亲爱的玻尔:

寄来邮包,甚为感谢,尤其感谢你的来信和博士论文的英译本. 英文译笔可能并不是到处很好,但无论如何我还可以看懂,比我根据丹麦原文所能弄懂的更多一些.

你对我关于肖特基论文的见解提出批评,我也很乐于得知. 我已经很仔细地重新考虑了你所提出的所有各点——我想我从前也考虑过所有这些问题,但是或许我在思想上不曾像你那样重视它们——而且我并不相信其中任何一点是能够真正成立的. 我很迫切地想使你转变到我的观点上来,因此我将按照你在来信

---

* 〔A. B. Wood, Proc. Roy. Soc. **A91**(1915)543. 所引用的论文是 M. Planck, "*Die gegenwärtige Bedeutung der Quantenhypothese für die kinetische Gastheorie*",载在 *Vorträge über die kinetische Theorie der Materie und der Elektrizität*, Mathematische Vorlesungen an der Universität Göttingen(B. G. Teubner, Leipzig 1914);重印于 Max Planck, *Physikalische, Abhandlungen und Vorträge* (Friedr. Vieweg & Sohn, Braunschweig, 1958),vol. **2**, p. 316—329.〕

** 〔因为玻尔将这封信退还了瑞查孙,所以这不是在尼耳斯·玻尔文献馆中找到的,而是由奥斯汀的德克萨斯大学科学史收藏馆提供的,该馆藏有这封信的手稿和瑞查孙的其他论文.〕

中提出各种反对意见的次序来考虑这些意见．我在一点上和肖特基意见相同，那就是如果可能就要评价解决所讨论问题的重要性．

　　首先，你设想我的计算方法将使金属中的汤姆孙效应依赖于表面处功的温度系数的随意变化，例如通过用一个按某种随意方式而随温度变化的电偶层来包围金属表面所将引起的那种变化，我认为这是你想错了．假设通过贴上一个温度为 T 的电偶层做的功为 w_1，外电子压强在温度 T 下从 p 变到了 P 而（接触）电势从 V 变到了 V_1，这时汤姆孙系数譬如说变成 S_1 而不是 S 了，那么，沿着肖特基所反对的同一路线进行的计算就给出一个方程

$$\frac{w + w_1 - \varepsilon(V - V_1)}{T} + k \log P - \frac{k\gamma}{\gamma - 1} \log T + \varepsilon \int^{T} \frac{S_1}{T} \mathrm{d} T = 0. \qquad (1)$$

但是，既然从 p 到 P 的变化是由电偶层及假想的随之而来的 V 的改变所引起的，我们就有

$$\log P/p = \langle - \rangle [w_1 - \varepsilon(V - V_1)]/kT, \qquad (2)$$

于是（1）式就简化为

$$\frac{w}{T} + k \log p - \frac{k\gamma}{\gamma - 1} \log T + \varepsilon \int^{T} \frac{S_1}{T} \mathrm{d} T = 0. \qquad (3)$$

但是，当考虑没有电偶层的情况时，就有

$$\frac{w}{T} + k \log p - \frac{k\gamma}{\gamma - 1} \log T + \varepsilon \int^{T} \frac{S}{T} \mathrm{d} T = 0; \qquad (4)$$

因此 $S = S_1$．

　　你可以争论说这一结论一定是错误的，因为（4）式可以导出，而用不着关于造成 w 的方式的任何特殊假设，从而该式一定是十分普遍的，而且和

$$\nu = \frac{p}{kT} = A \exp \int \frac{w}{kT^2} \mathrm{d} T \qquad (5)$$

结合起来，立刻就能完全普遍地导致

$$\varepsilon S = k/(\gamma - 1) - \partial w / \partial T. \qquad (6)$$

因此 S 将依赖于 w 而当 w 改变时 S_1 将不等于 S．这里的错误在于应用了方程（5），在这个方程中是不允许使 w 发生所设想的那种随意改变的．这个方程是通过在 T 和 p 下考虑体系的熵变化的表示式

$$dS = (1/T)(dU + p \, dv) \qquad (7)$$

而导出的，这一表示式只有当 w 是体系所自然具有的 $\partial U / \partial v$ 值（折合成一个电

子的值)时才导致(5)式. 如果 w 发生了随意的变化, 则引起 w 的变化的那一部分体系的熵的变化也必须包括在计算中.

这可以通过一种办法来加以阐明, 即假设 w 的自然值是通过增加一个电偶层而被改变了的, 这个电偶层用一个被电动势为 V 的电池所充电的电容器来代表. 这时 w 将增加一个等于 εV 的量. 如果通过推动一个活塞而使金属放出 N 个电子[*], 则金属表面将成为带电的并使电偶层强度变得不再等于由电池造成的平衡值 εV. 这将被通过电池的一个电量相等的电流所补偿, 直至回复到平衡值 V 为止. 立即可以看出, 在电池电路中移动了的电量, 等于从金属中被抽运出来的总电量. 于是就可以看到, 改变量 $(\partial U/\partial v)\mathrm{d}v$ 是由两部分构成的: (a) 由电子逸出所引起, (b) 由电池电路中的电流所引起. 现在,

$$(a) = w + \varepsilon V = w + w_1$$

而

$$(b) = -\varepsilon V + q = -w_1 + q,$$

式中 q 是由电池中消耗掉的化学药品所产生的热. 根据开尔文的一个定理[**], 应有

$$-w_1 + q = -T\partial w_1/\partial T, \tag{8}$$

因此, 每个电子的

$$\partial u/\partial v = w + w_1 - T\partial w_1/\partial T.$$

于是, 如果 ν_1 和 p_1 是当 w 增加一个量 w_1 时的相应值, 我们得到的就不是方程

$$\nu_1 = \frac{p_1}{kT} = A\exp\int\frac{w+w_1}{kT^2}\mathrm{d}T \tag{10}$$

而是方程

$$\nu_1 = \frac{p_1}{kT} = Ae^{-w_1/kT}\exp\int\frac{w}{kT^2}\mathrm{d}T. \tag{11}$$

将这一方程和普遍成立的

$$\frac{w+w_1}{T} + k\log p_1 - \frac{k\gamma}{\gamma-1}\log T + \varepsilon\int^T\frac{S_1}{T}\mathrm{d}T = 0, \tag{12}$$

结合起来, 就得到

$$\varepsilon S_1 = k/(\gamma-1) - \partial w/\partial T(=\varepsilon S) \tag{13}$$

---

　* [此处的 N 在瑞查孙的原信中写成了 $N\varepsilon$. 在某些公式中, 他还用 e 而不是用 ε 来代表电子的电荷.]
　** 亥姆霍兹自由能定理的一个特例. 按照我目前的理解, 利用亥姆霍兹的普遍定理, 可以证明这一结果是普遍成立的.

而不是像我们起初可能指望的那样得到

$$\varepsilon S_1 = \frac{k}{\gamma-1} - \frac{\partial}{\partial T}(w+w_1),$$

在整个的论述中,我一直在假设 w 的随意改变是由某种确定的物理机制所引起的. 正如我发表在 R. S. Proc. vol. **91**,p. 524(1915)上的论文中的那些考虑所证明的,当 w 的改变是由成分不同的一个物质层所引起时,对应的问题并不导致任何困难.

这就引导我到达第二点——上面的(4)式和(5)式中 w 的意义的差别. 存在差别是由于这样一件事实:在公式(4)中,电子是在所设想的回路中流动的,而(5)式则涉及一个平衡状态的变动. 这一差别就引起你第一次指出的那些效应,它们是由运动电子流按照引起碰撞的那些力的本性之不同而运载的不同动能所引起的. 我不想详细谈论这一点,因为我理解在这方面肖特基和我既互相意见一致而且也和你本人意见一致,而且我也已经在《物质的电子论》(第 450 页及以后)中说明了这将使方程有些什么改变. 我曾想,详谈这一问题将使论文不必要地增长.

除此以外,(4)式和(5)式中的 w 的意义就没有任何不同了. 在每一情况下,它都是在温度 T 时在平衡条件下释放一个电子所需要的能量(事实上就是内在潜热). 在哪一种情况下它也和关于热金属内部正在进行什么过程的任何假设都没有什么关系. 也许这种同一性在我所给出的证明中没有说得足够清楚. 例如,如果我们在《电子论》第 448 页上的证明中引入温度分别为 T 和 T' 的辅助物体 A_1 和 A_1',并且在把电子从 A_1' 送到 A' 和从 A 送到 A_1 之后把它们从 A_1 而不是从 A 蒸发出来再把它们在 A_1' 上而不是在 A' 上凝聚进去,那么问题就马上会清楚了. 既然现在当发生蒸发或凝聚时各物体是绝了缘的,那么显然 w 就和在(5)中时具有相同的意义了.(除了已经提到的那种差别以外,那种差别将仍然存在,因为有一个沿所示方向的稳态平均流动.)唯一另外的差别就是在温度 T' 下从 A_1' 到 A 和在温度 T 下从 A 到 A_1 运送电荷时所得到的功. 如果在 n 次操作中沿回路流动的总电荷是 E,则这儿每次操作中的功是和 E^2/n^2 成正比的,而总的 n 次操作中的功就是和 E^2/n 成正比的,从而在使 n 变成无限大的极限下功显然就等于零.

再者,我也认为我的一种主张是对的,那就是认为肖特基在应用能量原理时没有将反抗他的电路中电动势的功包括在内. 我不能同意你的反对意见,就是说,因为体系中的每一物体在过程以后都被带回了它的原始状态,所以所做的机械功必然等于产生的热. 电学功也是必须包括进去的. 例如,假若将你的论点应用于沿着接触点处于不同温度的一个温差电回路的电传递过程,则每一物体在过程之前和之后都是处于相同状态的,而且,既然没有做任何机械功,我们就应有 $0 = \sum$（珀耳帖热＋汤姆孙热）. 但是事实上能量原理却要求左端不是零而是反抗电路电动势所做的功. 我认为,这就是肖特基的结果之所以不满足开尔文关系式的唯一原因：即使他曾将金属中的电传递考虑在内(并保留应用能量原理的同样方法),他也不能使他的结果满足开尔文关系式,因为依赖于 μ(按照你的符号)的各项将满足这一关系式而不以其他各项为转移.

至于 J·J·汤姆孙关于电的比热的计算中的误差,我在某些时候以前就发现了,而且也在 Phil. Mag. vol. 23, p. 275 上提请人们注意了. 最后,我相信我的分别适用于汤姆孙效应和珀耳帖效应的公式

$$S = \frac{1}{\varepsilon}\left(\frac{k}{\gamma-1} + T\frac{\partial}{\partial T}(\mu_1 - \mu_0) - \frac{\partial\varphi}{\partial T}\right) \tag{14}$$

和

$$P = (1/\varepsilon)\{\varphi_2 - \varphi_1 - (\mu_2 - \mu_1)T + \varepsilon(V_2 - V_1)\} \tag{15}$$

是在很普遍的条件下和你的表示式相一致的,这里的各个 μ 量和你的博士论文中的那些量具有相同的意义,而 φ 则是和平衡条件下的位移相对应的 w 值(和在方程(5)中一样). 我推测这些表示式是绝对一致的,但我还不曾找到时间来充分研究你的论文以做到完全肯定.

现在将原始论文和来信寄回,以供参考,因为你在收到此信时也许已经忘了你表示过的是什么意见了.

向你本人和玻尔夫人致以
最亲切的问候!

你的很忠实的
O·W·瑞查孙

再启者：我也寄去两期 Ber. der D. P. G.,其他各期以后再寄.

489

尼耳斯·玻尔给 O·W·瑞查孙的信

(1915 年 10 月 16 日)

［副本是玻尔夫人的笔迹］

维多利亚学园 7 号 M/C
1915 年 10 月 16 日

亲爱的瑞查孙教授：

来信收到,谢谢. 我对全信都很感兴趣,但我恐怕还是不能同意你的见解. 我

觉得我上一封信中的论点是表达得很不清楚的,但我看不出它们的正确性会被来信中的考虑所动摇.

在我看来,通过比较(4)式和(5)式而导出的公式(6)*仍然不可能是正确的(附寄你的来信和我的前一封信,以供参考),因为看来我们似乎不能指望 ρ[汤姆孙系数,也用 σ 或 S 来代表]和 w 之间有这样简单的关系.但是,我发现很难清楚地论述公式(6)的这种假设了的不正确性的起因,因为我还不能理解公式(5)的确切意义;在我看来,电子的任何释放都会使金属带电而(5)式中的 ν 则涉及的是金属并未带电的一个状态,这一事实就从本质上扰乱了和液体蒸发的类比,并且使得熵原理的简单应用的正确性成为可怀疑的了.完全撇开公式(5)的推导和物理诠释问题不谈,我认为(5)式和公式

$$\nu = Ne\frac{-w}{kT}(x)$$

的简单对比就表明了 w 在两个公式中的不同意义;在上一公式中,N 是金属中的自由电子数而 w 是金属表面内外两侧的势能差(为了简单,我从头到尾应用在表面和内部之间以及自由电子和束缚电子之间有着明确区分的旧图景).如果 N 是恒定的,则通过比较就能证明(5)中的 w 是和简单公式(x)中的 $w - Tdw/dT$ 等价的,在公式(x)中,w 是和(4)中的 w 等价的(除了由动能传递所引起的那些项以外).这种关系似乎和你在表面电容器及电池的情况下所导出的相同,但是我不理解你的论证;如果你认为(4)和(5)中的 w 是相同的,当你在(5)中把它换成 q 时为什么它在(4)中没有改变呢? 我也不理解怎么可能区分由任意表面层所引起的那一部分 w 和金属所自然具有的那一部分 w.

如果 N 不是恒定的而是随温度变化的,则对比一下适用于 ν 的两个公式就可以看到(5)中的 w 还必须进一步包括一些和释放束缚电子的机制有关的项.(4)中和(5)中的 w 在这方面的差别似乎也可以根据考虑和这两个公式相对应的不同过程来直接得出.在(5)中,不论导出这一公式的确切过程是怎样的,我们所关心的总是整个的内部和外部的释放过程;但是在(4)中我们所考虑的却只是自由电子穿透表面膜的那一过渡,因为过程可以调节得使金属中的自由电子数在任何点上都不改变.我认为这种论证似乎不会由于考虑你在最近来信中所提到的那种过程而受到影响,在那种过程中一切蒸发和凝聚都是在绝了缘的金属块中进行的,因为在这种情况下由于束缚电子的暂时释放而引起的 w 的变化将被后来在同一位置上

490

的自由电子的复合所补偿. 这一点也可以表达如下: 在这种情况下,由电子流所引起的热并不仅仅是汤姆孙效应,而且当电流开始时我们(除了由动能传递所引起的改正项以外)还得到和自由电子的释放及结合相对应的项.

我的关于能量守恒定律对过程的应用的那些说法不过是要表明,如果没有发生内部的和外部的变化,则所做的机械功和所发的热量之和必须是零. 在一个闭合的温差电路中,正如你在信中所提到的和我也曾经想过的那样,电流是不做外功的;对于这种电路来说,焦耳热将构成所发热量的一个部分;但是在一个开路中并不存在焦耳热,因为电子是通过可逆过程来移动的,而且在我看来这正是热电子考虑法的优点和依据.

我仍然认为,我在上一封信中提到的那两个论点就是肖特基的珀耳帖效应表示式和汤姆孙效应表示式之所以不满足开耳文关系式的原因. 第一点更重要一些,但是,即使 μ 是恒定的,忽略动能的传递也会在按照肖特基方式计算的汤姆孙效应中引起一个严重误差,而在 μ 也变化的普遍情况下,一种更仔细的计算则表明肖特基表示式将不满足开耳文关系式,而是只有包括他的各项以及由动能传递引起的那些项在内的完备表示式才能满足该关系式. 我在我的博士论文中曾在一条讨论昆兹的某些工作的小注 * 中引入了类似的说法. 至于我的信中关于 J·J·汤姆孙的错误的简短提法,我很清楚你是知道这一差错并且已经 ** 早就改正了它的;我提到它只是作为一种奇特事实的例证,即管中普通气流的分子能量传递比每一个人在初看起来时所预期的要大得多. 我现在已经按照来信的次序讨论了各个论点. 我已经尽力述说了我关于各种论点有些什么想法. 急切地盼望得知你对所有这些问题的看法如何. 致以

最亲切的问候!

你的很忠实的

N·玻尔

再启者: 在封信之前我又一次读了所有这些信件,我感到我的某些说法可能引起误解. 恐怕我在关于公式(5)的推导方面叙述得很含糊. 我要说的不过是,我不能完全肯定你所想到的那种机制,从而我认为最好仍然使用各公式的纯形式的对比,因为就我所能看到的来说这将导致确定的结果. 同样,关于你那个用电池来充电的电容器层的例证,我在这里也看不出你怎样设想机构的构成方法,尤其是在同一图景对(4)中所考虑的过程的应用方面.

---

　* ［见玻尔博士论文英译本原第 354 页上的注③.］
　** ［英文 have,副本中误为 has.］

491

第三编　家书选（1909—1916）

引　言

J·汝德·尼耳森　撰

　　在 1909 年,尼耳斯·玻尔为了抽出时间准备考试,曾在 Funen 岛上 Vissenbjerg 地方的一个牧师公馆中住了几个月;第二年,为了完成他的博士论文的撰写,他又去了同一个地方. 他弟弟哈若德在 1909 年秋季和在 1912 年先后去过哥廷根和德国的其他地方. 尼耳斯·玻尔从 1911 年秋季到 1912 年夏季是在剑桥和曼彻斯特,而从 1914 年到 1916 年他又是在曼彻斯特. 在他离开他的弟弟和母亲的这些期间,他和他们都有频繁的信件来往.

　　因为这些信件中的某一些对于说明尼耳斯·玻尔的早期事业、说明他的为人和他对家庭的特别是对他弟弟的依恋都很有价值,所以本书重印了这些信件的一个选编,并在必要的地方附有英文译本*. 在英文本中,给出了若干关于信中提到的人物或丹麦特有的风俗的注释. 除了少数例外,丹麦地名没有译出,而其所在地区也未加说明.

　　写给哈若德·玻尔的信以及写给他们的母亲的一些信,是由哈若德·玻尔的寡妻乌拉·玻尔夫人惠予提供的,而马格丽特·玻尔夫人则惠予同意了使用哈若德写给尼耳斯·玻尔的信. 这些信件的大多数显然是匆匆写出的,不拘于形式和句读. 它们都是手写字体,而且为了在一张明信片上或一封信中尽量多写些字,信中的字迹通常很小而且有许多地方很难辨认.

　　遵照马格丽特·玻尔夫人的愿望,属于个人事务而无直接科学关系的信件和段落都已从本选编中删去. 删去字句的地方都用删节号〔……〕标出,而不论字句的多少如何. 选编后面附有现存的涉及尼耳斯·玻尔的家庭通信的完备目录.

---

　*　〔中译者按:原书选印信件的丹麦原文并附英译本. 中译本据英译文本译出而略去丹麦文原文.〕

尼耳斯致哈若德(1909 年 3 月 12 日)

〔明信片〕

〈Bred①〉12 - 3 - 09

亲爱的哈若德：

我经历了一次绝妙的行程. 我现在吃了晚饭,坐在我精雅的书房中了. 我昨晚有点遗憾,因为我的仔细制订的计划受到了挫折;但是我在旅途中已经确信,除了彻底研读克瑞斯先森的书以外,我不能在准备考试的阅读方面有更好的开端. 我对此书抱有很大的期望. 请转告爸爸,我很希望能够协助他做点事,而且这也使我很感兴趣. 请转告妈妈我很愉快,看到我的衣服打点得那么好,看到她那么准确地记住了每一件东西,我都有点不好意思了. 最后请转告金妮②,她送的无花果味道甚好. 向全家问好.

尼耳斯寄

尼耳斯致哈若德(1909 年 3 月 17 日)

〔明信片〕

〈Bred〉17 - 3 - 09

亲爱的哈若德：

来信收到,多谢. 我也很盼望有一天我们能够真正很好地互相合作,而且我
希望这将使我们两个人都很快活. 你想不到我从你那里学到了多少东西. 尤其是,你通读约尔丹一事曾经以一种很惊人的方式使我认识到,把可以用或多或少的"机巧"(通俗地叫做不可反驳的逻辑)来处理的一切问题都看成五里浓雾,那是太麻烦的,而且是一种完全不必要的步骤(对于所有人来说,特别是对于这位伟大的数学家🐝③来说),但是,至少在数学中有那么一种或多或少坚实的基础,而某人"或许"通过自己的努力,或许通过上述那位数学家🐝的某种很可宝贵的帮助,有一天就能建立在这个基础上.

向全家致以最亲切的问候并盼望能很快和你相见.

兄 N.

---

① ［Bred 是 Funen 岛上的一个村庄. 尼耳斯·玻尔有几段时间住在 Vissenbjerg 的一个牧师公馆中. 那里的邮局在 Bred. ］
② ［金妮(Jenny)是玻尔的姐姐. ］
③ ［按指哈若德. ］

尼耳斯致哈若德(1909 年 3 月 27 日)

〔明信片〕

〈Bred，27 - 3 - 09〉

亲爱的哈若德:

请你千万不要因为同时收到三张明信片而感到吃惊,我保证下次不再这样"捣乱"了;但是当我很可怕地突然发现第二张明信片上只写了些莫名其妙的话时,我觉得也必须告知一下我在此间的实际生活情况. 我在一切方面都过得很好;使妈妈大可放心的是(对不起,我的意思是使我自己放心),我吃得和睡得都多得可怕,但我也已经做了许多事情. 我已经读完了 I. P. 的动力学,并且读了从阿布拉罕[Abraham]上找的关于矢量分析的大部分内容(很有兴趣),并且已经开始读克瑞斯先森的稿子了,我对此稿大为欣赏;而且动力学引论中包括许多有兴趣的东西,但它丝毫没有企图满足你(或者在这一点上还有我)将对一种建立得很好的运动理论提出的那些要求.

我在这张和另几张明信片上向大家表示的问候,如果可能的话应该象征性地乘上它们自己,以便得到一个指数 2.

你的尼耳斯

请妈妈来信说明艾德伽①是否已经照管了骑术课程,因为如已照管了我将寄一张插图明信片去谢谢他.

尼耳斯致哈若德(1909 年 4 月 30 日)

501

〔信〕

〈Bred〉20 - 4 - 09

亲爱的哈若德:

祝你生日快乐! 这回不是一个普通的生日,而是某种全新事物的开端. 我希望你在哥廷根将一切顺利,不论是在你的数学个性的发展方面还是在你的个人观赏方面,为此我替你深感欣幸. 我寄给你一本基尔凯郭尔的《人生大路上的驿站》(除了妈妈如此亲切地以我的名义送你的东西以外). 这是我所能寄去的唯一的东西;不然的话我想我也很不容易找到更好的东西了. 无论如何,我读这本书时甚感享受,事实上,我想这差不多是我曾读过的最棒的书了. 现在我盼望听到

①　[Edgar Rubin 是玻尔的同学,他于 1922 年成为哥本哈根大学的心理学教授.]

你对它的看法. 我在 Vissenbjerg 这儿过得很好[1],现在真正的春天既已来临,这里就是很可爱的了;最早的秋牡丹已经出来了. 如你所知,我收到了第一份校样. 论文[2]终于要在《报告》(Transactions)上发表了;校样排得很好,而且校对得很仔细(连一个数字也没排错),所以我很容易做完这件工作了. 韦伯[3]很可感地给我寄来了发表在《会报》(Proceedings)上的一份"摘要";那原来是我的"结论",从而是很好的;温课顺利进行;我正在开始盼望考试,而且我尤其盼望秋季的最后几个月,那时我就将温完课了;那时我们将在一起过一段很好的时光;我孤独地来到这里,想到了许多希望和你谈的事情. 这显得不是一封真正的信,而且根本不是我所希望写的信了,但原因在于我忙着把它寄出去;事实上我动手太晚了,因为我想在寄走之前把《驿站》读完. 因此你务必不要着急,我不久即将给你一封新信;现在不再多说,即祝

愉快!

　　　　　　　　　　　　　　　　　　　　　　　　　　　你的尼耳斯

附白:默耳伽尔德[4]全家都向硕士[5]致贺.

503　　## 尼耳斯致哈若德(1909 年 4 月 26 日)

〔明信片〕

　　　　　　　　　　　　　　　　　　　　　　　　　　〈Bred〉26－4－09

亲爱的哈若德:

　　非常感谢你的长信;得到你的消息确实是很有趣的. 妈妈这么好,把你的一些信寄给了我,而且因为我知道当一个人事情很多时写信绝不是一种轻微的工作,所以我并没有指望收到你的信,除非你竟然感到有必要为了工作的需要而放松一下,你知道那是我极端欢迎的. 当前我正疯了似地热衷于洛伦兹(在莱顿)的电子论. 当你有一天读完了《驿站》时(你完全不必着急),我将谈谈我的意见,因为我曾经写了几条评注(和 K. 的看法不一致);但是我并不打算当那么一个乡愿,不打算用我那些可怜的谰言来糟蹋对如此美好的一本书的印象. 我过得很

---

①　[尼耳斯·玻尔当时正在 Vissenbjerg 的牧师公馆中,见注①.]
②　[这是指发表在 *Phil. Trans.* [A]**209**(1909)281—317 上的关于水的表面张力的第一篇皇家学会论文.]
③　[S. Th. Holst-Weber,比玻尔小一岁的丹麦物理学家,曾研究气体的热导率和其他性质;自从1912 年起,他住在荷兰,在那里担任过各种工业方面的领导职位,并曾当过丹麦领事.]
④　[Møllgaard 牧师是玻尔父亲的一位助手的父亲,玻尔就是在 Vissenbjerg 的他的牧师公馆中抽时间温课的.]
⑤　[硕士指哈若德.]

好,而且我正在难以言传地盼望着在我通过考试以后和出国以前将在哥本哈根度过的那段美妙的时光.

我自己和默耳伽尔德全家一起向你致以
最亲切的问候!

你的尼耳斯

尼耳斯致哈若德(1909 年 5 月 4 日)

〔明信片〕

〈Bred〉4 - 5 - 09

亲爱的哈若德:

多谢你的有份量的来信和论文.虽然论文并不是我完全熟悉的,但我每次阅读那美好的证明时都感到很享受.我在这里仍然过得很好.我现在也已经设法阅读热力学了(关于相律、离解以及其余的物理化学的三法则(rule of three),我是惊人地聪明的),因此我相信在开始考试之前我能够争取读完开列的题目[①].这里很舒适宜人,这些天简直像仲夏一样地暖和了.我将在一个星期之内离开这里,然后我就将开始搞我的大作业.我急于想知道它将是怎样的.祝
好!

你的尼耳斯

尼耳斯致哈若德(1909 年 5 月 15 日)

505

〔明信片〕

〈Copenhagen〉15 - 5 - 09

亲爱的哈若德:

多谢你的来信.听到你已经解决了狄里希累级数的可求和性的整个问题,确实非常高兴.祝贺你;当人们考虑这一整个事件时,这肯定是一件给人以深刻印象的成就.爸爸让我转告,你可以祝贺诺伦德[②]荣获第二枚金奖章.昨天我去见了祖臻[③],他曾经对我所列举的数学书目感到着急(方程论方面

---

① 〔丹麦大学生们在应考硕士学位以前要交一份综合的表,表中开列他们在大学中六年左右的全部时间内曾经研读过的书籍和课题.〕

② 〔Niels Erik Nørlund 生于 1885 年,丹麦数学家,于 1912—1922 年任(瑞典)伦德大学教授,自 1922 年起到哥本哈根大学.玻尔于 1912 年 8 月 1 日娶了他的妹妹马格丽特·诺伦德.〕

③ 〔H. G. Zeuthen,哥本哈根大学数学教授.〕

略有欠缺);他态度极好,而且很有兴趣地问起了你.我相信假如你有朝一日能抽出时间给他写封信是会使他很高兴的.然后我去见了克瑞斯先森,问他是否同意我在下星期一开始考试.他也极其和善,并且说当我接到大作业时可以去找他谈谈作业的范围.昨天晚上妈①和我到剧院去看了《茶花女》.安娜·拉尔森(Anna Larsen)演得很精彩.现在再见,接到大作业时当即奉告,祝

好!

你的尼耳斯

尼耳斯致哈若德(1909年6月9日)

〔明信片〕

〈Copenhagen〉9 - 6 - 09

亲爱的哈若德:

很久没有去信,很抱歉.但是我希望你责备我的忙碌并且知道妈妈代替了咱俩的工作.今天,当我寄去我的论文时,我至少必须告诉你我应该多么感谢你,简直难以尽言,因为在写这篇论文时你给了我巨大的帮助和关切.至于考试作业,进行得尚称顺利,但我必须加紧工作,以免临时匆忙;我盼望做完以后再真正告诉你此事的情况.

你的尼耳斯

507

尼耳斯致哈若德(1909年7月1日)

〔信〕

〈Copenhagen〉1 - 7 - 09

亲爱的哈若德:

多谢你的明信片.现在我已经很幸运地结束了全部的撰写工作;那是非常好的,虽然我不能像某位硕士②那样说我对结果完全满意.事实上,这个问题是如此广阔,以致我纵有生花之笔也只能满足于仅仅处理其中几个片段.但我希望审查者能够让它通过,因为我想我已经写进去了一两个别处未曾

---

① 〔在玻尔一家中,常常亲密地把母亲叫做妈妈、妈、姆妈.在这封信和以后的信中,都是这样称呼她的.〕

② 〔按即哈若德.〕

处理过的小问题. 不过,这些东西大多是消极性的(你知道我有一个坏习惯,就是相信自己能够挑出别人的错处). 在更加积极的方面,我相信我已经对一个事实的原因作出了一点提示;这事实也许你不很熟悉,那就是合金不像组成它们的那些纯金属一样地容易导电. 我现在急于想知道克瑞斯先森将对这整个工作说些什么;明天我将去找他谈谈,情况如何肯定会告诉你的.〔……〕

尼耳斯致哈若德(1909 年 7 月 4 日)

〔信〕

〈Copenhagen〉4－7－09 Bredgade 62

亲爱的哈若德:

〔……〕上次信中有许多不妥之处,非常惭愧;但是,使你等了这么久才再写信却不怪我而怪克瑞斯先森教授. 事实上,这位教授除了造成别的困难以外还名符其实地使人对他瞻之在前而忽焉在后. 例如,当我在前天晚上去找他时他却去旅行了,而当我今天上午去找他时他还没有回来;但是我终于在四点钟左右在抓住他方面取得了成功,那时他刚刚回来而且正要再出去参加一个宴会;这是最后的时刻了,因为我今晚要和艾德伽一起离开本市. 当然,我从克瑞斯先森那里得到的东西很少,或者说实际上完全没得到什么,但是他非常和善,从而我想他不会制造什么困难. 至于论文本身,你从上次信中得到的只是很简略的信息;但是在一封信中解释起来并不是那么容易的,但我急切地盼望你回来并和你当面谈谈这篇论文(以及其他事物);我相信我发现了一点什么,从而我想在下一个秋天再就这一问题写点东西.〔……〕

尼耳斯致哈若德(1909 年 9 月 8 日)

〔明信片〕

Nærum 8－9－09

亲爱的哈若德:

我希望你不在乎我又用同样的无意识的事情来麻烦你. 问题涉及一个量

$$Q_r = \overset{\text{I}}{\left(\frac{o_1^2 + o_2^2 + \cdots o_r^2}{r}\right)} - \overset{\text{II}}{\left(\frac{o_1 + o_2 + \cdots o_r}{r}\right)^2},$$

509

式中各个 o 是随机取的,彼此之间只有某种误差定律的联系;于是它们的平方也受到一种确定的误差定律的制约. 我们现在关心的,第一是(当各个 o 变化时)Q_r 在无限重复次数下的平均值,第二是当 r 变化时这一平均值的改变量. 我们将把无限重复次数下的平均值叫做 λ. 现在我相信将可得到

$$\underset{\text{I}}{}\qquad\qquad\underset{\text{II}}{}$$

$$\lambda(Q_r) = \lambda(o_n \cdot o_n) - \left(\frac{1}{r}\lambda(o_n \cdot o_n) + \frac{r-1}{r}\lambda(o_n \cdot o_m)\right),$$

式中 $\lambda(o_n \cdot o_m)$ 不等于 $\lambda(o_n \cdot o_n) = \lambda(o^2)$. 由此可以看到,当 r 改变时 I 将保持不变而 II 则将改变. 结果变成

$$\lambda(Q_r) = \frac{r-1}{r}(\lambda(o_n \cdot o_n) - \lambda(o_m \cdot o_n)),$$

此式就直接表示了泽依利[1]的结果 $\lambda(Q_r) = \frac{r-1}{r}\lim_{r=\infty}(\lambda(Q_r))$. 顺便提到,泽依利的证明是完全正确的,因为在计算 $\lambda((o_m - o_n)^2)$ 时忽略较少出现的 $o_m = o_n$ 的情况是完全有道理的. 你来的电话(谢谢!)已经使当时已快写完的这张明信片的付邮不太必要了,但是我还是把它和我的友爱一起寄出. 希望你和妈妈同度一段美好的时光,并希望妈更加喜欢 I. P..

511

尼耳斯致哈若德(1909 年 12 月 20 日)

〔信〕

〈挪威,20 - 12 - 09〉

〔……〕我只是要告诉你我已得出结论,即我所谈论的对于我的电子的研究可以很容易地完成;至于将得到多少结果那是另一个问题. 你务必不要因为我说了这话就害怕我为此而苦思冥索;我告诉过你,我整天闲着;这只是我突然想到的某种东西,而且我将把它完全搁置起来. 现在再见,并问所有人好!

你的尼耳斯

再启者:〔……〕

----

① 〔Th. N. Thiele,哥本哈根大学天文学教授.〕

尼耳斯致哈若德(1910 年 6 月 25 日)

〔明信片〕

〈Copenhagen〉25 - 6 - 10

亲爱的哈若德:

祝贺得任助理教授之职,这虽然并非意外之喜,但现在全都定下来也是惊人美妙的;我作为亲属而为此极感自豪. 感谢你从哥廷根寄来的明信片. 我自己一切甚好;我已经丢掉了几天的时间,但我现在即将重新真正努力工作了. 爸爸很亲切地提议我和他到吕根岛上去度一个星期的假,但是既然图书馆在上星期已经开放,我想我现在没有时间了. 当我真正开始了以后,肯定会告诉你进展如何. 我也希望得到助理教授①的来信,以了解他在哥廷根的情况.

祝好!

尼耳斯

尼耳斯致哈若德(1910 年 6 月 26 日)

〔信〕

〈Copenhagen〉Vestre Boulevard 13¹. 26 - 6 - 10

亲爱的哈若德:

〔……〕我隐瞒不住我的冲天的艳羡之情,还望你不要见怪;在我对关于某些荒唐电子的一个荒唐问题思索了四个月而只能写成大约十四张多多少少零乱的初稿之后,这种心情也是不那么奇怪的. 不过,恐怕也难以瞒过助理教授②的明鉴的是,我的心绪毕竟还不是太坏,而这也是不那么奇怪的,因为我相信我终于解决了那个有关某些荒唐电子的荒唐问题;不管怎样,我这次觉得至少这一"回合"比其他几次更有把握. 我所要谈的解,一半是统计的,一半是直接的而不涉及几率问题的. 它只要占两三行,而且如此简单,以致不管怎么努力也不会有人能够理解它曾经引起过困难(除非有另一个傻家伙也曾呆呆地坐在那儿把他的时间耗费在同样的荒唐问题上,而这却似乎是不可想象的). 既然我这样不善于隐藏我的愉快心情,我也可以痛痛快快地说这还有另外一个原因;因为我已经弄到了像爸爸放他的单据的那样一个公文包,而且已经把我的所有论文和稿件都安排在这个公文包中了(现在我恐

513

---

① ［即哈若德.］
② ［即哈若德.］

怕你会说"我在这里又认出了斯克莱普"①了,但是,老实说,我必须承认我不知道自己是对你的被任命、是对此刻我那些电子的良好行为、还是对这个公文包最感高兴;也许,唯一的回答是,感觉也像认识一样,必须安排在一些不能比较的平面上).现在我必须结束,不然恐怕我的钢笔要造反了.〔……〕

尼耳斯致哈若德(1910 年 7 月 5 日)

〔明信片〕

〈Copenhagen〉5 - 7 - 10

亲爱的哈若德:

　　感谢你的明信片;听到你过得那么有趣和做了那么多事情,非常高兴,希望以后再多听到一些才好.昨天诺伦德以所能想象的最好结果结束了他的考试.我和艾德伽陪同他和他的妹妹一起去了 Skodsborg 并在那里吃了饭,后来我们又和来到城里的他的父亲去了 Tivoli.我希望写作将适当顺利地进行,但它现在却陷于停顿了.你知道,对于某些蠢人来说,每当他们感到此刻再也没有问题时,立刻就会出现一点儿反应.详情很快就将奉告,现在先匆匆致此问候,因为我想你或许原意向诺伦德致贺.

你的尼耳斯

515

尼耳斯致哈若德(1910 年 7 月 28 日)

〔信〕

28 - 7 - 10

亲爱的哈若德:

　　很久没有给你写信,甚为抱歉,但是我并不是对哥廷根的某人缺少兴趣和自豪,我相信这是毋庸赘言的.对于疏于音问这件事,我有许多外在的借口,因为我仍然很急切地等候着一封答应过的来信;但事实上是我遇到了某种可悲的事情(事实上是像悲喜剧一样地可悲),而且既然我不喜欢用一些抱怨话来麻烦住在"外地"的人,我就宁愿保持沉默,直到我能够更加平静地报道自己的心绪为止.这个悲喜剧式的事件如下:在我寄给你一封并不怎么悲观失望的信的第二天,

---

①　〔这里涉及丹麦史中的一个传说性的情节;此情节见 Saxo Grammaticus, *Gesta Danorun*, lib. IV. cap. IV. ,而且为每一个丹麦中学生所熟知.斯克莱普(Skræp)是剑名,盲王沃尔蒙(Wermund)之子乌飞(Uffe)曾独自一人用此剑和萨克逊王之子及另一萨克逊武士决战,并先后杀死了他们.当听到第二次砍杀声时,沃尔蒙喊道:"我又认出了斯克莱普!"——汉译者注.〕

我那座自制的小小楼阁突然垮掉了,而且这几乎是以一种比"习惯做法"更加要命的方式垮掉的.因为,事实上是我在一个处理"能量定律"的例子中犯了计算上的错误.你知道,对我来说找借口永远是容易的,这一次我发明了下述的借口:"(说来惭愧)我对这个例子的结果如何是毫不怀疑的,但是只意识到了证明这一例子的困难;你或许记得,我因此就因为已经找到了完成计算的方式而那样地得意起来,而且我非常快地就进行了计算."但是,当我检查结果时,却发现在我得出 $\dfrac{K_1+4K_2}{K_1+5K_2}$ 的地方应该是 $\dfrac{K_1+5K_2}{K_1+5K_2}=1$;这种纠缠不清的语言就意味着例子给出的正是它所试图否定的结果.现在我被一个困难挡住了,但是,既然所谈的例子(5 次方)具有一些特别简单的性质,我马上就开始计算另一个例子(弹性球);但是这并不那么容易,从而我在最近两个星期中几乎都在计算它(只有和艾德伽在一起时稍有中断,关于和艾德伽的聚会我已在从 Vordingborg 寄出的明信片中报道过了).当你有一天回到家中并看到计算的情况时,我想你会承认至少我在那段时间内并不是整天在写的.顺便提一句,诺伦德很可感谢地替我核对了某些计算而且使我获益不浅,因为他发现了一个计算错误;我知道这个错误是存在的,但是没有能够找出它在什么地方.过了两天,我终于搞完了,但是结果又是,我非常想证明其不相同的两个恒量事实上被证实为相等了.后来我又计算了一个巧妙一点的例子(分子和电子之间是 5 次方,而电子和电子之间则像弹性球一样地发生碰撞),但是又得到了同样的结果.现在情况就是,一切有着能量交换的力学例子都给出一种结果,而这种结果的普遍正确性我却无法证明.我并不打算因此就埋怨命运不好,因为我想我终于会想出办法来;那就是说,我将不去证明这个问题,我几乎想不到这种证明,但是我将在我所写的东西中用某种方式绕过这个问题.正如你将理解的,这许多挫折并不曾真正推动写作和文献研究;但是现在我希望能够忙起来并在你回家以前〈将它完全〉写出来.事有凑巧,我过得很好;例如,事实上我的心境非常好,以至于如果我相信这次你能够忍受更多的废话,那么在经历了比较可悲的事物以后,我就有可能用更明快的色调来描绘各种别的事物了.〔……〕

517

尼耳斯致哈若德(1910 年 11 月 24 日)

〔信〕

Vissenbjerg 24-11-10

亲爱的哈若德:

〔……〕你没能更早一些接到我的信(除了那次小的求援,谢谢你对它的关切)是因为我的写作进行得不那么顺利,〔……〕但是现在我想情况开始好转了;你知道,只是好转了一点点,但是,当然我在这方面是不会忘乎所以的.因此,我正处于极佳的心情中.我在这里过得很好.〔……〕

尼耳斯致哈若德(1911 年 1 月 2 日)

〔信〕

2 - 1 - 11

亲爱的哈若德:

收到明信片,多谢多谢.我日子过得特别好;事实上,我在元旦那天已经写完了两章,因此我已经心情非常愉快并且能够像过去那样地聊天了.现在我要开始写引论了,而且我要争取在你回家以前把它写完.我多么盼望听到关于你的旅途的情况啊! 当然,首先还是盼望你的帮助;除了对论文〔即博士论文〕给以我所极端渴望的帮助以外,照例还有许多别的事情是你可以给我和马格丽特以协助的,因为我们正酝酿着一个计划.

我们两个向你致意.

你的尼耳斯

519

尼耳斯致哈若德(1911 年 4 月 22 日)

〔信〕

4 月 22 日,1911

亲爱的哈若德:

这里是尼耳斯向你致贺,他今天正在盼望着不久就能看到你;但是我必须首先向你贺年,并为你在过去一年中对我们大家的好意而向你致谢.请想一下,你对我自己起了多么难以形容的作用啊! 首先是去年春天和夏天,然后是这个冬天,当时你在父亲逝世以后帮助我熬了过来,然后你现在又给了我多得无法相信的协助,尽管你有如此之多的其他问题要考虑.

亲爱的哈若德,当我想到这些时,我不知道有什么更好的方式来感谢你,只能祝愿你的前途光明而丰富,并努力展示自己,使你在我身上费的心都不会白费.只要我们能够团结在一起并使我们的生活无愧于我们曾经共享的童年时代和青年时代,不管出现什么情况也不要紧的!

尼耳斯致哈若德(1911 年 9 月 29 日)

〔信〕

29 - 9 - 11. 爱耳提斯利大街 10 号,纽汉姆,剑桥.

啊,哈若德!

　　我的情况真顺利. 我刚刚和 J•J•汤姆孙谈了话,并且尽我所能地向他说明了我关于辐射、磁性等等的想法. 如果你能懂得和这样一位人物谈话对我意味着什么就好了. 他对我极其和蔼,而且我们谈了很多,从而我确实相信他觉得我所说的是有些道理的. 他现在即将读那本书〔即玻尔的博士论文〕了,而且他邀请我在星期天和他一起在三一学院进餐;然后他将和我谈谈那本书. 你可以想象我是很高兴的. 正如我昨天的信中所说,我现在有一处小住所. 它位于城镇的边缘地带,而且在各方面都很精美. 我有两间房子,而且单独一个人在自己的房间里吃饭. 这里一切都好;现在,当我坐在这里给你写信时,我自己的小小壁炉中正在呼呼隆隆地烧着火. 但是,即使这样,我想我也不会在这儿住得超过我临时租定的这个星期;因为汤姆孙建议如果费用不太重要就成为"大学的一员"并参加一个学院. 在那种情况下我将属于一切方面,可以参加学生们的体育活动,可以借书和听所有的讲课,而顶顶重要的是我将遇见许许多多的人. 例如,如果我按照这种想法竟然成为三一学院的一员,我就会属于剑桥最重要的人物之列,例如汤姆孙、达尔文、哈第、里突吴德……,而且每天都和他们一起进餐. 他认为这将使我多花 20—25 镑,而且一开始时这里什么都是很费钱的;但是,尽管如此,我想我还是可以应付. 星期天晚饭以后,我已经约好去见三一学院的一位"导师"(tutor),一位叫做弗来舍尔的生理学家,向他确切地探询各种情况. 而且,如果不是过于费钱,我相信我将决定同意此事. 哈若德! 相信我,人能出名是很好的;我在这里大多是和一些生理学家在一起. 班克若夫在这里占据着很有影响的位置,是"大学的学监(proctor)",就是说他对普通大学生代表着行政当局,而且很有权势;他对我十分亲切,我来到这里的第二天他就请我去吃饭. 我在那里只见到一位德国生理学家弗朗茨•缪勒,他也访问过我们(在 Rungsted). 认识这样一个真正的英国人家是很有趣的. 但是,尤其是一位青年生理学家希耳对我好得难以置信,雷曼女士[①]曾经替我给他写过一封介绍信;他替我租到了这个住所,而且在各方面都帮助了我;前天他邀我到三一学院去吃了饭. 我们在一个极其古老的哥特式大厅中进了餐;我们只有相当少的几个人(大约 30 人),因为学生们

521

---

① 〔Inge Lehmann,学习数学和大地测量的一位丹麦大学生.〕

还没有来到(通常有大约 700 人在这里进餐,分两拨). 我也因为我的那些介绍信而很高兴,虽然我还没有用掉多少,因为许多人还没有来到,而且我也没有那么多的时间. 但是,我已经去拜访过哈第了;他很亲切,并且问起了你,而且说他非常盼望和你晤谈. 他住在一所我平生见过的最美妙的住所中. 那房子在三一学院内,有许多很大的古老房间,房间中有着哥特式的天花板和窗子,窗外是一个最最美妙的古老花园,园中有大树和草地,河上架着古代的桥梁. 我也很高兴我在皇家学会发表了那些〔关于表面张力的〕论文. 但是,最首要的是,我为了我的论文〔按指博士论文的译本〕已经结束并能够把它交给汤姆孙而感到说不出的高兴和感谢(因此这封信实际上应该是写给妈妈的,但现在也可以算是写给她的). 就此搁笔,并向大家致意.

　　　　　　　　　　　　　　　　　　　　　　　　　你的感恩的尼耳斯

523　　　　　　　　# 尼耳斯致其母(1911 年 10 月 2 日)

〔信〕

　　　　　　　　　　　　　2-10-11. 爱耳提斯利大街 10 号,纽汉姆,剑桥.
亲爱的小妈妈:

　　〔……〕我仍然过得很好;我还没有开始到实验室工作;在明天以前我不准备去和汤姆孙谈这个问题;但是我为了约会、拜访和宴会而大忙特忙(你对此有何感想?);例如,我昨天是在三一学院的汤姆孙家中,而今天则和伍德海德教授去了三一大厅(一个较小的但很古老的学院,它是很富丽的,人们在那里吃得又多又讲究,他们竟能受得住,真是相当难以置信和难以理解). 但是,我自己的亲爱的小妈妈,现在祝你晚安吧,因为时间很晚了. 请代向所有的人们致意.

　　　　　　　　　　　　　　　　　　　　　　　　　　　你的尼耳斯
等我设法作出某种安排以后,当立即写信告诉你.

尼耳斯致其母(1911 年 10 月 4 日)

〔信〕

　　　　　　　　　　　　　4-10-11. 爱耳提斯利大街 10 号,纽汉姆,剑桥.
亲爱的小妈妈:

　　祝你生日快乐并敬贺新年,而且为过去的一年而向你致谢. 请相信我,我常常想起我们上一次的生日.

　　现在,我已经渐渐或多或少地对每一件事情都留心了. 再过几天,当我的文件和钱寄到时,我将"作为物理学研究生而成为大学的一分子"并将作为"进修生"而属于三一学院. 从那时起,我就不能不"袍帽整齐"地出现在大学(只除了在实验室中)和学院中或是在天黑以后出现在大街上,违者要罚巨款;那将是颇为奇特的. 我事实上应该与此同时搬入一个"法定住所"中,那是大学控制下的一所房子,那里的男房东或女房东应该注意使学生们在〈下午〉十时以后不再出门,此外还要注意许多别的事情. 但是,因为几乎所有的法定住所都已满员而空着的那些又相当不好,所以三一学院的导师已经允许我留在我现在住的地方;不过这只是因为我不准备取得任何"学位";要想取得学位,人们就绝对必要在大学中或在法定住所中住过几个"学期"了. 你也许认为这就够意思了,但是我已经从导师那里收到了整整一本手册,告诉我什么是允许做的和什么是不许做的. 除了别的事情以外,我已经发现"穿着学术服装抽烟是违反纪律的";在一大套这样的东西以后,它还说"除此种一般条规以外,诸生(那就是指的我)不得……",接着就是一大套显然是从极其不同的日期开始生效的条文,其中第一条是"以任何方式参与赌博事务",其第十二条即最后一条是"未经首席学监特许而在大学境内保有或使用汽车、摩托车或其他机动车辆". 如果我能再弄到这么一本手册,我将把它寄给你,那么你就能学到怎样做瑞克斯(Riks)的一个好的女房东了;这一点在这里被认为是很重要的,例如今天在实验室中就有一个很亲切的学生问我得到的供应如何以及"女房东会不会做菜",我如实地回答说"很好". 这使我想起你也许想知道一点我的家务. 我已经告诉你我住在镇子的边上(到实验室步行约 15 分钟)和共有两个房间. 这两个房间很舒适,设备精致,而且房东服务也很周到. 我总是一个人在自己房中吃饭,而且几乎每天都能吃到整个的烧烤;例如昨天我就吃了一整个鸭子,我相信你可以设想我带着挺可笑的感情盯着它看. 现在我也将有权到"三一学院餐厅"中在"艺术学士"专用的桌子上进餐(就是说我像所有别人一样每次都要付钱;也难说我能够多么经常地到那里去吃饭,因为那里是比这里贵得多的;这里所有的饭食每天约两先令);说我将和汤姆孙及其他"研究员"(fellow)在一起进餐却是一个大大的误会,那只有当我不是"大学中的一分子"并受到一位研究员的邀请时才行(例如哈第已经忙着约定于后天请我). 我也有权邀请客人到三一学院中来,我已经盼望当哈若德来时邀请他了;但是我恐怕将不能和他坐在同一张桌子旁边,因为哈第和里突吴德急于想会见他,而且当他们请他时他将在高座上就餐,那张桌子比全厅中其他的桌子高一个台阶,而且他们在那里多吃一道菜. (妈妈,你对于所有这些报道都有些什么想法? 这一次要由你告诉马格丽特一点什么了.)我今天刚刚开始去了实验室;我将从试着做些关于阳极射线的实验开始,但我并不认为这将顺利进行. 你没法想象统治着卡文迪许实验室的是怎样的一种紊乱情况,而一个甚至不知道他找不到的那些东西叫

525

什么名字的可怜的外国人是非常手足无措的;但是,在某些好心人的帮助下,我已经成功地在几小时的时间内找到了几件东西,而且,当明天我带去一部字典并很有希望得到某些人的帮助时,我就可能在几天的时间内找到足够的东西来开始一点点工作了;即使我不能因此而学到多少物理学,我或许能够学到一些别的东西.汤姆孙还没有和我谈到那本书,但他有各种事情,非常地忙,从而他竟能找到时间来看它将是不可想象的.

527

　　喏,小妈妈,我相信这就是我要说的大部分话了.也许你能够根据这些胡扯猜到我对于来到这里并非完全遗憾,而且我正在期待着每一件事情.现在再谈,向你和今天(至少是今晚)或许聚会在一起的所有的人们多多致意,向爱玛姨妈①和汉恩姨妈②以及赛恩(Sine)和汉恩(Hanne)多多致意,而且再次祝你生日愉快.

谢谢.

你自己的尼耳斯

尼耳斯致哈若德(1911 年 10 月 23 日)

〔信〕

23-10-11.爱耳提斯利大街 10 号,剑桥.

亲爱的哈若德:

　　这么久没收到我的信,请你切勿失望.我过得非常好,但我曾经不愿写信,因为我的工作还没有很迅速的进步,而且我曾经一天又一天地希望它会进行得好一些.事实上,汤姆孙一直不像我在第一天所想的那样容易相处.他是个优秀人物,难以置信地聪明而又充满了想象力(你应该听一门他的初等的讲课),而且极端地友好,但是他有那么多的事情,忙得不可开交,而且他又那么专心地工作,以致你找他谈话都很困难.他还没找到时间读我的论文,而我也还不知道他是否接受我的批评.他只和我谈过少数几次,每次一两分钟,而且只谈起一个问题,即我对他的关于热射线的吸收的计算所提出的批评.你可能记得我曾经指出,在他的吸收计算中(和发射的情况相反),没有把碰撞所需的时间考虑在内,从而得到的发射和吸收之间的比值对于小的振动周期来说是有着错误的数量级的.汤姆孙起初说他看不出碰撞时间会对吸收有那么大的影响.我试着对他进行了解释,而

529 且在第二天交给他一个很简单例子(和他的发射计算相对应的一个例子)的计

---

① 〔Emma Trier,玻尔母亲的姐妹.〕
② 〔Hanne Adler,玻尔母亲的姐姐,一个私立学校的创办人和校长.〕

算,这种计算很清楚地表明了上述影响. 从那以后,我只有在大约一个星期以前才和他就此问题谈了一小会儿,而且我相信他觉得我的计算是对的;但是,我唯一确信的是,他认为可以找到将会在普通电磁学定律的基础上解释热辐射定律的一种力学模型,而正如我已经间接证明并且后来又由麦克拉润直接证明了的(见下文),这种事情显然是不可能的.

正像我以前说过的,和汤姆孙谈话是极其愉快的,而且我每次都那么高兴和他交谈;但是困难在于没有能够找到他的确定时间,从而人们不得不在他工作的时候去打搅他(他得不到多少安静时间);尽管如此,他还是很友好的;但是当你和他谈了片刻之后,他就会想起自己的一件什么事来,于是你话没说完他就走了(人们说他会丢下国王而径自走开,而这在英国是比在丹麦更加严重的事),于是你就得到一种印象,即他把你的事完全忘掉了,直到你下一次再斗胆去打搅他. 除了一些什么也不懂的青年学生以外,我还没有能够和别人交谈;我有一两次在金斯下课时去找他谈(最近一次我是从他在课堂上所讲的某些我认为不太对的东西开始的);他是很友好的,但他讲话很少,而且每次都说要等我的论文用英文印出来以后〔再来讨论它〕.

关于论文的发表问题,我还不知道任何确切情况;我已经和汤姆孙谈过一两次这个问题(我起初希望等到他读过该文以后再说),一次是两星期以前,再一次是上星期六;他已经答应去了解一下,看能不能在剑桥哲学学会的《报告》上发表. 由皇家学会来发表显然是不可能的. 我已经和拉摩尔(学会的秘书,我有努德森写给他的一封介绍信,而且他对我是极其和蔼的)谈过,他认为那是不可能的,这并不是因为它已经用丹麦文发表过,而是因为论文中包含了对别人工作的批评,而皇家学会则认为不发表起源于本身出版物以外的批评是一条不可违犯的条例.

如果我能够把它在《剑桥报告》上发表出去,那将是很好的;它将在那里很快地刊出,而且开始有点情况紧迫了;自从丹麦文本发表以后,《哲学杂志》上已经刊出了有关相同课题的两篇长论文,而作者们却显然不知道我的文章. 其中一篇倒无所谓,它是以威耳孙的结果为依据的;但是另一篇却很精彩(作者是麦克拉润),而且给出了比我的结果之一更为普遍的结果. 他通过考虑一种情况而针对一切振动周期计算了吸收和发射的比值,在该种情况中,电子是被假设为相互独立地在稳定力场中运动着的;这种结果几乎只有评论的兴趣,因为正如我曾提到的,只有对于长的振动周期才能和实验取得一致.

既然我现在已经讲了许多别的东西,我想我也必须谈一点实验室方面的情况. 但是,那里的工作还没有多大进展. 我正在为了试图通过阳射线来引发阴极射线而工作,这是汤姆孙曾经观察到过的一种现象. 我还没有能够真正得到这种现象,但我想已经开始有点意思了.我不知道汤姆孙是不是认为当我观察到这种现象时应该接着研究下去,也不知道在那种情况下他打算让我拿它干什么,也不知道那时他是不是要我开始搞些别的东西.恐怕你会觉得事情进行得很慢,但是一个人要适应卡文迪许实验室,在开始时是不那么容易的,这个实验室中是如此地缺少秩序,而且人数甚多而协助甚少(我和 15 个青年人一起工作);所有和我交谈过的人都告诉我,他们发现开始工作是极端困难的;我或许进行得特别迟慢,因为我有那么多事情要去问汤姆孙,而且每次去打搅他时要谈到多于一件的事情就是完全不可能的.当然,我不过只在实验室中工作了三个星期;无论如何,在这段时间之内我已经学会怎样把一套玻璃仪器安装起来,而且我为此很感高兴.我也去听了一些课(每天两次);我听了拉摩尔和金斯的关于电学理论的不同部分的讲课;这些讲课迄今还是相当初等的,但我想它们将会很有趣.其次我还听汤姆孙的两个系统演讲:一个是初等的(物质的性质),十分有趣,并且配有所能想象的最美的实验;另一个是对进修生讲的,也极有趣,目前他处理的是他自己关于电的最新概念,他所取的立场可以描述为旧式麦克斯韦理论的一种颇小的修订.可惜的是,我对它不太熟悉,但是,假若我对它更了解一些,我就又会认为他的计算在所有各点上都是不正确的了.我将力争熟悉它,但恐怕不能很快做到,因为我读书的时间实在太少.我已经开始读金斯写的一本厚书,《电和磁》,以便更新我的知识并真正做到了解它的所有各点,但是,如果我要正确对待我在实验室中的工作,恐怕就没有多少时间来搞这一类的事情了;除此以外,目前我还要在我自己的论文上进行大量的工作;我在实验室中遇见了一位极好的青年人(奥文先生),承他好意,答应帮我把论文校阅一遍;他看得非常认真,但因时间太少,所以现在我们几乎已经停顿了,因此,如果我们不能很快地重新开始,我就必须另外设法把它搞完了.

　　在其他方面,我过得很好,而且正在见到许许多多的人,他们都对我很和善.上星期二我在汤姆孙家吃了饭;那是很愉快的,而且我必须挽着达尔文的一个女儿到餐桌边去;但是我不能讲很多话,而且我在形势所逼之下讲出来的那些话总是使我想起波兹纳普(Potsnap)家的法国人,只是我所遇到的人们是那么亲切,而且比波兹纳普家的人们要和善得多.星期天我和席利教授(赫弗丁的朋友)一起吃了午饭,他有一个极其可爱的家,而且上星期六我去拜访了里突吴德,他约我星期五去吃午饭(如果你有什么事情要我转告给他,我想你还来得及写回信给我,只要快些就行).若干天来我感到有点疲倦,但是这里所有的人都有这种感觉;这是气候的缘故,天气像在蒸气浴中一样已经快一个月了.我和他们谈过话的所有的人都说在剑桥参加至少一种体育运动是绝对必要的(事实上大多数的人们都显得那么昏昏欲睡,所以当有一个学生告诉我"必须参加一种运动,因为在剑桥这里人们至少必须很起劲地做一件事情"时,我是一点也不感到意外的);因此我已经参加了一个足球俱乐部,而且正在期待着尽早地开始踢一场.

　　好了,哈若德,这是一封长信了,但是我认为这也就是我所要说的大部分话了.最后我只想说,你要明白我是过得很好的,而且我也很理解每一件事情在开始时都是进行得很慢的;我将尽一切可能促使它快起来.我谈到了所有这些事情,因为我觉得你想必早晚会要知道这些问题的答案.我为做了此事而感到高兴(只要你和妈妈能够明白我现在过得多么好就好了);因为你们现在已经知道了我当前的境况,我就可以更好地告诉你们每一件事情了,而且我正期待着很快就能写信告诉你们我已经感到随时都会到来的、而且或许在你们接到这封信以前就会到来的一切进展了.

　　向你和妈妈多多致意(并多谢妈妈的一切来信).

尼耳斯上

尼耳斯致其母(1911 年 10 月 31 日)

〔信〕

爱耳提斯利大街 10 号,剑桥,10 月 31 日,1911

亲爱的小妈妈:

　　多谢你的和哈若德的来信,这使我非常高兴.情况很好,并不是说我已经得到汤姆孙的答复,而是说我的情绪很高,而且有许多打算.但是这些都等以后再谈吧.在以后的两个星期中我不会感到孤寂;因为卡尔•克瑞斯先①这星期要来(我还不知道准确日期);星期五我要到曼彻斯特去拜访劳兰•史密斯②,而且从星期六算起再过一星期还要到牛津去拜访德莱义尔③(当然我也将拜访哈耳德恩,我正在盼望着,而德莱义尔却在旅途结束时就已经邀请了我).我这样到处乱跑,你有什么看法?我正在期待着这些事,但是也应该告诉你这些事.现在我要快点去听课了,因此再谈,祝好!

535

你自己的尼耳斯

再启者:麻烦你!我愿意请求哈若德当他哪一天到工学院中去拜访和普瑞兹一起工作的韦伯时,请代我向他致意并告诉他一些我的情况;我曾经答应给他写信,但是时间拖得太久了,以致写一张小小的明信片不顶事,而且我此刻既没时

---

　　①　〔Carl Christian Lautrup,玻尔的朋友,在 1911 年夏天曾协助玻尔准备博士论文的英译本.〕

　　②　〔Lorain Smith,玻尔父亲的朋友,生理学家.〕

　　③　〔或许是指 J. L. E. Dreyer,丹麦天文学家;也可能是指 Carl Dines Dreyer,此人当时到伦敦去研究酒类贸易.〕

间也没心情真正写信.

尼耳斯致其母(1911 年 12 月 6 日)

〔信〕

爱耳提斯利大街 10 号,剑桥.6 - 12 - 11

亲爱的妈妈:

今天收到你的绝妙的来信,万分感谢. 我立即去了生理学实验室并借到了《Zentralblatt》;读了尊兹的发言①,使我很感庆幸. 听到家中的一切情况,关于哈若德做了多少事情以及你们在一起共享怎样的天伦之乐,这是非常有趣的. 我今天也收到金妮的一张很好的明信片(请代我向她多多致谢). 你问起我的通信. 是的,其中的一部分是科学通信;例如,昨天我寄了 12 页的一封信给奥席恩②,而今晚我应该争取写一封长信给莱恩伽额慕(我不认为我真会写它,我宁愿就寝了);他对于我的上一封信回了一封很好的信;他说他认为我对他的工作的反驳意见是正确的,并且同时问我是否同意他论文中的另一个论点(但这一次我必须回答说我也不同意);这个论点部分地属于另一类型. 例如,今天我费劲地写了一封英文信给爱密林(Emileen). 她给我来了一封好得惊人的信,并且邀我到她家去过圣诞节. 我回信说我是非常想去的,但是我不知道是否去得成,因为我正在等着关于哈若德何时到来的消息,我并且说等几天再写信.(你认为我应该怎样答复? 我愿意听听你的意见. 如果你收到这封信就写回信,我将等到接到来信再做决定. 看来反面的理由似乎是路途太长而时间太短. 正面的理由则是爱密林的来信是那样地殷切(如果你有时给她写一封信,我想她是会很高兴的),而且我也很想当我在这里时去看看她们,尽管我打算迟些时候再去.)为了我明天打算举行的一次小小的午宴,我也写了许多信. 起初我打算只邀请哈第和里突吴德,他们曾经对我很好而且当我上次邀请他们时没有来成;当我得知也曾对我很好的雷曼女士将在一星期内离开此地而且在一段时间之内不会回来时(她明年无论如何要留在家中),我也请了她;而且,当我想到她也许不便单独来时,我又请了希耳先生(就是雷曼女士给我介绍的那个青年人,他在早些日子对我很好)和他的姐妹;但是,雷曼女士和希耳女士都是纽汉姆学院的学生,从而没有伴随人是不能会见绅士们的. 雷曼女士很可感地提出了一位伴随人(我想那将是希耳先生的母亲希耳太太,她也曾对我很好);你看,这个宴会已经渐渐大得可怕,而且我

————————

① ［这可能是关于玻尔父亲的一篇悼词.］

② ［见本书原第 422—431 页.］

相当担心在我这个小小的环境下怎么举行了(明天我将把宴会的情况写信告诉马格丽特;我想在一段时间之内我可能抽不出时间给你们大家写信了). 但是今晚暂且写到这里,向你和哈若德多多致意.

你自己的尼耳斯

附言:我谨托你替我为汉恩姨买些花儿. 请你代我多多感谢她对我的问候,并告诉她我不久就会去信. 你也许愿意把她搬家的日期告诉我. 也请代我感谢爱玛姨对我的口头问候.

附言 2:我相信哈若德一旦知道就会把他的行期告诉我,以便我安排我的计划.

附言 3:如果不过于麻烦,而且你又能像包扎其他邮件那样把它包扎得很好,我很希望能把照相机给我寄来. 但这必须是在你赞同的情况下.

附言 4:文笔芜杂,务请原谅.

附言 5:再说一次,再谈和祝好.

附言 6:另一次小小的问候.

尼耳斯致其母及哈若德(1912 年 1 月 28 日)

539

〔信〕

剑桥　28 - 1 - 12.

亲爱的妈妈和哈若德:

　　写这封短信是要通知你们,我今天收到卢瑟福的一封很亲切的来信. 他写道,我下学期去曼彻斯特对他来说是很合适的. 这真太好了,从而现在算定下来了;我刚才已经给他写了复信. 我今晚很忙,所以只能给你们写这么短短的一封问候的信,这封信除了报告上述好消息外,也打算要求一些消息作为回报. 我很愿意知道哈若德作了一次很好的旅行以及重新回家后观感如何. 我自己确实过得很好,多多问候.

你们自己的尼耳斯

尼耳斯致其母(1912 年 1 月 29 日)

〔信〕

剑桥　29 - 1 - 12.

亲爱的妈妈:

　　万分感谢,你可能不知道为了什么,就是为了你的圣诞节礼物啊. 今天我已收到你寄来的一双极好的冰鞋. 我们这里已经结冰甚坚,从而大溜其冰了. 我今天下午出去溜冰了,这很有趣而且我很欣赏;明天我还要去.祝好,万分感谢.(请将此纸的背面转哈若德看.)

　　　　　　　　　　　　　　　　　　　　　　　　你自己的尼耳斯

尼耳斯致哈若德(1912 年 1 月 29 日)

〔信〕

　　　　　　　　　　　　　　　　　　　　　　　　〈剑桥,29-1-12〉

亲爱的哈若德:

　　我过了这样美好的一天,但一点没用功.今天下午我出去溜了冰,而晚上去听了 J·J·汤姆孙在三一学院作的关于高尔夫球的运动的讲演*.你想象不出这演讲多么有趣和多么发人深省,他表演了那么美的实验以及他发表演讲时的那种冒着火星和闪烁光芒的幽默.这确实合乎我的口味,你知道,我自己对这一类东西是有点着迷的.

　　你能替我把布若①的通信处写在附寄的明信片上吗?这明信片只是感谢他寄赠的一篇论文.如果你某天抽暇惠我数行,我是很高兴的.

祝好!

　　　　　　　　　　　　　　　　　　　　　　　　你的尼耳斯

　　＊ 你或许知道,可以使一个高尔夫球沿着极其奇特的曲线运动,在空中左闪右闪,以及作出这一类的运动.

尼耳斯致其母(1912 年 2 月 5 日)

〔信〕

　　　　　　　　　　　　　　　　　　　　　　　　剑桥　5-2-12.

亲爱的妈妈:

　　多谢你的来信.如果不是太忙,上星期六我就给你写信了(请看给哈若德的便条).我的房间很精致,我已经用一些花儿装饰了我的壁炉顶架,那上面放着我父亲的画像(哈若德知道此事).我日子过得很好;我仍然出去溜冰并且寄出一些小小的傻乎乎的问候.

　　　　　　　　　　　　　　　　　　　　　　　　你自己的尼耳斯

---

　　① 〔可能是指丹麦天文学家和书记官 Carl Burrau.〕

尼耳斯致哈若德(1912 年 2 月 5 日)

〔信〕

〈剑桥　5 - 2 - 12〉

亲爱的哈若德:

再一次感谢你的来信. 我没有谈到哲学学会,因为审稿委员会在上次开会之前没有报告;但是在 2 月 12 日又要开一次会,那时我希望听到他们的意见. 我的论文若能很快发表我就会很高兴了. 在星期六寄到的最近一期《哲学杂志》上,刊出了瑞查孙的一篇处理温差电现象电子论的论文. 这是一篇很有意思的论文,但是他完全没有掌握和我相同的东西. 例如,瑞查孙相信自己已经给出了珀耳帖效应和汤姆孙效应的一种普遍的推导,但是他的公式不过就是洛伦兹的公式,而根本不是我的普遍得多的公式. 要找出不对头的地方并不是那么容易的,而且假如不是我已经知道自己的工作,我也许根本就找不出来. 我已经就此问题写了一点东西给《哲学杂志》(我今晚已经把它寄出去了). 我相信它是相当好的(奥文很亲切地帮了我的忙),而且,如果他们不找任何麻烦地予以发表,我将是很高兴的;那样我就会非常喜欢瑞查孙的论文了,因为我已经说过,那文章确实很精彩. 你无疑地可以感到,我目前的日子过得是很好的. 祝好.

你的尼耳斯

543

尼耳斯致哈若德(1912 年 2 月 9 日)

〔明信片〕

剑桥　9 - 2 - 12

亲爱的哈若德:

在转寄哈第交给我补写通信处的一封信的同时,我自己也愿意略致问候. 我正在坐着读拉摩尔的书(你看得出来这是进度不那么快的);我渐渐完全改变了对它的看法. 拉摩尔是一个很伟大的人,但是多少有点类似于泽依利的性格(你可以想象对于一个并不精通英语的外国人来说泽依利的讲课是会显得颇为奇特的),但是能力却更强一些,因为他的知识是那么难以置信地渊博;当我读他的书时,我几乎觉得它是莫测高深的. 读这本书是很有兴趣的,我想我将读两遍. [……①]. 我常常想,如果我要从可以听到的讲课中学到一些东西,那就必须寻

---

① 〔带着引号的两个单词,看不清楚.〕

求一切可能得到的帮助. 例如,我记起了兄弟二人是怎样一起学会了势论的. 向你和妈妈多多致意.

你的尼耳斯

545

尼耳斯致哈若德(1912 年 5 月 19 日)

〔信〕

胡耳姆馆,曼彻斯特,19 - 5 - 12.

亲爱的哈若德:

你已经听到关于我的论文的事了. 不要认为我有意不写信和你谈这件事,而是我不太知道应该拿它怎么办,因此(为了不引起太多的不必要的麻烦)我起初有点想试试自己能不能很容易地精简它,以及这能不能使我满意. 为了使你充分了解情况,我现在将秘书来信的副本和我的复信的副本①都寄给你. 我还不很确切地知道怎么办才好. 我还不曾有时间来认真地作出精简它的努力,但我现在相信这正是必须做的事情;事实上我不能肯定这样不会有好处(更容易读一些);而且,要把它弄得很完善,以便有希望使某些人能把它当成一本书来看待也需要太多的功夫(而且我现在不敢承担再多的工作了). 我很清楚的是,要做的事必须很快地做成,从而我现在要认真地试一试了.

亲爱的哈若德! 我希望你在那边过得很好;我有许多理由应该去看你一次;若能接到来信谈谈你的近况(但是我已经从妈妈那里听到许多可喜的事情)以及你是否想到过一些我不曾想到的问题,我也会很高兴的(但是,我相当确信的是最好首先试试我所谈到的事(如果我能抽出时间的话);一旦有什么进展,我就会写信告诉你). 祝好.

尼耳斯

附言 1:星期六我在剑桥和尼耳斯·伊瑞克②在一起,而且我把他介绍给了哈第和里突吴德;而且他们像往常那样非常和善,并且请我向你提起他们. 哈第说他对于从你那里听到关于他给你的信(关于近似方法的信)的意见很感兴趣;他说他自己已经写了信,他不敢期望得到复信,但是如果什么时候能够听到你的一点意见他将是很高兴的. 我告诉他说你近来身体不太好,这一方面是为了免除你写复信的负担,另一方面也为了使里突吴德不要多心,因为我想他是受不了这个

---

　　① 〔信中附有巴恩斯致玻尔和玻尔致巴恩斯的信的手抄本. 这些本来都是英文本,所以〔原书〕没有按丹麦文和英文对照的方式排印. 〕

　　② 〔Niels Erik Nørlund,见本书原第 505 页注②. 〕

的. 他有一天邀我们去吃茶（哈第是两天以前邀请的）；我无法告诉你我多么喜欢
他，但是他没有能够和尼耳斯·伊瑞克谈论多少数学（而前天哈第则和他谈得很
多）；我相信他是如此地谦逊和自惭学浅，以致他没有勇气来谈论了.　　　547

附言 2：当我到伦敦车站去接尼·伊时，我去了《哲学杂志》出版社，结果在两天
以后就收到了那篇短评①的清样；我希望此文能在下一期上刊出.

附言 3：我希望你理解，我现在的心情不坏，而且如果我写了些什么话那是因为
我对有关的事情特别高兴的原故，而我现在最感缺乏的则是时间.

附言 4：再次致意.

尼耳斯致哈若德信（1912 年 5 月 19 日）中的附件

〔信〕

三一学院，剑桥，1912 年 5 月 7 日

亲爱的玻尔博士：

　　剑桥哲学学会理事会昨天考虑了审稿委员们关于你于去年 11 月 13 日交来
的论文的报告. 印行这样长的一篇论文的费用，是学会无法负担的. 但是据他们
了解，你可以精简一半左右的篇幅而不致重大地减低论文的价值. 如果你愿意尝
试这一工作并把论文再寄给我们，我想我们就是可以接受的.

　　请将你现在的通信处示知，我将把你的论文寄上.

你的忠实的

E·L·巴恩斯

尼耳斯致哈若德信（1912 年 5 月 19 日）中的附件

〔信〕

曼彻斯特，1912 年 5 月 8 日.

亲爱的巴恩斯博士：

　　5 月 7 日惠书收到，甚为感谢. 来信谈到剑桥哲学学会理事会关于我的论文
的决定. 我将考虑决定中的建议.

你的忠实的

N·玻尔

我的通信处是"胡耳姆馆，维多利亚学园，曼彻斯特".

————————

　　①　〔见本书原第 440—442 页.〕

549

哈若德致尼耳斯(1912 年 5 月 23 日)

〔信〕

23-5-12

亲爱的尼耳斯：

　　多谢你的来信．我也相信你所能采取的上策(就是说为了使你的作品得到最广泛的阅读和流传)就是使它在简写了的形式下被剑桥哲学学会所接受；虽然我不免想到(平心静气地说)汤姆孙和别人不能按照你所给予它的原貌来接受它是一个大错误．但是，如果你自己相信能够将作品的篇幅缩减一半左右而不致给内行人造成阅读上的困难，则我确实感到这在目前的情况下将是最好的办法．将全文印成一本书的形式一方面相当费钱，呐，人们可以设法做到，但是正如你所说的，更重要的考虑是这样一本私人出版的书肯定只能有很少的读者，其人数比阅读期刊上一篇论文的人数要少得多．但是，对我来说，向你提出确定的建议是有点困难的，因为我完全不知道在卢瑟福那里有多忙以及你能抽出多少时间来从事改写．即使事态像你所说的那样很紧急，而且也确实紧急，但你既然已经用丹麦文发表了这篇作品，那么比起根本没发表的情况来，一两个月的时间也就不是那样事关重大了．我认为你给巴恩斯的复信是很好的，祝贺你在《哲学杂志》上的成功．〔……〕

尼耳斯致哈若德(1912 年 5 月 27 日)

〔信〕

胡耳姆馆，维多利亚学园，曼彻斯特 27-5-12

亲爱的哈若德：

　　万分感谢你的来信．关于论文，我还不曾有过任何时间，而且恐怕我不会很快地就有时间，如果我将在实验室中做些实际工作的话．我还没确定到底想把它怎么办．我有些想把它在全文的形式下发表出去．当我弄清楚这是否可能时，我
551　将很快地告诉你．今天我颇愿发表它的全文，因为我相信我已经发现了某种东西；如果这是对的(而就我所能看到的来说，在没做更多的实验以前谁也不能宣称它不对；有些实验我打算明年和奥文一起做，如果那时还没有别人做过的话)，那么我的发现就将排除对于我已经处理过的这样一种电子论的一切可能提出的(和近来已经提出的)主要反对见解；事实上，如果情况是那样，我的作品的价值就和目前人们所认识的稍有不同了．

　　亲爱的哈若德! 你知道我多么容易把问题搞错,从而这么早地告诉你这些事也许是愚蠢的,但我今晚非常想和你谈谈,因为在这里我找不到任何对这种事情真正感兴趣的人. 如果这真是有意义的,我将争取尽快地把它写出来和送出去,但我几乎没有时间真正把精力集中到这种事情上并将必要的文献阅读一遍;现在我整天待在实验室里,而这是绝对必要的. 你也问到实验室中的工作. 那工作确实进行得很顺利. 可惜我必须立即声明,我还不能肯定卢瑟福交给我的任务会有多大的结果. 我这是指的出版方面,因为无论如何我在这里将得到很多的喜悦;因为卢瑟福是一个谁也不会把他看错的人;他按时来听取进展情况并谈论每一件小事. 问题只是在真正经过检验以前很难断定他的想法是否适用. 如果它竟然不适用,也还有处理同一问题的其他方式(也许是一些更直接的方式),我相信如果有时间我是被认为应该自己去试试这些方式的. 但是,不管怎样,我每天都学到很多东西,因为这是真正的工作,而且卢瑟福是那么优秀的一位人物,而且他对和他一起工作的所有人的工作都感到真正的兴趣.

　　得了,这封短信可能显得除了抱怨以外没有任何别的内容(请不要和任何人谈起我所写的任何事物,因为解释起来是很困难的);但是我相信你会隐隐地感觉到我的心绪毕竟不是那么坏,而且我设想已经发现了的并促使我写这封信给你的那种情况并没有真正使我情绪低落,即使它也许使我盼望着那样一个时候,那时我将有真正的安静来处理不同的事情,而且那时有些或大或小的实际困难* 将已经得到克服;我希望这一天早早到来. 再说一遍,非常非常感谢你的来信(我不在乎再得到你的信,也许会听说你的胃至今还没有完全康复). 祝好.

　　　　　　　　　　　　　　　　　　　　　　　　你的尼耳斯

　　* 你一到哥本哈根并和某人谈了话,就请写信告诉我情况如何.

尼耳斯致哈若德(1912 年 5 月 28 日)

〔信〕

553

〈曼彻斯特〉28 - 5 - 12

亲爱的哈若德:

　　昨天我忘了发这封信,现在重新拆开,来告诉你现在我相信已经不得不稍微改变我的想法了. 我仍然相信,我所谈到的那种想法也许有着不小的普遍意义(假如它将来竟能和实验相符的话),而且它也可以解释金属电子论中某些普遍的困难(例如根据简单的考虑无法理解的一件事实,即汤姆孙效应(正如你可能记得的)显得是具有错误的数量级,还有一件事实即金属的比热在低温下并不较大(我相信这是你曾经听说过的一个困难));但是,是否能够解释依赖于电子在金属中运动时所处的特定条件的那些更加特殊的现象,却又是另外的问题了.例如,我倾向于相信,根据我在第4节中所用的特殊假设,即不考虑可以说是使电子一起通过金属而运动的那种电子之间的作用力,大概不可能解释良导性金属的很高的电导率.今天早晨,我读到斯塔克关于这一问题的一篇很有趣的文章(斯塔克是一个很有名的人).(他不知道,他用来解释合金和纯金属的差别的那些概念,大多数是和我所用过的概念相同的.)他对电导率的解释作出了有趣的提示,但是他说他看不出怎样用这种办法来解释热导率;但是我对这一点却有一个概念,而且我已经想到或许就这一问题写些东西了.

现在我不再用这些无意识的话来麻烦你了;我必须等一等,并且让所有这类事情消停一下.从我这方面来说,我对于今年能完成多少工作毫无概念;它取决于那么多外在的情况,而且也取决于别人发现什么或已经发现了什么.我只是觉得,我也许正在回到这一领域中来.

把这些话都告诉你是非常惬意的,但是你要理解,所有这一切都还没有定下来.

现在再谈,因为现在我必须跑步到实验室去了.

555

尼耳斯致哈若德(1912年6月12日)

〔信〕

胡耳姆馆,维多利亚学园,曼彻斯特12-6-12

亲爱的哈若德:

多谢你的论文;其中一篇我是知道的,另外一篇我希望很快就阅读.但是我白白搜索了信封而没有找到任何来信.我目前过得不坏;一两天前我在理解 α 射线的吸收方面得到了一点小小的想法(情况是这样的:这里的一位青年数学家C·G·达尔文(真正达尔文的孙子)刚刚发表了关于这一问题的一种理论,但是我却觉得,这理论不但在数学上不十分对(不过只是有点小错误),而且在基本观念上也是很不令人满意的,于是我就搞出关于这一问题的一种小小的理论,这种理论或许会在和原子结构有关的某些问题上带来某些光明,即使带来的不是很多.我正在打算很快就发表一篇关于这一问题的小论文.请相信我,住在这里是有趣的;这里有那么多可以共语的人(我上次的抱怨只适用于更加普遍的理论问题),其中有些人对这一类事物了解得极好,而且卢瑟福教授对他认为值得关心的每一事物都抱有真正的和有效的兴趣.在最近几年中,他已经建立了一种原子结构理论,这种理论似乎比我们以前的任何理论都具有更加坚实得多的基础.我的理论并非属于同一类型和具有相同的重要性;不过我的结果和他的结果符合得并不很坏(你当然明白,我的意思只是说我那一点点计算的基础可以和他的概念取得一致). 我已经两三天没有到实验室中去工作了,因为我必须等候弄到一些镭;但是明天或后天我就要重新开始,而且我想这回的工作可能比以前的工作更有成果. 这次小小的被迫延期对于作出我的小小理论真是合适得妙不可言. 请相信我,这些天来我常常想到你,因为我必须用到一些数学并想到请求你的指教;但是我每当快要给你写信时都会发现某些问题,而最后我总是设法把它解决了. 问题就在于求下列积分的值:

$$K = \int_0^\infty f(x)(f'(x) - \ln x)\mathrm{d}x,$$

式中

$$f(n) = \int_{-\infty}^{+\infty} \frac{\cos nx \, \mathrm{d}x}{(1 + x^2)^{3/2}}.$$

⟨首先,我要问 $f(x)$ 是不是求得出(这很难通过复数积分来求得);其次我发现它满足方程[①]$0 = f''(x) + \dfrac{1}{x}f'(x) - f(x)$;下一步将发现解式具有下列形式: 557

$$f(x) = (a + b\ln x)\left(\left(\frac{x}{2}\right)^2 + \frac{1}{1 \cdot 2}\left(\frac{x}{2}\right)^4 + \frac{1}{1 \cdot 2 \cdot 1 \cdot 2 \cdot 3}\left(\frac{x}{2}\right)^6 + \cdots\right)$$
$$+ 2b\left(\frac{1}{4} - \frac{1}{1 \cdot 2}\left(\frac{x}{2}\right)^4 \frac{3}{4 \cdot 2}\right.$$
$$\left. - \frac{1}{1 \cdot 2} \cdot \frac{1}{1 \cdot 2 \cdot 3}\left(\frac{x}{2}\right)^6\left(\frac{3}{2 \cdot 4} + \frac{5}{4 \cdot 6}\right) + \cdots\right)$$

(后来我发现费劲巴力地把 $\ln x$ 包括进去是显示了多大的无知);然后问题就是要找出 a 和 b(很容易看出 $b = 4$,但是 a 呢?);我用尽了力气去找,但是我渐渐意识到所有这一切和零阶贝塞耳函数$\left(\text{它们满足的方程是 } f''(x) + \dfrac{1}{x}f'(x) + \right.$ $\left. f(x) = 0\right)$ 的理论是多么相似;这是一种确定不移的优点,而且通过查索瑞利勋爵的《声学理论》(一本了不起的书,我不久就必须彻底地读读它)并按照和他的做法相反的办法来进行(就是说我研究积分的虚数部分,而他却研究了类似积分的实数部分;余类推),我发现了 $a = 4\gamma - 4\ln 2 - 2$,此处 γ 是欧拉常数. 我渐渐在应用这种简单方法方面变得如此机灵,以致相当容易地求得了下列的渐近展开式(适用于大的 x):

$$f(x) = \sqrt{2\pi} \cdot e^{-x} x^{\frac{1}{2}}\left(1 + \frac{1 \cdot 3}{8x} - \frac{1 \cdot 3 \cdot 5}{1 \cdot 2}\left(\frac{1}{8x}\right)^2 + \frac{1 \cdot 3 \cdot 1 \cdot 3 \cdot 5 \cdot 7}{1 \cdot 2 \cdot 3}\left(\frac{1}{8x}\right)^3 + \cdots\right),$$

---

① [玻尔这个方程的第二项的正负号是错误的. ——中译者漏译,校订者据原书补.]

而且经过几天的数字苦工以后,作为所希望的适中结果,我求得了 $K = -0.540$;我肯定希望这结果是相当正确的(我很快就会把一些算稿寄给你审阅). 我相信你根据所有这些废话能够得出的唯一结论就是我对结果颇感兴趣(这只是我的计算中的一个改正量,但是我不知道它多大;它并不比所预料的更大,但也不是那么小). 我将争取很快地发表它. 有许多事物是我颇想一试身手的(虽然和预料相反,我今年几乎没能读什么普遍理论(恐怕要等到我有一天必须讲课的时候才行);不过,我已经参与了某些事情,但是它们必须等待;关于上次我谈到的那些问题,我仍然相信它们可能是重要的(如果它们是对的),但是在我在这里停留的短期之内,我将不会有时间考虑发表它们了,而且我在实验室中还有工作. 关于我的博士论文,正如我所说过的,我现在正作最后一次努力来争取在此地发表它,而且如果我不能成功,我就必须自己出版它(我很高兴我现在有这种能力了),如果没人肯接受它的话(而且别人肯接受的前景是几乎没有的,特别是因为现在奥席恩身体又不好);因为我相当有决心把它全文发表,而且要很快做到. 如果可能的话,我正在想早点试一下从某种不同的、或许和实在情况更相适应的

559　　(对应于上次我谈到的斯塔克的想法的)角度来处理电子论,但是那时我必须首先把旧的东西脱手. 我很愿意知道家里的问题怎么样了(我当然希望他们不要把所有的教学任务(包括工学院学生的教学任务和(至少为了实用目的的)数理物理学的教学任务)都派到助理教授头上,但是问题无疑会顺利解决). 假如我竟然得不到助理教授的职位,我对于明年可能想做的事也有一个概念.

现在我没有再多的时间了;归根结蒂,这封信的目的只要让你知道我目前的情况并不很坏,然后再问问你的身体和事情怎么样,你打算在不久的将来做些什么:……何地……何事……如何……?

你的尼耳斯

在整个这一疏忽举动以后,我马上就后悔了. 我向你、妈妈和金妮多多致意. 附上给妈妈的一张便条,请你转交;现在再谈.

尼耳斯致哈若德(1912 年 6 月 19 日)

〔信〕

胡耳姆馆,曼彻斯特 19 - 6 - 12

亲爱的哈若德:

我或许已经在原子的结构方面有所发现. 此事不要和任何人谈起,因为不然的话我是不可能这么快地就此事给你写信的. 假如我是对的,它就将不再是自然界可能性(即一种不可能性,像 J·J·汤姆孙的理论那样)的一种建议,而也许有

一点点真实性. 它出自我从 α 射线的吸收(我上次提到过的那种小小的理论)得来的信息. 你了解,我还可能是搞错了的,因为它还没完全弄好(但我不认为会错);而且,我也不相信卢瑟福会认为这完全是不切实际的;他是一个正合适的人,他对于还没有完全弄好的某种东西永远不会表示确信. 请相信我,我热切地希望赶快做完这件事,而为了这样做已经耽误了我一两天的实验室工作(这也是一个秘密).

言不尽意,即问近好.

你的尼耳斯

尼耳斯致哈若德(1912 年 7 月 17 日)

561

〔信〕

胡耳姆馆,曼彻斯特 17 - 7 - 12

最亲爱的哈若德:

你的小明信片使我多高兴啊! 噢,我多么盼望再见到你并和你详谈好多事情,具体地听听你自己的情况,并且在许许多多的问题上征求你的建议啊! 我过得相当不错,因为我相信我已经发现了一些东西,但是为了弄清楚它们肯定比我起初傻乎乎地设想的要费更多的时间. 我希望在离开以前准备好一篇小论文给卢瑟福看,从而我正大忙特忙;但是曼彻斯特这儿难以置信的酷热却一点没有助长我的勤勉. 我多么盼望和你谈谈啊! 我已经想好取道席耳克堡(Silkeborg)回家(这只要绕一点点道),甚盼尽可能早地告诉我这对你是否合适(以及你打算何时回哥本哈根).

我正在打算在星期三离开这儿;我是很忙的,但是如果我终归做得到,我就将去席耳克堡;那将是很惬意的. 祝好!

你自己的尼耳斯

尼耳斯致哈若德(1912 年 7 月 22 日)

〔信〕

胡耳姆馆,维多利亚学园,曼彻斯特 22 - 7 - 12

亲爱的哈若德:

万分感谢你的明信片. 我将于 26 日星期五下午 7:27(经由 Skern)到达席耳克堡,并于次晨 11:07 离开. 假如遇阻(火车误点等等);我将去电报. 我非常盼望看到你并具体地和你谈谈,而且我认为在所有那许多其他事情分了我的心以前和你谈谈将是非常愉快的;但这不应该妨碍你比我们的婚礼提前一点来哥本哈根,如果这对你合适的话.噢,我有多少事情希望并必须征求你的建议啊! 现在我只要说,目前使我烦恼的不在于计划太少,关于这些计划我正在盼望征求你的意见;我也正在盼望着星期五上午在席耳克堡听听你的计划.

　　再谈,甚盼相见.

你的尼耳斯

尼耳斯致哈若德(1912 年 12 月 23 日)

563

〔信〕

23-12-12

亲爱的哈若德:

　　马格丽特和尼耳斯再次祝你圣诞节快乐.

附言:即使这不属于圣诞节明信片的内容,我们中间的一个人还是要说他相信尼科耳孙的理论并不是和他自己的理论不相容的.因为后者的计算应该适用于原子的最后状态或经典状态,而尼科耳孙则似乎关心的是正在辐射的原子,也就是当电子正要在占据其末位置以前即将损失其能量的原子.那么,发射就应该是在中间发生的(有许多证据似乎证明这一点),从而尼科耳孙就应该当原子的能量储存还大得足以发射可见光谱时来考虑这些原子.再晚一些,光就要在紫外区被发射,直到可被发射的所有能量都已损失掉为止.

　　我们中间的一个人要再次为他的不合时宜的圣诞节明信片表示歉意,这张明信片的目的绝不是要使收信人为之操心,而只是要告诉他明晚不必花太多的时间来验算尼的计算,从而可以把较多的心思放在 Ellekilde[①] 那边.

附言 2:我们俩都愿意说,我们希望并等待在圣诞节次日到你那里来,但我们事先会给你打电话.

附言 3:再说一声:圣诞愉快.

尼耳斯致哈若德(1913 年 7 月 30 日)

〔信〕

爱耳提斯利大街 10 号,剑桥,1913 年 7 月 30 日

亲爱的哈若德:

---

　　①　〔Kattegat 海岸的游乐场所,距哥本哈根约 50 公里.〕

多谢你的优美的小明信片. 马格丽特和我又来到这里,很感幸福. 我曾经和各式各样的人们交谈,特别是和从美国来的瑞查孙教授谈了话;我竟能在这里见到他是很有趣的. 里突吴德和哈第都对我很好,并且邀请了我到餐厅中去进餐;里突吴德甚至邀请了马格丽特和我于明天去吃午饭;马格丽特愿意去学院内部看看使我大为高兴. 虽然我记得"奥古斯腾堡公爵",但我必须承认里突吴德在各方面都是很出色的. 目前我又在做磁性方面的工作了(你记得 Ellekilde 吗?);我真的认为这回我已经掌握了一点点真理了. 明天上午我将得到第二部分的清样(将在 9 月号上发表). 我们非常迫切盼望着很快地和你相见并和你畅谈. 如果你收到此信后能够立即打电报通知我们你最早什么时候能来,那将是使我十分高兴的;那时我将电告你能在什么地方找到我们.

565

我俩一同向你致意,盼即把晤.

你的尼耳斯

尼耳斯致哈若德(1913 年 8 月 3 日)

〔信〕

爱耳提斯利大街 10 号,剑桥 3 - 8 - 13.

亲爱的哈若德:

来信和来电收到,万分感谢. 我没有及早作复,因为我不知道我们的行程. 清样占去了比预料的更多得多的时间. 我们将在星期三动身而在星期四夜晚到达 Esbjerg. 我们非常盼望见到你. 你能够在星期四夜晚或星期五上午到 Esbjerg 吗? 如果不能,请寄信到 Esbjerg 留局待领. 如果你竟然首先到达 Esbjerg,那里也会有一封给你的信. 请多多带钱,因为恐怕我们不能像曾经想象地那样带那么多钱回丹麦;我们的旅途比预料的加长了不少.

这些天来我对磁学进行了一些思考,而且我想我已经发现了一点东西. 我曾经考虑把一些有关的评述加入第二部分的清样中,但我最终放弃了这种打算而等到我多想想以后再说. 马格丽特和我不久就将需要一个真正的假期了;我们正在期待着一次旅行. 我们盼望和你重聚;而且我照例有许多话要和你说.

祝好! 我们两人都向你说声再谈和明天见.

你的尼耳斯

哈若德致尼耳斯(1913 年年末)^①

〔信〕

伯尔格街 6 号

哥廷根

星期六

亲爱的尼耳斯:

〔……〕这里的人们仍然对你的论文极感兴趣,但是我得到的印象是,他们中的大多数——然而希耳伯特除外——而尤其是最年轻的人们中间的玻恩、马德隆等等都不敢相信这些论文能够是客观正确的;他们发现那些假设过于"大胆"和"异想天开". 如果氢–氦光谱的问题可以确定地得到解决,那就将具有一种轰动性的效果:你的所有反对者都坚持一种说法,就是说在他们看来根本没有任何理由相信那些谱线不是氢谱线——我想我对荣芝的意思了解得是正确的,而且他说你计算出来的偏差量太大,但我还不敢很肯定地这样说. 至于尼科耳孙,他说一致性是"走运",就是说信手拈来的数字都可以弄得同样地符合,但他的说法也许太过份了. 这里有那么多向我索取你的论文抽印本的比较年轻的人;如果你能寄给我,例如第一篇寄两份而第二篇寄三份(如果你手头够多的话),我将把它们送给一些真正会读它们的人,你近来接到过索末菲或别人的信吗? 〔……〕

尼耳斯致哈若德(1913 年 12 月 13 日)

〔信〕

〈哥本哈根〉13 - 12 - 13,96　Øster Søgade

亲爱的哈若德:

〔……〕我这些天为一篇演讲《论氢光谱》而非常忙碌,我将于星期五在物理学会发表这篇演讲. 这张无意识的小简只是打算代表马格丽特和我本人告诉你,我们难以言宣地盼望着你的归来. 我们两个一起向你致以最亲切的问候.

你的尼耳斯

〔……〕

---

① 〔根据内容来看,此信的日期是 1913 年年底.〕

尼耳斯致哈若德(1914 年 4 月 20 日)

569

〔信〕

96　Øster Søgade,Copenhagen,20‑4‑1914

亲爱的哈若德:

生日愉快! 你写给妈妈的谈及你近况甚好的最近一封信使我真感高兴. 你终于到了巴黎并且将看到各种事物和结识那么多杰出的人物,这真是一大好事. 请相信我,我们在盼望着当你夏天回家时能够听到这一切. 你关于我的那些论文的论述也使我很高兴. 假如你听到关于塞曼效应或斯塔克效应的一些意见,我也愿意听到一些. 我没有从任何人那里听到过这种意见. 我近来没有在这方面做任何工作,但是斯塔克刚刚发表了一篇论文,此文虽然表明现象是极其复杂的,从而想必也是非常难以详细解释的,但是此文也指示出来,我的考虑中也许可能有些真理,因为他的结果证实了我的预言,即场对原子量较高的元素的影响要比对氢、氦和锂的影响小得多.〔……〕

尼耳斯致哈若德(1914 年 11 月 1 日)

〔信〕

维多利亚大街 3 号,迪兹布瑞,曼彻斯特,1‑11‑1914

亲爱的哈若德:

我正在星期天晚上坐在我此地的小住处的饭厅中的壁炉前边,而马格丽特则正在厨房里做着晚饭,因为我们的侍女在今天清早回家去了. 我们在这里非常舒适和愉快;我将努力把情况告诉你一点儿. 首先,我无法告诉你马考沃夫妇很亲切地留我们和他们同住这是多么地好. 这不但是对我们的一种巨大帮助,而且我们能够真正结识他们也是非常好的. 马格丽特已经成了马考沃太太的非常要好的朋友,她还不知道她帮了我们多少忙,而我也成了马考沃博士的好朋友. 我们常常谈到他的实验室工作以及其他的放射性问题. 我现在将试着帮他作些计算,而且我们也许很快就会开始一起做些实验.

即使这里的进展比以前小得多,我能来到这里还是很了不起的. 我到处走了走,并且和每个人谈到了他们的工作,而且我正在期待着参与许许多多的事情. 迄今为止,大部分精力用在了考虑和安排家务之类的事情上了,但是现在我要开始忙起来了. 至于我自己的事情,前景是相当好的,而且我很快就要开始写文章了. 我相信马格丽特已经讲了我到伦敦和否勒会谈的事;能够和他真正谈谈并解

571

释我的观点,这使我很高兴.他曾经很忙,因为今年夏天曾到俄国去研究日蚀,而且刚刚回来.他的论文刚刚发表,而且是极有趣的.(如果你愿意在什么时候看看它,它的出处是 Phil. Trans. Roy. Soc. Series A Vol. 214 pp. 225—266.)他部分地证明了组合原理也适用于火花光谱,而且部分地证明了在这些光谱中应该把黎德伯恒量换成它的值的四倍.(现在要去吃晚饭了.)

伊万斯在他的实验中遇到了困难,从而还没有发表任何东西.经发现,新谱线中的一条谱线离开得较远了一些,但是不容置疑的是,他的结果是正确的,而且只不过是有一条氧线很不幸地和算得的氢线相距甚近,以致和氢线混为一体了,于是氢线就似乎移动了一点点.我想一切东西在几天之内都会弄好,而他的论文也将寄出.上一个星期五我在物理座谈会上发表了一篇演讲,标题是《光谱线和量子论》,其内容和我去年在〔哥本哈根〕物理学会上发表的演讲相似,只是在普遍理论方面更简单一些而在实验的论述方面更详细一些.我相信我的英语是相当好的.

我只顾谈自己的事,以致还没有来得及感谢你那些盛意的来信以及那个极其好看的花瓶,我们将把这个花瓶留作送给马考沃夫妇的圣诞节礼物.

如果你有空闲,我很喜欢听到有关ζ函数的以及有关一切问题的消息.这些天来马格丽特很忙;她过几天就会写信给妈妈,告诉她这里的家庭生活.我们两个共同向你们大家问好.

你的尼耳斯

附言:〔……〕

尼耳斯致哈若德(1915 年 3 月 2 日)

〔信〕

维多利亚大街 3 号,迪兹布瑞,曼彻斯特,2 - 3 - 1915

亲爱的哈若德:

万分感谢你的明信片.你告诉我的事情以及仅仅听到你的消息,都使我非常高兴.请相信,我没有早些写信并感谢你的新年来信,是觉得很抱歉的.我无法告诉你,收到这封信并听到你关于自己和关于我们去年夏天的旅行所说的那些话使我多么高兴.我也常常想到那次旅行.尽管有那么多困难你还是真正能够打算到这里来,这也使我们两个都很感动;如果你和别人能够很快地来看看我们生活得怎样,我们将多么高兴啊!那将多好啊!我们肯定将为你和金妮以及妈妈和汉恩姨腾出住处来;一旦情况稍有改善,我们就必须认真地盘算这件事.噢,你不知道我多么想和你谈论千万种事情,但我必须满足于写信,从而我将力争尽可能

573

地告诉你一些情况.

正如你所说的,为了立即回答索末菲的问题,我确实自从〈关于〉斯塔克效应〈的论文〉以来没有发表过任何东西. 我只在《哲学杂志》上答复过一篇愚蠢的小论文. 我写了一篇《给编者的信》,并且借此机会排除了我曾经和它捣过麻烦而没有能够弄完它的一种小小的想法,但我希望通过伊万斯关于假设性氢线的精细结构的实验来彻底弄清它. 明天我将把复信的某些副本寄给你;同时我将寄去伊万斯论文的某些副本;这篇论文是在倒数第二期上刊出的. 我也将设法弄到否勒关于火花光谱的很重要的论文并且把它寄给你.

我能来到这里很感高兴,而且我已经参与了那么多事情;但是我还不能像我所希望的那样结束许多东西. 我仍然在为了关于 α 射线和 β 射线的吸收的论文而忙着. 在把问题弄出个头绪来时曾经有过许多困难;我发现了一些相当有趣的东西,但是它们全都很零散和很难表述. 现在不应该等得太久了,而且请相信我,我正在盼望着把它脱手,以便我可以真正为我不得不搁置起来的许多别的事情而忙起来. 我相信一个极其有趣的时刻不久即将到来,那时卢瑟福将开始在他关于 x 射线的很重要的考察中得到结果,这种考察是他一回来就以他那惯有的精力承担了起来的. 请相信我我能够又置身于这一切之中是很高兴的.

我相信你已经听到我在《自然》杂志方面的小小遭遇. 你现在可能也已经看到尼科耳孙的信了. 我的复信被退回确实事出意外,但是卢瑟福急忙过问了这件事. 昨天我收到了我的复信的清样,而且我想此信在下星期四即将刊出. 我确实为这整个的事情而感到高兴,因为这样我就有一个重新考虑的机会,而且我相信我的第二封复信将比第一封更好得多,当然这正是我希望得到你的帮助的那种事情. 你还记得我上次给《自然》的信以及你和汉恩姨对我的帮助吗?

噢,哈若德,现在我必须使我的头脑从困扰我很厉害的负担下解脱出来. 圣诞节前的一些日子,弗瑞克[①]曾经写信给我并要求我通过建议一个确定的问题来在他的学习方面给以帮助. 我回了信并问他认为题目应该是属于什么领域中的,而且我劝他读各式各样的书. 他来信说他的兴趣还没有集中在任何确定的领域方面,并且要求我替他选择一个我认为合适的领域. 从那时起,事情已经发展到了使我简直害怕再写信的地步. 我开始考虑了一个问题,但是我不久就意识到它比我所预料的要困难得多;这一部分是由于当前物理学的奇特状态,一部分是由于我自己的专门领域. 对于势论、流体动力学之类的纯数学的学科,目前我自己是不够熟悉的,而且这些学科中的大多数直截了当而不太困难的问题都已

575

---

① 〔Hugo Fricke,丹麦物理学家,于 1921 年迁居美国. 见 *American Men of Science*.〕

经解决了;除了这种学科以外,完全没有基础足够稳固以致可以说得比较肯定的任何东西. 例如,金属电子论在仅仅几年以前还是一个很好的领域,而目前我们却既不知道怎么着手也不知道怎么结束,因为我们似乎没有任何基础了. 我也曾想到劝他试着将我在博士论文中提出的关于磁性的建议发挥起来,但是那里的一切事物却是更加纷乱而松散的(如果可能更加如此的话),而且一切问题都取决于直觉和经验. 我希望有一天自己回到这种问题上来,从而如果我们能够帮助他我是只有喜出望外的[①],但是现在我坐在这里而他坐在那里,这就是根本谈不到的了. 对于我目前所致力的问题,情况就更糟了,因为它的根本性的基础还不是普遍已知的,但是对它来说一切都取决于新的实验结果;假如他在这儿,那将是一个很大的帮助. 讲了这么多含含糊糊的话,主要的精神只是说我发现此事比预料的更为困难,从而只好暂缓复信,直到我更多地考虑考虑并找到某些合适的东西为止. 然后我在圣诞假期中间就为了准备讲课而大忙特忙起来. 然后,在学期开始以后,而且卢瑟福也回来了,于是事情就一件一件地接踵而来,而我就不得不一拖再拖,于是我现在发现自己处于一种将近三个月没写复信而且和以前一样无可建议的可怕境地了. 我不知道给他写些什么,而且我恐怕这些时候他一直在等待. 因此,如果你能和他谈谈并且向他说明一下使他等这么久并不是由于我不愿意帮助他,那就将使我受惠不浅了. 通过和他谈话,你可能了解到他的心中真正想的是什么. 有很多的可能;如果他只想要一个应用数学方面的题目,你就可以比我更好地提出建议. 如果你能把从他那里了解到的情况告诉我,则一旦我把论文脱手而且一旦假期开始,我就将作出巨大努力来尽量想出一点合适的东西来;我相信假期将在两星期之内开始. 我这样麻烦你,你不会见怪吧? 这事一直是我良心上的沉重负担,以致既已写出我就已经感到大大松了一口气了.

577　　　既然我已经开始麻烦你,我也就同样可以请求你到实验室中去和汉森谈一谈了. 我在 11 月间给他写了一封长信,而且他也给我来过一封很好的祝贺圣诞节的信. 请你转告他,我不久就会给他写信,而且你也可以了解了解他的实验及其他一切事情进行得怎样;我对这一切都很感兴趣.

　　　噢,哈若德! 这只是我愿意得到你的建议和帮助的许多事情中的一小部分. 随后就将是关于未来计划的大问题. 请将你所听到的告诉我;我的论文一写完,我就将和卢瑟福谈起每一件事情.

　　　现在我必须结束了,因为我必须赶快去实验室了. 我没有能够在昨天晚上将这封长信写完,从而今天(3 - 3 - 15)早晨不得不接着写. 我很抱歉只写了关于我自己的事,而且是关于一些这样愚笨的事. 现在你必须投桃报李,并把关于你的

---

　　① ［中译者按: 英译本中遗漏了"从而……望外的"这个子句,此处据前引文并参照丹麦原文补入.］

工作等等的所有一切都告诉我了. 我急于知道那本新书①进行得怎么样, 我很遗憾的是我不在家, 不能看它的校样. 我非常想望真正和你谈谈; 我们必须在不久的将来实现我们去年夏天谈起过的计划.

现在我必须跑了, 再说一遍, 马格丽特和我向你们大家多多问好, 请代我向每一个人致意.

尼耳斯

尼耳斯致哈若德(1915 年 4 月 15 日)

〔信〕

维多利亚大街 3 号, 迪兹布瑞, 曼彻斯特, 15 - 4 - 15

〔……〕我们一切顺适. 我在我们复活节放假以前的最后一分钟写完了我的论文, 并且把它交给了卢瑟福. 这几星期以来, 他正忙于修改考试题目, 从而我还没有听到他对论文有些什么看法, 但我正在期待着. 我们过了一个很好的假期, 我相信马格丽特已经告诉你了; 在那以后, 我一直忙于阅读瑞查孙写的一本很精彩的书, 这本书我要在《自然》上进行评论. 这是关于整个电子论的一本教本. 我正在从它那里学到许多东西, 而且我正在准备更加仔细地研究它的某些部分. 关于我的工作我有许多计划, 而且我正期待着下一学期一结束就把这些计划付诸实施. 下学期从星期一开始, 五周以后结束. 我将讲授电磁学的普遍理论(只是以一种颇为初等的方式进行讲授). 你也许已经看到瑞查孙写的和另外一些人写的给《自然》的信件. 尼也在最近一期 Proc. Roy. Soc. 上写了一篇批评. 我不认为其中任何一篇意味着任何东西; 关于此事, 我将很快给你写信. 今晚且只多多向你们大家问好, 我们两个再一次祝你生日愉快.

你的尼耳斯

579

尼耳斯致哈若德(1915 年 7 月 29 日)

〔明信片〕

玫瑰别墅, 浅湾, 查佩尔-恩-勒-弗瑞茨, 德比郡, 29 - 7 - 1915

亲爱的哈若德:

百忙中致此小小问候, 并请求帮我的忙, 写一张明信片给哥廷根的德拜教授, 请代我向他致意, 并请他寄给我一份他近来发表在《慕尼黑报》(Münchener

---

① 〔这是指 Harald Bohr 和 Johannes Mollerup 合写的 *Lærebog i matematisk Analyse* 一书.〕

Berichte)上的关于氢分子的论文. 我在综述材料上看到了标题,但在这里找不到那篇文章. 尽可能快地得到它对我来说将是重要的,因为我希望自己在《哲学杂志》的 9 月号上发表一篇关于原子的长论文,并且很希望在看该文校样之前看到德拜的论文. 我希望论文将只用几天时间,一经写完,我就会写一封真正的信给你.

再谈,我们两人都向你多多问好.

你的尼耳斯

尼耳斯致哈若德(1915 年 10 月 10 日)

〔信〕

维多利亚学园 7 号,维兴顿,曼彻斯特,10 - 10 - 1915

亲爱的哈若德:

581

这封信的前一部分是写给你们大家,以感谢你们送给我的生日礼物和你们寄来的所有美好的信件的. 我们为听到每一件事情、听到金妮的情况多么顺利并听到关于哈第的来访情况而深感欣幸. 你们可以确信我过了一个很好的生日;有了金妮送的和你们送的杏仁蛋糕,这个生日是愉快的和家庭式的. 正如马格丽特已经告诉你们的那样,卢瑟福夫妇来吃了饭. 我们和他们度过了一个很愉快的夜晚,而且吃完饭以后卢瑟福和我在我这里的小书房中坐了很久并且谈论了原子.

但是现在我把这封信改成写给你的,而且我首先应该通过多谢你的赠书来解脱我的良心负担. 我很喜欢这本书并且希望从它那里学到许多东西. 这肯定是一本大著作. 你的其他部分进行得怎样了? 我正在期待着读到书的全部.

得到德拜的和索末菲的论文并看到他们和我对相同的问题感兴趣,使我十分高兴,但是我想我完全不能同意他们的看法. 我是用一种相当不同的方式来看待整个色散问题的. 而在我看来,德拜已经和有关氢的实验得到如此好的符合这件事,是由对氢这种特定分子来说根据量子算出的频率和根据普通力学考虑算出的频率之间的偶然符合所引起的. 事实上,德拜和索末菲在其他元素例如氦的情况下并不曾得到这种符合. 我自己在我的第三篇论文中也写了一点这方面的问题,而且我相信我已经指出了正确的解释. 到明年秋天,我希望我能抽出时间来真正投身于这一问题. 我将很快地写信给索末菲,并解释我的观点. 对于他的好意和兴趣,我很感谢.

过不了几天我就会寄某些小论文的若干抽印本去(妈妈或许很亲爱地愿意替我分发其中的一部分);一篇就是关于 α 射线的论文(谢谢你转来潘耐茨的信和论文;我现在附去给他的一封短短的复信,请你转寄),然后就是关于量子论的一篇新论文,这篇文章没有多少内容,但也多多少少打算把它当作对所有批评的一种答复;我想这再也不能延迟了.从那以后,我一直在为关于同位素性质的一篇短评而忙着;我在英国学术协会(British Association)〈的集会〉上参加了关于这些性质的讨论,于是就必须联系我的发言写一点东西.当我把这种东西搞完并适当开始了我的讲课时(今年我的讲课将处理气体分子运动论和各式各样的应用),我正在期待着真正回到较简单的原子上来.我将试试是否可能维护这种观点:简单模型可能是我们所具备的最保险的基础,而且这或许就是我们在制定例如关于磁性和色散的普遍原理方面能够成功的原因.你知道,今年夏天我们对这个问题谈了很多;我相信我现在对许多问题看得更清楚了.噢,我多么愿意真正和你谈谈所有这一切啊!我正在期待着当你的时间稍微充裕时从你那里听到关于你的一切情况.

　　但是,哈若德!你知道不管我开始时说些什么,结束时总会请你帮忙的.我在这里看不到任何外国刊物,而且出现了那么多我必须看的东西;在 Ann. d. Physik 方面尤其如此.当我初次来到这里时,我曾经要求人们把它寄到这里来,但是在去年圣诞节前后它就由于这种或那种原因而不再来了;我希望你把它在 1915 年发表的所有的东西都寄到这里来.我还想请你给我订购《爱耳斯特-盖太耳祝贺集》(Elster-Geitel Festschrift);该书包含了许多我急于看到的东西.索末菲的论文就是其中之一.〔……〕

　　现在我必须说再谈了,最后我再次向你们三位多多致谢和问好.

你的尼耳斯

附言:〔……〕

583

哈若德致尼耳斯(1916 年 3 月 8 日)

584

〔信〕

Fredensborg 8 - 3 - 16

亲爱的尼耳斯!

　　多谢你的来信,并且因你应邀发表希赤考克(Hitchcock)演讲而对你和马格丽特致以最衷心的祝贺;你们两位有那么多有兴趣的东西可看,尼可以会见美国物理学家们,马可以看到所有的人是怎样地引尼为骄傲和怎样地喜欢他,这是何等地妙不可言啊!我昨天在哥本哈根和亨利克斯谈起,他也为听到此事而深表高兴——但是书归正传.看来可以说绝对肯定的是你今年将得到教授职位,这已经列入年度财政表中,而且财政委员会也已经同意了.因此,在 4 月 1 日,立法手续应该结束,但是因为这是一个普通的而不是一个非常的(即因人而设的)教授职位,所以在你得到它以前至少要经过一个月,也许还要更长一些(也许你将从1916 年 9 月起第一次真正得到这个职位).(附带说一句题外的话,我能够又和你在一起,不论你是愿意住在 Kannikestræde 还是愿意住在 Hellerup,这都是非常美妙的.)现在大学当局当然认为你被邀发表希赤考克讲座是一个伟大的荣誉,但是亨利克斯的意义却是(而且我想他是对的),你应该回答说(如果你同意的话)你将要到哥本哈根去接受一个教授职位,从而目前还不能作出绝对决定性的答复但你绝对肯定地希望能去,并且问问你是否必须再等一等最后的答复;同时,你已经在此当选为教授(我想这不会晚于 5 月 1 日,即使你在 9 月才初次就职).这不但会使你更容易地去就发表演讲,而且(如上所述)那当然将被认为是本大学的伟大荣誉.我"有种感觉"(哈第说我总是使用这个不太像英语的说法),我这封信已经写得含糊而啰嗦,但是对我来说用英文写信是非常困难的;或者老实说,不是我困难,而是你弄懂它的意思将很困难[①].

　　对于你和马格丽特最近就将回来一事,我没法形容我们大家多么高兴(你们应该已经看到 M·汉恩了,因为我昨天已经将你们的情况告诉了她).

你自己的
哈若德

附言:我以最大的兴趣期待着阅读你给索末菲的信.我已经读了他的论文,并且为听到你对该文的看法而很感兴趣.他是一个很好的人.

585　尼耳斯致哈若德(1916 年 3 月 14 日)

〔信〕

查萨姆学园 22 号,维兴顿,曼彻斯特,3 月 14 日,1916

亲爱的哈若德:

　　我没法形容我们听到关于哥本哈根大学职务的机缘的好消息是多么高兴,以及对于友好们为我们所做的一切是多么感谢.我非常盼望回家并担当起工作来.我们本来认为此事在今年根本没有希望了,因此它的到来确实是很大的意外之喜,这一点你是可以根据我们的信件特别是那些和加利福尼亚大学的邀请有关的信件而得以理解的.

　　虽然,关于以我的年龄和浅薄学识来接受这一邀请是否合适,我还没有十分拿定主意,但是我们已经开始期待前去,并且已经写信给刘易斯教授,说我希望能够

---

　　① 〔中译者按:原文本中确实有许多英文拼写方面的错误,有的英文单词写得近似德文拼法,等等.〕

去,但还不能马上作出确定的答复,因为我要在 9 月份到哥本哈根去就职.我告诉他,我已经写信到哥本哈根,并且希望在大约两星期之内得到回信,而且一旦得到哥本哈根方面的回信,我就会明确地答复加利福尼亚大学.但是,我一直认为这只是一个形式上的问题,因为我从来没有真正指望今年就会有教授职位,而且,在加利福尼亚的邀请下,我想我也能够很容易得到允许离开我的讲师职位.

现在当然整个问题都完全不同了,而且我也很清楚地了解到我也许去不成.如果你能够尽早地告诉我你对这一切事情怎么个想法,在这样的情况下你将怎么办,以及你认为是不是最好立即辞掉邀请,我就将是很高兴的.我总是给你添许多麻烦,实在抱歉,但是我必须很快地决定怎样答复加利福尼亚.

妈妈的所有来信都使我们非常高兴,我们不知怎样感谢她才好;我希望你们都好,大家能够再见面那将是多么好啊!我非常想知道你的工作情况和书的进展,那将是何等的一本巨著啊!我也非常希望能和你谈谈我自己的事情.你听说了,索末菲已经写了一篇非常重要的论文,它形成我的设想的一种推广,通过这种推广就有可能解释为数甚多的问题,例如氢线和氦线的精细结构问题.我曾稍微考虑过一下这个问题,但没有能够解决它,而伊万斯也在这方面做过一些很有趣的实验.伊万斯已经写了一封给《自然》的信,而且我将在几天之内把这封信和一封给索末菲的信同时寄出.我已经等了这么久了,因为我在改进我的论文方面进行了艰苦的工作,这篇论文已经送去打印了.我想我已经做到将索末菲的所有结果纳入我的体制之中,甚至用某种形式上的观点改进了它们.但是这时我发现了一个困难,这个困难我想我已经解决了,但是它却扰乱了我在论文中实际上应用了的某些类例.因此我在星期六去了伦敦,去和《哲学杂志》的编者商量,请他延期发表论文,以便我能够真正地抽些时间重新考虑一遍.现在我不太知道怎么办,问题不在于实质而在于我的论文的形式,但是下星期三我的本学期的讲课就结束了,那时我将得到较多的时间.现在我必须结束这封信,并向你们大家致以最亲切的敬意和问候了.请代我向你见到的所有朋友们(例如汉森)致意.我很长时间没有给任何人写过信,实在惭愧,但我实在是很忙的.当我想到这一点时,"惭愧"还不是合适的字眼,它还不足以形容当我想到例如艾德伽(特别是欧耳)时所感到的那种惶恐!请想,我从来没有给欧耳(Ole)写过信,但是我起初指望得到他的来信,然后我又觉得写信已经太晚了,从而我现在正等待着某种"不可能的"事物来改变这种形势.再次向你致以最亲切的敬意和关于一切麻烦的歉意.

尼耳斯

附言:〔……〕

586

尼耳斯·玻尔文献馆所藏
家庭通信总目

　　按 1909—1916 年期间的年月日次序编排的下列各项就是尼耳斯·玻尔文献馆所藏的玻尔家庭通信. 每一条目的简述后面所附的大写字母 I、O 或 E,分别表示该项在前面的家书选中已被收录、略去或节录.

1909

1. 尼耳斯致哈若德的明信片,1909 年 3 月 12 日.I
2. 克瑞斯先·玻尔致其子尼耳斯的信,1909 年 3 月 14 日.O
3. 尼耳斯致哈若德的明信片,1909 年 3 月 17 日.I
4. 尼耳斯致哈若德的明信片,1909 年 3 月 26 日(邮戳日期).O
5. 尼耳斯致哈若德的明信片,1909 年 3 月 27 日(邮戳日期).I
6. 尼耳斯致哈若德的信,1909 年 4 月 20 日.I
7. 尼耳斯致哈若德的明信片,1909 年 4 月 26 日.I
8. 尼耳斯致哈若德的明信片,1909 年 5 月 4 日.I
9. 尼耳斯致哈若德的明信片,1909 年 5 月 15 日.I
10. 尼耳斯致哈若德的明信片,1909 年 6 月 9 日.I
11. 尼耳斯致哈若德的信,1909 年 7 月 1 日.E
12. 尼耳斯致哈若德的信,1909 年 7 月 4 日.E
13. 尼耳斯致哈若德的信,1909 年 7 月 23 日.O
14. 尼耳斯致哈若德的明信片,1909 年 8 月 12 日.O
15. 尼耳斯致哈若德的明信片,1909 年 8 月 18 日.O
16. 尼耳斯致哈若德的明信片,1909 年 9 月 8 日.I
17. 哈若德致尼耳斯的信,1909 年 11 月 2 日.O
18. 尼耳斯致哈若德的信,1909 年 11 月 7 日.O
19. 尼耳斯致哈若德的明信片,1909 年 11 月 9 日(日期据内容推定).O
20. 尼耳斯致哈若德的信,1909 年 12 月 20 日(日期或系后来填写的).E

1910

1. 哈若德致尼耳斯的明信片,1910 年 6 月 23 日(邮戳日期).O

2. 尼耳斯致哈若德的明信片,1910 年 6 月 25 日. I

3. 尼耳斯致哈若德的信,1910 年 6 月 26 日. E

4. 哈若德致尼耳斯的明信片,1910 年 6 月 27 日(邮戳日期). O

5. 哈若德致尼耳斯的明信片,1910 年 6 月 28 日. O

6. 哈若德致尼耳斯的明信片,1910 年 6 月 29 日. O

7. 尼耳斯致哈若德的明信片,1910 年 7 月 5 日. I

8. 哈若德致尼耳斯的明信片,1910 年 7 月 21 日. O

9. 尼耳斯致哈若德的信,1910 年 7 月 28 日. E

10. 哈若德致尼耳斯的信,1910 年 7 月 30 日. O

11. 尼耳斯致哈若德的信,1910 年 11 月 24 日. E

1911

1. 尼耳斯致哈若德的信,1911 年 1 月 2 日. I

2. 尼耳斯致哈若德的信,1911 年 4 月 22 日. I

3. 尼耳斯致哈若德的信,1911 年 9 月 29 日. I

4. 尼耳斯致其母的信,1911 年 10 月 2 日. E

5. 尼耳斯致哈若德的信,1911 年 10 月 4 日. O

6. 尼耳斯致其母的信,1911 年 10 月 4 日. I

7. 尼耳斯致哈若德的信,1911 年 10 月 23 日. I

8. 尼耳斯致其母的信,1911 年 10 月 31 日. I

9. 尼耳斯致其母的信,1911 年 12 月 6 日. I

1912

1. 尼耳斯致其母的便简,1912 年 1 月 9 日(附于哈若德致其母的信中). O

2. 尼耳斯致哈若德的信,1912 年 1 月 20 日. O

3. 尼耳斯致其母及哈若德的信,1912 年 1 月 28 日. I

4. 尼耳斯致其母的信,1912 年 1 月 29 日. I
   尼耳斯致哈若德的信(写在前一信背面). I

5. 尼耳斯致其母的信,1912 年 2 月 5 日. I
   尼耳斯致哈若德的信(写在前一信背面). I

6. 尼耳斯致哈若德的明信片,1912 年 2 月 9 日. I

7. 尼耳斯致哈若德的信,1912 年 3 月 7 日. O

8. 尼耳斯致哈若德的信,1912 年 4 月 18 日. O

9. 尼耳斯致哈若德的信,1912 年 5 月 19 日. I

10. 哈若德致尼耳斯的信,1912 年 5 月 23 日. E

11. 尼耳斯致哈若德的信, 1912 年 5 月 27 日. I

12. 尼耳斯致哈若德的信,1912 年 5 月 28 日. I

尼耳斯·玻尔文献馆所藏
稿本简目

关于表面张力和金属电子论的文件

此处列举的稿本都在瑞希特尔(H. K. E. Richter)的协助下由吕定格尔(Erik Rüdinger)进行了编目.这一简目摘自他的卡片:全部稿本形成"玻尔稿本"缩微胶片的一部分,这种胶片收藏在哥本哈根,也收藏在伯克利和费城的量子物理学史文献馆中.在每一条目的第二行,可以看到上面复制了稿本本身的那一缩微胶片的编号.

稿本的简短标题是由编目者拟定的,所有方括号中的日期也是这样.这种日期带有推测性.没加括号的日期都录自原稿本上.此处应用了下列的缩写:Da代表丹麦文本,En代表英文本,Fr代表法文本,Ge代表德文本,而Mf代表缩微胶片.读者应该注意,标明量子物理学史文献馆中这一组缩微胶片的"Bohr MSS"字样,在此为了简单已经略去.

页边上对准一个条目的号码,表示上面复制了该条目的各页的号码;如果给出的只是概述,则号码后面注有E字.指示英译本的号码后面注有T字.

[18—20]   1. *Kurver vedr. overfladespænding*   594

   [1905—06?]

   纸页和曲线,手写,3pp.,Mf1
   液体在平面器壁附近形成的表面,以及当水平平行光束射在这一表面上时得到的焦面——数字计算和作图.

2. *Udregninger vedr. væedskestråler*   1905—06
   纸页,手写,37pp.,Da,Mf1
   关于液注振动的计算.纸页订成几小本,上面标有"$1/R_1 + 1/R_2$""二维情况下的计算""有摩擦时的波"和"三维空间中的有限波"等字样.

3. *Noter vedr. overfladespœnding?*

笔记本,手写,7 pp.,Fr,Mf1

三页经证实为 Ouet 所撰"Rapport sur les progrès de la capillarité"(关于毛细现象的进展的报告)的摘录,另有四页计算.

4. *Fotografier til prisopgave*

　　　　　　　　　　　　1906 年 5 月 22 日—6 月 28 日

8 幅照片和一幅作图,Da,Mf1

水注照片和一幅关于显微镜状况的作图. 有些照片是附在获奖论文中的,另一些则复制在玻尔发表的第一篇论文中.

[22—23]E

5. *Prisopgave* 1906

论文,手写,114 pp.,Da,Mf1

标题为"署名 $\beta\gamma\delta$ 的 1905 年度丹麦皇家科学院物理学问题有奖应征论文".

6. *Bilag til prisopgave* 1906

论文、照片和作图,手写,20 pp.,Da,Mf1

[67—78]T

　a. 获奖论文的附录.

　b. 实验装置的七幅作图,显然是附在获奖论文中的.

　c. 带有说明的七幅照片,显然是附在获奖论文中的. 照片 Ⅱ—Ⅳ 已复制在玻尔发表的第一篇论文中.

7. *Bedømmelse af prisopgave*　日期各异

Mf1

[13]E,[4]E,T

595　[15],[7]T

　a. 丹麦皇家科学院 1905 年度有奖征文公告,印刷,5 pp.,Da.

　b. 科学院通知玻尔荣获金奖章的信,1907 年 2 月 23 日,手写,1p.,Da.

　c. 1907 年 2 月 22 日科学院会议的报告,印刷,8 pp.,Da,3 份.

　d. 1885 年 10 月 23 日科学院会议的报告,其中包括对于克瑞斯先·玻尔《氧气对波意耳定律的偏差》一文的评语,他因此文而荣获银奖章,印刷,1 p.,Da.

8. *Lykønskningsbreve* 1907 年 2 月 22 日—25 日

信件,11 pp.,Da,Mf1

六封祝贺荣获金奖章的信(其中两封没有日期).

9. *Experimenter over overfladespœnding*

　　　　　　　　　　　　1908 年 2 月 24 日—3 月 5 日

纸页,手写,4 pp.,Da,Mf1

测定水的表面张力的四个实验的结果和计算.

10. *Resumé af afhandlinger*[1908—11 和 1913?]

装订起来的纸页,手写,28 pp.,Da,Mf1

金属电子论的论文摘要,并附评注,已由作者按字母次序编排.

11. *Optegnelser til metallernes elektronteori*

[1908—11?]

笔记本,Mf1

玻尔亲自题名(Da)为"金属电子论论文札记". 本子是空白的,有一页已被撕去(共 32 页).

[131—161] T 12. *Opgave til magisterkonferens*

1909 年 6 月 28 日

装订起来的纸页,手写,49 pp.,Da,Mf1

科学硕士考试论文.

13. *Litteraturoversigt til disputats I*[1910—11]

笔记本和纸页,手写,13 pp.,Mf1

为学位论文准备的书目中的 A—K 部.

14. *Litteraturoversigt til disputats II* [1910—11]

笔记本,手写,10 pp.,Mf1

书目中的 L—Z 部. 有两段话是从 J·J·汤姆孙的一篇论文中引来的.

15. *Beregninger vedrørende elektronteori*

[1910—11]

纸页和信,手写,66 pp.,Da 和 Ge,Mf1

关于金属电子论的笔记和计算,其中包括 N·E·诺伦德为了确定导热系数和内扩散系数之比而作的数字计算.

596

16. *Ikke-stationære problemer*[1910—11]

纸页,手写,4 pp.,Da,Mf1

标有"非稳问题"字样;这里包括学位论文最后一部分的提纲,和关于热扩散的一幅带有计算的图解.

17. *Beregninger vedrørende termoelektricitet*

[1910—11]

纸页,手写,2 pp.,Mf1

关于应用于温差电各量的热力学第二定律的推论的计算,以及显然是关于珀耳帖效应和汤姆孙效应的计算.

18. *Metallernes elektronteori* [1911]

复写纸打字稿,177 pp.,Da,Mf2

玻尔的学位论文"Studier over metallernes elektronteori". 印出的论

文除小的改正外与此完全相同.

[124—125],　　19. *Tale ved doktordisputats* 1911 年 5 月 13 日
[97—98,100]T　　　　纸页和图,手写,3 pp. ,Da, Mf2
　　　　　　　　　　为论文答辩准备的前言和结束语,以及据报纸复制的玻尔速写
　　　　　　　　　　画像.

　　　　　　　　20. *Metallernes elektronteori*（rentryk）1911
　　　　　　　　　　校样,印刷,212 pp. , Da, Mf2
　　　　　　　　　　玻尔学位论文的两份清样. 其中一份上有些铅笔批注,另一份缺少
　　　　　　　　　　两段,共计 32 页;只有带铅笔批注的那一份制成了显微胶片.

　　　　　　　　21. *Navneliste, doktordisputats* [1911]
　　　　　　　　　　笔记本和纸页,手写,43 pp. , Mf2
　　　　　　　　　　被赠以学位论文的人的名单. 有些地方标有"svar"（"已复信"）字样.
　　　　　　　　　　一张附页上记有瑞利勋爵的通信处.

597　[167—290],　22. *Studier over metallernes elektronteori* 1911
　　　[291—395]T　　　书,印刷,有手写批注,159 pp. , Da（一条附注为 En）, Mf2
　　　　　　　　　　一份学位论文,中间夹有白纸,上面写了许多批注.

　　　　　　　　23. *On the electron theory of metals I* [1911]
　　　　　　　　　　打字稿,189 pp. , En, Mf3
　　　　　　　　　　学位论文修订稿的英译本.

　　　　　　　　24. *On the electron theory of metals II* [1911]
　　　　　　　　　　打字稿,有铅笔校改,189 pp. , En, Mf3
　　　　　　　　　　实际上和 I 稿相同,有手写的润色文字处.

[412—419]　　　25. *Lecture, Phil. Soc. Cambr.*
　　　　　　　　　　　　　　　　　　　　　　　　　1911 年 11 月 13 日
　　　　　　　　　　手写讲稿和印刷的通告,8 pp. , En, Mf3
　　　　　　　　　　演讲稿,玻尔在演讲后向剑桥哲学学会提交了他的学位论文. 开会
　　　　　　　　　　的通告.

　　　　　　　　26. *Lecture notes*（*Jeans*）1911 年 10 月和 11 月
　　　　　　　　　　笔记本,手写,30 pp. , Da 及 En, Mf3
　　　　　　　　　　29 页关于电学的笔记. 一页人名表,显然是家人亲友人名表.

　　　　　　　　27. *Termoelektriske forhold* 1911—12
　　　　　　　　　　笔记,手写,88 pp. , Da, Mf3
　　　　　　　　　　标题为"温差电条件":"论电路中的熵增量".

　　　　　　　　28. *Note on the electron theory* 1912 年 2 月 5 日
　　　　　　　　　　稿件,手写,4 pp. , En, Mf3

和 *Phil. Mag. 23*(1912)984 上的信相同,只是在发表时加了一段附言.

[443—444]   29. *Rejoinder to Richardson* [1912 年 11—12 月]

纸页,手写,4 pp. ,En,Mf4

对于 *Phil. Mag. 24* (1912) 737 上瑞查孙的关于温差电的一篇论文的反驳,未完成稿.

[437],[438] T 30. *Bemærkninger til afhandling af Stark* [1912]   598

纸页,手写,1 p. ,Da,Mf4

对于发表在 *Jahrb. d. Rad. u. Elektr.* 9(1912) 188 上的斯塔克的一篇论文的评述.

[446—471]T   31. *Metallernes Elektronteori*

1914 年 3 月 6 日至 5 月 20 日

纸页,手写,32 pp. ,Da,Mf4

关于金属电子论的系统演讲的讲稿.

索 引 *

---

* 据原书索引辑译，改为汉英对照，并以汉语拼音字母为序．索引中的页码，系指外文版原书中的页码，即中译本的边码．

图书在版编目（CIP）数据

尼耳斯·玻尔集. 第 1 卷，早期著作：1905～1911 /
（丹）玻尔（Bohr，N. H. D.）著；戈革译. —上海：华
东师范大学出版社，2012.5
ISBN 978 - 7 - 5617 - 9554 - 5

Ⅰ.①尼…　Ⅱ.①玻…②戈…　Ⅲ.①玻尔，
N. H. D.（1885～1962）-文集②物理学-文集　Ⅳ.
①Z453.4②O4 - 53

中国版本图书馆 CIP 数据核字（2012）第 109032 号

尼耳斯·玻尔集
第一卷　早期著作(1905—1911)

著　　者　(丹麦)尼耳斯·玻尔
译　　者　戈　革
策划编辑　王　焰
特约策划　黄曙辉
项目编辑　庞　坚
审读编辑　沈毅骅
装帧设计　高　山

出版发行　华东师范大学出版社
社　　址　上海市中山北路 3663 号　邮编 200062
网　　址　www. ecnupress. com. cn
电　　话　021 - 60821666　行政传真 021 - 62572105
客服电话　021 - 62865537　门市(邮购)电话　021 - 62869887
门市地址　上海市中山北路 3663 号华东师范大学校内先锋路口
网　　店　http://hdsdcbs.tmall.com

印 刷 者　上海中华商务联合印刷有限公司
开　　本　787×1092　16 开
印　　张　26
字　　数　468 千字
版　　次　2012 年 6 月第 1 版
印　　次　2012 年 6 月第 1 次
印　　数　1—1500
书　　号　ISBN 978 - 7 - 5617 - 9554 - 5 /O · 217
定　　价　98.00 元(精)

出 版 人　朱杰人

(如发现本版图书有印订质量问题,请寄回本社市场部调换或电话 021 - 62865537 联系)